La justice constitutionnelle et la juridicisation de la vie politique en droit positif congolais

Léon ODIMULA LOFUNGUSO KOS'ONGENYI

LA JUSTICE CONSTITUTIONNELLE ET LA JURIDICISATION DE LA VIE POLITIQUE EN DROIT POSITIF CONGOLAIS

Préface d'Evariste BOSHAB MABUDJ

L'Harmattan

5-7, rue de l'École-Polytechnique ; 75005 Paris
http://www.harmattan.fr
diffusion.harmattan@wanadoo.fr
harmattan1@wanadoo.fr
ISBN : 978-2-343-08994-2
EAN : 9782343089942

A la mémoire de Gabriel Ekanga, mon père et des professeurs Augustin Kitete Kekumba, Bonaventure Bibombe Muamba, Edouard Mpongo Bokako Bautolinga, Pierre Akele Adau, et Victor Djelo Empenge Osako.

Cet ouvrage est dédié à

A Khonde Mpolo Dominique, On'okundji Okavu Veron, Maman Safala Marceline, Amando Ongenyi, Germaine Diakiese, Bijou Tsanga, Madeleine Etanda et Moyabe Diane.

AVANT-PROPOS

Le présent ouvrage se fonde essentiellement sur la thèse de doctorat en droit public soutenue, le 23 février 2013, à l'Université de Kinshasa.

Elle m'a valu le titre de docteur en droit avec la mention la plus grande distinction, à l'unanimité des membres du Jury.

Le goût d'entamer des recherches doctorales m'a été inculqué par Evariste Boshab lorsqu'il décida, en 2003, de payer l'entièreté des frais d'études de DES en faveur d'un groupe d'Assistants et de Chefs de travaux de la Faculté de Droit. Pour avoir encadré scientifiquement et financé la réflexion, je le remercie spécialement et vivement.

Merci à Jacques Djoli Eseng'Ekeli, Jean-Louis Esambo, Clément Kabange et Dieudonné Kaluba Dibwa d'avoir pris de leur temps pour une lecture si scrupuleuse et d'avoir, à travers leurs remarques, orientations et suggestions, contribué énormément à la réalisation de ce travail.

Je suis également redevable à l'égard de Marie-Thérèse Kenge Ngomba Tshilombayi, Nyabirungu Mwene-Songa, Célestin Dimandja, Victor Mboyo Empenge, Ambroise Kamukuny Mukinay, André Mbata Mangu, Auguste Mampuya Kanuk'A Tshiabu, Emmanuel Janvier Luzolo Bambi Lessa, Greg Basue, Zacharie Ntumba Musuka, Gaston Kalambay Lumpungu, Grégoire Bakandeja wa Mpungu, Jean Michel Kumbu, Willy Makiashi, Sylvain Shomba, Léon Matangila, Gerry Sakata, Joseph Ngwabika, Samy Samutondi, Taylor Lubanga, Paul-Gaspard, Eddy Mwanzo, Prince Lutumba, Barthélémy Omeonga, Noël Botakile, Louis Yuma, Jean-Marie Mboko, Lambert Mende Omalanga, She Okitundu, Bertold Olongo, Berthold Oyangandji, Basile Olongo, Emilienne Akonga, Henriette Wamu, Franck Diongo, Pierre Lokendandjala Yoha, Jeef Weloli, Pierre Okendembo, Michel Etina, Jean-Paul Owanga, Claver Karenzi, Charles Tapali, Didier Ile, Julien Mvumbi, Michel Muswakala, Dieudonné Kalindye, Samuel Lokolo, Auguy Biselele, Edison Mutela, Clément Shamashanga, Landry Pongo, Jean-Paul Muya, Jean-Luc Djamba, Jules Tshabe, Etienne Elembo, Robert Odimba, Casimir Mpetshi, Niclette Odimula, Christian Yenyi Odimula, Jean Ekanga Odimula, Exaucée Diakiese Odimula, Madel Etanda Odimula, Gabel Ekanga Odimula, Benjamin Lomemba Odimula, Hélène Nzuzi, Célestin Ekoto, Benjamin Makamba, Guillaume Kanyimbue, Laurent Onyemba, Inspecteur Okonyi, Roger Okonyi, Junior Ekanga, Véronique Ongenyi, Henriette Ongenyi, Nas Owanda Ongenyi, Boni Okonyi Ongenyi, Benjamin Ongenyi, Nadine Ongenyi, Gauthier Mwanda, Christian Mwangala, Nsimba Nzundu, Junior Pongo, Stanislas Tshimanga, Joseph Masevo, Prosper Bekoma, Carlos Kalombo, Anicet Mushale, Michel Lokola, Boni Mpala, Aimé Fundji, Stella Nima, Roger Songambele, Henri Kibonge, Moïse Amadi, José Liongo, Antoine Liongo, Guylain Mwehu, Michaux

Damba, Mamie Enongo, Moïse Ekanga, Jules Tukombe, Jean Obulu, Nico Samwa, Raphaël Yanyi, Willy Shimba, Mathieu Mateso, Innocent Nzita, Théodore Ngoy, Bienvenu Bolinga, Albert Osepe, Albert Penadowo, Nixon Mambuku, Alexis Mbokola, Dieudonné Khuma, Jean Antoine Kalanda, Prince Moyabe, Gaby Nkiere, Guy Moyabe, Jean Vincent Moyabe, Patience Itieme, Lambert Ohoto, Joël Muzungu Kalemwa et Willy Mwako pour leurs conseils et encouragements.

PRÉFACE

Extrait d'une thèse de doctorat en droit public soutenue à l'université de Kinshasa, le 23 février 2013, le présent ouvrage est un plaidoyer en faveur de la visibilité et de l'efficience de la justice constitutionnelle en République Démocratique du Congo. Le sujet abordé, il faut le reconnaître, n'a pas encore bénéficié de toute l'attention qu'elle mérite de la part des penseurs et acteurs de la vie politique.

Une mise au point s'impose à ce niveau. L'auteur ne nie pas l'existence de la justice constitutionnelle congolaise. Celle-ci a existé et existe encore, quoique si intermittente qu'il faut plus que de la bonne volonté pour la palper du doigt. Selon le contexte et des facteurs divers, cette justice s'est exercée et s'exerce encore, mais de manière si discrète et, parfois, si timorée, que l'on ne peut s'empêcher de réfléchir sur son avenir et son devenir.

Au terme de l'examen de quelques cas de jurisprudence congolaise, l'auteur peut stigmatiser « autant d'ambiguïté et d'inquiétude qui démontrent, à suffisance, que l'œuvre de la Cour suprême de justice, quoique louable en matière de juridicisation de la vie politique, renferme encore beaucoup de faiblesses ». De là, le souci légitime de lui trouver une place plus prégnante dans la vie nationale, et un cadre d'épanouissement obvie.

Pour y arriver, M. Léon Odimula Lofunguso soutient qu'il faut redéployer la problématique de la justice constitutionnelle dans un pays sorti de la crise, la RDC, à partir des bases conceptuelles bien éprouvées et qu'il faut, en même temps, lui imprimer une nouvelle orientation. A la conception traditionnelle présentant la justice constitutionnelle comme « la justice des plus forts, celle des pouvoirs publics tant dans leurs actes juridiques que dans leurs faits juridiques », l'auteur développe la fonctionnalité nouvelle consistant à subordonner le jeu politique, au respect de la règle de droit, mais aussi, à faire passer dans le tissu social et, avant tout, dans le chef des gouvernants les valeurs de l'Etat, de droit ainsi que le respect des droits fondamentaux. Tout ce faisceau est visé par le néologisme dont il se sert à bon escient : « juridiciser la vie politique » ; expression qu'il explique magistralement en recourant aux ressources de l'histoire du droit, ainsi qu'aux enseignements du droit comparé et en faisant, comme il se doit dans une recherche « appliquée », les incursions qui s'imposent dans le vécu juridique national, dans la jurisprudence congolaise en la matière.

Pour l'essentiel, l'idée de « juridiciser la vie politique » suggère de « déterminer la dévolution, le cours et la fin du pouvoir politique ». Telle est la rengaine de cet ouvrage. Pour preuve, les différents cas d'espèce judicieusement tirés du droit comparé illustrant, en ce qui concerne par exemple la Cour suprême des États-Unis, considérés, à juste titre, comme le pays natal de la justice constitutionnelle-« l'influence d'une juridiction constitutionnelle sur la société politique ». Exemple très éloquent, puisque « le moins que l'on puisse dire est que les décisions de la Cour marquent l'histoire des Etats-Unis autant qu'elles affectent la vie des citoyens. Dotée d'un immense pouvoir politique, selon l'expression d'Alexis de Tocqueville, la Cour se retrouve souvent mêlée aux grandes controverses de la nation américaine. En pesant, par ses décisions, sur les grands choix de société, de la séparation de l'Eglise et de l'État à la consécration d'un droit à l'interruption volontaire de grossesse, la Cour suprême relance, sans cesse, le débat autour de l'étendue des pouvoirs du juge et de sa légitimité démocratique ».

De là, la visibilité, l'efficience et l'effectivité de la justice constitutionnelle se trouvent mises en perspective, lorsque le volontarisme politique ou le civisme suprême- c'est selon-commande qu'à la finalité traditionnelle consistant à garantir la constitutionnalité des lois et des actes ayant force de loi s'ajoute, celle, toute récente, d'encadrer les comportements souvent déviants des autorités politiques.

Ce faisant, l'auteur ne se livre pas à un exercice facile. Rien ne va de soi. La juridicisation prônée exige une sorte de métanoïa, une conversion mentale et comportementale des gouvernants dont l'expérience millénaire et transnationale montre qu'ils ne sont pas toujours enclins à « accepter que le droit tienne leur action en état », à admettre que « le droit saisisse le politique » ou à consentir que « la politique soit domestiquée par le droit » !

Pour assurer « cette domestication », l'ouvrage présente des perspectives concrètes de la juridicisation induisant une possibilité pour le constituant de donner au juge constitutionnel le pouvoir de réguler la vie politique ».

La démarche intellectuelle de M. Léon Odimula Lofunguso se déploie de telle sorte que, par moments, sa réflexion s'apparente à celle des philosophes du droit, attentifs aux apories inhérentes à tout mouvement de pensée authentique. L'analyse conceptuelle conduit donc à la pierre de touche. Après avoir noté avec Georges Burdeau, qu' « au-dessus de la Constitution, il n'existe aucune norme », l'auteur saisit le lecteur comme par la main pour lui dessiller les yeux : « C'est là que surgit le problème. Nous avons affirmé qu'une norme dépourvue de validité n'est pas une norme du tout, et que la validité d'une norme était fondée sur sa conformité à une norme supérieure. La Constitution ne justifiant pas d'une norme supérieure sur laquelle elle fonderait sa validité, ne serait-elle donc pas une norme ? »

A partir d'une question aussi apparemment banale, mais épistémologiquement engageante, l'auteur entreprend une reconstruction théorique sur la justice constitutionnelle qui le ramène à cette sorte d'ancêtre éponyme qu'est Hans Kelsen. La théorie de la « norme supposée » ;

relecture historique qui lui permet de remonter jusqu'à l'état de la question en République Démocratique du Congo.

Quand il s'appesantit sur ce qu'il appelle, à la suite sans doute des chercheurs en théologie africaine, « l'endogénéisation » de la justice constitutionnelle en RDC, l'auteur est déjà fort réceptif d'éléments d'analyses susceptibles de le doter de tous les atouts pour éclairer les conditions « d'encrage » et d' « installation » de cette institution conçue à la fois comme nouvel esprit politique, comme nouveau souffle de vie nationale et pratique d'arbitrage et de pacification entre les institutions, entre celles-ci et les citoyens. Le recours à l'histoire particulière de la RDC met M. Léon Odimula Lofunguso en position de faire ressortir, non sans courage, aussi bien, les traits saillants que le contenu et les faiblesses de la justice constitutionnelle telle qu'elle a tenté, jusqu'ici, de fonctionner à l'occasion de quelques cas de contentieux constitutionnel et électoral.

Ainsi conduite, la réflexion trouve son couronnement dans les perspectives que l'auteur entrevoit et dessine pour l'effectivité et l'efficience de la justice constitutionnelle à consolider en RDC. Des propositions concrètes sont clairement énoncées en vue d'une réelle régulation juridictionnelle des pouvoirs publics.

Profond et riche, l'ouvrage mérite d'être judicieusement exploité. Aussi dois- je le recommander chaleureusement aussi bien aux spécialistes du droit constitutionnel, aux praticiens du droit, aux étudiants en droit et en sciences politiques, en philosophie du droit qu'à tous les acteurs politiques et de la société civile.

Certes, chacun entretient un discours sur la justice constitutionnelle puisqu'il est à la mode, mais le discours de Monsieur Léon Odimula Lofunguso est celui d'une bouche autorisée et mérite audition attentive, lecture discursive et méditations.

Evariste BOSHAB MABUDJ
Professeur ordinaire
Faculté de droit de l'Université de Kinshasa

LISTE DE PRINCIPALES ABREVIATIONS ET CONVENTIONS UTILISEES

Aff.	: Affaire
A.I.J.C	: Académie Internationale de Justice Constitutionnelle
A.J.D.A.	: Actualité Juridique Droit administratif
Al.	: Alinéa
Art.	: Article
ASBL	: Association Sans But Lucratif
BNO	: Bureau National des Opérations
BUR	: Bureau
CC	: Conseil Constitutionnel
CD ROM	: Compact Disc Rom
CEI	: Commission Electorale Indépendante
Cf.	: Confer, voyez
CLCR	: Centre Local de Compilation des Résultats
Col.	: Colonne
Coll.	: Collection
CSJ	: Cour Suprême de Justice
Dir.	: Direction
Éd.	: Editions
EUA	: Editions universitaires africaines
JORDC	: Journal Officiel de la République Démocratique du Congo
JORZ	: Journal Officiel de la République du Zaïre
LGDJ	: Librairie Générale de Droit et de la Jurisprudence
MLC	: Mouvement de Libération du Congo
MPR	: Mouvement Populaire de la Révolution
N°	: Numéro
O.C.J	: Organisation et Compétence Judiciaires
Op.cit.	: *Opus citatum*, ouvrage cité,

PPRD	: Parti du Peuple pour la Reconstruction et le Développement
PUB	: Presses Universitaires de Belgique
PUF	: Presses Universitaires de France
PUK	: Presses de l'Université de Kinshasa
QPC	: Question Prioritaire de Constitutionnalité
R.A	: Rôle Administratif
RCE	: Rôle du Contentieux Electoral
R. Const	: Rôle Constitutionnel
RDC	: République Démocratique du Congo
R.D.J.A	: Recherche et Documentation Juridique Africaines
R.D.P.	: Revue de Droit Public
R.E	: Rôle électoral
S.d.	: Sans date
Supra	: En haut
T.	: Tome
TSR	: Toutes Sections Réunies
U.C.A.C.	: Université catholique d'Afrique centrale
U.C.L.	: Université catholique de Louvain
UNIKIN	: Université de Kinshasa
VIH	: Virus de l'Immunodéficience Humaine
Vol.	: Volume

INTRODUCTION GENERALE

I. OBJET ET OBJECTIF

La présente étude porte sur la justice constitutionnelle et la juridicisation de la vie politique en droit positif Congolais.

Son objectif est d'offrir des éléments susceptibles de contribuer à la visibilité et à l'efficience en RDC d'une justice constitutionnelle qui hésite encore à assurer la protection de la Constitution ainsi que des droits fondamentaux que celle-ci garantit à la personne humaine.

II. JUSTIFICATIF

Une meilleure appréhension du rôle que peut jouer la justice constitutionnelle congolaise dans la mise en œuvre des mécanismes de juridicisation de la vie politique postule, d'abord, une correcte présentation de la problématique de la recherche. L'identification de l'intérêt de l'étude et de la délimitation de son champ opératoire déclinera, ensuite, les hypothèses de la recherche. Le choix adéquat d'une méthodologie de l'analyse induit enfin sur le plan qui en résulte.

Au cours de ces dernières décennies, il s'observe, dans maints Etats du monde, une tendance générale à la juridicisation de la vie politique marquée par l'installation des juridictions constitutionnelles[1].

La juridicisation désigne un phénomène d'extension du droit et des processus juridiques à un nombre croissant de domaines de la vie économique et sociale, mieux la soumission au droit de la vie sociale[2].

De nos jours, l'inflation législative dans plusieurs domaines du droit, dont le droit social et le droit du travail, l'état actuel du droit, l'activisme de certains juges, la montée en puissance du contentieux et l'intervention croissante des juridictions dans des affaires qui pourraient se régler

---

[1] A ce propos, L. FAVOREU et Alii opinent que l'avènement des juridictions constitutionnelles a connu un essor avec l'enterrement de l'Etat légal. Ils apportent une nuance de taille entre justice constitutionnelle et juridiction constitutionnelle en citant H. KELSEN. Pour ce dernier, en effet, la justice constitutionnelle est la garantie juridictionnelle de la Constitution. Son disciple EISENMANN estime que la justice constitutionnelle est cette sorte de justice ou mieux la juridiction qui porte sur la loi constitutionnelle. La juridiction constitutionnelle, quant à elle, est un organe par lequel s'exerce la première (justice constitutionnelle) ; et de là se dégage le sens juridique de la justice constitutionnelle. Lire à ce propos, L. FAVOREU et alii, *Droit constitutionnel*, Paris, 8ème éd., Dalloz, 2005, p.199.

[2] J. COMMAILLE, L. DUMOULIN, C. BOBERT, *La juridicisation du politique*, Paris, LGDJ, 2010, p.9.

rapidement par les modes extrajudiciaires de règlement des conflits, parmi de nombreuses autres causes, favorisent la juridicisation de la société et provoquent une explosion des recours devant les tribunaux[3].

La juridicisation évoque ainsi l'idée de l'intervention du juge dans le règlement des questions relevant naguère de la compétence des autorités politiques. Juridiciser la vie politique revient donc à suggérer l'intervention du juge dans la régulation de la dévolution, l'exercice et éventuellement la perte du pouvoir politique[4].

Dans le cadre de cet ouvrage, la juridicisation s'analyse en une possibilité que le constituant donne au juge constitutionnel d'intervenir, en tant qu'arbitre, dans l'équilibre institutionnel et dans la régulation de la vie politique.

Cette juridicisation s'accompagne d'une juridiciarisation des questions de société. Ce dernier phénomène se manifeste à travers la tendance des justiciables à confier au juge judiciaire la gestion de tous leurs différends et le règlement de tous les problèmes sociaux[5].

La « judiciarisation » ferait ainsi « référence à un déplacement de grande ampleur du pouvoir, qui s'observerait au niveau international, du Législatif et l'Exécutif vers le judiciaire, au point que certains auteurs évoquent le terme de '*juristocracy*' désignant par là un système politique où les professionnels de la justice deviennent les acteurs dominants du jeu politique, où ''le pouvoir décisionnel se déplace[rait] devant les tribunaux'' »[6].

Loin d'être confondues au phénomène précité, la juridictionnalisation, néologisme construit sur le concept juridiction, se veut un procédé consistant à attribuer à des actes qui ne la comporteraient normalement pas la qualification d'acte juridictionnel, afin de leur étendre le régime de ce dernier, notamment l'autorité de la chose jugée qui le soustrait aux voies de recours[7], tandis que la juridicité désigne le caractère de ce qui est placé sous l'empire du droit, par opposition aux normes de la vie sociale : mœurs, convenances, morales, religion[8].

Il en résulte que la juridicisation consiste dans le fait de soumettre une situation à l'empire du droit tandis que la juridictionnalisation

---

[3]*Idem.*

[4]M.M. MBORANTSUO, *La contribution des cours constitutionnelles à l'Etat de droit en Afrique*, Paris, Economica, 2007, pp. 237-241.

[5]N. TATE et T. VALLINDER, *The Global Expansion of Judicial Power*, New York University Press, 1995, p.35. Pour ces auteurs, judiciariser consiste dans le fait de se tourner vers le juge en vue de règlement d'un litige.

[6]B. FOURNIER et J. WOEHRLING, « Présentation du numéro Judiciarisation et pouvoir politique », *Politiques et Sociétés*, 19 (2/3), pp.3-7.

[7]G. CORNU, *Vocabulaire juridique*, Paris, PUF, 6ème éd., 2004, pp. 518-519.

[8]R. GUILLIEN et J. VINCENT, *Lexique des termes juridiques*, Paris, Dalloz, 14ème éd., 2003, p.341.

(juridisation) réside dans le fait de remettre à une juridiction, quelle que soit sa nature, le contrôle d'une situation.

Le juge constitutionnel apparaît aussi comme le régulateur du fonctionnement des institutions et de l'activité des pouvoirs publics[9]. La notion est loin de faire l'unanimité dans la doctrine. Verpeaux pense que « *les différents contrôles ... ne sont pas véritablement dissociables de la notion de régulation. Celle-ci englobe les contrôles et ne peut exister que si ceux-ci sont réels et efficaces. Les contrôles sont donc un élément déterminant de la régulation et il n'y a alors pas d'opposition des deux termes. Ce qui signifie qu'il n'y a pas antinomie mais complémentarité entre les deux termes, on ne peut bien réguler qu'en contrôlant* »[10].

Pour Louis Favoreu, la régulation implique « un contrôle objectif visant à faire respecter la Constitution et son déclenchement doit, en principe, reposer sur une appréciation objective… La fonction de régulation relève du contrôle des normes et présente le même caractère que la procédure du conflit positif. C'est un contrôle à caractère objectif ou abstrait, et le recours à la juridiction constitutionnelle s'analyse en un recours dans l'intérêt de la Constitution »[11].

G. Knaub préconise, pour sa part, l'interprétation extensive de régulation de l'activité normative des pouvoirs publics confiée au juge constitutionnel. Le Conseil constitutionnel, écrit-il, « *n'a cessé de se comporter, en des cas parfois difficiles, comme un véritable régulateur des compétences entre les pouvoirs publics, contribuant ainsi pour une part essentielle au maintien d'un équilibre dans lequel Montesquieu voyait déjà le fondement même de la démocratie* »[12].

Il en découle que la notion de régulation est fondamentalement rattachée à l'action des Cours constitutionnelles. C'est ainsi que le Conseil constitutionnel français, alors même qu'aucune mention relative à une quelconque régulation de sa part ne figure dans la Constitution, s'est lui-même qualifié «d'organe régulateur de l'activité des pouvoirs publics ».

---

[9]Lire à cet effet, les articles 83 de la Constitution du Bénin du 11 décembre 1990, 46 de la Constitution du Cameroun du 2 juin 1972 telle que modifiée et complétée le 18 janvier 1996, 142 de la Constitution de la République du Congo du 15 mars 1992, 83 de la Constitution gabonaise du 26 mars 1991 et 106 de la Constitution de la République de Madagascar du 18 septembre 1992. Lire M.M. MBORANTSUO, *La contribution des Cours constitutionnelles à l'Etat de droit en Afrique*, *op.cit.*, pp.238-239.

[10]M. VERPEAUX, Régulation et contrôle, Faculté de Dijou, CNRS, Rapport au Colloque des 18 et 19 mai 1990, p.55. Pour une approche voisine de la réputation, voir également : J. CHEVALLIER, « De la CNC au CSA », in *AJDA*, 1989, p.59.

[11]Décision du 06 novembre 1962 in L. FAVOREU et L. PHILIP, *Les grandes décisions du Conseil constitutionnel*, p.184. Voir également, L. FAVOREU, « Le conseil constitutionnel, organe régulateur de l'activité normative des pouvoirs publics », in *RDP*, 1967, p.7.

[12]G. KNAUB, « Le Conseil constitutionnel et la régulation des rapports entre les organes de l'Etat », in *RDP*, 1983, p.1149. Voir également C. TEITGEN-COLLY « Les instances de régulation et la Constitution », in *RDP*, 1990, p.153.

Si l'on écarte la fonction traditionnelle des Cours qu'est l'exercice du contrôle de constitutionnalité, on s'aperçoit que le juge constitutionnel est aussi juge électoral, du moins, au niveau national. Il intervient également pour trancher des questions de compétences entre les pouvoirs publics, par voie d'arrêt ou d'avis.

En sus, la fonction de régulation postule le dépassement de la seule fonction de contrôle pour permettre au juge constitutionnel de s'immiscer dans le fonctionnement des institutions, que ce soit à travers l'exercice des fonctions consultatives ou d'un véritable pouvoir décisionnel[13].

Dans cette perspective, les juges seraient, davantage, associés à la vie politique et à l'action publique selon une triple dimension : dans l'imposition de limites substantielles au pouvoir des institutions législatives, dans la définition du contenu même des politiques publiques et de leur mise en œuvre concrète et, enfin, dans l'arbitrage de l'activité politique elle-même via la régulation de la compétition politique à travers le financement des partis ou encore le traitement du contentieux électoral[14].

Cette notion de « juridicisation » ferait particulièrement sens dans des systèmes démocratiques, lorsqu'il existe une forme de séparation des pouvoirs à la Montesquieu et des politiques de protection des droits individuels, notamment des droits des minorités y compris lorsqu'ils vont à l'encontre de ceux de la majorité.

La faiblesse et l'inefficacité « objectives » des institutions majoritaires comme les partis politiques et les coalitions gouvernementales lorsqu'ils ne parviennent pas à s'organiser au même titre que la perception négative, par les élites et l'opinion publique, des institutions qui participent au processus de production de l'action publique, seraient autant de facteurs qui contribuent à faire du juge constitutionnel un acteur, de plus en plus, stratégique d'un système politique.

Parallèlement ou cumulativement, les stratégies contentieuses déployées par de tiers acteurs comme les groupes d'intérêts ou les partis de l'opposition pourraient également avoir pour effet de mettre le juge constitutionnel au centre du jeu, de même que la tendance de certains acteurs politiques à ne pas traiter des problèmes dont ils sont pourtant saisis.

Pour certains auteurs, la juridicisation renvoie au processus général par lequel le discours du « droit-normes de comportement et de langage » pénètre et est absorbé par le discours politique[15]. Ainsi, des « politiques juridicisées » sont des politiques poursuivies finalement en partie à travers la médiation du « discours du droit ». Ceci peut amener à considérer que « le

---

[13]M.M. MBORANTSUO, *La Contribution des Cours constitutionnelles à l'Etat de droit en Afrique*, *op.cit.*, p.241.

[14]Lire J. COMMAILLE et L. DUMOULIN, *Une sociologie politique de la «judiciarisation»*, in http://www.lavoisier.fr/notice/fr705742.html consulté le 03 avril 2011.

[15] Voir M. SHAPIRO et A. STONE SWEET, *On Law, Politics & Judicialization*, Oxford, New York, Oxford University Press, 2002, p.187.

discours politique est maintenant imprégné du langage du droit et de la légitimité ». De même « qu'en matière de *real politik*, les juristes sont aussi centraux que le sont les stratèges dans une campagne militaire, [...] les droits sont autant une ressource de pouvoir que les armes ou l'argent, et la souveraineté juridique, fondée sur les normes juridiques de la société internationale, devient une clef déterminante du pouvoir d'Etat »[16].

L'effectivité et la visibilité de la juridicisation permettent donc au juge constitutionnel de devenir un acteur important dans la réalisation des politiques publiques. Dans la société américaine par exemple, depuis une ou deux décennies, le regard se tourne de plus en plus vers les tribunaux pour résoudre certains problèmes les plus complexes tels que les questions d'intégration, le contrôle de la police, la protection de l'environnement ou l'amélioration du sort des pauvres. Les tribunaux américains et en particulier la Cour Suprême seraient devenus les principaux artisans du changement social dans certains domaines comme celui des droits civils, des droits des femmes ou encore du droit pénal et des prisons[17]. Des procès et décisions judiciaires marquants comme la décision *Brown* v. *Board of Education* de la Cour Suprême des Etats-Unis qui interdit la ségrégation raciale dans les écoles publiques au milieu des années 1950 auraient donné de nouvelles directions à l'action publique, d'une part, parce que seuls les tribunaux, n'étant pas soumis aux contraintes électorales, auraient été en mesure de les impulser ; d'autre part, parce qu'une fois les premières décisions prises, ils auraient joué un effet d'entraînement sur les autres pouvoirs et sur l'opinion publique[18].

La recherche toujours plus accrue de l'égalité a conduit à la légitimation de la juridicisation dans les sociétés européennes.

La juridicisation serait ainsi un facteur de progrès social, permettrait que soient plus et mieux défendus les droits de l'homme, les droits des plus faibles. Ce rôle de la justice dans l'égalisation des conditions des membres de la communauté politique est jugé indispensable à la survie et au développement de l'Etat. C'est assurément ce qui a justifié l'institution de la Cour européenne de justice et de la Cour européenne de droits de l'homme qui ont, par ailleurs, contribué à la promotion des droits sociaux, prenant la forme de droits supranationaux, notamment pour les citoyens les plus vulnérables[19].

Dans l'actif de la juridicisation de la vie politique, l'on note également l'émergence de la ''Rights Revolution'' qui se définit comme un

---

[16]C. REUS-SMIT, *The Politics of International Law*, Cambridge, New York, Cambridge University Press, 2004, p.2.

[17]G. N., ROSENBERG, *The Hollow Hope: Can Courts Bring about Social Change?*, Chicago, University of Chicago, 1991, p.15.

[18]*Idem.*

[19]L. CONANT, "Individuals, Courts, and the Development of European Social Rights", in *Political Studies*, Vol.39, n° 1, February 2006, pp. 76-100.

processus de production et d'extension de nouveaux droits civils et de libertés qui comporte trois composantes : une attention de la justice aux nouveaux droits, un soutien de la justice aux nouveaux droits, et une politique de renforcement de ces nouveaux droits.

La mise en œuvre des mécanismes de la juridicisation de la vie politique passe naturellement par l'instauration d'une justice constitutionnelle consubstantielle au constitutionnalisme dont la finalité est d'encadrer le pouvoir des gouvernants et de protéger la liberté des gouvernés.

La Cour constitutionnelle apparaît ainsi comme un mécanisme indispensable à la mise en place d'une justice constitutionnelle obligatoire et imposable[20] aussi bien aux pouvoirs publics qu'aux citoyens. Les décisions de cette Cour ne sont pas susceptibles de recours. Ceci signifie, d'une part, qu'il n'existe pas de possibilité d'appel devant une autre juridiction ou instance et, d'autre part, que la Cour ne reviendra pas sur sa décision (on ne peut pas lui demander de la reconsidérer)[21].

La justice constitutionnelle s'analyse donc en un ensemble de décisions rendues par une juridiction constitutionnelle conformément aux attributions à lui dévolues par la Constitution. Elle empêche que l'on finisse par considérer la Constitution[22] comme une chose morte ou neutre[23] pour faire vivre la Constitution et réconcilier le système de normes avec l'idéalisme philosophique[24].

La visibilité du juge constitutionnel se lit et s'apprécie au travers de sa capacité à pacifier la vie politique, mieux, à la juridiciser, c'est-à-dire à soumettre celle-ci au respect des règles juridiques et aux valeurs de l'Etat de droit et de la démocratie.

Il s'ensuit que la juridicisation de la vie politique est, depuis les années 90, devenue un phénomène mondial dont l'institution confère aux Etats non seulement la légitimité internationale mais également un brevet de contemporanéité.

L'idée a fini par l'admission de voir, désormais, s'estomper toutes les dérives autoritaires, par la mise en place des juridictions constitutionnelles qui assurent et protègent non seulement les droits de la majorité mais aussi ceux de la minorité.

---

[20]A ce propos, P. FOILLARD, *Droit constitutionnel et Institutions politiques*, Paris, 14ème éd. Paradigme, 2008-2009, p.375.

[21]*Idem.*

[22]De nos jours, les constitutions se définissent comme l'ensemble de règles relatives à l'organisation, au fonctionnement des pouvoirs publics ainsi qu'aux droits et libertés des citoyens.

[23]M.M. MBORANTSUO, *La contribution des cours constitutionnelles à l'Etat de droiten Afrique*, *op.cit.*, p.76.

[24]*Idem.*

Ces juridictions sont devenues la référence, mieux un thème récurrent d'une nouvelle ingénierie constitutionnelle tendant ainsi à cadenasser, pour paraphraser Xavier Boissy, les nouveaux régimes, fragiles par définition, à travers une rationalisation des institutions[25].

De même, la justice constitutionnelle est, pour l'heure, considérée comme une donnée décisive. Elle fait aujourd'hui partie des éléments de construction de l'Etat constitutionnel qui ont été, à de multiples reprises, reçus, développés, également modifiés et constamment mis à l'épreuve. Sa victoire est aujourd'hui quasiment mondiale[26]. Cette justice passe, de nos jours, pour un *patrimoine commun de l'humanité*[27].

La recherche de l'explication ainsi que de la justification de cette exigence nous projette devant un écran des théories dont chacune définit, à sa façon, ce phénomène sur base des données non univoques.

L'existence et le développement de la justice constitutionnelle par le juge constitutionnel apparaissent donc au cœur du « *renouveau du droit constitutionnel* »[28].

MABANGA monga MABANGA recommande d'aborder la question à travers deux critères essentiels : le critère matériel (ou fonctionnel) et le critère formel (ou organique).

- Le critère matériel *décline « tout organe, quelles qu'en soient la dénomination et la nature, à qui la Constitution a confié la mission de connaître, dans tout ou partie de ses attributions, des matières relevant du droit constitutionnel »*[29] .
- Le critère formel *considère la justice constitutionnelle comme « toute juridiction spécialement instituée pour connaître des matières relevant du droit constitutionnel »*[30].

A y regarder de près, ces critères sont loin d'emporter l'adhésion de tous les auteurs. Ils ne permettent pas non plus une meilleure prise en charge du problème de la justice constitutionnelle.

C'est pourquoi celle-ci « ne peut être qu'une notion matérielle : elle ne peut, précise Michel Fromont, que désigner une activité, ou, si l'on veut, une fonction exercée en la forme juridictionnelle par un organe indépendant ayant le caractère d'une juridiction et parallèlement, le juge constitutionnel

---

[25]X. BOISSY, *La séparation des pouvoirs, œuvre jurisprudentielle sur la construction de l'Etat de droit post communiste*, Bruxelles, Bruylant, 2003, p.19.

[26] L. FAVOREU et alii, *Droit constitutionnel, op.cit.*, pp. 24-198.

[27] J. HAK-SEON, *L'application du principe de proportionnalité dans la justice constitutionnelle en Corée*, Séoul, 2010, p.11.

[28]F. HAMON et M. TROPER, *Droit constitutionnel*, Paris, éd. LGDJ, 30ème éd., 2007, p. 55

[29]MABANGA monga MABANGA, *Le contentieux constitutionnel congolais*, Kinshasa, Editions Universitaires Africaines, 1999, p.18.

[30]*Idem*, p.19.

ne peut que désigner un juge exerçant la justice constitutionnelle, qu'il soit ou non spécialisé dans cette tâche »[31].

A la suite de cette notion matérielle, deux options ont été offertes par l'auteur en vue d'une meilleure appréhension du juge constitutionnel. D'une part, c'est *« le juge des pouvoirs publics constitutionnels », c'est-à-dire celui qui statue sur des litiges opposant les pouvoirs publics constitutionnels*[32]. Et, d'autre part, *c'est le juge qui applique les règles constitutionnelles. Autrement dit, « tout juge qui applique la Constitution, c'est-à-dire applique une règle constitutionnelle à un litige qui lui est soumis, exerce la justice constitutionnelle »*[33].

A la suite de Michel Fromont, on peut retenir que la justice constitutionnelle, c'est la justice des pouvoirs publics[34] constitutionnels tant dans leurs actes juridiques que dans leurs faits juridiques[35]. C'est aussi cette justice qui doit juridiciser la vie politique, mieux encadrer la dévolution, le cours et la fin du pouvoir politique.

Cet encadrement de la politique par la justice constitutionnelle trouve son soubassement dans la protection de l'intégrité et de la suprématie des dispositions constitutionnelles ainsi que celles touchant aux garanties du respect de la Constitution. Garanties et protection qui sont assurées par l'existence et la reconnaissance du *principe de la hiérarchie des normes*

---

[31]M. FROMONT, *La justice constitutionnelle dans le monde*, Paris, éd. Dalloz, 1996, p.2. De toutes les façons, les premières définitions ne nous renvoient qu'à la mission d'appliquer le droit constitutionnel à la solution des litiges, qu'il s'agisse d'un juge spécial ou non.

[32] M. FROMONT, *La justice constitutionnelle dans le monde*, op.cit, p.2. Peu importe, d'ailleurs, le niveau des règles qu'il applique, notamment celles relatives à la désignation ou aux rapports entre pouvoirs publics ; c'est un arbitre entre les acteurs de la vie politique. Néanmoins, M. FROMONT trouve qu'il s'agit d'une « *notion en voie d'être dépassée* », *La justice constitutionnelle dans le monde, op.cit.*, p.3.

[33]*Idem*. Il s'agit ici de la seule « *définition pleinement opératoire pour l'étude comparative de la justice constitutionnelle dans le monde* ». Il est rejoint en ce sens par MABANGA monga MABANGA qui reconnaît également que, pour une étude exhaustive du contentieux constitutionnel, il exploitera, dans son ouvrage, « *la définition large (matérielle ou fonctionnelle), qui englobe celle restrictive formelle ou organique* » cfr. MABANGA monga MABANGA, *Le contentieux constitutionnel congolais, op.cit.*, p. 20.

[34]Les pouvoirs publics sont définis comme des « *termes juridiques souvent employés, bien qu'au contenu juridique assez imprécis, pour désigner les organes de l'Etat, et même parfois ceux des collectivités. Dans ce sens, on parle aussi d'autorités publiques, encore que ces mots paraissent avoir un contenu encore plus extensif* ». Voir R. GUILLIEN et J. VINCENT (dir.), *Lexique des termes juridiques*, Paris, Dalloz, 16ème éd., 2007, p.502.

[35]Le propre de l'acte juridique est de « *produire des effets de droit dont la nature et la mesure sont précisément déterminées par la volonté* ». Et, c'est en cela qu'il se distingue du fait juridique, qui « *est un fait volontaire ou non, qui produit des effets de droit dont la nature et la mesure sont déterminées par la loi* ». En d'autres termes, « *la cause génératrice des effets de droit est la volonté de l'auteur* » pour l'acte juridique et « *la volonté du législateur* » pour le fait juridique.

juridiques ainsi que du *contrôle de la constitutionnalité* des actes *infraconstitutionnels*[36].

Une question se pose. Le juge constitutionnel congolais a-t-il réussi sa mission traditionnelle d'encadrer ou de contenir les attitudes souvent défiantes des pouvoirs publics ? Ce juge est-il capable d'afficher une indépendance et une impartialité dans sa mission de juridiciser la vie politique ?

L'interrogation n'a cessé de lancer la doctrine congolaise dans une suite de réflexions parfois teintée de jugements de valeur.

A ce sujet, Ambroise Kamukuny Mukinay a observé que la Cour constitutionnelle est une véritable hantise dans l'histoire constitutionnelle de la République Démocratique du Congo[37].

Dans la perspective du combat pour la consolidation de la démocratie et en vue d'éviter toute nouvelle dérive autoritaire ou dictatoriale, André Mbata Betukumesu Mangu a mené une étude intéressante sur la suprématie de la Constitution, l'indépendance du pouvoir judiciaire et la gouvernance démocratique en République Démocratique du Congo.

S'agissant notamment de l'indépendance du pouvoir judiciaire, l'auteur reproche - non sans raison - à la Cour Suprême de Justice, d'avoir fait preuve de peu d'indépendance vis-à-vis du pouvoir exécutif et d'être complice de deux autres pouvoirs (législatif et exécutif).

Cette complicité aurait eu pour conséquence l'affaiblissement du crédit de la Cour qu'elle n'avait, du reste, jamais eu sous le régime antérieur.

Pour cet auteur, la Cour Suprême de Justice posait problème non seulement quand elle se prononçait mais aussi quand elle se taisait[38].

C'est dans le même sens qu'abonde Paul Gaspard Ngondankoy-ea-Longya lorsqu'il analyse le contrôle de constitutionnalité dans un Etat à forte tradition autocratique, tradition qu'il stigmatise comme étant « *la cause principale de l'inefficacité, voire, de la pusillanimité du juge constitutionnel congolais* »[39].

---

[36] Voir E. MPONGO BOKAKO BAUTOLINGA, *Institutions politiques et droit constitutionnel, Tome 1 : Théorie générale des institutions politiques de l'Etat*, Kinshasa, Editions Universitaires Africaines, 2001, pp.104-106.

[37] Cette opinion a été développée par Ambroise KAMUKUNY MUKINAY lors des journées de réflexion sur *« la mise en place des ordres juridictionnels institués par la Constitution du 18 février 2006 »*, organisées par le Département de droit public interne de l'Université de Kinshasa du 29-31 janvier 2009.

[38] A. MBATA BETUKUMESU MANGU, « Suprématie de la Constitution, indépendance du pouvoir judiciaire et gouvernance démocratique en RDC », in G. BAKANDEJA WA MPUNGU, A. MBATA BETUKUMESU MANGU et R. KIENGE-KIENGE (dir.), *Participation et responsabilité des acteurs dans un contexte d'émergence démocratique en République Démocratique du Congo*, Kinshasa, PUK, Bibliothèque de la Faculté de Droit de l'Université de Kinshasa, 2007, p.404.

[39] Lire à ce propos, P.G. NGONDANKOY NKOY-ea-LOONGYA, *Le contrôle de la constitutionnalité en République Démocratique du Congo. Etude critique d'un système de*

Ces deux auteurs convergent vers l'idée que le juge constitutionnel congolais n'a, depuis son installation, posé aucun acte de courage dans le cadre de ses compétences. La conclusion est, à première vue, séduisante. L'analyse décline, néanmoins, le besoin d'un rééquilibrage quant à la qualification des réponses et du comportement du juge constitutionnel lorsqu'il se trouve confronté à des litiges à forte connotation politique.

Son comportement est-il toujours frileux, voire, complice du pouvoir et ses réponses opportunistes, dans le cadre du contrôle de constitutionnalité ?

Rien n'est moins sûr parce qu'une analyse méticuleuse et rigoureuse de la jurisprudence offerte par la Cour suprême de justice suggère de faire l'économie d'une critique absolue dépourvue de nuance. Une appréciation objective de certains arrêts rendus par cette juridiction permet d'identifier le contexte de la distribution de la justice constitutionnelle en RDC et d'atténuer, par voie de conséquence, la rigidité de critiques qui lui sont souvent, et non sans intérêt, adressées.

Les systèmes juridiques modernes apparaissent de nos jours comme des ensembles hiérarchisés de normes. C'est le couronnement de la vision kelsenienne, prônée par l'école du normativisme, qui considérait « *le droit comme un complexe ordonné des normes* »[40].

La recherche d'une explication et de la justification du fait décisif, responsable de cette structuration du système juridique, selon le mode hiérarchique, révèle qu'aucune réponse univoque ne peut être dégagée de la doctrine. On peut, néanmoins, identifier une école objective qui se borne à constater la production graduelle des normes juridiques et une autre qui soutient que les nécessités de l'Etat de droit impliquent une hiérarchie des normes.

La première catégorie des théoriciens, ayant constaté l'existence d'une gradation hiérarchique entre les normes, conclut à la théorie de la création du droit par degrés ; théorie mieux connue sous le terme allemand de "*Stufentheorie*". Élaborée par le juriste Merkl de l'école normativiste de Vienne, cette théorie séduira considérablement et sera reprise par Hans Kelsen et ses collègues normativistes de Vienne : Bonnard et Carre De Malberg qui démontrent l'inapplicabilité de cette théorie en France, ou encore P. Guggenheim, qui en fera de brillants exposés[41]. C'est dans le cadre

justice constitutionnelle dans un Etat à forte tradition autocratique. Thèse de doctorat en Sciences juridiques, UCL, 2008, pp.87-88.

[40]Ph. ARDANT, *Droit constitutionnel et institutions politiques*, Paris, éd. LGDJ, 1997, p.93.

[41]Lire R. BONNARD, « La théorie de la formation du droit par degré dans l'œuvre d'A. MERKL », *RDP*, 1928, pp.668 et s.; De même R. CARRE De MALBERG, *Confrontation de la théorie de la formation du droit par degrés avec les idées et les institutions consacrées par le droit positif français relativement à sa formation*, 1933. Ouvrages indiqués in P. GUGGENHEIM, *Traité de droit international public*, Tome 1, Librairie de l'Université, Georg & Cie S.A., Genève, 1967, p.36, note n° 2 et M. HAURIOU, *Précis*

de cette théorie que ce dernier écrit que « *les différentes catégories de normes juridiques sont reliées les unes aux autres. Une règle ne peut donc acquérir la valeur juridique que pour autant qu'elle est créée en vertu d'une règle préexistante.* [...] *L'ordre juridique contient ainsi une gradation hiérarchique entre les différentes catégories de règles et on en conclut que l'ordre juridique se crée par degrés* »[42].

Aujourd'hui, une autre opinion rattache cette hiérarchie à une perspective plus grande, celle qui est liée aux exigences de l'Etat de droit. Dans cette école, on retrouve notamment Edouard Mpongo Bokako Bautolinga qui pense que « *dans les sociétés politiques* [*démocratiques*], *les gouvernants sont soumis au droit. Cela implique qu'ils doivent, non seulement, respecter le contenu même de la Constitution, mais aussi, la hiérarchie des normes qu'elle établit. Il en découle :*

a) l'obligation, pour les lois, de se conformer à la Constitution ;

b) la suprématie de la loi sur les actes édictés par l'exécutif (principe de la légalité) ;

c) l'existence d'une hiérarchie interne aux actes pris par l'exécutif»[43].

L'analyse est partagée par Ambroise Kamukuny Mukinay qui affirme que « [parmi] les trois idées qui s'imposent et qui peuvent être considérées comme autant de composantes d'un contenu minimum de l'Etat de droit, [se retrouve] l'idée que les actes du pouvoir sont hiérarchisés. Ce qui permet de contrôler chaque acte en le rapportant aux actes qui lui sont hiérarchiquement supérieurs »[44].

Pour éviter l'arbitraire, les organes tant administratifs que judiciaires, doivent être hiérarchisés.

Pour Maurice Duverger, cette structuration est due à l'existence du principe de la légalité qui, nécessairement, « *implique une hiérarchie entre les actes juridiques* »[45].

En effet, l'existence et le fonctionnement des institutions étatiques se réalisent au moyen de prescriptions contenues dans des normes juridiques

---

de droit administratif et de droit public, Paris, éd. Dalloz, 2002, p.352. A en croire A. de LAUBADERE, L'observation de l'existence des normes qui n'auraient pour raison d'être que la réalisation de la « *concrétisation croissante* » d'autres normes servirait de justification à cette théorie. Voir A. de LAUBADERE, J-C. VENEZIA et Y. GAUDEMET, *Traité de droit administratif*, Tome 1, Paris, 9ème éd. LGDJ, 1984, p.16, note n° 9.

[42]Lire R. BONNARD, « La théorie de la formation du droit par degré dans l'œuvre d'A. MERKL », *op.cit.*, p.36.

[43]E. MPONGO BOKAKO BAUTOLINGA, *Institutions politiques et droit constitutionnel*, *op.cit..*, p.104.

[44]A. KAMUKUNY MUKINAY, *Contribution à l'étude de la fraude en droit constitutionnel congolais*, Louvain-la-Neuve, Academia-Bruylant, Bibliothèque de droit africain, 2011, p.66.

[45]M. DUVERGER, *Institutions politiques et droit constitutionnel : Les grands systèmes politiques*, Paris, PUF, 1987, p. 208.

spécialisées. Parmi ces normes, les actes de volonté du souverain sont appelés actes constituants ou actes constitutifs des institutions étatiques parce qu'ils participent à la détermination de la structure d'un système normatif en contribuant à l'élaboration de son architecture. Ainsi, l'ensemble de la production normative subordonnée à la Constitution provient du fonctionnement des institutions instaurées par celle-ci. Il en résulte que la création et la détermination des modalités de fonctionnement des institutions sont des moyens privilégiés pour orienter et contrôler la production normative au sein d'une démocratie constitutionnelle.

Dans ce sens, la Constitution devient l'instrument nécessaire qui permet à la volonté du souverain de conditionner l'adoption des actes émanant des autorités constituées[46]. Ce qui conduit logiquement, à organiser l'ensemble du système juridique selon le mode hiérarchique afin que chaque acte des autorités investies d'un pouvoir normatif soit conforme à la volonté du constituant ; ceci implique que la hiérarchie indispensable est matérialisée, en premier lieu, par la séparation entre le pouvoir constituant et les pouvoirs constitués[47].

On peut, en définitive, retenir que la hiérarchie des normes est inscrite dans la nature même de l'Etat. Cette vision découle pourtant de l'observation du phénomène juridique, l'institution étatique étant également un fait social résultant de l'instauration d'un système des normes[48].

Il s'en suit qu'à la base de la formation du système juridique, les normes constituantes se distinguent de normes régissant le fonctionnement des institutions constituées et auxquelles ces dernières doivent se soumettre.

Dans cette perspective, l'existence de l'Etat apparaît, en quelque sorte, comme un « *procédé d'unification et d'impulsion du droit* »[49]. Vue sous cet angle, cette hiérarchie normative se confond avec la hiérarchie organique de l'Etat à laquelle elle s'identifie d'ailleurs.

Il demeure que cette hiérarchie doive être considérée, comme un paramètre permettant d'analyser la structure des organisations politiques[50].

Il en résulte que la structuration du système juridique, selon le mode hiérarchique, est largement admise[51]. Aussi, pouvons-nous affirmer que la

---

[46]E. MPONGO BOKAKO BAUTOLINGA, *Institutions politiques et droit constitutionnel*, *op.cit.*, p.106.

[47]*Idem.* Cette théorie met en lumière le fait que « *Le pouvoir constituant domine et prime sur le pouvoir législatif et le pouvoir exécutif* », voir J. GICQUEL, *Droit constitutionnel et institutions politiques*, Paris, Montchrestien, 1995, p.170.

[48]*Idem.*

[49] G. BURDEAU, *Traité de science politique*, Tome 3, *La dynamique politique*, Paris, LGDJ, 2ème éd., 1968, p.101, n°52. H. KELSEN identifie l'Etat à un ensemble hiérarchisé de normes.

[50]*Idem.*

[51]Il en est de même de tout système normatif. Voir G. BURDEAU, *Traité de science politique, op.cit.*,p.14 : « Le système juridique, comme tout système normatif, est hiérarchisé ».

théorie actuelle du droit positif met en scène un système hiérarchisé de normes au sein duquel les normes et les actes juridiques se tiennent les uns les autres dans des rapports de subordination.

En réalité, cette vision considère que « l'ensemble des règles concourant à former un ordre juridique se trouve condensé en un système et forme une unité normative »[52].

Or, pour déterminer le contenu du système, il faudrait retrouver la hiérarchie des normes, tout en gardant à l'esprit que, dans cette hiérarchie, les normes inférieures doivent être conformes aux normes supérieures desquelles elles tirent leur validité.

Cette obligation de conformité des règles inférieures aux règles supérieures emporte donc une conséquence d'une portée remarquable au sein du système juridique : « *la conformité est la condition de la validité de la règle* »[53]. Il s'en suit que l'Etat est un ordre juridique hiérarchisé, chaque norme trouvant le fondement de sa validité dans la conformité à une norme supérieure.

L'on devrait faire remarquer que ce système de validité ne se fonde pas sur des "canons" abstraits à partir desquels s'apprécieraient les normes. « La validité des règles inférieures de droit positif tire encore son autorité des règles supérieures »[54].

Il est vraisemblable que le système de validité soit lié au phénomène de l'application des normes [55] : celui-ci permet de déterminer l'importance et la place de chaque activité normative au sein d'un Etat. D'où, l'on peut dire que « *la loi qui tire sa validité de la Constitution, apparaît, dans son rapport avec le texte fondamental, comme un acted'application des normes constitutionnelles, et ce, en ce sens qu'elle demeure fondamentalement une activité secondaire par rapport à la source primaire que représente la Constitution* »[56].

---

[52]P. GUGGENHEIM, *Traité de droit international public*, *op.cit.*, p. 36.

[53]La validité paraît être l'élément ou la qualité essentielle, principale et centrale d'une norme, car « *Si la norme ne peut être ni vraie ni fausse, on dit cependant qu'elle est valide. Dire d'une norme qu'elle est valide, signifie qu'elle est en vigueur et qu'on doit se comporter conformément à ce qu'elle prescrit* ».Voir G. BURGEAU, F. HAMON, et M. TROPER, *Droit Constitutionnel*, Paris, LGDJ, 26ème éd., 1999, p.11. Ce qui signifie en d'autres termes qu'elle existe puisque, a contrario, « *une norme dépourvue de validité n'est pas une norme du tout* ».

[54]P. GUGGENHEIM, *Traité de droit international public*, *op.cit.*, p.36.

[55]Ce qui se conforme à ce que, du reste, écrivent G. BURDEAU, F. HAMON et M. TROPER : « *un commandement n'est valide que lorsqu'il est conforme à une norme supérieure en application duquel il est émis* ». Voir G. BURDEAU, F. HAMON et M. TROPER, *Droit Constitutionnel*, *op.cit.*, p.12. Cette norme supérieure sert de fondement à la validité de la norme considérée.

[56]La loi est, toutefois, parallèlement source de création du droit à l'égard des normes réglementaires, donc source primaire vis-à-vis de ces dernières. Elle demeure, de ce point de vue, source de droit supérieure vis-à-vis du règlement. Ceci est contraire à ce que pense M. HAURIOU, qui ne trouve pas dans la loi des principes d'action mais des limites

Dans tous les cas, il se vérifie aujourd'hui qu'une norme n'est valide que dans la mesure où elle est conforme à une norme supérieure ; de même que son existence n'est justifiée que par la nécessité d'assurer l'application de cette dernière[57].

A ce propos, une nuance doit être faite. En effet, toutes les normes identifiables dans le système juridique ne résultent pas d'un processus volontaire de création par les organes de l'Etat en vue d'aboutir à l'application de la norme générale. Ainsi, il conviendrait de distinguer « *les règles qui naissent directement d'un acte de volonté de l'Etat qui, à travers ses organes, forge les règles et leur confère une efficacité obligatoire [,] d'autres qui, par contre, naissent soit de la volonté des autres sujets de droit, soit de la conscience anonyme populaire, et l'Etat se limite à reconnaître cette nouvelle situation juridique* »[58]. C'est ce qu'on appelle, respectivement, « *la production organique ou autoritaire* » et « *la production autonome* » des normes juridiques[59].

Il s'établit alors deux types de relation entre les normes. Aussi, la validité d'une norme inférieure, fonction de la relation qu'entretient celle-ci avec la norme du niveau supérieur, peut résulter de plusieurs normes de

---

extérieures qui borneraient l'action administrative. Ainsi, la loi ne serait pas source créatrice des actes administratifs. Voir M. HAURIOU, *Précis de droit administratif et de droit public*, *op.cit.*, p.353.

[57]En réalité, ona constaté « *que plus une norme est élevée dans la hiérarchie, plus elle est générale et abstraite*». Voir Ph. ARDANT, *Droit constitutionnel et institutions politiques, op.cit.,* p.93.

Plus elle ne se borne qu'à établir des principes tandis que les normes inférieures se présentent de plus en plus comme celles qui posent des règles d'application ou celles qui permettent l'exécution au *concret* des normes abstraites, individualisant *ipso facto* la norme générale. Ainsi en est-il de la jurisprudence qui, dans sa recherche du *raisonnable* (J. CARBONNIER) dans la règle de droit, se constitue en vue de l'application des normes formelles ; de la même façon que la coutume (constitutionnelle) serait constituée des pratiques qui ont pour but d'atténuer les rigueurs de la règle. Voir sur cette question la position des partisans de la *Stufentheorie* de l'école normativiste de Vienne qui opposent l'individualisation de la norme à sa *concrétisation croissante* (A. De LAUBADERE et *alii*, *Traité de droit administratif*,*op.cit.*, p.16, n°9 ; M. HAURIOU, *Précis de droit administratif et de droit public*, *op.cit.*, pp.351-352. Mais, au-delà de considérations de l'école de la *Stufentheorie* ainsi que de celles de l'école de Bordeaux, nous croyons que l'application renferme et dépasse aussi bien l'individualisation des normes que leur *concrétisation croissante.* Il faudrait donc considérer que l'existence de toutes les règles juridiques se justifie par la nécessité de leur application.

[58] Voir E. MPONGO BOKAKO BAUTOLINGA, *Institutions politiques et droit constitutionnel, op.cit.,* p.176.

[59]*Ibid.*, pp.26-28. Il est important de noter que ces normes sont établies suivant la procédure de création des règles de droit. Ces règles procédurales sont appelées "*règles secondaires*" dans la théorie de H.L.A. HART. En réalité, celles-ci « *déterminent les conditions et les modalités, les procédures et les formalités nécessaires pour créer, reconnaître, appliquer, modifier ou supprimer des règles primaires* » B. FRYDMAN et I. RORIVE, *Introduction au droit et à la méthodologie juridique*, Bruxelles, 3ème éd., PUB Cours-librairie, 2005-2006, p.21.

contenu différent selon que le rapport considéré est statique[60] ou dynamique[61].

Et, selon la vision que nous en présentent Burdeau, Hamon et Troper, ce serait dans cette double relation que résiderait la spécificité du système juridique. Celui-ci est, en effet, « *caractérisé par une double relation, statique et dynamique [...] tandis que les autres systèmes ne consistent qu'en relations statiques ou en relations dynamiques entre les normes* »[62].

La thèse de deux catégories de hiérarchie se rapproche de la théorie de H.L.A. Hart qui distingue entre les « *règles primaires* » et les « *règles secondaires* ». Pour cet auteur, « *les premières règles déterminent une conduite à observer et les secondes règlent le fonctionnement des institutions juridiques* »[63].

Il faut convenir avec Frydman et Rorive que « l'articulation des règles secondaires et des règles primaires est fondamentale car elle permet à l'ordre juridique de contrôler lui-même les conditions de sa production, de son développement et de ses applications. L'ordre juridique apparaît ainsi comme un système autorégulé. »[64] Il peut alors être qualifié de «système auto poïétique, car le droit se produit en quelque sorte lui-même »[65]. Ainsi, « le droit tend à devenir un système autoréférentiel dans la mesure qu'il détermine la validité et la portée de ses propres règles, par rapport à des critères qu'il détermine lui-même »[66].

---

[60]Dans la hiérarchie statique, la relation entre les normes n'est qu'une relation entre deux contenus dont l'un apparaît comme plus général que l'autre. Ce qui est de ce fait particulier. Dans cette optique, l'activité juridique ne consiste qu'à vérifier si le contenu de la norme considérée est conforme à celui plus général qu'elle *applique*. G. BURDEAU et collaborateurs ont même été conduits à parler de "*sentenceprédéterminée*", étant donné le processus simple qui se met en œuvre, celui consistant à constater que les conditions fixées par la norme générale sont remplies afin d'en tirer des conséquences également déterminées par ladite norme ; les actes inférieurs se présentent en ce cas comme de simples "*déductions*" des actes supérieurs.Voir G. BURDEAU, F. HAMON, et M. TROPER, *Droit Constitutionnel*, *op.cit.*, p. 15.

[61]Cette hiérarchie est dynamique, lorsque « *les normes supérieures règlent la production des normes inférieures* ». Cette validité fonde, de ce fait, la compétence de mettre en œuvre, d'appliquer la norme supérieure, c'est-à-dire qu'elle « *confère un pouvoir que l'autorité n'aurait pas autrement, d'émettre une norme* ». Ici, les normes supérieures ne font que désigner les autorités chargées de prendre des actes d'application des normes ainsi que la forme dans laquelle ces actes sont pris. Voir G. BURDEAU et Alii, *Droit Constitutionnel*, *op.cit.*, p. 15.

[62]*Idem.*

[63]B. FRYDMAN et I. RORIVE, *Introduction au droit et à la méthodologie juridique,op.cit*, pp.20-22.

[64]*Idem.*, p.22.

[65]*Ibidem.* Voir note n°22. Cette conception a été développée par l'Allemand Niklas Lühman, sociologue du droit.

[66]*Idem.*

Cette idée selon laquelle la validité d'une norme est fondée sur sa conformité à une norme supérieure, nous place, à terme, face à un épineux problème : il se révèle que l'on doive, en l'espèce, à chaque fois, rechercher à remonter les normes supérieures, jusqu'à trouver la norme qui fonde le système juridique tout entier. C'est la question de la *norme fondamentale du système juridique*[67].

L'observation du système juridique congolais permet d'affirmer que « *l'ordre juridique tout entier repose sur la Constitution* »[68]. Elle permet, également, de remarquer qu' « *au-dessus de la Constitution, il n'existe aucune norme* »[69].

La Constitution ne justifiant pas d'une norme supérieure sur laquelle elle fonderait sa validité, ne serait-elle donc pas une norme ?

C'est en vue de la solution à cette problématique que la doctrine, dont le maître à penser est Hans Kelsen, va essayer de proposer la théorie qui est aujourd'hui connue sous le nom de *la théorie de la norme supposée*[70].

Il est vrai qu'avant Hans Kelsen, la validité d'une norme (constitutionnelle) était justifiée par sa conformité au droit naturel, qui découlait soit d'une origine divine, soit de la justice, soit même de la raison[71].

Il paraît d'ailleurs que Hans Kelsen lui-même emprunte beaucoup au droit naturel cette position du problème :

« Je partage, écrit-il, l'opinion de la doctrine du droit naturel en ce sens qu'il ne peut être question de la validité du droit positif qu'en vertu d'un principe qui lui-même n'est pas du droit positif »[72].

---

[67]Il est un fait que fonder la validité des normes inférieures sur des normes « *supérieures* », nous conduira à rechercher dans le système les normes qui sont situées au-dessus de toutes les autres normes lesquelles leur sont inférieures « *jusqu'à remonter à une norme fondamentale* » A. KAMUKUNY MUKINAY, *Contribution à l'étude de fraude en droit constitutionnel congolais, op.cit.*, p.66. C'est dans cet ordre d'idées que P. GUGGENHEIM trouve utile de « *rappeler que la théorie pure de droit reconnaît la nécessité logique d'une norme fondamentale* ("*Ursprungsnorm*"), *c'est-à-dire une norme primitive* » P. GUGGENHEIM, *Traité de droit international public, op.cit.*, p.37.

[68]E. MPONGO BOKAKO BAUTOLINGA, *Institutions politiques et droit constitutionnel, op.cit.* , p.88. Ce qui incite à conclure qu'il s'agit de la norme fondamentale du droit, la Constitution étant« *au sens propre du mot, la règle fondamentale.* »

[69]G. BURGEAU, F. HAMON et M. TROPER, *Droit Constitutionnel, op.cit.*, p.12.

[70]Cette théorie, au-delà du fait qu'il s'agit d'une manière assez curieuse de résoudre une question juridique, est une réelle reconnaissance de l'incapacité où se trouve le droit positif à se constituer, par lui-même, en système valable. J. DJOLI ESENG'EKELI, avec D. ROUSSEAU, exprime mieux cette idée en ces termes : « *Dans le point de vue kelsenien, la Constitution posée n'est pas, à elle seule, la garantie de la systématicité sans faille de l'ordre juridique ; elle a besoin d'une hypothèse logique transcendantale, la "grundnorm" qui la fonde comme système complet et fermé* ». J. DJOLI ESENG'EKELI, *Le constitutionnalisme africain : entre la gestion des héritages et l'invention du futur*, Paris, éd. Connaissances et Savoirs, 2006, p.18.

[71]Lire la justification que le *Chief* justice Holdt donne de l'arrêt DrBONHAM, rendu par le juge Lord Coke (1ère décision sanctionnant la hiérarchie des normes) dans M. FROMONT, *La justice constitutionnelle dans le monde, op.cit.*, p.8.

Il continue, conciliant plus ou moins avec les tenants du droit naturel, en faisant remarquer ceci :

« J'ai souvent insisté sur le fait que par rapport à ma thèse, la doctrine du droit naturel se trouve dans une position nettement avantageuse [car] elle peut affirmer que c'est Dieu qui a édicté le droit, la norme qui constitue le principe premier »[73].

De cette concordance, il tire néanmoins des conclusions différentes de celles soutenues par les théoriciens du droit naturel : développant, en effet, sur l'existence du principe fondant la validité du droit positif, il écrit :

« Mais dire que ce principe est lui-même une règle de droit, c'est autre chose. Pour ma part, je ne puis y voir autre chose qu'un principe hypothétique, fictif »[74]. Ainsi, « ma norme fondamentale est fictive et présuppose un acte de volonté fictive qui l'a créée. Il s'agit de la fiction selon laquelle une autorité veut qu'il en soit ainsi... »[75].

---

[72]P. GUGGENHEIM, *Traité de droit international public*, *op.cit.*, p.38. Voir la note n°1.

[73]P. GUGGENHEIM, *Traité de droit international public*, *op.cit.*, p.38.

[74]*Idem*. Voir la note n°1.

[75]*Ibidem*. Voir la note n° 2. « *Elle n'est même pas véritablement une norme* » pour G. BURDEAU et *alii*, *Droit Constitutionnel*, *op.cit.*, p.12. P. GUGGENHEIM nous renseigne (voir la note n° 3) que « *PERASSI également s'est préoccupé de la recherche de la norme fondamentale en vue d'éviter un "regressus adinfinitum". Il admet qu'à un moment donné, on se trouve inévitablement devant un fait normatif initial et fondamental du système et qui occupe dans ce système une situation particulière, celle d'un postulat improuvable dans le cadre juridique, mais susceptible d'une preuve dans une autre science qui poursuit d'autres fins et emploie des méthodes différentes, la sociologie juridique* ». De toutes les façons, d'après cet auteur, « *cette règle fondamentale, qui n'est pas établie selon la procédure de création des règles de droit, ne saurait être qualifiée de norme juridique ni de règle de droit positif* », *op.cit.*, p. 38. Voir la note n° 1. ; Comparer A. KAMUKUNY MUKINAY, *Contribution à l'étude de la fraude en droit constitutionnel congolais*, *op.cit.*, p. 66 : « cettenorme fondamentale ne peut être que supposée puisqu'elle est extérieure à l'ordre juridique ». Du reste, la théorie de la norme supposée paraît être une thèse réactionnaire puisqu'elle semble poursuivre l'inscription en faux de la théorie des premiers positivistes selon laquelle la Constitution ne serait qu'un fait ne découlant d'aucun ordre juridique préalable. Cette théorie se réduirait ainsi en une tentative d'inclusion de la Constitution dans le droit positif. Cette constatation est soutenue par P. GUGGENHEIM, qui explique que l'importance de cette théorie « *se limite à mettre en lumière une opération logique indispensable, celle de dire pourquoi les règles constitutionnelles d'un ordre juridique donné sont valables, et, à leur tour, confèrent leur caractère obligatoire aux règles inférieures établies selon la procédure prévue par les normes constitutionnelles* », *op.cit.*, p. 38. Voir également, G. BURDEAU, F. HAMON et M. TROPER, *Droit Constitutionnel*, *op.cit.*,p.12, d'après lesquels, « *c'est seulement le présupposé, faute duquel il serait impossible de traiter la Constitution comme une norme* ». Cette thèse prévient également la facilité qui consisterait à dire que la Constitution est la fameuse règle fondamentale du droit positif de même que la critique facile qui mettrait en scelle l'argument selon lequel la norme fondamentale n'étant pas du droit, la Constitution est donc un fait qui fonderait le système juridique. Il demeure que cette théorie reste, toutefois, étroitement liée aux conceptions aristotéliciennes de la recherche du principe premier fondateur de toute chose.

La problématique de la norme fondamentale ne donne pas lieu à discussion fermée, laissée à la seule discrétion des juristes occidentaux. Elle est, à en croire Jacques Djoli, également connue de l'Afrique traditionnelle. L'auteur affirme que :

« Le mythe, ajoutera Etienne le Roy, sert d'ordonnancement initial et [de] justification des Institutions et l'organisation des relations entre les groupes ».

« Le mythe est donc le substrat de l'ordre juridique, c'est-à-dire le substratum sacré et inébranlable sur lequel s'édifie le système normatif de la société. Aussi, pouvons-nous dire avec Verdier que le mythe est la fondation du droit, la charpente juridique originaire de la société telle qu'elle a été mise sur pied par les ancêtres fondateurs, auteurs du mythe. Il y a donc une connexion entre l'ordre mythique et l'ordre juridique, et plus précisément avec le constitutionnalisme car l'ancêtre fondateur est aussi le créateur d'une catégorie particulière de normes juridiques qui ont la suprématie sur les autres règles de droit" »[76].

Quant au débat sur le contenu de cette norme fondamentale, les auteurs ne se mettent pas toujours d'accord: pendant que certains soutiennent la liberté du législateur, d'autres soulignent l'importance des valeurs véhiculées dans la société, l'idéologie, les représentations sociales, le principe ainsi que les exigences de la « *solidarité et l'interdépendance sociales*» (Duguit), l'adéquation psychologique ou spirituelle, « *les expériences de l'histoire et l'observation de la réalité* » (Morin), voire "*l'idée de droit*" (Burdeau)[77].

Dans le cadre du système de droit positif congolais, la norme sur laquelle est assis l'ensemble des normes contenues dans l'ordre juridique est

---

[76] J. DJOLI ESENG'EKELI, *Le constitutionnalisme africain entre la gestion des héritages et l'invention du futur*, *op.cit.* , p.19. L'auteur J. DJOLI ESENG'EKELI fait partie, en République Démocratique du Congo, de ceux qui recherchent et discourent sur cette norme fondamentale selon les vues des positivistes sociologiques. Lire aussi l'ouvrage collectif rédigé sous la direction de C. KUYU, *A la recherche du droit africain du XXI è siècle,*Paris, Karthala, Connaissances et savoirs, 2005. (Œuvre des chercheurs du laboratoire d'anthropologie juridique de Paris). Pour une précision théorique, nous avons déjà eu l'occasion de souligner avec PERASSI que la sociologie juridique est la science qui permettrait de prouver l'existence de la norme fondamentale -malgré la négation catégorique de G. BURDEAU et alii, *Droit constitutionnel*, *op.cit.*, p. 12, pour qui : « *Cette norme fondamentale n'existe pas* ».

[77]Dans ce débat, il faudrait signaler l'apport considérable de G. BURDEAU et de tous les sociologues du droit, dans leur effort consistant à distinguer la validité formelle qui fait l'objet du débat, de la validité matérielle, liée au contenu (au fond) ; validité qu'ils renvoient aux représentations sociales, à l'adéquation spirituelle, à l' « *idée de droit* ». Ses disciples dont F. HAMON et M. TROPER écrivent par ailleurs que « *ce n'est qu'une validité formelle. En revanche, la norme fondamentale ne permet en aucune façon de justifier le fond des normes. Cette fonction (justificatrice) revient à l'idéologie ou selon la terminologie de G. BURDEAU, à l'idée de droit, c'est-à-dire à la représentation de l'ordre social désirable.* ». G. BURDEAU et alii, *Droit Constitutionnel, op.cit.,*p.12.

la Constitution ; tant il est vrai que « *l'ordre juridique tout entier d'un Etat repose sur la Constitution* [*car*] *celle-ci est à l'origine de toute l'activité juridique qui s'y déploie* »[78].

C'est dans le même ordre d'idées que F. Delpérée écrit ce qui suit : « *au commencement du droit est la Constitution* ». Il faut donc lui reconnaître la qualité de norme fondamentale dans le droit positif et non du droit positif. En d'autres termes, c'est la « grundnorm » positive du droit et non la « grundnorm » du droit positif[79]. Du reste, « *le principe de la suprématie de la Constitution sur le reste de l'ordre juridique a une valeur explicative incontestable et correspond au droit positif de la plupart des Etats*[80] ».

La naissance de l'Etat coïncide, par ailleurs, avec l'établissement de sa première Constitution, écrite ou non, c'est-à-dire avec l'apparition du statut qui, pour la première fois, a donné à la collectivité des organes assurant l'unité de sa volonté et faisant d'elle une personne étatique. De ce fait, la Constitution est analysée comme la norme fondatrice de l'Etat.

Il en résulte que la Constitution ne se caractérise pas seulement par le fait matériel de son écriture, par sa forme, mais, aussi par sa force juridique la situant au-dessus des règles législatives ordinaires et des autres actes de l'exécutif[81].

La suprématie constitutionnelle serait un vain mot, mieux, un simple credo, en l'absence d'un organe chargé d'assurer son effectivité[82]. L'institution d'une juridiction constitutionnelle chargée d'assurer la protection de la Constitution répond parfaitement à cette nécessité. Concrètement, la juridiction constitutionnelle impose la conformité des tous

---

[78]E. MPONGO BOKAKO BAUTOLINGA, *Institutions politiques et droit constitutionnel*, *op.cit.*, p.88.

[79]F. DELPEREE, *Droit constitutionnel*, Tome 1, Larcier, Bruxelles, 1981, p.14.

[80]Ph. ARDANT, *Droit constitutionnel et institutions politiques*, *op.cit.*, p.94.

[81]Pour la littérature sur les propositions de définition de la Constitution, voir R. BONNARD, « Les actes constitutionnels de 1940 », in *RDP,* 1942, p.49 ; P. BASTIDE, *L'idée de constitution*, Paris, Economica, 1985, p.142; D. G. LAVROFF, *Le droit constitutionnel de la Vè République,* Paris, Dalloz, 1995, p.79 ; P. WIGNY, *Cours de droit constitutionnel*, Bruxelles, Bruylant, 1973 ; P. BISCARETTI DI RUFFIA et S. ROZMARYN, *La constitution comme loi fondamentale dans les Etats de l'Europe occidentale et dans les Etats socialistes*, Paris, L.G.D.J., Torino, Libreria Scientifica, 1966, p.4 ; M. TROPER,« Constitution » in A.-J. ARNAUD, *Dictionnaire encyclopédique de théorie et de sociologie du droit,* Paris, LGDJ, 2ème éd., 1993, p.103 ; J. CADART, *Institutions politiques et droit constitutionnel*, Tome 1, Paris, Economica, 3ème éd., 1990, p.126; J. GICQUEL, *Droit constitutionnel et Institutions politiques*, Paris, Montchrestien, 12ème éd., 1993, p.169; J. BAGUENARD, « La Constitution », in J-M. AUBY (dir.), *Droit public,* Paris, Economica, 2ème éd., 1989, p.30 ; Ch. DEBBASCH, J.-M. PONTIER, J. BOURDON et J.-C. RICCI, *Droit constitutionnel et Institutions politiques*, Paris, Economica, 3ème éd., 1990, p.73 ; D. TURPIN, *Droit constitutionnel*, Paris, P.U.F., 2ème éd., 1994, p.83.

[82]M.M. MBORANTSUO, *La contribution des cours constitutionnelles à l'Etat de droit en Afrique*, *op.cit.*, p.76.

les actes pris par les gouvernants et les gouvernés, à la norme fondamentale, au travers du contrôle de la constitutionnalité.

De ce qui précède, l'on peut affirmer que le contrôle de constitutionnalité est, non seulement, la compétence principale des Cours constitutionnelles, mais également, celle qui fonde l'existence et les spécificités de ces juridictions.

Cette focalisation, parfois idolâtrée, sur la « seule mission » des Cours constitutionnelles tend à occulter d'autres[83], certes moins « admirables », mais fondamentales. Aujourd'hui, l'ensemble des Etats africains, reconnaissent à la juridiction constitutionnelle une compétence qui prend une dimension toute particulière : la juridiction constitutionnelle est également le juge des élections[84] au niveau national.

Dans ce continent, en effet, l'élection apparaît comme un moment d'exacerbation des passions et des tensions. Son contrôle est décisif pour la légitimité des élus. Toute défaillance est, en ce domaine, susceptible d'entraîner l'instabilité institutionnelle, voire des affrontements violents dans la population.

Dans ce contexte, la fonction de juge électoral est devenue fondamentale. Sa réussite, dans cette mission, peut s'analyser comme la condition sine qua non, de la non-contestation, ab initio, de la légitimité de représentants élus[85].

De cette présentation, l'on peut retenir que la consolidation de la juridicisation de la vie politique congolaise est largement tributaire de l'indépendance de la Cour constitutionnelle.

La justice constitutionnelle et le juge, doivent donc développer les attitudes indépendantes des pouvoirs législatif et exécutif. Sans indépendance, l'ordre juridique n'aurait plus de sens et les droits qu'il proclame aucune substance[86].

L'Etat de droit est « avant tout celui dans lequel les interventions de l'autorité publique comme celles des particuliers peuvent et même doivent, dès qu'elles s'avèrent irrégulières, être soumises à censure d'une tierce partie, à savoir, au contrôle du juge-indépendant »[87]. Ainsi, « sans juge, il n'y a pas d'Etat ni de Constitution. Ou ce qui revient au même, il n'y a pas

---

[83]Notamment celles de juge électoral (juge du contentieux électoral), juge de la régulation du fonctionnement des institutions et de l'activité des pouvoirs publics, juge des droits et libertés fondamentaux de la personne humaine.

[84]Dans les vieilles démocraties occidentales, le contrôle des opérations électorales s'analyse en une mission subsidiaire des juridictions constitutionnelles, la doctrine n'y consacre, d'ailleurs, qu'une part moindre de ses débats.

[85]M.M. MBORANTSUO, *La contribution des cours constitutionnelles à l'Etat de droit en Afrique*, *op.cit.*, p.183.

[86]X. BOISSY, *La séparation des pouvoirs, Œuvre jurisprudentielle*, *op.cit.*, p.144.

[87] F. DELPEREE, « La Constitution et les juges », in *Constitution et Justice*, Académie internationale de droit constitutionnel, onzième session, Tunis, 1995, Presses de l'Université des Sciences Sociales de Toulouse, Toulouse, 1996, p.56.

d'Etat véritable, sans Constitution véritable »[88], mais, au contraire, un assemblage, plus ou moins savant, de techniques et de procédures juridictionnelles entretenant l'illusion d'une vie constitutionnelle.

En effet, l'indépendance du pouvoir judiciaire que proclame la Constitution se manifeste aussi dans la possibilité pour ce pouvoir de s'organiser de façon plus ou moins autonome. Cette indépendance se matérialise, par exemple, dans l'autonomie budgétaire du pouvoir judiciaire que protège la juridiction constitutionnelle[89] et dont les atteintes se traduisent, le plus souvent, par la réduction du budget pour l'année à venir.

Mais la Cour constitutionnelle russe a jugé qu'en réduisant les dépenses du budget fédéral sur le financement du système judiciaire, le gouvernement et le Ministère des finances ne garantissent pas une bonne administration de la justice. Ils entravent plutôt, l'indépendance et le fonctionnement normal du pouvoir judiciaire ...« *la réalisation des dispositions constitutionnelles sur les garanties de la protection judiciaire des droits et des libertés de l'homme et du citoyen est indissolublement liée à la création, par l'Etat, des conditions nécessaires pour l'activité des tribunaux* »[90].

Les considérations précédentes suscitent des interrogations principales justifiées par le souci de construire une justice constitutionnelle à même d'assurer la protection de la Constitution et de soumettre le jeu politique au respect des règles juridiques.

---

[88]F. DELPEREE, « La Constitution et les juges »,..., *Op.cit*, p.56.

[89]Par la décision n°1 du 4 janvier 1994, la Cour constitutionnelle bulgare avait dégagé le principe de l'autonomie budgétaire du pouvoir judiciaire. Il revient au Conseil supérieur de la magistrature de préparer ce budget, le gouvernement ne pouvant qu'émettre des réserves et devant l'intégrer tel quel dans le budget présenté au parlement. Celui-ci n'a d'autre choix que de l'adopter. Cfr. F. FRISON-ROCHE, « l'émergence du constitutionnalisme en Bulgarie », in *Le nouveau constitutionnalisme*, *Mélanges en l'honneur de Gérard Conac*, Paris, Economica, 2001, p.438.

[90]Cour constitutionnelle russe, Décision du 16 juin 1988, Codices, Rus-1998-2-005. Lire également, la Cour constitutionnelle bulgare qui a, elle aussi, jugé qu'accorder au Ministre de la Justice la possibilité de gérer une partie du budget était contraire à la Constitution, parce que le pouvoir judiciaire a un budget indépendant en vertu de l'article C.117, al.3 Cfr. Cour constitutionnelle bulgare, décision n°1/99 du 14 janvier 1999, Codices, Bul-1999-1-001. Dans le même sens, la Cour constitutionnelle ukrainienne a jugé que les dépenses inscrites au budget d'Etat dans le but d'assurer le fonctionnement du pouvoir judiciaire sont protégées directement par la Constitution et le juge constitutionnel. Ces dépenses ne peuvent être réduites par les organes du pouvoir législatif et exécutif. Cfr. Cour constitutionnelle ukrainienne, décision n°6-RP/99 du 24 juin 1999, Codices UKR-1999-2-004.

III. PROBLEMATIQUE

Le questionnement au tour de la visibilité et de l'efficience de la justice constitutionnelle congolaise se résume à travers les éléments ci-après :

Qu'est ce qui peut justifier que, depuis son institution en 1960, la justice constitutionnelle apparaît encore comme un édifice décoratif ou fictif dans son rôle de régulation de la vie politique congolaise ?

Telle qu'organisée dans la Constitution du 18 février 2006, la justice constitutionnelle se révèle-t-elle, au regard du contexte de son fonctionnement, un instrument au service de la juridicisation de la vie politique et, partant, au service de la démocratie et de l'Etat de droit ?

Quel est l'état des lieux de la juridicisation de la vie politique par la justice constitutionnelle congolaise pendant la période sous examen ?

Quelles sont les conditions possibles de la consolidation d'une justice constitutionnelle régulatrice des pouvoirs publics et protectrice des droits et libertés constitutionnellement garantis à la personne humaine en République Démocratique du Congo ?

Cette étude tente de donner des éléments de réponse à ces questions d'importance et de portée inégales.

L'appréhension de différents axes de la problématique permet de dégager les hypothèses de la recherche.

IV. HYPOTHESES

L'analyse de la justice constitutionnelle en droit positif congolais autorise à regrouper autour de cinq, les hypothèses de travail. L'effectivité de la justice constitutionnelle est à la fois tributaire de la promotion et de la protection de la Constitution par le juge constitutionnel et de la volonté politique des gouvernants. Le juge constitutionnel assure la promotion et la protection de la Constitution, notamment :

- *Au moment de l'application, par les pouvoirs politiques, les forces politiques, les acteurs sociaux et les citoyens, des dispositions constitutionnelles ;*
- *A l'occasion de l'interprétation, par le juge, de la Constitution et du contrôle qu'il exerce sur les actes des gouvernants ;*
- *A la protection des droits fondamentaux et libertés publiques constitutionnellement garantis ;*
- *A la moralisation par ce juge de la vie politique à travers l'exercice de ses compétences pénales, voire électorales.*

L'entreprise du juge constitutionnel ne saurait se réaliser sans que les pouvoirs publics ne fassent montre de leur volonté politique, à travers notamment l'élaboration d'un cadre juridique achevé relatif à l'organisation et au fonctionnement de la Cour suivi de la mise à sa disposition des moyens humains, financiers et matériels indispensables à son bon fonctionnement. Dans la même perspective, les gouvernants doivent également s'engager à respecter spontanément les décisions de la Cour.

L'identification de l'intérêt de l'étude et la délimitation de son champ d'analyse contribuent, sans nul doute, à une meilleure compréhension de sa quintessence.

V. INTERET ET DELIMITATION

Le sujet abordé est d'actualité. La nécessité de la justice constitutionnelle dans un Etat moderne n'est plus à prouver[91]. Le constituant congolais du 18 février 2006 y voit un mécanisme tendant à mettre fin à la contestation de la légitimité des institutions et de leurs animateurs en vue de donner au pays toutes les chances de se reconstruire[92].

Evariste Boshab Mabudj se pose, à juste titre, la question du « *comment ne pas soutenir que l'installation de la Cour constitutionnelle devienne, une nécessité, tant que les ennemis d'hier devenus partenaires, par la force des élections, ne peuvent tolérer aucun empiètement : ils n'acceptent pas que l'on marche sur leurs plates-bandes. Pour ce faire, seule la Cour constitutionnelle, véritable église au milieu du village, peut protéger la Constitution, et par ricochet, les droits et libertés des citoyens, tout en assurant la séparation des pouvoirs* »[93].

En effet, l'instauration de la justice constitutionnelle accorde un brevet de contemporanéité aux Etats. Ceux-ci s'empressent pour ériger un juge de la loi et des actes de l'Exécutif, encadreur du pouvoir politique.

Sur le plan scientifique, l'importance de la recherche est évidente. Il suffisait de s'en rapporter à la pauvreté relative de la doctrine congolaise en matière du contentieux constitutionnel[94]. Il est un « rôle primordial des

---

[91]La justice constitutionnelle assure la protection et la promotion de la Constitution, participe à la pacification de l'univers politique, à la moralisation de la vie politique et à l'authentification des changements politiques.

[92]Exposé des motifs de la Constitution de la République Démocratique du Congo du 18 février 2006, in JORDC, numéro spécial, 47ème année, Kinshasa, 2006, pp.3-7.

[93]E. BOSHAB MABUDJ, « Les dispositions constitutionnelles transitoires relatives à la Cour constitutionnelle de la République démocratique du Congo », in *Fédéralisme Régionalisme*, Volume 7 : 2007 Numéro 1-premiers scrutins et contrôle de constitutionnalité en RDC : la mise en œuvre d'une constitution « régionaliste » http://popus.ulg.ac.be/federalisme/document.php?id=561., (consulté le 15 octobre 2010).

[94]Lire MABANGA monga MABANGA, *Le contentieux constitutionnel congolais,op.cit.,* J.L. ESAMBO KANGASHE, *La Constitution congolaise du 18 février 2006 à l'épreuve du constitutionnalisme. Contraintes pratiques et perspectives*, Louvain-la-Neuve, Academia-Bruylant, 2010 ; A. KAMUKUNY MUKINAY, *Contribution à l'étude de la fraude en droit constitutionnel congolais, op.cit.* ; P.-G. NGONDANKOY NKOY-ea-LOONGYA, *Le contrôle de constitutionnalité en République Démocratique du Congo. Etude critique d'un système de justice constitutionnelle dans un Etat à forte tradition autocratique*,

juristes d'enrichir le contenu du droit. Evidemment, ils tiennent compte de ce que les règles de droit ne sont pas tout le droit, de ce qu'il ya à côté d'elles, des règles latentes de droit à mettre en lumière, en leur donnant une formule exacte adéquate à leur contenu de sorte que le droit soit le vêtement exact du droit réel »[95].

La dimension pratique de l'étude est réelle. Il s'agit d'aborder des éléments qu'offre la justice constitutionnelle dans la juridicisation de la vie politique et, par conséquent, dans la construction de l'Etat de droit.

La démarche tend à permettre de se faire une idée sur la naissance, les fondements, le développement, l'endogénéisation, en République Démocratique du Congo, de la pratique de la justice constitutionnelle.

C'est là une contribution à la compréhension de cette institution, à travers ses buts et ses techniques qui ne sont, souvent, accessibles, qu'aux seuls initiés.

En dépit de l'importance quantitative et qualitative de la matière, une délimitation aussi bien temporelle que spatiale s'impose, afin de satisfaire aux exigences et aux contraintes liées à la nature de l'étude.

Telle que conçue, l'étude peut être délimitée d'un double point de vue spatial et temporel.

Du point de vue de l'espace, la recherche a pour ambition de contribuer à l'édification, en République Démocratique du Congo, d'un droit de la justice constitutionnelle, l'étude étant circonscrite, essentiellement, dans les limites du cadre du droit positif national avec des incursions en droit comparé afin de mûrir la démarche.

La délimitation temporelle de l'étude impose la précision de la période à examiner. En effet, on relève qu'inhérente à la méthode diachronique, l'analyse tâchera à examiner le contentieux constitutionnel résultant de la Constitution de 2006 tout en ayant égard à son développement depuis 1960 à ce jour[96].

---

op.cit., et D. KALUBA DIBWA, *Contentieux constitutionnel en République Démocratique du Congo. Contribution à l'étude des fondements et des modalités d'exercice de la justice constitutionnelle*, Thèse de doctorat en Droit, Université de Kinshasa, 2010,

[95]Lire à ce propos H. KELSEN, cité par M. VERDUSSEN, *La justice constitutionnelle en Europe centrale*, Bruxelles-Paris, LGDJ-Bruylant, 1997, p.44. Kelsen considère le juge constitutionnel comme le seul défenseur et protecteur de la Constitution.

[96]Cette délimitation mérite quelques éclaircissements. En effet, dans sa thèse de doctorat, KITETE KEKUMBA proposait l'extension du droit constitutionnel congolais à l'étude des institutions traditionnelles qui fondent l'histoire constitutionnelle congolaise et en demeurent sous-jacentes, voir KITETE KEKUMBA, *Autonomie politique et constitutionnelle du Zaïre. Essai de solution à l'inadéquation institutionnelle,* Thèse de doctorat d'Etat en Droit public, Université de Droit, d'Economie et de Sciences sociales de Paris II, Panthéon Assas, 1980, p.4. Nous pensons, pour notre part, retenir la position classique qu'exprime également M. PRELOT : « *L'histoire constitutionnelle d'un pays doit coïncider avec l'accession du pays à la souveraineté internationale, puisque c'est à ce moment que naît l'Etat* ». M. PRELOT, *Institutions politiques et Droit constitutionnel,*

La démonstration de l'intérêt et la délimitation du champ d'investigation convergent vers la nécessité d'identifier les méthodes d'approche et les techniques utilisées.

S'il convient de rappeler qu'une science n'arrive à « *étudier les vérités qu'elle poursuit, les démontre et les vérifie* »[97] que par la méthode, nous croyons ne pas déroger à cette obligation en faisant l'économie des principales méthodes utilisées en droit public, science qui combine excellemment les méthodes juridiques avec celles de type sociologique.

VI. LES METHODES D'APPROCHE ET TECHNIQUES

L'utilisation des approches juridiques et sociologiques ainsi que des techniques documentaires s'est révélée indispensable à la réalisation de l'étude.

Edouard Mpongo opine que l'usage de la double approche, juridique et sociologique ou de science politique « permet de replacer le droit (constitutionnel) dans son contexte sociologique et d'en mesurer ainsi la signification véritable. A cet égard, elle est fondamentale, au sens étymologique du terme : Toute formation juridique qui ne serait pas basée sur elle resterait artificielle »[98].

Etudiant le droit, nous avons recouru aux méthodes juridiques essentielles à la matière traitée, dans la perspective de l'interdisciplinarité : ce qui a commandé l'usage des méthodes sociologique, historique et comparative.

1. Approches juridiques

La méthode juridique consiste à analyser et à exposer le droit positif mais aussi à confronter le fait et le droit. La méthode juridique connaît des «

Paris, Dalloz, 4ème éd., 1969, p.281 ; ou selon la méthode de E. MPONGO BOKAKO BAUTOLINGA qui compte les Constitutions françaises « *depuis que la nation est titulaire de la souveraineté* » Cfr. E. MPONGO BOKAKO BAUTOLINGA, *Institutions politiques et droit constitutionnel*, *op.cit.*,pp.73-79 ; ou encore en nous fondant sur R. CARRE De MALBERG, pour qui « *la naissance de l'Etat coïncide avec l'établissement de sa première Constitution* », R. CARRE De MALBERG, *Confrontation de la théorie de la formation du droit par degrés avec les idées et les institutions consacrées par le droit positif français relativement à sa formation*, *op.cit.*, p.88. C'est pourquoi, nous avons préféré retenir l'argument qu'il rejette; argument selon lequel « *si l'on définit l'Etat comme étant d'abord le pouvoir institutionnalisé et, par extension, comme l'institution elle-même dans laquelle réside le pouvoir, ce serait, pour le zaïre (RDC), au seuil de la décolonisation, en date du 30 juin 1960, qu'il conviendrait de fixer le point de départ de l'étude du droit constitutionnel zaïrois (congolais)* ».

[97] R. PINTO et M. GRAWITZ, *Méthodes des sciences sociales*, Paris, 4èmeéd. Dalloz , 1971, p.15.

[98] E. MPONGO BOKAKO BAUTOLINGA, *Institutions politiques et droit constitutionnel*, *op. cit.*, p.15.

modalités qui sont les raisonnements de base susceptibles de résoudre juridiquement la question du sens du texte, c'est-à-dire son interprétation »[99].

Dans le cadre de cette recherche, diverses techniques d'interprétation ont été utilisées: -l'interprétation sémiologique, qui nous permet de maîtriser le langage dans lequel est exprimé le texte; -l'interprétation téléologique, qui dégage le sens d'un texte au regard de sa raison d'être, en fonction du but et de l'objectif visés par le créateur de la règle; -l'approche génétique ou diachronique[100], qui recherche l'intention de l'auteur de la règle; -la systémique, qui nous a été d'une très grande utilité, est une technique d'interprétation d'une importance non négligeable pour comprendre notre dissertation[101]. -Enfin, nous avons utilisé l'interprétation fonctionnelle[102].

2. *Approches sociologiques*

Ces méthodes reposent sur l'observation des phénomènes que l'on cherche à expliquer : elles se saisissent des faits sous un double angle à la fois descriptif et explicatif. C'est ainsi que nous avons eu recours essentiellement a trois approches : la méthode stratégique[103], la méthode systémique[104] ainsi que la méthode structuro-historique[105].

---

[99] M.A. COHENDET, *Méthodes de travail endroit public*, Paris, Montchrestien, 1988, p.12. Pour elle, « Interpréter, c'est définir ou déterminer le sens et la portée des règles de droit en vigueur ».

[100] S. SHOMBA KINYAMBA pense que l'approche porte son attention sur l'histoire des phénomènes étudiés et recourt à l'idée d'évolution, en intégrant la dimension temporelle dans l'explication des faits sociaux. Cfr. S. SHOMBA KINYAMBA, *Méthodologie de la recherche scientifique. Parcours et moyens d'y parvenir,* Kinshasa, M.E.S, 2005, p.125.

[101] Nous dirons même plus que l'analyse systémique est liée à la science juridique elle-même. En effet, « *la science juridique, affirment* J. COMBACAU et *alii, ne consiste pas dans la connaissance de règles, mais de systèmes juridiques articulés au sein desquels aucune n'a de sens en elle-même et n'en acquiert que parce qu'elle est reliée à d'autres* ». Voir J.COMBACAU, D. ALLAND et C. JEANCOLAS, *Droit international public*, Paris, PUF, 1ère éd. Thèmes/exercices et corrigés, 1987, p.8. C'est du reste l'objet de l'interprétation systémique.

[102] Voir A. KAMUKUNY MUKINAY, *Contribution à l'étude de la fraude en droit constitutionnel congolais*, *op.cit.*, pp.33-36.

[103] *La méthode stratégique « consiste à expliquer les actions des autorités publiques en les concevant comme des conduites organisées en vue d'un certain but, en fonction des conduites réelles ou probables des autres autorités* ». Lire, G. BURDEAU et alii, *Droit constitutionnel, op.cit.,* p.31. Il s'agira dans ce cas d'anticiper sur le comportement des juges, des autorités politiques, etc.

[104] *La méthode systémique*, quant à elle, n'envisage son objet que comme un ensemble d'interactions entre les éléments qui ne sont pas invariables, mais qui prennent leur signification et se modifient en fonction de ces interactions. On peut lire encore G. BURDEAU et alii, *Droit constitutionnel, op.cit.*, 1999, p. 31.

[105] *La méthode structuro-historique* permet de saisir les problèmes actuels des institutions africaines en général, et congolaises en particulier, grâce à une perspective historique à long terme, intégrant à la fois la tradition africaine et l'héritage européen (colonial et

3. *Approche historique*

L'histoire est un trésor aux mains des juristes puisqu'elle leur permet d'éclairer la situation des institutions existantes et de prévoir leur évolution future, et même, de connaître les institutions disparues pour comprendre, par contraste, les institutions actuelles. C'est dire que l'histoire permet d'éclairer le présent et de baliser l'avenir. Nous recourons à la méthode historique pour saisir la marche constitutionnelle du Congo comme une évolution par opposition successive ou dialectique.

4. *Approche comparative*

La comparaison permet de se dégager du cadre étroit du droit national congolais, de transcender ses particularités pour mieux apprécier leur signification[106].

De même Kriesi, dans une étude comparée sur les démocraties occidentales, affirme que « la méthode de la comparaison (...) constitue un mode de questionnement de l'ensemble des phénomènes politiques, une manière de faire progresser l'analyse empirique et la théorie politique dans la totalité des secteurs de la connaissance. Ainsi, penser sans comparaison est impensable, et en l'absence de comparaisons, toute pensée scientifique l'est également[107] ».

Toutefois, il ne s'agit pas de se lancer dans une étude approfondie des droits étrangers[108], mais seulement d'un recours ayant pour but d'éclairer nos propres institutions à l'étude. Il faudrait surtout sortir le juriste congolais du duo "*suivisme et servilisme*" dans lequel il s'est perdu sous couvert de l'usage de la méthode comparative ; en raison, entre autres, du fait que pour l'Afrique «*l'analyse des textes actuels* "*donne l'impression (...) d'un retour à la matrice primitive par récupération du modèle français de 1958, y compris avecses réformes récentes comme celles concernant le conseil constitutionnel français* "»[109].

---

postcolonial); elle nous invite à plonger dans les méandres de l'histoire afin de faire remonter à la surface, d' "*inventer*" les éléments qui permettront de faire une lecture globale des crises africaines. La portée et l'efficacité du contentieux constitutionnel sont également des questions qui intéressent l'anthropologie juridique.

[106]E. BOSHAB MABUDJ, *La contractualisation du droit de la fonction publique. Une étude de droit comparéBelgique-Congo*, Louvain-la-Neuve, Academia-Bruylant, 2001, p.31.

[107]H. KRIESI, *Les démocraties occidentales. Une approche comparée,* Genève, Collection politique comparée, 1994, p.5.

[108] Les règles de droit comparé sont, par récupération, déguisées et incorporées en droit congolais, parfois en l'absence du renvoi à la traditionnelle justification que l'on retrouve dans nos ouvrages de droit : « *ceci s'applique en droit congolais en tant que principe général de droit, en vertu de l'ordonnance de 1886* ».

[109]A.G. CABANIS et L.M. MARTIN, *Les constitutions d'Afrique francophone. Evolutions récentes,* Paris, Karthala, 1999, p.35.

Les techniques documentaires ont consisté dans l'exploitation des matériaux relatifs à l'objet de l'étude. Les travaux sur l'élaboration de la constitution du 18 février 2006 ont fait l'objet de plusieurs documents reproduits sous forme des rapports, des avis, des observations, des propositions d'amendement ou des communications faites lors des séminaires et ateliers.

Cela étant, il sied de présenter le plan de l'ouvrage.

PLAN DE L'OUVRAGE

L'étude se subdivise en deux parties dont l'une aborde la justice constitutionnelle et l'autre cerne la juridicisation de la vie politique congolaise.

Dans la première, il est décrit les assises épistémologiques de la justice constitutionnelle (Titre I), l'analyse synoptique des systèmes de justice constitutionnelle (Titre II) ainsi que la réception et l'endogénéisation de la justice constitutionnelle en République Démocratique du Congo (Titre III).

Dans la deuxième et dernière partie, il s'agira de démontrer que la juridicisation de la vie politique par le biais du contentieux constitutionnel (Titre I), électoral et pénal (Titre II) est un prélude à des perspectives heureuses pour une justice constitutionnelle efficace et effective (Titre III).

La conclusion générale rend compte des résultats de la recherche et donne une réponse précise à la question de savoir les hésitations qu'affiche encore la justice constitutionnelle congolaise à assurer la protection de la Constitution et des droits qu'elle garantit à la personne humaine. Elle offre un agenda sur les conditions possibles de l'instauration et de consolidation d'une justice constitutionnelle régulatrice des pouvoirs publics et protectrice des droits et libertés constitutionnellement garantis en République Démocratique du Congo.

PREMIERE PARTIE : DE LA JUSTICE CONSTITUTIONNELLE

L'institution des juridictions constitutionnelles est, depuis la seconde moitié du XXe siècle, un passage obligé de toutes les Constitutions modernes au même titre que l'Institution des assemblées parlementaires, d'un gouvernement et d'un Chef d'Etat[110].

L'idée est aujourd'hui prégnante. Elle est en passe de devenir une antienne universelle, notamment avec la vague de démocratisation des années 1990 et qui a fait entrer, avec plus ou moins de bonheur, un nombre considérable de pays dans le club des Etats à juridiction constitutionnelle. En effet, tous les Etats, à quelques exceptions près[111], ont formellement mis en place des organes juridictionnels chargés d'exercer la justice constitutionnelle. Ils ont clairement défini les compétences. L'on assiste, aujourd'hui plus qu'hier, à une multiplication accrue des procédures juridictionnelles permettant d'assurer un contrôle aussi complet que possible de la constitutionnalité des divers actes de l'Etat[112].

Il en découle que la justice constitutionnelle est devenue un indicateur important d'appréciation du caractère démocratique ou non d'un régime politique, constitutionnel, mieux un dispositif de régulation de la vie politique.

Ce développement de la justice constitutionnelle est bien illustré par Cappelleti lorsqu'il écrit : « si le XIXe siècle fut celui des parlements, le XXe est le siècle de la justice constitutionnelle»[113].

Cependant, si de nos jours les juridictions constitutionnelles prennent significativement du relief au sein des Constitutions et semblent bénéficier d'un impact significatif tant auprès de l'opinion publique qu'au sein des systèmes politiques qu'elles entendent réguler, si aujourd'hui elles disposent de « *grands pouvoirs* », leur naissance dans l'ordonnancement institutionnel des Etats a longtemps paru chimérique.

Cet état de chose se justifiait, à en croire Michel Fromont, par le fait qu'il était difficile de soumettre les titulaires des fonctions suprêmes à l'obligation de respecter le droit[114].

---

[110] D. ROUSSEAU et A. VIALA, *Droit Constitutionnel*, Paris, Montchrestien, 2004, p.113.

[111] Certains Etats ne prévoient pas l'existence de telles juridictions. C'est le cas notamment du Royaume-Uni, des Pays-Bas, du Lesotho, du Liberia et de la Lybie.

[112] M. FROMONT, *La justice constitutionnelle dans le monde, op.cit.*, p.135.

[113] D. ROUSSEAU, *La justice constitutionnelle en Europe*, Paris, Montchrestien, 2ème éd., 1996, p.9.

Pour l'auteur, deux facteurs expliquent l'attitude réfractaire des autorités publiques à soumettre leurs actes au droit.

Le premier est relatif à la concentration de tous les pouvoirs en une seule main ; peu importe qu'il s'agisse d'un individu ou d'un groupe d'individus. En effet, les autorités publiques étaient titulaires à la fois du pouvoir exécutif, législatif et judiciaire. Précisément, pendant qu'elles disposaient du monopole de la contrainte, elles avaient aussi pour fonction de dire le droit et la prérogative de la création ou de l'élaboration des lois leur revenait de plein droit.

Le second facteur explicatif de ce phénomène se trouve lier à la quasi inexistence d'une hiérarchie des normes, dont la possibilité d'établissement n'est apparue que progressivement[115].

Il faut attendre les réflexions menées par Charles de Secondat, Baron de la Brède et de Montesquieu pour qu'il soit pris en son compte le concept de séparation des pouvoirs mis en évidence par l'histoire constitutionnelle britannique et qui faisait, pertinemment, observer que tout serait vain si le même corps d'officiels devait exercer de manière cumulative les trois pouvoirs. Il en a découlé la systématisation des idées de rupture avec le dogme de l'unité du pouvoir souverain et l'introduction de la tripartition du pouvoir. *Il n'y a point de liberté* si la puissance de juger n'est pas séparée de la puissance législative et de l'exécutrice[116]. Et *pour qu'on ne puisse abuser du pouvoir, il faut que, par la disposition des choses, le pouvoir arrête le pouvoir*[117].

Tirant les conséquences de cette pensée qui postule l'idée d'un contrôle nécessaire du pouvoir, les Etats-Unis d'Amérique ont, relativement tôt, intégré le principe d'un contrôle de constitutionnalité et porté la consécration de la justice constitutionnelle.

L'organisation d'un tel contrôle a, cependant, longtemps suscité le scepticisme et la méfiance auprès des Etats européens. On est tenté de dire que Montesquieu n'avait pas résolu le problème : le principe de séparation des pouvoirs empêchait que le pouvoir judiciaire puisse contrôler les actes du pouvoir législatif. La crainte d'une atteinte à la séparation des pouvoirs se radicalisa par la socialisation de la loi, survivance du mythe rousseauiste de la *loi, expression de la volonté générale*. Cette *barrière* rendait ainsi inconcevable l'idée d'un contrôle des actes du législateur et partant l'existence d'un juge constitutionnel.

---

[114]M. FROMONT, *La justice constitutionnelle dans le monde*, *op.cit.*, *p.*1.

[115]M. FROMONT, *La justice constitutionnelle dans le monde*, *op.cit.*, *p.*1. Observons que la conjonction de ces deux facteurs a lieu lorsqu'il s'agit des pouvoirs royaux. Il en est de même sous des régimes dits autoritaires ou totalitaires ou sous des gouvernements d'assemblée et les dictatures fascistes et communistes.

[116]MONTESQUIEU, *De l'esprit des lois*, Paris, édité par V. Goldschmidt, Vol.1, 1955, p.293

[117]*Idem.*, p.294.

Dans sa vision moderne, le principe de séparation des pouvoirs est compris dans le sens de contrôle et d'équilibre mutuels des pouvoirs (*Checks and balances*), qui garantissent la limitation de tout excès d'un pouvoir sur les autres.

Appréhendé sous cet angle, le principe est indissociable de l'Etat de droit et du constitutionnalisme, lesquels sont consubstantiels à la justice constitutionnelle. Ces concepts postulent, en effet, l'idée d'encadrement ou de contrôle constitutionnel du pouvoir et de la protection des droits et des libertés publiques[118].

La compréhension et la réalisation raisonnable de ces rôles sont l'une des directions principales de la manifestation et du développement de la justice constitutionnelle.

Apparue il y a deux siècles aux Etats-Unis d'Amérique, la justice constitutionnelle s'est rapidement répandue en Europe après la seconde guerre mondiale et a conquis le monde entier.

Elle fait désormais et incontestablement partie intégrante du paysage institutionnel des Etats modernes. La République Démocratique du Congo, à l'instar de tous les pays du monde et ceux de l'Afrique en particulier, l'a adoptée, non par simple mode, peut-on dire, mais pour que ses citoyens puissent mieux vivre dans un Etat de droit constitutionnel.

Cette sorte de généralisation doit, cependant, être perçue avec circonspection. La justice constitutionnelle détient un tel pouvoir qu'elle n'est pas encore totalement acceptée et qu'elle est régulièrement critiquée et mise sur la sellette. Etablie pour contrôler et limiter le pouvoir, l'effectivité de cette institution suscite beaucoup de scepticisme et de réserves dans le chef des gouvernants.

Il convient donc, au-delà de notre commune adhésion à cette « nouvelle forme de justice », de comprendre un phénomène qui touche désormais la plupart de systèmes politiques contemporains.

Il importe, pour ce faire, de s'interroger sur le fondement philosophique de la justice constitutionnelle, mieux, le contexte d'apparition de ce phénomène (Titre I), avant d'en cerner, à travers une étude comparative des modèles traditionnels existants, ses exigences fondamentales (Titre II).

---

[118] J.-L. ESAMBO KANGASHE, *La Constitution congolaise du 18 février 2006 à l'épreuve du constitutionnalisme. Contraintes pratiques et perspectives*, *op.cit.*, pp.227-247 ; A. MBATA BETUKUMESU MANGU, « *Perspectives du Constitutionnalisme en République Démocratique du Congo sous l'empire de la Constitution du 18 février 2006* », in S. BULA BULA (dir.), « Pour l'épanouissement de la pensée juridique congolaise », *in Liber amicorum. M. A. LIHAU*, Bruxelles-Kinshasa, Bruylant-PUK, 2006, pp.191 et 398 ; L. FAVOREU et L. PHILIP, *Les grandes décisions du Conseil constitutionnel*, *op.cit.*, p.49.

Ces préalables permettront d'avoir une meilleure lecture de la justice constitutionnelle dans ses phases de réception et d'«endogénéisation » en République Démocratique du Congo (Titre III).

TITRE PREMIER : LE CONTEXTE D'APPARITION DE LA JUSTICE CONSTITUTIONNELLE

TOute théorie, tout système de pensées est d'abord un commencement dans l'ordonnancement des idées. Il semble dès lors indispensable de replacer le système de justice constitutionnelle dans une perspective épistémologique et d'examiner la manière dont cette institution a été pensée. Il s'agit de jeter notamment un éclairage sur la genèse intellectuelle du contrôle de constitutionnalité des lois[119].

Il est établi que c'est aux Etats–Unis d'Amérique que le contrôle juridictionnel de constitutionalité des lois a véritablement fait son apparition. En effet, alors que la Constitution de 1787 n'abordait pas la question, sans doute parce que l'état de la réflexion n'était pas encore suffisamment avancé, la Cour suprême, dans son célèbre arrêt Marbury contre Madison, pris sous la présidence du juge Marshall, se reconnaît compétente, en 1803, pour contrôler la conformité des lois à la Constitution qu'il considérait, à l'instar des pères fondateurs, comme la loi fondamentale et suprême.

Cette importante décision consistait en la censure par un juge d'un texte législatif, en l'occurrence une loi votée par le Congrès américain. Elle a eu pour conséquence immédiate d'amener dans les fonds baptismaux le contrôle par voie d'exception, de la constitutionnalité des lois et avec lui la justice constitutionnelle.

Longtemps ignorée, voire rejetée en Europe, l'idée d'un contrôle ou de son institution a fini, avec le concours des circonstances, par gagner les esprits et s'est, par la suite, généralisée. Dans cette évolution, l'influence des travaux de Hans Kelsen a été fort déterminante. En effet, dans un effort doctrinal remarquable, la théorie de la construction du droit par degrés (autrement dénommée théorie de la hiérarchie des normes) consacra, dans le souci de garantir la suprématie de la Constitution, l'exigence d'un contrôle de constitutionnalité par une juridiction unique[120].

---

[119]Il ne s'agit pas de réduire la justice constitutionnelle au seul contrôle de constitutionnalité des lois. L'on retient, cependant, que c'est par le biais du mécanisme de contrôle de constitutionnalité des lois que le juge J. MARSHALL exerça la justice constitutionnelle en déclarant non conforme à la Constitution fédérale une loi votée par le Congrès.

[120]Voir H. KELSEN, *Théorie pure du droit*, traduit de l'allemand par Ch. EISENMANN, Paris, Dalloz, 2ème éd., 1962, pp.290 et s.

Ainsi, est-il apparu clairement que le contrôle de constitutionnalité des lois se fonde, tant dans le cadre américain (arrêt Marbury contre Madison) que dans le cadre européen sur le postulat de la suprématie de la Constitution[121]. L'entreprise conduira au triomphe de la Constitution normative.

Il convient d'examiner le fondement de la justice constitutionnelle dans une double perspective américaine et européenne (chapitre 2). Mais toute tentative de compréhension d'un tel fondement qui postule le respect de la Constitution ne saurait faire l'économie de la logique qui a guidé l'instauration de cette justice constitutionnelle. Cette logique procède de la nécessité de rompre avec des courants ou des régimes qui, durant des années, avaient fait du respect de la légalité constitutionnelle et dans laquelle les actes du législateur jouissaient, notamment d'une immunité quasi totale (chapitre 1).

---

[121]L. FAVOREU et L. PHILIP, *Les grandes décisions du Conseil constitutionnel*, *op.cit.*, p.213.

CHAPITRE I : L'ORIGINE DE LA JUSTICE CONSTITUTIONNELLE

L'abandon de la souveraineté parlementaire fondée sur l'autorité absolue de la loi considérée comme l'expression de la volonté générale et donc insusceptible de contrôle juridictionnel, a permis d'accroître la notion de la suprématie de la Constitution.

Ce nouveau courant qui a inauguré la scission d'avec le « *légicentrisme* », théorie qui affranchissait les actes du législateur du contrôle de la constitutionnalité, a conduit à l'avènement du constitutionnalisme[122].

Ce changement des paradigmes constitue un tournant décisif dans l'évolution du droit constitutionnel. Désormais, à la Constitution simple-organisation des pouvoirs publics- a succédé la Constitution charte jurisprudentielle des droits et libertés et la base de toutes les branches de droit : droit public, droit privé et droit économique ; à la démocratie majoritaire a succédé la démocratie constitutionnelle[123]. C'est non sans raison que Georges Vedel parle aujourd'hui du nouveau droit constitutionnel[124].

Dans ce contexte, la suprématie de la Constitution est devenue un élément essentiel sur lequel se fonde la hiérarchie des normes juridiques.

Cependant, sans un organe juridictionnel, la supériorité de la Constitution équivaudrait, du point de vue juridique, à un vœu pieux, sans force obligatoire. Elle ne serait qu'une simple affirmation de principe vide de sens et dénuée d'efficience.

L'existence d'un organe juridictionnel chargé du contrôle permet ainsi de concrétiser la suprématie de la Constitution et une effective réalisation de la saisie du politique par le droit au point de conduire à ce que Favoreu appelle « juridicisation » de la vie politique[125].

---

[122] J.-L. ESAMBO KANGASHE, *La Constitution congolaise du 18 février 2006 à l'épreuve du constitutionnalisme. Contraintes pratiques et perspectives, op.cit.*, p.9.

[123] A ce sujet D. ROUSSEAU et A. VIALA observent que le droit constitutionnel, après l'époque de l'influence politique soutenue par M. DUVERGER, a eu une nouvelle rationalité juridique en raison de la montée en puissance du juge constitutionnel (lire *Droit constitutionnel, op.cit.*, p.12). Dans la même filière d'idées, lire J. DJOLI ESENG'EKELI, *Droit constitutionnel : principes structuraux*, T.1, Kinshasa, Editions Universitaires Africaines, 2004, pp.22-23.

[124] In Préface de D. ROUSSEAU, *Droit du contentieux constitutionnel, op.cit.*, p.4.

[125] Lire à ce propos D. KALUBA DIBWA, « De la démocratie électorale à la démocratie constitutionnelle », in www.la-Constitution-en-Afrique.org. Texte présenté lors du

Force est de constater que la justice constitutionnelle est devenue, depuis la seconde moitié du XXe siècle, l'une des composantes normales des systèmes constitutionnels des Etats modernes. La plupart se sont, en effet, doté des cadres institutionnels de contrôle juridictionnel de constitutionnalité des lois, tandis que d'autres, ont manifestement renforcé, voire parfait, les organes de justice constitutionnelle.

Si, par ailleurs, la garantie juridictionnelle de la Constitution est reconnue et prévue dans presque tous les Etats, il n'en est pas toujours ainsi. Dans la longue histoire du droit, le principe de constitutionnalité indique que la Constitution est la norme suprême de l'Etat et la garantie de son respect. Dévolu à la justice constitutionnelle (Cour suprême, Cour constitutionnelle, Conseil constitutionnel), ce respect à la fois obligatoire et nécessaire n'est apparu que progressivement. C'est essentiellement un produit de l'histoire, résultat de l'évolution des idées, mieux de la « *révolution des pouvoirs* »[126] par rapport aux traditions juridiques ou aux cultures constitutionnelles des Etats.

La mise en lumière de l'origine de la justice constitutionnelle passe par l'analyse de l'arrêt MALBURY contre MADISON et la construction de la justice constitutionnelle (section 1) suivie de la contribution de HANS KELSEN à la construction de la justice constitutionnelle (section 2)

SECTION 1 : L'ARRET MARBURY CONTRE MADISON ET LA CONSTRUCTION DE LA JUSTICE CONSTITUTIONNELLE

Il n'est pas inutile de rappeler, à titre liminaire, que la Constitution des Etats-Unis d'Amérique du 17 septembre 1787 ne prévoit pas expressément l'existence d'une justice constitutionnelle, chargée de contrôler la constitutionnalité des lois. James Madison avait même suggéré l'idée de conférer au pouvoir judiciaire un droit de veto pour inconstitutionnalité. La proposition apparue incongrue aux yeux de plusieurs, fut tout simplement rejetée[127].

Non défini par la Constitution, ce contrôle fut affirmé par la Cour suprême elle-même dans l'affaire Marbury contre Madison au cours de laquelle, la Cour s'est déclarée compétente de connaître la conformité d'un acte législatif à la Constitution.

---

colloque sur les 50 ans du Constitutionnalisme en République Démocratique du Congo. Consulté à 13h, le 8 mars 2010.

126 M. GAUCHET, *La révolution des pouvoirs : la souveraineté, le peuple et la représentation. 1789-1799*, Paris, Gallimard, Coll. Bibliothèques des Histoires, 1995, p.35.

127 L. FAVOREU et L. PHILIP, *Les grandes décisions du Conseil constitutionnel*, *op.cit.*, p.204

La décision est restée universellement célèbre. La question fondamentale est de savoir la force juridique des arguments retenus à l'appui de cette décision.

Une des particularités que présente le contrôle de constitutionnalité né de l'affaire Marburycontre Madison est fondé sur une interprétation de la Constitution et non sur une disposition expresse de celle-ci. Il importe de comprendre la nature de ce pouvoir d'interprétation juridictionnelle.

Etant essentiellement un contrôle dont l'existence tient à la spontanéité de la Cour, le contrôle de constitutionnalité apparaît toutefois conforme à « *l'esprit des pères fondateurs* », de la Constitution américaine.

§1. Les précédents historiques du contrôle juridictionnel de la constitutionnalité des lois

Le contrôle judiciaire de la constitutionnalité des lois fédérales tel qu'exercé aux Etats-Unis d'Amérique est né lorsque le *Chief* justice Marshall a dû justifier ses prétentions à exercer un tel contrôle, en 1803, dans l'affaire qui opposa Marbury à Madison.

Dans cette décision, la Cour suprême refuse d'appliquer une loi qu'elle estime contraire à la Constitution et fait dépendre de cette considération l'issue de son jugement[128].

Il ne s'agit pas là d'une création ex nihilo. Précisément, une telle idée a été trouvée en Angleterre avant la « *glorieuse révolution de 1688* », où Lord Coke dans des arrêts célèbres, proclama la nullité des lois « *répugnantes* » à la « *Common Law and Reason* »[129]. Cette vision est également prégnante dans la tradition du contrôle de la conformité des « *statutory laws* » des législatures des colonies anglaises d'Amérique et aux « *Law and Statu* » du Royaume par le Privy Concil « *Londonien* »[130].

Ainsi, à l'époque de la convention de Philadelphie (1787), le contrôle juridictionnel de la constitutionnalité des lois n'était pas totalement inconnu dans l'ex-colonie britannique. Autrement dit, la censure par un juge d'une loi qui est contraire à un droit supérieur ou qui est non conforme à une certaine égalité naturelle ne passait pas pour saugrenue[131]. Elle fut reprise et systématisée par Hamilton (C) dont le raisonnement servit, plus tard, à fonder le contrôle judiciaire de la constitutionnalité des lois (B) ce qui plonge ses racines au plus profond de l'histoire de l'antique Grèce (A).

---

[128]D. ROUSSEAU et A. VIALA, *Droit constitutionnel, op.cit.*, p.115.

[129]M. CAPPELLETTI, *Le pouvoir des juges*, traduction par René David, Paris, Economica et Presses universitaires d'Aix-Marseille, 1990, p.626.

[130]D. TURPIN, *Droit Constitutionnel*, Paris, PUF, 1992, p.159.

[131]E. ZOLLER, *Les grands arrêts de la Cour suprême des Etats-Unis*, Paris, PUF, 2000, p.123.

A. Du contrôle de la conformité du « psephisma » à la « nomos » dans la Grèce antique

Les Grecs faisaient la distinction entre les « *psephisma* » (équivalent des lois ordinaires ou règlements) et les « *normos* » comparables, dans une certaine mesure, aux lois constitutionnelles.

De cette distinction, ils introduisirent un principe fondamental (ancêtre lointain du contrôle de constitutionnalité) selon lequel, le « *psephisma* » ne devait pas être en contradiction avec la « *normo* ».

Le principe ainsi stipulé avait une double conséquence. C'est que d'abord, le membre de l'organe législatif qui aurait initié un « *psephisma* » inconstitutionnel était pénalement responsable. Ensuite, les « *psephisma* » contraires aux « *normos* » étaient considérés comme nuls. Les juges athéniens n'étaient tenus aux « *psephisma* » que dans la mesure où ceux-ci étaient conformes aux lois constitutionnelles, c'est-à-dire, aux normos.

Sans trop savoir quel impact cette pensée a eu sur le développement ultérieur du principe de contrôle de constitutionnalité, il est indéniable que le contrôle de constitutionnalité des lois façonné par les Américains tire sa source des idées anglaises de la primauté de la Constitution et du droit de contrôle de constitutionnalité expérimentés dans les colonies anglaises d'Amérique.

B. Les assises anglaises du contrôle juridictionnel de la législation

Michel Fromont note que l'idée selon laquelle « le juge puisse refuser l'application d'une loi pour contradiction avec une règle supérieure est anglaise »[132].

Une telle affirmation paraît à première vue paradoxale compte tenu de l'imperméabilité manifeste et caractérielle des Anglais à la justice constitutionnelle.

Il ne sera pas question ici d'analyser les raisons pour lesquelles le principe de contrôle de constitutionnalité des lois n'a pas été adopté en Angleterre lors même qu'il a été transmis historiquement aux ex-colonies britanniques par ce même pays. Disons toutefois avec Dominique Rousseau que la négation britannique ou le refus de l'émergence du contrôle de constitutionnalité ou encore la non installation d'une Cour constitutionnelle est imputable à une culture fortement légicentriste, c'est-à-dire fondée sur la souveraineté parlementaire qui postule l'affranchissement des actes du législateur du contrôle juridictionnel et à l'absence consécutive d'une Constitution écrite[133].

---

[132] M. FROMONT, *La justice constitutionnelle dans le monde, op.cit.*, p.7.

[133] D. ROUSSEAU et A. VIALA, *Droit constitutionnel, op.cit.*, pp.118-119. L'interdiction faite aux juges de contrôler les lois paraît étrangère si l'on considère qu'il s'agit d'un pays

Cependant, lorsqu'il s'agit de rechercher les traces de l'existence d'un contrôle de constitutionnalité, l'affaire *Dr. Bonham* en 1610 constitue un moment fort de sa cristallisation dans la mesure où le juge appliqua la notion de « *la loi supérieure* ».

Dans sa décision rendue à une époque où le légicentrisme dominait toute la pensée politique britannique, le juge Edward Coke prit le courage de soutenir la thèse révolutionnaire de la suprématie de la Common Law sur la loi royale[134].

Sous sa présidence, le Tribunal de *Common Please* avait ainsi arrêté que la *Common Law* l'emporte sur les actes du parlement et, par conséquent, en provoquerait la nullité judiciaire radicale dans le cas où ces actes iraient à l'encontre de la justice commune et de la Raison[135].

Dans une motivation serrée de son jugement, le juge note : « la lecture de nos recueils montre que, dans beaucoup d'affaires, la Common Law l'emporte sur des lois du parlement et que, dans certains cas, elle les déclare nulles et non avenues ». L'auteur poursuit en affirmant que, quand une loi du parlement est contraire à un droit consacré par la Common Law, et à la raison, ou inadmissible au regard de la Common Law elle est déclarée nulle[136].

Il ressort que la *Common Law* est à la fois la loi fondamentale et suprême du Royaume et l'incarnation de la raison. De ce fait, une loi du parlement, contraire à la loi suprême, tombe sous le coup des lois qui doivent être déclarées nulles.

En l'espèce, la loi invoquée dans l'affaire Dr. Bonham poursuivi pour exercice illégal de la médecine, apparut aux yeux du juge déraisonnable et contraire au droit de la Common Law. Elle devait donc être déclarée nulle et, par conséquent, le « *collège des médecins* » de Londres ne devait pas s'en prévaloir pour sanctionner Dr. Bonham[137].

En agissant ainsi, le juge Coke avait exercé un véritable contrôle de constitutionnalité des lois émanant du parlement.

Cette décision audacieuse naviguait à contrecourant et ne rentrait pas dans la pratique britannique dominante du XVIIe siècle[138]. Marginalisée, la doctrine du juge Coke fut mise entre parenthèses et avec elle l'idée cardinale

---

de *Common law* où, par définition, les juges et la jurisprudence occupent une place prépondérante comparativement aux pays de la famille romano-germanique.

[134]M. FROMONT, *La justice constitutionnelle dans le monde,op.cit.*, p.7.

[135] E. ZOLLER, *Les grands arrêts de la Cour suprême des Etats-Unis, op.cit.*, p.123.

[136]M. FROMONT, *La justice constitutionnelle dans le monde,op.cit.*, pp.7-8.

[137]L. FAVOREU et L. PHILIP, *Les grandes décisions du Conseil constitutionnel,op.cit.*, pp.203-204.

[138]E. ZOLLER, *Les grands arrêts de la Cour suprême des Etats-Unis,op.cit.*, p.123.

selon laquelle la volonté du parlement ne peut être soumise au contrôle du juge[139].

Mais le grain étant semé, l'élan sera repris au siècle suivant par le *Chief* justice Holdt. Bien que modéré dans son jugement parce qu'il admet le principe dominant du légicentrisme, Holdt revient, cependant, en substance à la doctrine de Coke. On peut lire sous la plume du juge Holdt : « *ce que Lord Coke dit, dans son jugement sur l'affaire Dr. Bonham, est loin d'être extravagant, car il est très raisonnable et exact de dire que, si une loi du parlement ordonne qu'une même personne soit juge et partie, ou, ce qui est la même chose, juge de sa propre cause, elle sera nulle ; car il est impossible que l'on soit juge et partie, car le juge doit trancher entre deux parties*»[140].

De ce qui précède, on peut retenir que la première idée moderne du contrôle de constitutionnalité, procède du courage exceptionnel des juges anglais Edward Coke et Holdt.

Le premier, tire le fondement de l'exercice du contrôle de constitutionnalité du caractère déraisonnable que peut revêtir une loi du parlement. Holdt utilise, quant à lui, l'argument de l'impossibilité tirée du raisonnement de Coke pour asseoir son jugement.

Un autre mécanisme qui préfigura le contrôle juridictionnel de conformité d'une législation fut sans doute le recours au « *comité judiciaire du Conseil privé* », très à la mode dans les colonies britanniques d'Amérique et d'ailleurs. Le « *Privy Council* » fut une émanation du Conseil du Roi ayant le pouvoir d'invalider les lois des assemblées coloniales contraires au droit de la mère patrie.

C'est l'organisation hiérarchisée de la législation qui ouvrit la porte à une forme de contrôle de constitutionnalité. En effet, les colonies disposaient du pouvoir de légiférer sur les affaires locales les concernant pourvu que cette production législative respecte les chartes coloniales octroyées par la Couronne et qu'elle n'entre pas en conflit ou ne contrarie pas les lois du parlement de Westminster.

Le fonctionnement du « Privy Council » avait conduit à l'annulation de plus de 600 lois coloniales entre les années 1696 et 1782[141] pour inconstitutionnalité.

A la convention de Philadelphie, la plupart des « Pères fondateurs »[142] se réclamèrent expressément de la doctrine du juge Coke et

[139]L. FAVOREU et L. PHILIP, *Les grandes décisions du Conseil constitutionnel,op.cit.*, p.204.

[140]M. FROMONT, *La justice constitutionnelle dans le monde, op.cit.*, p.8.

[141]*Idem.*

[142] Il s'agit en particulier des libéraux, les théoriciens de la Révolution, partisans d'une Fédération forte et de contrepoids aux comportements de la démocratie. Les démocrates, quant à eux, s'étaient farouchement opposés à l'idée d'une quelconque soumission des représentants du peuple.

souhaitèrent la transposition de cette subordination de la législation à l'autorité de la Constitution. Nous exposons, quelques-unes des réflexions développées par Hamilton dont le raisonnement servit plus tard au fondement du contrôle judiciaire de constitutionnalité des lois.

C. La contribution d'Alexandre Hamilton à l'avènement du contrôle de la constitutionnalité des lois aux Etats–Unis

Après la déclaration d'indépendance (4 juillet 1776), bon nombre d'anciennes colonies britanniques installées en Amérique mirent tout en œuvre pour se démarquer de la tutelle de Westminster en procédant à la rédaction de leurs propres Constitutions.

S'agissant de la question du contrôle de constitutionnalité des lois, elle était très controversée et ne faisait pas l'unanimité. Ainsi, à la fin de l'année 1776, neuf nouveaux Etats indépendants sur treize avaient « établi dans leurs Constitutions des mécanismes de contrôle de constitutionnalité et confié ce contrôle, soit à une Cour suprême, soit à un Conseil des censeurs. Diverses lois votées par les législatures de ces Etats furent annulées pour inconstitutionnalité notamment sur la côte Est. Les Etats de l'Ouest, faisant davantage confiance au peuple ou à ses représentants et pourtant se méfiant de tout ce qui pouvait limiter les prérogatives des Etats et celles du peuple, s'opposèrent vigoureusement à l'adoption d'un tel contrôle »[143].

Ainsi donc, pour ne pas mécontenter les représentants de certains nouveaux Etats souverains, et faire accepter la Constitution fédérale, les pères fondateurs se contentèrent d'affirmer l'existence d'un pouvoir judiciaire et non celle d'un contrôle de constitutionnalité. C'est le sens de l'article III, section 1 qui se borne à disposer que « *le pouvoir judiciaire des Etats-Unis est dévolu à une* Cour *suprême et à telle* Cour *inférieure dont le Congrès peut, au fur et à mesure des besoins, ordonner l'institution* ». La section 1 complète en précisant que « *le pouvoir judiciaire s'étendra à tout litige, de Common Law et d'equity, né à l'occasion de cette* Constitution*, des lois des Etats-Unis et des traités contractés sous leur autorité* ».

L'article 6 de la section 2 ajoute cependant une perspective prémonitoire. Elle dispose, en effet, que « cette Constitution et les lois des Etats-Unis qui sont prises en conformité avec elle, ainsi que les traités..., seront la loi suprême du pays, et les juges de chaque Etat seront liés par eux nonobstant toute disposition contraire des Constitutions ou lois étatiques ».

Il ressort de l'analyse de cette disposition constitutionnelle que la supériorité de la Constitution sur la loi, qui, elle doit être conforme à la Constitution, était en vérité inscrite dans cette sorte de clause de suprématie

[143] D. TURPIN, *Droit Constitutionnel, op.cit.*, pp.159-160.

dès 1787, même si l'organe chargé de la sanctionner n'était pas désigné *expressis verbis*[144].

Ainsi, avant que *Chief* justice James Marshall ne revendique ce rôle de gardien de la Constitution pour le pouvoir judiciaire, Alexandre Hamilton allait en poser les fondements[145].

Dans *Le fédéraliste*[146], Hamilton développa la thèse de la supériorité de la Constitution fédérale sur toutes les lois, y compris les lois fédérales et pose le juge comme gardien de cette suprématie.

Héritage anglais, la confiance presque aveugle aux assemblées législatives a marqué les citoyens des nouveaux Etats qui les prirent pour les organes les plus appropriés pour interpréter et changer leurs Constitutions. Les législateurs des Etats étant composés des représentants du peuple, il aurait été pour le moins étonnant, pensait-on, que le peuple puisse être un tyran pour lui-même.

Hamilton réagit contre cette sorte de foi quelque peu naïve. Il affirme et veut convaincre que le parlement « *peut mal faire et une majorité peut être oppressive* ». Il suffisait de se référer à la législation coloniale britannique pour s'en convaincre. Allusion faite notamment à une loi du parlement britannique portant « droits de terrible » sur certains papiers officiels, le « *stamps Act* » de 1765 »[147]. De même dans les nouveaux Etats indépendants, plusieurs législateurs, agissant au nom du peuple, adoptèrent des lois ordinaires qui suspendaient partiellement les Constitutions, ou qui portaient interprétation de leurs clauses, ou encore qui les modifiaient purement et simplement. Au gré des circonstances, les législateurs s'immiscèrent dans les pouvoirs des gouverneurs, rejetèrent parfois des décisions judicaires et portèrent de graves atteintes aux libertés individuelles et aux droits de propriété[148].

Alors que tout portait à croire que les législateurs en tant que représentants du peuple ne pouvaient légiférer que dans le respect des droits de chacun, l'on découvrait non sans stupeur, comme le releva plus tard Thomas Jefferson que « *173 despotes pouvaient être certainement aussi*

---

[144]*Idem.*, pp.160-161.

[145]L. FAVOREU et L. PHILIP, *Les grandes décisions du Conseil constitutionnel, op.cit.*, p.204.

[146]*Le Fédéraliste* est un recueil d'articles élaboré au début de l'année 1787 dans le cadre de la campagne pour la ratification de la Constitution de 1787 par les 13 Etats. Il fallait convaincre toutes les parties prenantes de ratifier ce document lors de la Constitution de Philadelphie.

[147]E. ZOLLER, *Les grands arrêts de la Cour suprême des Etats-Unis, op.cit.*, p.34. Pour les colons britanniques, la loi sur le timbre, qui avait en réalité créé ou établi un impôt, était contraire aux libertés anglaises- et donc- « *inconstitutionnelle* » - dans la mesure où elle avait été établie sans que ses assujettis soient directement représentés au Parlement de Londres en violation du principe acquis depuis la grande charte (1215) « *No taxation without représentation* ».

[148]*Idem.*

oppresseurs qu'un seul ». Contrairement aux appréhensions de 1776, ce n'étaient donc pas les gouverneurs, mais les législateurs des Etas qui constituaient les organes les plus redoutables pour les droits et les libertés[149].

C'est de cette constatation qu'est née la réflexion d'Hamilton qu'on retrouve notamment dans la lettre n°78 du *Fédéraliste*, raisonnement qui devait conduire, rappelons-le, à fonder le contrôle judiciaire de constitutionnalité des lois.

Dans la mesure où le pouvoir législatif tire ses compétences et son autorité de la Constitution, il ne peut pas outrepasser, estime Hamilton, les limites posées par celle-ci sans dénier ses propres fondements. C'est-à-dire qu'aucune législation ne saurait être valable, sans quoi les limitations prévues n'auraient pas de sens ni leur raison d'être. Nier cela serait affirmé, en l'occurrence, que le préposé est supérieur à son commettant, que le serviteur est au-dessus de son maître, c'est-à-dire que les représentants du peuple sont supérieurs au peuple lui-même. Ce qui est absurde.

En réponse à l'argument selon lequel le législateur doit être regardé comme le juge constitutionnel de ses propres pouvoirs, Hamilton fait observer, d'abord, qu'il est plus rationnel de supposer que les tribunaux ont été désignés pour être un corps intermédiaire entre le peuple et la législature, à l'effet, entre autres, de maintenir cette dernière dans les bornes assignées à son autorité. En sus, la Constitution, loi fondamentale du pays, doit faire comme toute loi, l'objet d'interprétation. Or, l'interprétation des lois est le domaine propre des tribunaux, auxquels elle appartient exclusivement.

A partir de telles prémisses, Hamilton en vient à la conclusion qu'il revient aux juges de préciser la signification de la charte fondamentale et celle de toute loi particulière adoptée par le corps législatif, et partant, d'assurer la suprématie de la norme supérieure.

Ainsi donc, il arrive qu'il y ait une différence irréconciliable ou irréductible entre la Constitution et une loi. La norme qui présente un caractère obligatoire et une valeur supérieure doit, naturellement, être préférée. En d'autres termes, la Constitution doit être préférée à la loi, l'intention du peuple à celle de ses agents.

Une objection surgit aussitôt. En écartant l'application d'une loi déclarée par lui inconstitutionnelle, le juge serait de ce fait supérieur au législateur, représentant du peuple. Réagissant à l'objection, Hamilton note que pareille conclusion aux lois en cas de contradiction, ne suppose nullement une quelconque supériorité du pouvoir judiciaire sur le pouvoir législatif. Elle implique seulement que le pouvoir du peuple est supérieur à tous les deux. Et lorsque la volonté de la législature, exprimée dans ses lois, se trouve en opposition avec celle du peuple, déclarée dans la Constitution, c'est à cette dernière plutôt qu'aux premières que les juges doivent obéir. Ce

---

[149] *Ibidem.*, pp.37-38.

qui signifie que leurs décisions doivent être régies par les règles fondamentales et non par celles qui ne le sont pas[150].

Hamilton affirme en substance qu'il appartient aux seuls juges d'interpréter les lois dont la Constitution, de contrôler, par ricochet, les textes des assemblées présumées souveraines (parce qu'elles peuvent mal faire) et d'en écarter certaines si elles apparaissent contraires à la Constitution.

Les réflexions menées par Hamilton dans *Le fédéraliste* autant que le raisonnement du juge Coke dans l'affaire Bonham ont largement inspiré le juge Marshall dans son arrêt Marbury contre Madison, rendu en février 1803.

§2. La portée juridique des arguments de l'arrêt MARBURY contre MADISON

En 1803, par l'arrêt Marbury versus Madison, la Cour suprême des Etats-Unis d'Amérique se déclare, *motu proprio*, compétente pour connaître de la conformité d'un acte législatif à la Constitution. De cette censure prononcée par un juge à l'encontre d'un texte législatif fédéral, est né le contrôle américain de la constitutionnalité et avec lui la justice constitutionnelle.

Il est intéressant, voire instructif, de connaître les arguments, à partir desquels une Cour a pu s'attribuer pareille compétence (non inscrite dans la Constitution de 1787) et même constituer un précédent suivi par toutes les autres juridictions inférieures.

Mais auparavant, il faut restituer la décision de la Cour suprême dans son contexte en décrivant les faits et la procédure engagée.

A. Contexte de la décision de la Cour suprême

Nommé in extremis par le Président sortant des Etats-Unis, le juge William Marbury n'avait pu obtenir confirmation de sa charge par la nouvelle administration. Se fondant sur la loi fédérale de 1787 relative à l'organisation judiciaire, il a résolu de porter l'affaire devant la Cour suprême à laquelle il a demandé de prendre une décision d'injonction (*mandamus*) contre le nouveau secrétaire d'Etat James Madison, l'obligeant à s'exécuter, en l'occurrence, en envoyant l'ordre d'affectation ou requête pour donner effet à son acte de nomination[151].

---

[150] A.HAMILTON, *Le Fédéraliste*, lettre n°78, cité par M.-F. TOINET, *Le système politique des Etats-Unis*, Paris, PUF, Coll. « *Thémis* », 2ème éd., 1990, p.96 et s.

[151] D. TURPIN, *Droit Constitutionnel, op.cit.*, p.161 ; voir également E.ZOLLER, *Les grands arrêts de la Cour suprême des Etats-Unis, op.cit.*, p.107.

Analysée, cette requête soulève trois interrogations préalables d'ordre procédural relatives au droit de Marbury, au recours et à la demande d'injonction[152].

S'agissant du droit de Marbury, il s'agissait de savoir si le requérant a le droit d'être, effectivement, nommé dans ses fonctions. La Cour répondit par l'affirmative dans la mesure où, juridiquement, la nomination était acquise à la signature du président. Il s'ensuit que le refus de notification est constitutif d'une violation d'un droit acquis.

Pour le deuxième préalable à savoir, le droit pour Marbury de saisir la Cour pour se voir rétablir dans ses droits, cette juridiction relève que cet avantage est de l'essence même de la liberté civile que tout individu victime d'un préjudice puisse réclamer la protection des lois de son pays.

L'un des premiers devoirs du gouvernement est de prévoir une telle protection. L'on a toujours répété que le gouvernement des Etats-Unis est celui des lois, et non d'hommes. Il ne serait certainement plus digne de cette haute appellation si ses lois ne prévoyaient pas de voies de recours en cas de violation des droits acquis. « *Un tel opprobre ne peut frapper le système juridique de notre pays, les Etats-Unis, que dans un cas présentant des caractéristiques très particulières* », estime la Cour.

Pour la Cour donc, Marbury a le droit de recevoir son acte d'affectation. Le refus de lui délivrer cet acte est une question moins politique que juridique dans la mesure où le requérant est lésé dans l'un de ses droits individuels et ce faisant, il est fondé à obtenir réparation par voie d'action en justice.

Selon cette juridiction, cette question dépend à la fois de la nature de l'ordonnance judiciaire sollicitée et du pouvoir du juge.

La nature de l'ordonnance judiciaire est déterminée par l'objet même de la demande en action à savoir, l'obtention d'une décision ordonnant au secrétaire d'Etat de délivrer au juge Marbury son acte d'affectation. Il s'agit donc d'une injonction, un « *mandamus* ». La Cour fait observer, d'abord, qu'en parlant du *mandamus*, il ne s'agit nullement de porter atteinte à la façon dont l'exécutif exerce ses pouvoirs discrétionnaires, mais uniquement de se prononcer sur les droits qu'un individu tient de par la loi. La Cour en déduit qu'en principe, cette demande en justice devrait prendre la forme d'une requête aux fins d'obtenir une injonction et, qu'a priori, rien ne devrait la conduire à refuser l'injonction qui lui est demandée.

Remarquons que le pouvoir d'injonction conféré à la Cour résulte de l'article 13 de la loi portant organisation du pouvoir judiciaire fédéral (Judiciary *Act of 1789*) aux termes duquel la Cour a le droit d'adresser des injonctions aux agents du pouvoir exécutif. Aux termes de la Constitution, le Congrès peut réglementer le pouvoir judiciaire fédéral et, en particulier, la

[152]Nous donnons ici en condensé l'avis de la Cour cité par E. ZOLLER, *Les grands arrêts de la Cour suprême des Etats-Unis, op.cit.*, p.110.

compétence de la Cour suprême, mais uniquement pour ce qui concerne la juridiction d'appel. Or, à en croire le juge Marshall, le pouvoir d'injonction ne ressort pas de la juridiction d'appel, mais plutôt celle de premier degré, laquelle est limitativement définie par la Constitution. Il ne vise que les requêtes concernant les ambassadeurs et les consuls ainsi que celles dans lesquelles un Etat est partie (cf. art III, sect.2). En d'autres termes, la Cour se trouve ainsi investie par le Congrès d'un pouvoir qu'en réalité la Constitution ne lui reconnaît pas. C'est dire que les dispositions de l'article 13 de la loi susvisée sont en conflit direct et manifeste avec la Constitution. Quant à savoir si la Cour peut en faire application, le juge Marshall répond, à travers une argumentation serrée, par la négative.

B. Esquisse des arguments de la Cour

Nous avons relevé que si le contrôle judiciaire de constitutionnalité était parfois prévu par les Constitutions des Etats fédérés à l'égard des lois locales, rien de tel n'était, en revanche, organisé dans la Constitution fédérale à l'égard des lois du Congrès[153]. La Cour introduit elle-même en évoquant des raisons dont voici la teneur :

« La question de savoir si un acte contraire à la Constitution peut devenir la loi du pays est d'intérêt essentiel pour les Etats-Unis [...]. C'est une proposition trop simple pour être contestée que soit la Constitution l'emporte sur la loi ordinaire qui lui est contraire, soit le pouvoir législatif peut modifier la Constitution au moyen d'une loi ordinaire. Entre ces deux possibilités, il n'y a pas de troisième voie. Ou la Constitution est un droit supérieur, suprême, inaltérable par des moyens ordinaires, ou elle est au même plan que la loi ordinaire et, à l'instar des autres lois, modifiable selon la volonté de la législature. Si c'est la première partie de la proposition qui est vraie, alors une loi contraire à la Constitution n'est pas du droit ; si c'est la deuxième qui est vraie, alors les Constitutions écrites ne sont que d'absurdes tentatives de la part des peuples de limiter un pouvoir par nature illimité. Il est certain que ceux qui élaborent les Constitutions écrites les conçoivent comme devant former le droit fondamental et suprême de la nation, et que, par conséquent, le principe d'un tel gouvernement est qu'un acte législatif contraire à la Constitution est nul. Ce principe est consubstantiel à toutes les Constitutions écrites [...]. Lorsque deux lois sont en conflit, le juge doit décider laquelle des deux s'applique »[154].

Dans ces conditions, si la loi et la Constitution s'appliquent à un cas particulier, de telle sorte que le juge doit, soit obéir à la Constitution, soit décider de l'affaire conformément à la Constitution et écarter la loi, il doit décider laquelle de ces deux règles en conflit gouverne l'espèce.

---

[153] A.-M. Le POURHIET, *Droit Constitutionnel*, Paris, Economica, 2ème éd., 2008, p.148.
[154] *Idem.*, p.149.

C'est là l'essence même de la fonction judiciaire. Si donc le juge doit appliquer la Constitution, et si la Constitution est supérieure à la loi ordinaire, c'est la Constitution, et non la loi ordinaire qui régit l'affaire à laquelle toutes les deux s'appliquent.

Ces extraits de l'arrêt démontrent à suffisance que les intentions de la Cour visent à exercer un contrôle de constitutionnalité des lois, c'est-à-dire, à veiller à ce que les lois soient conformes à la Constitution, de sorte que celles qui sont en contradiction avec elle, ne reçoivent aucune application par le juge.

Deux préoccupations traversent la décision de la Cour. Celle-ci, établit la supériorité de la Constitution sur la loi ordinaire en démontrant que les juges ont, en eux, seuls le droit de sanctionner une loi contraire à la Constitution, le cas échéant, une loi émanant du Congrès.

De ces arguments, trois constances peuvent être dégagées :

1) L'argument tiré de l'existence d'une Constitution écrite

De nos jours, lorsque l'on parle de la Constitution, l'on fait naturellement référence à un texte écrit. Cette assimilation s'explique par le fait que la plupart des Constitutions modernes sont des textes écrits qui organisent le pouvoir en même temps qu'ils en fixent les modalités d'exercice[155].

Exception faite de l'Angleterre, la notion moderne de la Constitution évoque l'idée d'un document écrit qui fixe l'organisation et les modalités de dévolution des pouvoirs publics ainsi que la garantie des droits et libertés[156].

Selon la Cour, la Constitution aurait été écrite précisément pour qu'elle puisse primer sur la loi et contenir celle-ci dans les limites fixées par celle-là. Ce qui, justement, ouvre l'idée du contrôle pour s'assurer que ces limites sont effectivement respectées. Sous la plume du juge Marshall, on peut lire que: « *les compétences du pouvoir législatif sont définies et limitées ; et c'est pour que ces limites ne soient pas ignorées ou oubliées que la Constitution est écrite* »[157].

La nécessité de l'écriture des règles juridiques en vue de combattre l'arbitraire a été l'une des préoccupations majeures des sociétés anciennes. On connaît dans la Babylone l'existence du code d'Hammourabi exposé au Musée du Louvre. Dans la Grèce, l'on avait considéré qu'il fallait que le droit fût écrit pour échapper à l'arbitraire du juge-roi qui prononçait les sentences sans que l'on sache quelle règle il appliquerait. Il en était ainsi aussi à Rome où la rédaction de la « loi des douze tables », gravée dans le

---

155 D.-G. LAVROFF, *Le droit constitutionnel de la Ve République,* Paris, Dalloz, 3ème éd., 1999, p.73.

156 L'Angleterre est l'un des rares pays au monde si pas l'unique qui est régi par des lois qui ne sont pas regroupées dans un document écrit appelé Constitution.

157 A.-M. Le POURHIER, *Droit constitutionnel, op.cit.*, p.148.

bronze, permit de faire connaître à tous ce qui était autorisé et ce qui était interdit[158].

L'écrit constitue donc une sécurité judiciaire qui permet d'échapper à l'arbitraire, notamment, du juge-roi qui connaît seul le droit et le définit en même temps qu'il l'applique[159].

La conception a évolué pour se concrétiser dans les premières Constitutions américaines. A la différence de ce que l'on entendait à l'époque par Constitution, c'est-à-dire les lois, les Etats-Unis d'Amérique, les institutions formant un système de gouvernement, ces Constitutions étaient des documents écrits. Il s'agissait de rompre avec l'existence des Constitutions coutumières. Visiblement, les américains entendaient se démarquer de la tutelle de Westminster et de la tradition anglaise de la souveraineté parlementaire qui apparurent, à leurs yeux, arbitraires. Ce faisant, les pères fondateurs du régime américain ont révolutionné la conception du pouvoir du parlement et, partant, ont posé les bases d'un nouveau Constitutionnalisme en considérant qu'un pouvoir constitué est celui dont la source de validité se situerait dans une règle supérieure, la Constitution. Celle-ci serait écrite et ne pourrait être modifiée qu'au moyen d'une procédure spéciale plus complexe à mettre en œuvre que la procédure législative[160].

Le juge Marshall reprend, à son compte, cette intuition en affirmant que : « les compétences du pouvoir législatif sont définies et limitées ; et c'est pour que ces limites ne soient pas ignorées ou oubliées que la Constitution est écrite. A quoi servirait-il que ces pouvoirs soient limités et que ces limites soient écrites si lesdites limites pouvaient, à tout moment, être outrepassées par ceux qu'elles ont pour objet de restreindre »[161] ?

Il est certain, conclut le juge, que ceux qui élaborent les Constitutions écrites les conçoivent comme devant former un droit fondamental et suprême de la nation, et que, par conséquent, le principe d'un tel gouvernement est qu'un acte législatif contraire à la Constitution est nul.

Il est clair que, dans la mesure où le pouvoir législatif tire ses compétences et son pouvoir de la Constitution et partant y fonde sa validité, il ne peut pas outrepasser les bornes fixées par celle-ci sans détruire ses propres fondements.

En revanche, soutenir que le pouvoir constitué ne peut aller au-delà des pouvoirs qu'il détient d'une Constitution écrite ne règle pas du tout la question fondamentale de savoir « *qui doit déterminer si la loi est ou non en conflit avec la Constitution* ». Or, c'est le « *qui* », c'est-à-dire l'organe de contrôle qui est, le cas échéant, la question décisive.

---

[158] D.-G. LAVROFF, *Le droit constitutionnel de la Vè République, op.cit.*, p.73.
[159] *Idem.*
[160] D. ROUSSEAU et A. VIALA, *Droit constitutionnel, op.cit.*, p.115.
[161] A.-M. Le POURHIET, *Droit constitutionnel, op.cit.*, p.148.

C'est ici, en effet, qu'apparaît le fondement du raisonnement de la Cour : « dès lors que, dans les pays de la famille de la Common Law, la question du « qui » se résout d'elle-même à partir de l'instant où la Constitution est qualifiée comme le fondement du droit, le droit est intrinsèquement ce qui est dit par le juge au point que finalement c'est lui qui fait le droit (juge–made Law). A la rigueur, ceci revient à dire que, dans cette formule de droit, la loi n'est pas tout à fait du droit tant qu'elle n'a pas été appliquée par le juge[162] ».

Il faut déduire des considérations qui précèdent que c'est la qualification de la Constitution comme règle de droit et, notamment, comme « *droit écrit* » qui constitue l'élément central du contrôle de constitutionnalité des lois[163], tâche qui incombe au juge parce que justement, c'est lui qui dit le droit.

2) L'argument découlant de l'exercice de la fonction judiciaire

Sous la plume du juge Marshall, on peut lire que : « c'est par excellence le domaine et le droit du pouvoir judiciaire de dire ce qui est le droit ».

Remarquons, de prime abord, que l'argument de la fonction judiciaire est un corollaire du précédent qui considère la Constitution comme du droit. A en croire la Cour, interpréter le droit rentre dans la catégorie des fonctions ordinaires du juge. Et donc, si la Constitution est du droit, il est normal que les juges puissent l'interpréter dans l'exercice quotidien de leurs fonctions.

Autrement dit, c'est parce que la Constitution est du droit que son interprétation est nécessairement confiée à l'organe investi de la fonction juridictionnelle, lequel, dans la Constitution américaine, est clairement identifié à savoir, le pouvoir judiciaire investi du pouvoir de dire le droit : le juge peut ou doit interpréter la Constitution pour résoudre les litiges dont il est saisi.

De ce point de vue, l'interprétation judiciaire de la Constitution n'est, en principe, qu'une « *exception* » dans un litige principal, c'est-à-dire qu'elle n'intervient que de manière incidente comme une question accessoire : il revient au juge de la trancher en interprétant la Constitution exactement comme s'il fallait interpréter une loi ordinaire. Ce raisonnement conduit à instaurer un système de contrôle de constitutionnalité par voie d'exception[164].

Relevons qu'un des apports importants de l'arrêt Marbury contre Madison est d'avoir rangé la Constitution au nombre des lois positives qui

---

[162] E. ZOLLER, *Les grands arrêts de la Cour suprême des Etats-Unis, op.cit.*, p.119.
[163] E. ZOLLER, *Les grands arrêts de la Cour suprême des Etats-Unis, op.cit.*, p.119.
[164] *Idem.*, p.120.

définissent le droit en vigueur dans un Etat donné, qui créent des droits et des devoirs pour les citoyens, et qui, de ce chef, doit nécessairement faire partie des règles de droit appliquées par les juges[165].

3) Les arguments fondés sur la suprématie de la Constitution fédérale

C'est aux Etats-Unis qu'est né le contrôle de constitutionnalité. Sa source originaire est à rechercher dans le fédéralisme. Comme le note si bien Michel Fromont, « *...le fédéralisme est l'une des causes de la naissance de la justice constitutionnelle fédérale. Avant même de veiller au respect de la démocratie, [...], le juge constitutionnel a reçu mission d'assurer le respect de la répartition des compétences, notamment législatives, entre les deux niveaux étatiques* »[166].

Ce contrôle était prévu par les Constitutions des Etats fédérés à l'égard des lois locales. En effet, lors de la déclaration d'indépendance, en 1776, les premières Constitutions américaines avaient limité, à l'instar des anciennes chartes coloniales, le pouvoir de leurs législateurs. Certaines Cours, dont celle de New Jersey, se mirent à exercer le contrôle de constitutionnalité[167].

Autrement dit, « du jour où s'enracina dans les esprits l'idée selon laquelle la Constitution est une loi fondamentale que le législateur ne peut pas modifier à volonté, certains juges d'Etat commencèrent dans des cas isolés à imposer des limites aux lois que les assemblées pouvaient adopter [...] ». C'est ainsi que commencèrent les débuts de ce qui allait devenir le contrôle de constitutionnalité des lois, cette pratique spécifiquement américaine par laquelle le juge ordinaire a le pouvoir de contrôler la constitutionnalité des lois des Etats et des lois fédérales[168]. »

S'agissant du respect de la Constitution fédérale par les lois des Etats, le constituant de 1776 avait clairement dégagé le principe de solution en posant la fameuse « *clause de suprématie* » qui stipule que « *la présente Constitution, ainsi que les lois des Etats-Unis qui seront faites en conséquence et tous les traités faits sous l'autorité des Etats-Unis formeront la loi suprême du pays et seront obligatoires, pour tous les juges, dans tous les Etats, et cela, nonobstant, les dispositions contraires insérées dans la Constitution ou dans les lois quelconques des Etats.* » (Article VI).

Outre l'innovation de cette clause de suprématie définissant la Constitution comme étant « *la loi suprême du pays »,* le juge Marshall insiste sur une autre disposition constitutionnelle *(Article II, 2.1)* ; laquelle avait attribué au pouvoir judicaire des compétences très larges de connaître

---

[165] *Ibidem.*
[166] M. FROMONT, *La justice constitutionnelle dans le monde, op.cit.*, pp.110-111.
[167] *Idem.*, p.9.
[168] E. ZOLLER, *Les grands arrêts de la Cour suprême des Etats-Unis,op.cit.,* p.39.

« *toutes les affaires survenues sous l'empire de la présente Constitution* ». L'affaire Marbury contre Madison étant sous l'empire de la Constitution américaine, il revient au pouvoir judiciaire de trancher le litige.

Comme on peut aisément le constater du point de vue du droit, le raisonnement développé par la Cour est d'une cohérence logique irréprochable : non seulement, il prend appui sur les attributions constitutionnelles reconnues au pouvoir judiciaire mais encore, en qualifiant le texte constitutionnel de « *loi suprême* », le constituant oblige le juge à lui donner priorité sur la loi ordinaire[169].

Pour consolider son argumentation, la Cour revient avec force sur le serment à la Constitution, formalité substantielle exigée à tous les juges à leur entrée en fonction et qui leur fait obligation de défendre la Constitution[170].

La décision du *Chief* justice James Marshall fut célébrée plus tard comme un chef – d'œuvre de stratégie judiciaire. En l'espèce, la sentence de la Cour est tout simplement qu'elle n'a pas compétence pour adresser un « *mandamus* », au président des Etats-Unis lui enjoignant de délivrer à Marbury son acte de nomination.

Pour atteindre ce résultat, James Marshall n'était pas obligé de recourir à la longue démonstration qui fut la sienne. Il disposait de bien d'autres moyens de droit. En l'occurrence, « *la Cour aurait pu considérer que le droit de Marbury ne pouvait naître qu'à la notification et non à la signature. Ou encore motiver son refus d'adresser une injonction au secrétaire d'Etat en estimant, soit que les nominations sont constitutionnellement dévolues à la branche de l'Exécutif sans possibilité de contrôle juridictionnel, soit parce qu'une interférence dans les prérogatives de l'Exécutif serait attentatoire à l'équilibre des pouvoirs. Ou enfin, lire les dispositions de l'article 13 de la loi de 1789 évoqué par Marbury, soit en rapport avec la juridiction d'appel de la Cour ; ce qui conduirait la Cour à prononcer l'irrecevabilité de la requête ; car la requête de Marbury n'est pas venue à la Cour par voie d'appel, ni n'est en relation avec la juridiction de premier degré. Donc, dans cette dernière hypothèse, Marbury n'étant ni un ambassadeur, ni un consul, sa requête serait encore déclarée irrecevable* »[171].

Mais le fait qu'il n'a pas exploité toutes ces possibilités plus directes et moins fastidieuses, prouve à suffisance l'intention du juge d'aborder la question de l'étendue du contrôle de constitutionnalité.

---

[169] *Idem..*, p.121.

[170] E. ZOLLER, *Les grands arrêts de la Cour suprême des Etats-Unis, op.cit.*, p.39.

[171] *Idem*, pp.115-116. La Cour statue comme juridiction de 1er degré dans toutes les affaires mettant en cause les ambassadeurs, les Ministres et les consuls.

Il y est parvenu à travers un raisonnement rigoureux qui, à court terme, évitait à la Cour de s'opposer à la nouvelle administration présidentielle.

A long terme, le résultat auquel il a abouti, c'est-à-dire la déclaration d'incompétence, allait servir de base au droit que la Cour se reconnaît de contrôler la conformité des actes de l'Exécutif mais aussi des lois à la Constitution ; ce qu'aucune disposition de cette dernière ne prévoyait expressément[172].

Il faut dire qu'en l'espèce, l'opinion de la Cour est restée à la fois nuancée et habile. La Cour affirme le droit de Marbury d'être nommé ; mais rejette en même temps sa requête au motif que la disposition de la loi fédérale de 1787 prévoyant pareilles nominations, violait la Constitution. Elle aboutit, par cette nuance, à une sorte de paradoxe dont l'avantage fut d'ouvrir la voie de la censure des lois du Congrès.

L'habilité du raisonnement réside également dans le fait que la Cour, évite tactiquement de heurter de front le nouveau pouvoir mais se rattrape aussitôt en se reconnaissant un pouvoir nouveau, celui de contrôler la constitutionnalité des lois des Congrès[173].

§3. La nature du pouvoir d'interprétation du juge constitutionnel

L'une des plus importantes conséquences de la décision Marbury contre Madison aura été d'avoir donné au juge le pouvoir d'interpréter la Constitution. Non inscrit *expressis verbis* dans la Constitution, le pouvoir de contrôler la constitutionnalité des lois du Congrès est né d'une interprétation courageuse de la Constitution par le juge.

L'on a voulu considérer l'interprétation comme étant une opération purement mécanique qui ne requiert aucune création du juge consistant seulement à mettre l'article de la Constitution qui est invoqué à côté de la loi contestée et à voir si celle-ci s'emboîtait dans celui-là[174]. Il s'agit là d'une mesure où il n'est pas possible de considérer l'interprétation d'un texte autrement que comme une œuvre de l'esprit[175].

Dans le cas d'espèce, lorsqu'on parle du pouvoir d'interprétation du juge constitutionnel, l'on entend le fait qu'il soit créateur de norme ; l'interprétation étant alors synonyme de création. En effet, pour peu que l'on examine la question, toute interprétation comporte nécessairement un certain degré d'appréciation et donc de création. Ce qui conduit à soutenir que

[172]D. TURPIN, *Droit Constitutionnel, op.cit.*, p.161.

[173] L. FAVOREU et L. PHILIP, *Les grandes décisions du Conseil constitutionnel,op.cit.*, p.206.

[174]Cette théorie a été défendue par la Cour suprême des Etats-Unis au moment de la crise du New Deal. Plus personne aujourd'hui ne souscrit à cette vision mécanique de l'interprétation de la Constitution.

[175]E. ZOLLER, *Les grands arrêts de la Cour suprême des Etats-Unis, op.cit.*, p.127.

l'interprétation de la Constitution n'est pas une interprétation comme les autres. Elle a une nature spécifique qui lui confère une place spéciale parmi les autres types d'interprétation ; la Constitution objet de sa préoccupation étant différente des autres textes juridiques.

Il en découle que la tâche de contrôler les lois est inévitablement créatrice du droit et va beaucoup plus loin que la fonction traditionnelle assumée par les juges d'Europe continentale, à savoir celle d'être des « *simples interprètes* » et des « *fidèles serviteurs* » des lois. C'est autant dire que l'interprétation des normes constitutionnelles est différente de celle des lois ordinaires : elle demande une approche qui se conjugue mal avec la traditionnelle « faiblesse et timidité » du juge du modèle continental[176].

C'est bien ce pouvoir de création du droit qui a conduit la Cour à se reconnaître compétente pour censurer le Congrès en l'absence de toute disposition constitutionnelle afférente.

Bien entendu, le président Thomas Jefferson ne pouvait que s'opposer à l'attribution des telles compétences au profit du pouvoir judiciaire dans la crainte que la Constitution deviendrait, le cas échéant, « *un objet de crise que les juges pouvaient modeler à leur guise...* »[177].

Abondant dans le même sens, Hughes faisait observer que « nous sommes soumis à une Constitution, mais la Constitution est ce que les juges disent qu'elle est »[178].

L'herméneutique constitutionnelle américaine fait état, aux Etats-Unis d'Amérique, par la Cour suprême interposée, de plusieurs méthodes d'interprétation constitutionnelle. Celles-ci peuvent être regroupées en deux grandes catégories, selon le degré de liberté reconnu au juge.

Ainsi, l'on trouve des techniques interprétatives que l'on oppose aux techniques qui ne le seraient pas. Les premières ont toujours pour objet d'interpréter le texte constitutionnel lui-même tandis que les secondes vont au-delà de l'interprétation traditionnelle classique.

Les techniques interprétatives comprennent les méthodes historiques, textuelles et structurelles. La méthode historique se réfère à l'intention nouvellement souveraine qui ratifie le texte constitutionnel.

La méthode textuelle s'attache au texte lui-même, donne aux mots qu'il contient la signification que leur prêterait tout citoyen.

La méthode structurelle considère la Constitution dans sa globalité afin d'en tirer un principe incontestable à partir duquel serait déduite une conséquence juridique particulière pour inférer une affirmation sur la réalité du monde environnant. Elle est à rapprocher de la méthode systémique qui interprète une disposition constitutionnelle à la lumière d'une autre

---

[176]M. CAPPELLETI, *Le pouvoir des juges*, *op.cit.*, pp.627-628.

[177]L. FAVOREU etL. PHILIP, *Les grandes décisions du Conseil constitutionnel, op.cit.*, p.206.

[178]E. ZOLLER, *Les grands arrêts de la Cour suprême des Etats-Unis, op.cit.*, p.124.

disposition issue de la Constitution en cherchant une cohérence dans le système, dans son ensemble.

Les techniques non interprétatives recouvrent trois méthodes, à savoir, les méthodes du précédent, jurisprudentielle et axiologique.

La méthode du précédent cherche à appliquer une solution déjà établie au cas d'espèce. Précisément, avant même et sans qu'il soit besoin de se référer au texte constitutionnel qui, par sa généralité, ne fournit pas de critère, le juge recherche l'affaire dont il est saisi. Il ne s'agit donc pas d'une application aveugle ou automatique de la règle « *stare decisis* » qui oblige le juge à suivre fidèlement la jurisprudence antérieure dans la mesure où il est un principe fondamental du constitutionnalisme américain qui suggère que la Cour suprême puisse toujours changer sa jurisprudence, notamment, lorsque la jurisprudence antérieure a fait une interprétation erronée de la Constitution.

La méthode jurisprudentielle consiste à prendre en considération tous les paramètres d'une affaire, à en peser le pour et le contre, en tenant compte de tous les avantages et inconvénients et à décider dans le sens qui paraît le plus sage et donc le moins controversé. Cette méthode semble délicate. Il en est ainsi par exemple de savoir si l'Etat peut imposer un test de dépistage obligatoire du VIH/SIDA, etc.

La méthode axiologique ou éthique recourt aux principes fondamentaux de l'éthique américaine telle qu'elle se reflète dans la Constitution. Elle postule l'idée d'un gouvernement limité, fondé sur la présomption que tout ce qui n'est pas attribué au gouvernement est du ressort de la sphère privée[179].

La description de la contribution de Hans Kelsen à la construction de la justice constitutionnelle s'avère importante, pour mieux éclairer le sujet.

SECTION 2 : LA CONTRIBUTION DE HANS KELSEN A LA CONSTRUCTION DE LA JUSTICE CONSTITUTIONNELLE

Dans la plupart des pays démocratiques, la création des Cours Constitutionnelles constitue l'indice le plus révélateur de la volonté de limiter l'omnipotence de leurs parlements respectifs. La mise en place de cette institution remonte à Hans Kelsen qui fut à l'origine de la création, en 1920, de la Cour constitutionnelle autrichienne, la première du continent européen.

En dotant la Constitution d'un juge chargé d'en assurer l'intégrité, l'auteur entendait rétablir la supériorité bafouée de la règle suprême pour en faire, finalement, une norme juridique à part entière, c'est-à-dire, une norme

[179]E. ZOLLER, *Les grands arrêts de la Cour suprême des Etats-Unis, op.cit.*, pp.128-130.

accompagnée de sanctions instituant ainsi le premier contrôle de constitutionnalité des lois en Europe.

A la différence du système américain né d'une pratique judiciaire, le modèle européen du contrôle de constitutionnalité des actes du législateur est le fruit d'une construction théorique. Hans Kelsen s'efforce de fonder, à partir de sa théorie de la hiérarchie des normes ou de la construction du droit par degrés, une raison théorique, celle de la garantie juridictionnelle de la Constitution[180].

La vision de la normativité kelsenienne demeure donc la pierre angulaire du système juridique de l'Europe occidentale et qui s'est, ensuite, répandue dans le monde entier. Elle a marqué la doctrine par ses très brillantes démonstrations intellectuelles et par les fondements théoriques qu'elle apporte à la mécanique juridique de l'Etat[181].

La théorie de la constitution pyramidale du droit énonce en substance qu'un système juridique n'est pas un complexe de normes en vigueur placées les unes à côté des autres. Il est plutôt une pyramide ou une hiérarchie de normes qui sont subordonnées les unes aux autres et que toute norme inférieure, pour être appliquée, doit être conforme à la norme supérieure[182].

Au sommet de la pyramide se trouve, suivant le schéma kelsenien, la Constitution en tant qu'elle pose les fondements de l'Etat en définissant l'existence, la structure et le fonctionnement des pouvoirs publics étatiques[183].

L'auteur développe ainsi une vision normativiste du droit dans laquelle il conçoit l'ordre juridique comme une pyramide des normes où la Constitution serait la norme mère pyramidale (§1). Il semble, par ailleurs, important de s'interroger sur les conséquences de la suprématie constitutionnelle sur les autres normes juridiques (§2). Le besoin de trouver un mécanisme qui garantisse la cohérence de l'ordre juridique débouche sur l'idée d'assurer la soumission à la Constitution des normes qui lui sont subordonnées (§.3).

§1. La conception pyramidale de l'ordre juridique

La pensée juridique est dominée par la représentation du système juridique comme étant une structure hiérarchique, linéaire et arborescente. Ce système est hiérarchique en tant que ses organes et normes sont placés

---

[180]D. ROUSSEAU, *Droit du contentieux constitutionnel*, Paris, Montchrestien, 6ème éd., 2001, p.16.

[181]Voir http://www.oboulo.com/limite-vision-kelsenienne-Constitution-1083.html

[182]H. KELSEN, *Théorie pure du droit*, *op.cit*, pp.266-299.

[183] H. KELSEN opte donc pour la définition matérielle de la Constitution pour fonder sa position au sommet de la hiérarchie.

dans une situation de supériorité ou de subordination, les uns par rapport aux autres.

La structure est, également, linéaire dans la mesure où les relations entre les différents niveaux de l'ordre pyramidal s'effectuent non pas de manière dialectique ou réciproque mais en sens unique, excluant toute possibilité d'inversion ou de rétroaction entre les différentes couches.

Enfin, arborescente, elle l'est en raison du fait que ses différents maillons dérivent d'une même source, ou mieux s'engendrent à partir d'un foyer de création originelle unique[184].

Ainsi, l'image d'une pyramide, dotée d'un sommet unique, solidement assise sur sa base et stratifiée en plusieurs étages intermédiaires, constitue l'expression la plus parlante du modèle dénommé, à juste titre, pyramidal. Kelsen est, de toute évidence, l'un de ces éminents théoriciens du droit qui développa, de la manière la plus radicale et systématisée, ce type de conception[185]. Il affirme qu'il est impossible de saisir la nature du droit si on se limite à une règle isolée. L'auteur est persuadé que les relations qui unissent les règles particulières d'un ordre juridique sont elles aussi essentielles à la nature du droit.

Il faut donner, conclut-il, un sens clair aux relations qui constituent l'ordre juridique ; alors seulement nous comprenons pleinement la nature du droit[186]. Ces relations sont, selon lui, hiérarchisées. D'où, la hiérarchie des normes[187].

Sa construction doctrinale sur la « *théorie pure du droit* », en particulier la partie portant sur la formation du droit par degrés, débouche sur une vision pyramidale du droit. Autrement dit, dans ce chef-d'œuvre, Hans Kelsen définit la notion de la hiérarchie des normes qu'il conçoit essentiellement sous la figure d'une pyramide composée des différentes formes de normes vivant sous le rapport de supériorité–subordination et coiffée par la Constitution[188].

Suivant cette vision, l'ordre juridique n'est pas un système de normes composites, c'est-à-dire un système où les normes seraient toutes placées au même rang. Il s'agit plutôt d'un édifice à plusieurs étages, aux

---

[184] F. OST et M. Van de KERCHOVE, *De la pyramide au réseau ? Vers un nouveau mode de production du droit ?*, Bruxelles, Facultés universitaires Saint-Louis, 2002, p.3.

[185] On peut regrouper en trois les théories les plus fortes et les plus influentes traitant de la hiérarchie des normes, à savoir la *Théorie pure du droit* de H. KELSEN, *Le Concept de droit* de H.L.A. HART et *la Théorie de la science juridique* de N. BOBBIO.

[186] H. KELSEN, *Théorie générale du droit et de l'Etat,* Bruxelles-Paris, Bruylant-LGDJ, 1997, p.55.

[187] La notion de la hiérarchie des normes regroupe des théories qui présentent l'ordre juridique comme un système organisé, prévoyant notamment un mécanisme théorique de résolution des questions d'appartenance d'une norme à ce système. Lire à ce sujet E. MILLARD, *La hiérarchie des normes : une critique sur un fondement empiriste,* S.d., 2000, p.12.

[188] H. KELSEN, *Théorie générale du droit et de l'Etat*, *op.cit.,* p.299.

niveaux superposés les uns sur les autres, donnant lieu à une forme pyramidale.

Cette vision est largement empruntée par Philippe Ardant, de l'école normative qui, « définissant le système juridique comme un ensemble organisé de règles de droit, de normes régissant une société déterminée, souligne que toutes ces règles ne sont pas placées sur le même plan, et que toutes n'ont pas la même valeur. Des subordinations apparaissent nécessairement en ce sens que des liens s'établissent entre elles où des règles commandent à d'autres, les unes étant supérieures à d'autres »[189].

Dans la perspective kelsenienne, le rapport hiérarchique consubstantiel à l'ordre juridique apparaît comme un mode de relation entre normes qui conditionnent leur validité. Ceci veut dire, encore une fois, que chez Hans Kelsen, une norme n'a pas en elle-même et de manière isolée, une valeur juridique[190]. Elle ne l'acquiert que dans la mesure où elle peut être mise en correspondance avec une autre norme qui, elle-même, est dans une relation identique avec une norme supérieure et ainsi de suite. En d'autres termes, la nature juridique d'une norme résulte de son insertion dans un ensemble hiérarchisé, au lieu de la connexion entre elles des différentes strates de règles. Tout se tient, peut-on dire, par un système particulier de communication (linéaire ou en sens unique) où la règle supérieure transmet sa validité à la norme inférieure (qui ne sera juridique que si elle peut être imputée à la règle supérieure et qui, à son tour, transmet et fonde la validité de la norme qui lui est subordonnée)[191].

La communication–transmission apparaît dans ce système comme une opération d'engendrement[192] en cascade de validité à partir de la règle supérieure. Ainsi donc, « *une norme est avec une autre dans un rapport de norme supérieure à norme inférieure, si la valeur de la norme inférieure est fondée sur la validité de la norme supérieure, par le fait que la norme inférieure a été créée de la manière prescrite par la norme supérieure, alors que la norme supérieure a le caractère de la Constitution au regard de la norme inférieure, puisque l'essence d'une Constitution réside dans la réglementation de création des normes* »[193].

Il faut faire observer deux choses. La première est que, dans la logique de Hans Kelsen, la validité d'une règle ne s'explique que par la

---

[189] Ph. ARDANT, *Institutions politiques et Droit Constitutionnel*, Paris, LGDJ, 8ème éd., 1996, p.92.

[190] C'est ce qu'affirme aussi M. VIRALLY lorsqu'il écrit : « *il n'existe pas dans la nature des normes juridiques isolées* ». Lire M. VIRALLY, « Le phénomène juridique », *RDP*, 1966, p.5

[191] H. KELSEN, *Théorie générale du droit et de l'Etat*, *op.cit.*, p.287.

[192] G. TAMSIT, « Sur l'engendrement du droit », *RDP*, 1988, pp.39 et s ; D. de BECHILLON, *Hiérarchie des normes et hiérarchie des fonctions normatives de l'Etat*, s.d., pp.95 et s.

[193] H. KELSEN, *Théorie générale des normes*, traduit de l'allemand par O. BEAUD et F. MALKANI, Paris, PUF, 1996, p.345.

validité de la règle qui lui est supérieure. Il en résulte que les règles supérieures communiquent leurs propres validités aux règles inférieures en sorte que l'édifice juridique se présente sous la forme géométrique d'une pyramide des règles de droit. La seconde chose est que le terme « *validité* » tel qu'il apparaît dans le vocabulaire de Hans Kelsen, signifie « *le mode d'existence spécifique des normes* »[194].

De la sorte, pour Hans Kelsen, dire qu'une norme est valide, revient à affirmer son existence comme norme et, donc, reconnaître par là même qu'elle appartient à l'ordre juridique[195].

Dans ce système, c'est l'inscription dans un ordre juridique qui confère à une règle sa validité, c'est-à-dire, son caractère spécifiquement juridique, bref son existence. Plus précisément, dans la perspective de Hans Kelsen, toute règle doit sa qualité au fait d'avoir été produite conformément aux exigences posées par l'ordre juridique dans lequel elle s'insère. Ce faisant, elle tire sa validité d'autres règles qui sont dites, pour cette raison, supérieures.

In concreto, le schéma pyramidal Kelsenien se ramène à ceci : au sommet de la pyramide se trouve la Constitution entendue comme norme qui détermine la création des règles juridiques générales. A la base, les règles juridiques créées par voie législative, puis viennent les règlements, etc.

La Constitution forme donc le degré suprême, la source et le principe de l'ordre étatique tout entier. Elle est le dernier terme auquel on peut rapporter et comparer une règle de droit pour en apprécier la validité. Trônant au sommet de la pyramide, la Constitution commande toute la validité du système. Son application effective devient dès lors une condition sine qua non de la crédibilité de la théorie[196].

De la sorte, dire que la Constitution est au sommet de la pyramide, c'est affirmer qu'elle constitue le fondement de la validité de la loi, dont elle règle la création. Le fondement de validité de la loi se trouve dans la Constitution, c'est-à-dire que l'on peut identifier une loi comme valide en raison du fait qu'elle a été produite conformément à la procédure prescrite par la Constitution. Cette dernière en déterminant le mode de production des lois, ordonne de se comporter comme le prescrira la loi et, partant, en fait une norme valide et juridiquement obligatoire[197].

Il est significatif de relever que, pour Hans Kelsen, la validité est un critère interne au système juridique. Ceci veut dire qu'une norme ne doit sa nature juridique qu'à la source hiérarchique des normes. Le cas échéant, une règle est juridiquement fondée, c'est-à-dire valide, si et parce qu'elle procède d'une autre qui lui est supérieure et non parce qu'un fait particulier

---

[194]H. KELSEN, *Théorie pure du droit, op.cit.*,p.13.
[195] M. TROPER, « KELSEN et la Cour Constitutionnelle », s.d., p.86.
[196]E. ZOLLER, *Les grands arrêts de la Cour suprême des Etats-Unis, op.cit.*,p.47.
[197]M. TROPER, « KELSEN etla Cour Constitutionnelle », *op.cit.*, p. 86.

l'aurait fondée empiriquement. Bien au contraire, la validité s'acquiert par transmission interne, à l'exclusion de tout recours à des éléments extérieurs à la structure du système.

Par conséquent, avec Hans Kelsen, le droit est posé comme autonome, ne transmettant de fondement qu'en lui-même[198].

Dans un tel prisme, l'exigence de régularité devient capitale pour le fonctionnement de l'ensemble du système. En effet, dès lors qu'il est établi que la validité juridique d'une norme dépend de son rapport de correspondance avec le degré de l'ordre juridique, il est d'une nécessité objective que soit contrôlée, à chaque échelon de la pyramide, l'effectivité de ce rapport existentiel de correspondance et d'imputation.

Si l'on prétend que la loi trouve sa validité dans la Constitution, l'on peut parfaitement imaginer que, de même qu'il existe un contrôle de légalité des actes de l'administration, il existe aussi, ou doit exister un contrôle de conformité des lois à la norme supérieure, la Constitution. C'est une exigence de cohérence du système même qui appelle pareil contrôle.

Suivant cette logique inhérente au principe hiérarchique, il y a nécessité que s'organisent divers contrôles : en premier lieu, un contrôle de la « réglémentarité » des actes juridiques individuels ; ensuite, vient le contrôle de la légalité des règlements, et enfin, au bout de la chaîne, un contrôle de la constitutionnalité des lois[199].

Tout compte fait, Hans Kelsen s'est efforcé de concevoir un système dans lequel le contrôle de constitutionnalité des lois se déduit logiquement du système dans la mesure où la loi trouvant son fondement dans une norme supérieure (la Constitution) ne peut être juridiquement valide que si elle n'est pas contraire à celle-ci[200]. C'est la problématique de la cohérence entre validité et conformité d'une norme.

Dans la perspective kelsenienne, le contrôle de la constitutionnalité des lois est une opération purement technique qui consiste à vérifier l'existence d'un lien de correspondance et d'imputation d'un degré inférieur à un degré supérieur de l'ordre juridique. Il s'agit de constater la régularité du processus de production du droit et, le cas échéant, de vérifier que la loi est produite dans les formes et selon les règles de l'art, c'est-à-dire celles requises par la Constitution, la norme mère. C'est, bref, une opération de mise en conformité[201].

L'attention accordée à la Constitution, notamment sa place prééminente dans la pyramide normative, est assurément un des points forts de l'axiomatique juridique développée par Hans Kelsen. Il nous faut saisir

---

[198]Cette vision puriste du droit a conduit Hans KELSEN à rejeter l'idée d'un droit fondé sur la justice. La norme chez lui reçoit un fondement juridique et non éthique ou autre.

[199]D. ROUSSEAU, *Droit du contentieux constitutionnel, op.cit.*, p.17.

[200]*Idem.*

[201]E. ZOLLER, *Les grands arrêts de la Cour suprême des Etats-Unis, op.cit.*,p. 155.

maintenant la dynamique des relations que les normes du système juridique entretiennent avec la Constitution.

§.2 La conséquence de la suprématie normative de la Constitution sur les autres normes

Observons à ce stade que le mot « Constitution » n'a pas toujours désigné une norme[202]. Sous l'effet conjugué de l'avènement des Etats modernes et du développement des Constitutions écrites, l'idée que la Constitution soit une norme est apparue avec l'évidence qui s'y attache aujourd'hui. Essentiellement politique, le concept est devenu presqu'exclusivement juridique. La Constitution désigne aujourd'hui, une norme juridiquement obligatoire et sanctionnée, située au sommet de l'ordre juridique et qui apparaît à bien d'égards comme la garantie des libertés, voire la condition de l'opérationnalité de la démocratie[203].

En raison probablement de la vision pyramidale de l'ordre juridique conçue par Hans Kelsen, la Constitution est appelée, dans la plupart des Etats modernes, « *loi fondamentale* », mieux« *norme suprême qui clôt l'édifice juridique* ». Hans Kelsen lui-même a, cependant, pensé que la Constitution se fonde sur une norme hypothétique qu'on appelle « *la norme fondamentale* ».

Dès lors que la Constitution est considérée comme norme supérieure qui appelle, par ricochet, soumission des autres normes, se pose la question de son autorité ou de sa validité juridique.

Pour répondre à cette question, Hans Kelsen a fait appel à la notion de « *norme fondamentale* » (*Grundnorm*). Certes, aucune norme positive ne prescrit, explique-t-il, l'obéissance à la Constitution, mais les juristes la tiennent pour juridiquement obligatoire parce qu'ils font l'hypothèse d'une « *norme fondamentale* », non fondée et non écrite, antérieure qui commande d'obéir à la Constitution.

D'après Maryioli, la norme fondamentale a une double signification. « Elle est le présupposé logico-transcendantal de la pensée juridique constituant son objet (le droit) mais, par un glissement de sens, elle devient dans le même temps une propriété essentielle de cet objet à savoir, la norme supposée de laquelle est dérivée la validité, c'est-à-dire l'existence juridique des autres normes[204]. »

C'est assurément la « *norme fondamentale* » qui constitue la source du droit et, partant, détermine la cohérence de la construction de l'ordre juridique comme pyramide de normes. On trouve chez Hans Kelsen

---

[202]Lire à ce sujet P. BRUNET, « Constitution », in *Encyclopaedia Universalis*, 2007, p.67.
[203]*Idem.*, p.66.
[204]A. MARYIOLI, *Histoire de la philosophie du droit*, Paris, Armand Colin, Partie III, 2001, p.56.

l'exigence d'une foi en l'hypothèse logico-transcendantale ou hypothético-déductive de la « *Grundnorm* » comme fondement de la norme constitutionnelle.

Ainsi replacée, la Constitution est, dans ce système, la règle qui définit les conditions de création des normes juridiques essentielles de l'Etat et, ce faisant, forme le degré suprême, la source et le principe de l'ordre étatique tout entier : « A travers des multiples transformations qu'elle a subies, la Constitution, a conservé un noyau permanent : l'idée de principe suprême déterminant l'ordre étatique tout entier et l'essence de la communauté constituée par cet ordre. De quelque façon que l'on puisse la définir, la notion fonde toujours l'Etat : c'est la norme qui règle l'élaboration des lois, des normes générales en exécution desquelles s'exerce l'activité des organes étatiques[205]. »

Cette démonstration induit le fait que Hans Kelsen a opté pour la définition matérielle de la Constitution lorsqu'il s'agit d'établir sa supériorité sur d'autres normes[206]. Puisque la Constitution est l'acte fondateur d'un Etat, elle est de ce chef, nécessairement, le sommet de la pyramide.

Nous avons dit que, par définition, la hiérarchie des normes désigne un type spécifique de relations entre normes juridiques, envisagées du point de vue de leur validité, comme « *rapport d'articulation entre les normes. Elle se dédouble en un rapport ascendant de conformité où la norme inférieure est soumise à une obligation de stricte adéquation aux prescriptions de la norme supérieure, et un rapport descendant d'engendrement dans lequel la norme haute fonde l'existence et encadre le contenu de la norme basse* »[207].

Nous ne reviendrons pas sur le rapport descendant qui a été largement développé et commenté. Retenons simplement que, sous cet angle, c'est la dimension génératrice ou d'engendrement de la hiérarchie entre les normes qui est mise en exergue. Ainsi, « *une norme qui règle la validité d'une autre sera supérieure dans l'ordre de production* »[208].

Il en découle que la norme supérieure encadre le mode d'élaboration de la norme inférieure et lui transmet sa validité. Ainsi donc, le fondement de la loi se trouve dans la Constitution et l'on peut identifier une loi comme une norme valide en raison, justement, du fait qu'elle a été produite conformément à la procédure prescrite par la Constitution.

Le rapport de conformité désigne, en conséquence, un mouvement en sens ascendant qui saisit la correspondance de la norme basse à la norme haute. Il suppose une mise en œuvre, une concrétisation de la règle

---

[205]H. KELSEN, *Théorie pure du droit, op.cit., p*.300.

[206]ID., *Qui doit être le gardien de la Constitution ?*, traduction de S. BAUME, Paris, M. Houdiard, 2006, p.124.

[207]F. OST et M. de KERCHOVE, *De la pyramide au réseau ? Vers un nouveau mode de production du droit ?*, Bruxelles, Facultés universitaires Saint-Louis, 2002, p.31.

[208]H. KELSEN, *Théorie pure du droit, op.cit.*, p.299.

supérieure par celle qui lui est inférieure. Dire d'une norme qu'elle est conforme à une autre, exprime l'idée d'infériorité et d'obligation de conformité sous peine, pour la règle non conforme, de perdre sa validité. Ce qui met en jeu le « *test de conformité* », c'est la validité du texte soumis à l'exigence de stricte adéquation à la norme supérieure[209].

De ce fait, le principe hiérarchique se traduit par la vérification de la compatibilité ou de la conformité des lois, règles de droit établies par le législateur, à la Constitution, émanation du constituant originaire et considérée, de ce chef, comme la norme suprême placée au sommet de la hiérarchie des règles juridiques applicables dans l'Etat. En termes organiques, il s'agit de la subordination du parlement au Constituant.

Comme rapport d'articulation entre ces normes, la conformité souligne la dimension « *coercitive* » ou mieux le rapport d'autorité qui veut que la norme supérieure inspire la règle inférieure. Cette dernière devait respecter la première, faute de quoi, elle ne pourra constituer une règle objectivement valide de l'ordre juridique.

Le contrôle de la conformité de la norme législative à la Constitution s'analyse comme la garantie de ce rapport d'autorité. Comme le souligne Louis Favoreu, « *une norme conforme est celle qui respecte toutes les exigences des normes supérieures* »[210].

En cas de non-conformité à la Constitution, une loi peut, certes, être promulguée (parce que valide) mais n'intègre pas logiquement et ne peut intégrer l'ordre juridique pour la simple raison que, dans le schéma kelsenien, une norme se justifie par sa conformité à la norme supérieure.

De ce point de vue, le contrôle de constitutionnalité apparaît non seulement légitime mais surtout comme une nécessité de la politique constitutionnelle. C'est la conclusion que l'on dégage du raisonnement de Hans Kelsen.

L'instauration d'un tel contrôle emporte l'idée de la réduction de la marge d'incohérence ou de défaut possible entre validité et conformité[211]. Pareil contrôle empêche la production des normes valides mais fautives. En effet, une norme législative peut fort bien être valide mais non conforme à la Constitution[212]. Validité et conformité ne vont pas toujours nécessairement de pair ou mieux ne s'équivalent pas. Leur cohérence postule l'existence d'un contrôle de constitutionalité susceptible d'annuler la norme contraire ou non conforme.

En effet, on l'a vu, dans la construction doctrinale kelsenienne, que si une loi est produite par le parlement, elle est valide dans la mesure où elle

---

209 F. OST et M. de KERCHOVE, *De la pyramide au réseau ? Vers un nouveau mode de production du droit ?, op.cit.*, pp.1-2.

210 L. FAVOREU et L. PHILIP, *Les grandes décisions du Conseil constitutionnel*, *op.cit.*, p.214.

211 *Idem.*

212 *Ibidem.*

l'a été par une autorité habilitée et suivant la procédure prescrite par la Constitution. Ce faisant, quel que soit son contenu, on ne pourra nullement prétendre que cette norme est contraire à la Constitution, qu'il n'existera pas un contrôle pour en constater la contrariété avec celle-ci auquel cas il faut annuler la norme[213].

C'est pour dire que, lorsque ce contrôle fait défaut, il faut considérer que la suprématie de la Constitution n'est plus assurée dans la mesure où la subordination, (la conformité des normes du rang législatif), n'est pas sanctionnée[214].

Olivier Duhamel explicite mieux le sens de ce raisonnement lorsqu'il affirme que « pour qu'une norme juridique respecte effectivement une norme supérieure, il faut un système de contrôle, un mécanisme permettant de retirer de l'ordre juridique la norme non conforme au droit »[215].

C'est bien ce retrait de la norme censurée de l'ordre juridique (équivalant à son annulation) qui donne à la Constitution toute sa force obligatoire, faisant d'elle la norme supérieure. Une Constitution dans laquelle les actes inconstitutionnels et en particulier les lois inconstitutionnelles restent ainsi valables [...] équivaut à peu près, au point de vue proprement juridique, à un vœu sans force obligatoire. Dans ce cas, toute loi, tout règlement, et même tout acte juridique général fait par les particuliers ont une force juridique supérieure à celle de la Constitution[216].

Il en résulte que la suprématie normative de la Constitution emporte nécessairement la sanction de toute norme qui lui est contraire.

L'idée que la garantie de la suprématie de la Constitution pourrait être dévolue à la justice a été défendue aux Etats-Unis et en Europe.

Si aux Etats-Unis, la Cour suprême avait précisé, dans l'arrêt Marbury contre Madison, qu'elle pouvait exercer ce contrôle (sanctionner les normes contraires à la Constitution) malgré l'absence de toute disposition spécifique dans la Constitution, ce rôle revient, dans la perspective kelsenienne, à une Cour spécialisée.

---

[213]M. TROPER, « KELSEN et la Cour constitutionnelle », *op.cit.*, p.88.

[214]F. OST et M. de KERCHOVE, *De la pyramide au réseau ? Vers un nouveau mode de production du droit ?, op.cit.*, p.32.

[215]O. DUHAMEL, *Droit Constitutionnel et Institutions politiques*, Paris, éd. Seuil, 2009, p.424.

[216]H. KELSEN, *Théorie pure du droit, op.cit., p.15*

§3. *La consécration de la garantie juridictionnelle de la suprématie normative de la Constitution*

En accordant le statut de norme suprême à la Constitution, il faut naturellement lui trouver un gardien[217].

Le contrôle de constitutionnalité qui assure la garantie de cette suprématie peut revêtir une forme non juridictionnelle. Il en était ainsi lorsque le Président des Etats-Unis reçut le pouvoir d'opposer un veto suspensif aux lois votées par le Congrès.

En France, l'idée émerge avec la proposition de constituer un « jurie constitutionnaire » auquel la nation confierait la charge de juger les réclamations contre toute atteinte à la Constitution et, le cas échéant, annuler les actes qui lui seraient contraires[218].

La tradition du contrôle politique continue à hanter nombre d'hommes politiques et des constitutionnalistes qui ont exprimé leur préférence à ce type de contrôle[219]. Mais sa difficile application a fait de ce contrôle une théorie assez limitée et inefficace.

De nos jours, en effet, le contrôle de constitutionnalité des lois a pris la forme d'un contrôle juridictionnel, exercé par les juges. A partir du moment où la Constitution est considérée, non plus dans sa forme descriptive, comme un ensemble de principes politiques relatifs au bon gouvernement, mais dans sa forme normative comme le droit fondamental, la norme suprême de l'Etat, ce type de contrôle s'impose de lui-même[220].

D'autres arguments en faveur du contrôle juridictionnel relèvent du réalisme et même du connu. Comme le souligne Olivier Duhamel, « *si l'on veut éviter que l'exercice du contrôle ne soit de pure façade, l'examen de la validité des normes devrait être confié à des organes distincts de ceux qui les ont édictées. Mieux encore, pour que les actes constatés soient examinés correctement, il conviendrait que les organes chargés de le faire soient indépendants des organes ayant produit ces actes* »[221].

---

[217] Au sujet du gardien de la Constitution, on lira avec intérêt la controverse, devenue historique, qui opposa H. KELSEN et C. SCHMITT. L'on retiendra que la thèse schmittienne, celle du Président-gardien de la Constitution, n'a aujourd'hui reçu aucun suffrage dans le monde doctrinal. Voir O. BEAUD et P. PASQUINO (dir.), *La controverse sur le gardien de la Constitution et la justice Constitutionnelle. KELSEN contre SCHMITT*, Paris, LGDJ, p.52.

[218] M. TROPER, « Sieyès et le jurie constitutionnaire », in *Mélanges offerts à P. AVRIL*, Paris, Montchrestien, 2001, p.265.

[219] J. BELL, « Le règne du droit et le règne du juge. Vers une interprétation substantielle de l'Etat de droit », in *Le nouveau Constitutionnalisme, Mélanges en l'honneur de G. CONAC*, Paris, Economica, p.23 ; R. GUILLIEN et J. VINCENT (dir.), *Lexique des termes juridiques*, *op.cit.*, p.173.

[220] E. ZOLLER, *Les grands arrêts de la Cours Suprême des Etats-Unis*, *op.cit.*, pp.99-100.

[221] O. DUHAMEL, *Droit constitutionnel et Institutions politiques, op.cit.*, p.424.

Il ne faut donc, en aucun cas, confier l'annulation des actes irréguliers à l'organe même qui les a faits. Pour cause, « l'organe législatif se considère dans la réalité comme un créateur libre de droit et non comme un organe d'application du droit de la Constitution, alors qu'il l'est théoriquement, bien que dans une mesure relativement restreinte ». Hans Kelsen conclut que ce n'est donc pas sur le parlement lui-même que l'on peut compter pour réaliser sa subordination à la Constitution. C'est un organe différent de lui, indépendant de lui, et par conséquent, aussi de toute autre autorité étatique qu'il faut charger de l'annulation des actes inconstitutionnels, c'est-à-dire une juridiction ou un tribunal constitutionnel[222].

Pour Hans Kelsen, il ne doit s'agir que d'une juridiction constitutionnelle spécifique, exerçant un contrôle centralisé. Il explique son option qui est manifestement à l'opposé de celle défendue aux Etats-Unis, en soutenant que « *l'absence de règle du précédent » dans le système romano-germanique, multipliant les risques de contrariété de jurisprudence, empêcherait de parvenir à une interprétation constitutionnelle commune à l'ensemble des juridictions »*. Seule une Cour constitutionnelle unique compétente pour prononcer l'annulation d'une norme contraire à la Constitution peut, dès lors, garantir la cohérence de l'ordonnancement juridique à travers le respect, par l'ensemble des tribunaux, de l'interprétation constitutionnelle[223].

L'institution d'une instance unique et spécialisée pour connaître du contentieux constitutionnel présente des avantages certains et appréciables pour le bon déroulement de la vie juridique. Le système évite, d'une part, un contrôle diffus avec risque d'existence d'interprétations constitutionnelles divergentes qui peuvent apparaître entre les tribunaux aux différents moments d'un procès obligé de gravir les échelons complexes de la hiérarchie judiciaire. Une juridiction unique permet, au contraire, de donner immédiatement « la vérité constitutionnelle » et, partant, assure d'emblée l'unité jurisprudentielle. D'autre part, l'existence d'un tel système permet de clarifier définitivement la situation dans la mesure où la décision de non-conformité d'une loi à la Constitution par la Cour a une valeur absolue qui conduit à son rejet définitif de l'ordre juridique. La loi en ce sens ne sera pas promulguée ou, si elle l'a été, elle ne produira et n'aura produit aucun effet ; elle sera censée n'avoir jamais existé[224].

Tel est le schéma posé par Hans Kelsen et qui servira de fondement au modèle européen. Il s'agit d'une théorie de l'ordre juridique qui, non seulement, fonde et légitime, en droit, le contrôle de la constitutionnalité

---

[222]H. KELSEN, « La garantie juridictionnelle de la Constitution », *RDP*, 1928, p.199.

[223]L. FAVOREUet L. PHILIP, *Les grandes décisions du Conseil constitutionnel, op.cit.*, p.214.

[224] D. ROUSSEAU, *Droit du contentieux constitutionnel, op.cit.*, pp.17-18.

mais encore en fait le cœur et même le garant de la validité de l'ensemble du système juridique. En effet, en l'absence d'un tel contrôle, la garantie de la régularité, c'est-à-dire de l'imputation d'une règle à une norme supérieure ne serait pas assurée sous le contrôle juridictionnel de constitutionnalité. La pyramide s'effondrerait[225].

La première application du modèle kelsenien a été assurée par l'Institution dans la Constitution autrichienne de 1920, d'une juridiction spécialisée dans les questions de droit constitutionnel. Elle sera suivie par les juridictions constitutionnelles tchécoslovaque (en 1920) et espagnole (en 1931).

La haute juridiction autrichienne est, notamment, chargée de contrôler la constitutionnalité des lois votées par les assemblées provinciales. Elle peut ainsi, sur recours du gouvernement fédéral, prononcer l'annulation des textes contraires à la Constitution. Sa décision est revêtue de l'autorité absolue de la chose jugée.

La consécration constitutionnelle d'une juridiction spécialisée soulève deux questions liées à la légitimité du juge constitutionnel et à sa capacité d'être le gardien de la Constitution.

A. Légitimité du juge constitutionnel

La question de la légitimité n'a cessé de susciter des débats en doctrine. Guillien et Vincent définissent la légitimité comme une qualité d'un pouvoir d'être conforme aux aspirations des gouvernés (notamment sur son origine et sa forme), ce qui lui vaut l'assentiment général et l'obéissance spontanée[226].

Pour Edouard Mpongo Bokako Bautolinga, la légitimité est un concept importé de la philosophie, utilisé en sociologie et usé par les juristes[227].

Max Weber observe, qu'il existe trois types de légitimité (traditionnelle, charismatique et rationnelle), qu'il résume dans une seule et unique définition : la légitimité est le fait pour un pouvoir d'être accepté par la majorité de la population[228].

Au plan juridique, la légitimité est la qualité d'un pouvoir d'être conforme aux normes juridiques en vigueur. La notion se confond ainsi à la légalité sans pour autant lui ressembler totalement.

La légalité évoque la qualité d'un pouvoir d'être conforme à la loi aussi bien quant à son origine qu'à son exercice. Entre les deux notions, il existe un rapport de complémentarité. Pour répondre à ses missions dans une

---

[225] *Idem.*, p.17.

[226] R. GUILIEN et J. VINCENT (dir.), *Lexique des termes juridiques, op.cit.*, p.391.

[227] E. MPONGO BOKAKO BAUTOLINGA, *Institutions politiques et droit constitutionnel, op.cit.*, p. 161 et s.

[228] M. WEBER, *Economie et société*, traduction française, Tome 1, 1971, pp36-37.

société, il est nécessaire qu'un pouvoir soit à la fois légitime et légal. Ainsi, la coïncidence de la légitimité et de la légalité est une condition sine qua non de l'effectivité du pouvoir des gouvernants.

De ce qui précède, il importe de réfléchir sur le fondement de l'intervention du juge constitutionnel dans l'univers politique, jusque-là, considéré comme la chasse gardée des représentants du peuple.

Schmitt voit en tout juge un rôle passif. Il ne peut intervenir qu'après la réalisation d'une menace sur la Constitution. Il est inéluctable que la justice, tant qu'elle demeure justice, arrive politiquement trop tard. D'ailleurs, confirme-t-il, l'expansion de la justice (ou des juridictions) dans les affaires étatiques « *ne juridiciserait pas la politique, mais politiserait la justice.* »[229] De ce fait, renchérit-il, il est inconcevable qu'une bande d'aristocrates s'octroient la légitimité et soient les représentants du peuple[230].

De pareilles allégations relèvent d'une conception légicentrique qui fait du respect de la loi, émanation des représentants du peuple, le critère essentiel de légitimité politique. Dans la logique de ce système, seule la loi est l'expression de la volonté générale. En tant que telle, l'élite parlementaire reste la seule représentante du peuple dotée de légitimité. Un juge non élu et non responsable devant le peuple ne peut se donner le luxe de s'autoproclamer « *représentant du peuple* ».

Gauchet observe tout de même que le peuple qui choisit et qui vote n'est jamais que le représentant momentané de la puissance du peuple qui perdure.

Il oppose le « *peuple perpétuel* » au « *peuple actuel* », le « *peuple empirique* » au « *peuple juridique* » et souligne qu'il y a un gros risque qu'un peuple actuel usurpe dans le présent de sa volonté une puissance qui n'appartient qu'au peuple transcendant qui ne cesse de se forger au travers de la sédimentation du devenir[231].

Cette réflexion conduit à considérer que le contrôle qui s'exerce sur la loi au nom de la Constitution peut se justifier par la nécessité de dissocier le peuple authentique du peuple du moment, lorsque celui-ci s'en arroge indûment les attributs alors qu'il n'en fournit qu'une actualisation relativiste et passagère. Le juge peut ainsi être considéré comme le peuple qui surenchérit l'œuvre du constituant originaire.

Brunet, dans une approche extensive de la Constitution, opine que « si l'on revient à s'entendre que la Constitution n'est pas qu'une règle de jeu mais qu'elle comporte une dimension politique, l'on comprendra que le juge constitutionnel est un représentant »[232].

---

[229]Lire utilement à ce propos, *la controverse sur le gardien de la Constitution et la justice Constitutionnelle. KELSEN contre SCHMITT,* sous la directiond'O. BEAUD et P. PASQUINO, pp.42-43.

[230]*Idem.*

[231]Lire, M. GAUCHET, *La révolution des pouvoirs*, Paris, Gallimard, 1995, pp.46 et 47.

[232]P. BRUNET, « Que reste-t-il de la volonté générale », in *Pouvoirs*, 2005, pp.5-19.

Pour sa part, Rabault voit dans le juge constitutionnel, l'homme chargé de représenter l'ensemble de la communauté juridique, précisément à travers la défense de la norme constitutionnelle, et donc chargé de dégager des compromis entre la satisfaction d'intérêts majoritaires et le respect d'intérêts minoritaires[233].

Il s'ensuit que la mission juridictionnelle ne saurait être sous-estimée. Car, la défense de l'intangibilité de la Constitution renvoie à une donnée fondamentale de l'Etat de droit libéral ; les droits de l'individu, manifestation d'un consensus idéal, ne sauraient être remis en cause au non du principe selon lequel « *la majorité décide* ». Sans nul doute, le principe de la démocratie majoritaire débouche sur une dictature de la majorité en conjonction avec l'exécutif, comme l'avait si bien compris Maurice Duverger[234].

Pour Blacher, la justification du contrôle juridictionnel de constitutionnalité repose sur la fonction du juge constitutionnel qui consiste à évaluer en droit que la loi votée exprime bien la volonté générale en respectant la Constitution.

Cette idée relève de « *l'obiter dictum* »[235] du 23 août 1985 du Conseil constitutionnel français qui stipule que *« la loi n'exprime la volonté générale que dans le respect de la Constitution* »[236].

La même logique séduit Dieudonné Kaluba Dibwa pour qui « la controverse sur la légitimité du juge constitutionnel est bien tranchée, parce qu'avec la dégringolade du légicentrisme, la loi n'exprime plus la volonté générale que dans sa soumission à la Constitution »[237].

Il ressort des arguments sus-évoqués que le juge constitutionnel est le représentant du peuple parce qu'il oblige le législateur à respecter la volonté du peuple souverain.

A ce propos et en réponse aux critiques de Schimitt qui qualifiaient les juges constitutionnels d'un corps ne représentant qu'une « aristocratie de robe », Kelsen argue que : « *rien n'empêche de prévoir que ses membres soient élus directement par le peuple ou seulement par le parlement* »[238].

Pour notre part, nous estimons que l'on ne saurait accorder le caractère de représentant du peuple à partir de l'origine de l'organe mais plutôt de la fonction qu'il exerce.

---

[233]H. RABAULT, *L'interprétation des normes : l'objectivité de la méthode herméneutique*, Paris, L'Harmattan, 1997, p.10.

[234]M. DUVERGER, *Eléments de droit public*, Paris, PUF, 1998, p.292.

[235]Le concept est utilisé pour désigner une décision de principe.

[236]Décision n° 85-197 DC du 23 août 1985, 27è Considérant.

[237] D. KALUBA DIBWA, *Contentieux constitutionnel en République Démocratique du Congo. Contribution à l'étude des fondements et des modalités d'exercice de la justice constitutionnelle, op.cit.*, p.154.

[238]O. BEAUD et P. PASQUINO (dir.), *La controverse sur le gardien de la Constitution et la justice Constitutionnelle. KELSEN contre SCHMITT, op.cit.*, p.96.

L'élection d'un organe ne lui accorde pas forcement le caractère de représentant, c'est plutôt la fonction qu'il exerce qui fait de lui un représentant. Le juge constitutionnel représente, en République Démocratique du Congo, le peuple sur pied de l'article 149, alinéa 2 de la Constitution qui dispose que « *la justice est rendue sur l'ensemble du territoire national au nom du peuple* »[239].

Cette disposition fonde, juridiquement le caractère légitime du juge constitutionnel. Il n'est pas seulement représentant du peuple mais également le gardien de la Constitution.

B. Le juge est le gardien de la Constitution

Depuis qu'elle a opposé Hans Kelsen à Schimitt, la controverse sur le gardien de la Constitution engendre maints débats et fait couler beaucoup d'encre et de salive[240].

Il suffit d'indiquer qu'un grand colloque a été tenu à Berlin (au centre Marc BLOCH) le 21 juin 2006, réunissant d'éminents constitutionnalistes français, allemands, autrichiens [...], et dont l'un des thèmes traités était celui du gardien de la Constitution.

Déjà en 1931, à une époque où la République de Weimar subissait une sévère crise économique et politique, Schmitt publie un essai « *Le gardien de la Constitution* », dans lequel il voit dans le président du Reich la seule autorité capable de sauver la Constitution de Weimar.

A la lecture de cet essai, Hans Kelsen, récemment arrivé à l'Université de Cologne, réagit avec rigueur en rédigeant une brochure tout aussi polémique, dénommé « *Qui doit être le gardien de la Constitution* ».

Hans Kelsen observait que le gardien de la Constitution demeure le juge constitutionnel, par le contrôle de constitutionnalité qu'il effectue[241]. Ce débat continue à faire florès dans la doctrine.

En République Rwandaise par exemple, le terme « *gardien de la Constitution* » est prévu dans l'article 78 de la Constitution de 2003 qui dispose que « *le président de la République est le gardien de la Constitution* ». Pour le Rwanda, le débat est tranché parce que le juriste est tenu de décrire la norme et non la façonner[242].

---

[239]Notons qu'il s'agit d'une interprétation possible de la Constitution.

[240]O. BEAUD et P. PASQUINO (dir.), *La controverse sur le gardien de la Constitution et la justice Constitutionnelle. KELSEN contre SCHMITT, op.cit.*, p.98.

[241]O. BEAUD et P. PASQUINO (dir.), *La controverse sur le gardien de la Constitution et la justice Constitutionnelle. KELSEN contre SCHMITT, op.cit.*, p.45. Lire utilement les arguments de C. SCHIMITT et de H. KELSEN.

[242]H. KELSEN disait que le seul but de la science du droit est de connaître le droit, non pas de prescrire. Lire également K. GÖZLER, *Le pouvoir de révision constitutionnelle,* Thèse de doctorat en droit, Université Montesquieu, Bordeaux, 1997, p.443.

En République Démocratique du Congo, aucune disposition ne traite expressément du gardien de la Constitution. Cependant, nous pouvons déduire de la lecture combinée des articles 69[243] et 160[244] de la Constitution en vigueur que c'est le juge constitutionnel qui est le gardien de la Constitution et non le Président de la République.

Il en découle que loin d'être le gardien de la Constitution, le Président de la République, en sa qualité de représentant de la nation, a la charge d'impulser la culture du respect de la loi fondamentale aux gouvernants et gouvernés. A cet effet, il lui est recommandé d'appliquer sans faille les dispositions constitutionnelles dans l'exercice de ses prérogatives en vue d'amener ces derniers à suivre son exemple.

Ainsi que l'on vient de s'en apercevoir, le constituant congolais fait du juge constitutionnel le gardien de la Constitution en ce qu'il lui confie le contrôle de constitutionnalité des lois et des actes ayant force de loi, des règlements intérieurs des chambres parlementaires et du Congrès, de la Commission électorale nationale indépendante ainsi que du Conseil supérieur de l'audiovisuel et de la communication. Cette tâche n'est pas constitutionnellement reconnue au Président de la République dont la mission n'est pas d'imposer le respect de la Constitution mais plutôt de prêcher par l'exemple le respect de celle-ci.

Cette vision s'inscrit dans la logique de Hans Kelsen qui considère le juge constitutionnel comme le véritable gardien de la Constitution[245].

Au demeurant, relevons que le juge constitutionnel, par son contrôle de constitutionnalité qui a pour but de soumettre les normes infra-constitutionnelles à la Constitution, et par son pouvoir d'être le juge pénal du Président de la République et du Premier Ministre[246], demeure le gardien de la Constitution.

De là, il paraît aisé d'analyser le fondement de la justice constitutionnelle.

---

[243]Cfr l'article 69 de la Constitution de la RDC du 18 février 2006 telle que modifiée à ce jour: « le Président de la République veille au respect de la Constitution.Il assure, par son arbitrage, le fonctionnement régulier des pouvoirs publics et des Institutions ainsi que la continuité de l'Etat ».

[244]Lire l'article 160 de la Constitution de la RDC du 18 février 2006 telle que modifiée à ce jour. Aux termes des dispositions de cet article, l'on note que c'est le juge constitutionnel qui est chargé de contrôler la constitutionnalité des lois et des actes ayant force de loi, des règlements intérieurs des chambres parlementaires et du Congrès, de la Commission électorale nationale indépendante ainsi que du Conseil supérieur de l'audiovisuel et de la communication.

[245] En rapport avec la notion de dogmatique juridique, voir A-J. ARNAUD (dir.), *Dictionnaire encyclopédique de théorie et de sociologie du droit*, Paris, LGDJ, 2ème éd. corrigée et augmentée, 1993, p.188.

[246]Les articles 160 et suivants de la Constitution de la RDC du 18 février 2006telle que modifiée à ce jour. Ces notions seront largement développées dans la 2ème partie de notre dissertation.

CHAPITRE II : LE FONDEMENT DE LA JUSTICE CONSTITUTIONNELLE

Il s'agit dans ce chapitre d'examiner comment s'est affirmé, tant dans le contexte américain qu'européen, le principe du contrôle de constitutionnalité en étudiant, d'une part, l'environnement dans lequel est apparu la justice constitutionnelle et d'autre part, la distinction entre le pouvoir constituant et le pouvoir constitué.

SECTION 1 : LE CONTEXTE D'APPARITION DE LA JUSTICE CONSTITUIONNELLE

Aux Etats-Unis d'Amérique, la justice constitutionnelle est née à la suite de l'introduction du contrôle de constitutionnalité (*judical review*). Devenue une véritable tradition, cette pratique s'est bâtie dans le silence de la Constitution fédérale de 1787.

Comme le révèle avec pertinence Elisabeth Zoller, « il n'était pas évident pour les hommes du 18e siècle, fort marqués par la doctrine de la séparation des pouvoirs, même pour ceux qui étaient convaincus du caractère injuste et inconstitutionnel des lois adoptées par les assemblées des Etats dans les années 1780, de se persuader que des juges non élus pouvaient écarter les lois votées par des assemblées élues. Une telle prérogative semblait être à leurs yeux, une véritable usurpation des pouvoirs allant à l'encontre de l'esprit démocratique naissant »[247].

Si aux Etats-Unis, le 19e siècle fut celui de l'apparition subite de la justice constitutionnelle, il faudra attendre un siècle pour voir l'Europe se doter des mécanismes de contrôle juridictionnel de la constitutionnalité des lois consacrant ainsi l'émergence, dans ce continent, de la justice constitutionnelle.

De même, le constitutionnalisme qui s'est imposé dès le 18ème siècle n'a assuré qu'un service minimum : la rédaction d'une Constitution dans le but d'empêcher le despotisme et de garantir la liberté politique, la consécration des principes de séparation des pouvoirs et de gouvernement représentatif. Quant à la question de l'instauration d'un contrôle juridictionnel de la constitutionnalité des lois, elle était tout simplement

---

[247]E. ZOLLER, *Les grands arrêts de la Cour suprême des Etats-Unis, op.cit.*, p.39.

ignorée sinon rejetée au nom d'un légicentrisme que la révolution française a exporté dans toute l'Europe continentale[248].

L'idée de limiter les pouvoirs des parlements nationaux ne pouvait prendre corps. Elle paraissait même incongrue au plus grand nombre dès lors que, dans la plupart des pays européens, c'était grâce aux parlements que les peuples avaient conquis leur liberté face aux monarques. Dans ces conditions, penser soumettre les parlements à un droit suprême ne pouvait être qu'une idée forte marginale[249].

L'audace de la Cour suprême des Etats-Unis dans l'affaire Marbury contre Madison tranche avec l'héritage du passé et constitue un tournant majeur qui a donné naissance à la justice constitutionnelle. L'arrêt admet, en effet, la nécessité que le juge veille à ce que les lois soient conformes à la Constitution[250].

En affirmant sans détour son pouvoir de contrôler la constitutionnalité des lois du Congrès, la Cour suprême introduisait une innovation : elle élargissait par cet acte de bravoure, déjà à l'égard des Constitutions et des lois des Etats fédérés, le conflit qui n'avait pas été tranché dans son application à l'égard des lois du Congrès[251].

Dans sa décision, la Cour suprême a non seulement défini le régime constitutionnel des lois du Congrès (le Congrès doit être soumis au respect de la Constitution fédérale) mais a, encore, donné au pouvoir judiciaire le droit de faire prévaloir la Constitution sur les lois du Congrès.

La justice constitutionnelle américaine dont la célébrité est devenue universelle est d'abord et avant tout une construction d'origine jurisprudentielle, c'est-à-dire issue de la pratique judiciaire dont il convient de comprendre le fondement.

L'ouverture des Etats européens à cette justice par la création des Cours constitutionnelles chargées notamment de contrôler la conformité des lois par rapport à la Constitution, constitue une véritable révolution juridique.

En effet, pendant plus d'un siècle et demi, soumettre la loi votée par le parlement au contrôle d'un organe juridictionnel était totalement inconcevable. La loi, expression de la volonté générale, ne pouvait voir sa régularité contestée : l'infaillibilité du législateur était posée en dogme. Autrement dit, la soumission de plus en plus effective des législateurs au respect de la Constitution par l'intermédiaire d'un contrôle de constitutionnalité des lois mérite d'être appelée une rupture épistémologique[252].

---

[248] D. ROSSEAU et A. VIALA, *Droit constitutionnel, op.cit.*, p.114.

[249] E. ZOLLER, *Les grands arrêts de la Cour suprême des Etats-Unis, op.cit.*, p.45.

[250] *Idem.*, p.11. La Constitution américaine ne prévoit pas expressément l'existence d'une justice constitutionnelle.

[251] *Ibidem.*

[252] Cfr. G. BACHELARD, *La formation de l'esprit scientifique*, Paris, éd. Vrin, 1938, p ????.

Si le contrôle de constitutionnalité à l'américaine est d'origine jurisprudentielle, la construction de cette institution s'est, en Europe, effectuée sous le jeu de l'influence du modèle de Kelsen, qui conceptualise les strates de la pyramide des normes. Il convient d'en connaître les idées forces et le fondement.

§1. Aux Etats-Unis d'Amérique

Quelques idées-forces ont été présentées comme étant à la base du discours sur la justice constitutionnelle aux Etats-Unis d'Amérique.

Cette justice est la source du fédéralisme entendu comme mode de groupement structurel des collectivités politiques qui vise à renforcer leur solidarité tout en respectant leur particularisme[253].

Le contrôle de constitutionnalité se traduit pratiquement par une supervision des arrêts des Cours d'Etat qui est effectuée par la Cour suprême fédérale.

Il s'agit de vérifier si les Cours d'Etat prennent soin d'arrêter les lois ordinaires (et même, à l'occasion, des décisions administratives) qui ne sont pas contraires à des dispositions de la Constitution, notamment celles établissant le fédéralisme[254].

En effet, l'établissement du pacte fédéral fut l'objet essentiel de la Constitution de 1787. Toutefois, cette solution n'a pas été obtenue sans difficultés. Les partisans de la thèse fédérale réussirent cependant à l'emporter, non seulement parce que, au cours des délibérations secrètes, ils surent masquer en partie leurs objectifs (et parce qu'ils eurent avec Washington, Hamilton, Madison, le gouverneur Morris, des appuis de grand poids), mais aussi parce qu'ils réussirent à établir un type de fédéralisme limité et contractuel acceptable pour les petits Etats[255].

C'est dans ce sens que procède le juge Marshall pour brandir la clause de suprématie du droit fédéral, c'est dire de la Constitution.

Le contrat de fédéralisme, impliquant l'égalité entre les Etats fédérés et entre les citoyens, fut encore renforcé par la Cour suprême fédérale depuis le vote, en 1964, de la loi sur les droits civiques : c'est la jurisprudence intégrationniste de la Cour suprême de justice qui réussit à supprimer les discriminations raciales. L'accession à la présidence américaine de Barack Hussein Obama, de race noire, en est la belle illustration.

Du reste, le principe de la souveraineté du peuple demeure aussi fondamental dans cette justice. Dominique Turpin l'exprime en ces termes :

---

[253]Approfondir avec R. GUILLIEN et J. VINCENT (dir.), *Lexique des termes juridiques*, *op.cit.*, pp.304-305 ; A. HAURIOU, *Droit Constitutionnel et Institutions politiques*, Paris, Montchrestien, 1966, pp.373-376.

[254]Lire avec intérêt A. HAURIOU, *Droit Constitutionnel et Institutions politiques*, *op.cit.*, p.403 et s.

[255]*Idem.*, pp.373 et s.

« *Le peuple est souverain et ses délégués ne sont que des commis, soumis à sa volonté telle qu'elle s'exprime dans la Constitution*[256]. »

Si aux Etats-Unis d'Amérique, la justice constitutionnelle a su s'imposer suite aux efforts créatifs du juge Marshall, son introduction en Europe ne s'est pas faite de la même façon pas plus qu'elle n'a le même fondement.

§2. Le fondement de la justice constitutionnelle en Europe

En doctrine, la localisation des idées sur la justice constitutionnelle remonte jusqu'au niveau de Sieyes. L'auteur s'aperçut que, c'est surtout dans les fondements de l'édifice constitutionnel qu'il convient d'assurer la stabilité de l'Etat. Dans cette recherche, il conçoit l'idée de « jurie constitutionnaire », doté de certaines attributions et chargé de préparer l'amélioration des lois fondamentales en même temps que leur stricte observation[257].

Il faut cependant noter que la « juridicisation », mieux la « *juridictionnalisation* » de ces idées trouve sa paternité chez Hans Kelsen, rédacteur de la Constitution autrichienne.

Il faut aussi noter que l'idée d'assurer le contrôle de constitutionnalité s'est répandue sans embûches. On constatera l'opinion dissidente au contrôle de constitutionnalité exprimée, en France, par René de Lacharrière[258]. Mais au-delà de ce qui précède, force est de souligner que la justice constitutionnelle se fonde sur l'idée du bannissement du légicentrisme[259] au profit du constitutionnalisme. Il est mis fin au phénomène de la transposition de la souveraineté nationale en souveraineté parlementaire[260].

En outre, il faut remarquer que la conception « *dialogique* » du respect de la Constitution dans le constitutionnalisme impose que le mécanisme de la contrainte constitutionnelle s'effectue par un échange triangulaire dans lequel interviennent le législateur, le constituant et le juge constitutionnel chargé de vérifier au nom du constituant si le législateur respecte bien la Constitution[261]. C'est le passage de la souveraineté de la loi à la souveraineté de la Constitution, car le pouvoir constituant est

---

[256] D. TURPIN, *Droit Constitutionnel, op.cit.*, p.104.

[257] Lire, P. BASTID, *SIEYES et sa pensée*, Paris, Hachette (Nouvelle édition revue et augmentée) 1970, pp.392 et s.

[258] Lire avec intérêt, à ce sujet, René de LACHARRIERE, « Opinion dissidente », in *Pouvoirs*, n°13, 1980, pp.133-150.

[259] A propos du concept « *légicentrisme* », voir Ph. BLACHER, *le Conseil constitutionnel n'en fait-il pas trop* ?, *op.cit.*, p.33, M. de VILLIERS et A. Le DIVELLEC, *Dictionnaire du droit constitutionnel*, Paris, Sirey, 7e éd., 2009, p.195.

[260] A. HAURIOU, *Droit Constitutionnel et Institutions politiques, op.cit.*, p.707.

[261] Ph. BLACHER, *le Conseil constitutionnel n'en fait-il pas trop* ?, *op cit.*, p.61.

inconditionné et, par conséquent, souverain. Tel est, d'ailleurs, le sens qu'adopte le juge français dans le 19e considérant de sa décision sur le « *traité de Maastrich II* »[262].

Ainsi, la conception « *dialogique* » du respect de la Constitution doit être comprise dans le sens que le juge constitutionnel effectue, à la place du législateur et du constituant, l'évaluation et éventuellement la conciliation entre l'acte de langage du législateur et l'acte du souverain.

A son avis, Blacher pense que c'est ici que s'affirme l'Etat de droit constitutionnel en lieu et place de l'Etat légal : « le seul fait d'envisager des limites constitutionnelles à l'action du législateur constitue une rupture avec le légicentrisme »[263].

Delà peut aisément se dégager l'apport, mieux la contribution positive, de la distinction entre le pouvoir constituant et le (les) pouvoir (s) constitué (s).

SECTION 2 : LA DISTICNTION ENTRE POUVOIR CONSTITUANT ET POUVOIR CONSTITUE

La présente section consiste à mettre en exergue la distinction entre pouvoir constituant et pouvoir (s) constitué (s).

Cette distinction présente un intérêt évident puisqu'elle permet de constater les bornes posées par le premier, et à partir desquelles l'on peut sanctionner, par le juge, l'œuvre du second, si celui-ci transgresse les limites fixées à son observation.

La réflexion s'appuie sur celle offerte par Gözler qui fournit une heureuse chronologie sur l'étude différentielle du pouvoir constituant – pouvoir constitué avant de préciser les notions du pouvoir constituant et des pouvoirs constitués.

---

[262]Considérant que sous réserve, d'une part, des limitations touchant aux périodes au cours desquelles une révision de la Constitution ne peut pas être engagée ou poursuivie, qui résultent des articles 7, 16 et 89, alinéa 4, du texte constitutionnel et, d'autre part, du respect des prescriptions du cinquième alinéa de l'article 89 en vertu desquelles "la forme républicaine du gouvernement ne peut faire l'objet d'une révision", *le pouvoir constituant est souverain ; qu'il lui est loisible d'abroger, de modifier ou de compléter des dispositions de valeur constitutionnelle dans la forme qu'il estime appropriée ; qu'ainsi rien ne s'oppose à ce qu'il introduise dans le texte de la Constitution des dispositions nouvelles qui, dans le cas qu'elles visent, dérogent à une règle ou à un principe de valeur constitutionnelle ; que cette dérogation peut être aussi bien expresse qu'implicite*. Décision n° 92-312 DC du 02 septembre 1992, 19ème Considérant.

[263]Ph. BLACHER, *Le Conseil constitutionnel n'en fait-il pas trop ?*, *op.cit.*, p.67.

§1. A l'origine de la distinction pouvoir constituant – pouvoir (s) constitué (s)

Gözler remonte à Charles de Secondat, Baron de la Brède et de Montesquieu chez qui il trouve la division de la puissance étatique en trois pouvoirs : les pouvoirs exécutif, législatif et judiciaire.

Carré de Malberg pose la question de savoir : où ces autorités tirent-elles leur puissance et comment s'opère, entre elles, l'attribution des pouvoirs à séparer ?[264]

Cette question révèle que le raisonnement de Charles de Secondat, Baron de la Brède et de Montesquieu, surtout dans le chapitre « De la Constitution d'Angleterre », éveille et pose à chaque instant le problème du pouvoir constituant, mais ne le résout point et ne l'aborde même pas.

Il faut donc « admettre l'existence d'une autorité supérieure et antérieure à ces pouvoirs, capable d'opérer le partage ». On peut ainsi dire, avec Carré de Malberg, que « la théorie de la séparation des pouvoirs ouvrait la voie à celle du pouvoir constituant[265]. » C'est autant dire qu'une Constitution suppose, avant tout, un pouvoir constituant.

Partant de supposition, Sieyes est reconnu comme celui qui a découvert, le premier, la notion du constituant distinct et supérieur à ces pouvoirs.

§2. La notion du couple pouvoir constituant – pouvoir(s) constitué (s)

A la suite de Guillien et de Vincent, on peut définir le pouvoir constituant comme celui « *qualifié pour établir ou modifier la Constitution* ».[266] Aussitôt, il faut constater que cette définition entrevoit un pouvoir constitué ayant aussi une fonction constituante : « *c'est le pouvoir constituant dérivé, constitué, institué ou pouvoir de révision constitutionnelle* »[267].

Ainsi, le pouvoir constituant originaire et le pouvoir constituant dérivé se différencient par leur organisation et par leur origine, mais s'unifient par leur fonction.

---

[264]K. GÖZLER, *Pouvoir constituant,* Bursa (Turquie), éd. Ekin Kitabevi, 1999, 120 pages (www.anayara.gen.too/constituant.htm; www.uludag.edu.tr/GÖZLER/constituant.htm. 20.04.2004), pp.1-6.

[265]R. CARRE de MALBERG, *Confrontation de la théorie de la formation du droit, op.cit.,* p.515.

[266]R. GUILLIEN et J. VINCENT (dir.), *Lexique des termes juridiques, op.cit.*, p.501. E. MPONGO BOKAKO BAUTOLINGA, *Institutions politiques et droit Constitutionnel, op.cit.*, pp.91 et s ; A. NTUMBA LUABA LUMU, *Droit Constitutionnel général,* Editions Universitaires Africaines, Kinshasa, 2007, pp.146 et s. J. DJOLI ESENG'EKELI, *Droit Constitutionnel : Principes structuraux, op.cit.*, pp.145 et s.

[267]Lire K. GÖZLER, *Pouvoir constituant, op.cit.*, pp.10-50. L'auteur justifie le choix de différents concepts utilisés.

Pour renforcer cette distinction, certains juges ont dû soumettre la loi constitutionnelle à la Constitution par un contrôle de constitutionnalité[268]. D'autres, par contre, se sont déclarés incompétents au nom de la souveraineté du pouvoir constituant et de leur compétence qui est d'attribution[269].

A contrario, les pouvoirs constitués sont des pouvoirs créés par la Constitution[270]. Ils sont donc des pouvoirs dont l'organisation et le fonctionnement sont définis par la Constitution. Il s'agit, notamment des institutions constitutionnelles[271] et plus précisément les trois organes constitués que sont les pouvoirs législatif, exécutif et judiciaire[272].

Tout compte fait, l'on peut dire que la relation entre le pouvoir constituant et les pouvoirs constitués entraîne une hiérarchie entre eux. Le pouvoir constituant est supérieur aux pouvoirs constitués. En d'autres termes, c'est seulement le pouvoir constituant qui est souverain, au sens plein du terme.

L'on notera aussi que cette distinction a été préparée afin de limiter la puissance des organes constitués, notamment celle de l'organe législatif et pour assurer la garantie des droits de l'homme[273].

En définitive, « Il y a des lois constitutionnelles, dues à l'exercice du pouvoir constituant, distinctes des lois ordinaires et supérieures à celles-ci, afin qu'il y ait un terrain d'interdit à l'action législative. Ainsi, le pouvoir constituant est né de la volonté de diminuer la puissance législative »[274].

Après avoir mis en lumière l'origine et le fondement de la justice constitutionnelle dans le contexte américain (l'affaire Marbury contre Madison à l'occasion de laquelle le juge américain a assuré le contrôle de la

---

[268]L'on trouve ici les juges allemand, américain, autrichien, béninois, italien, malien, tchadien et turc (voir infra).

[269]Il s'agit notamment du juge français et de son homologue sénégalais (voir infra).

[270]K. GÖZLER, *Pouvoir constituant, op.cit.*, p.51

[271]Approfondir avec MONTESQUIEU, *De l'esprit des lois, livre XI, chapitre VI* (texte établi et présenté par J. BRETHE DE LA GRESSAYE), Paris, Société les Belles lettres, 1955, Tome 2 ; G. BURDEAU, *Traité de science politique*, Paris, LGDJ, 3ème éd., Tome 4, 1983 ; E. SIEYES, *Qu'est-ce que le tiers-Etat*, chapitre V, édition critique avec une introduction et des notes par R. ZAPPERI, Genève, Librairie DIOZ, 1970 ; G. BURDEAU, *Droit constitutionnel*, Sirey, Paris, 1949 (réimpression, 1989). E. LABOULAYE, *Questions constitutionnelles*, CHARPENTIER et Cie, Paris, Bruxelles, Bruylant, 1986, Tome 1 ; G. BERLIA « De la compétence des assemblées constituantes », *RDP*, 1945 ; J. BARTHELEMY et P. DUEZ, *Traité de droit constitutionnel*, Paris, Dalloz, 1933 (réimpression par Economica, 1985) ; M.-H FABRE, *Principes républicaines de droit constitutionnel*, Paris, LGDJ, 4ème éd., 1984 ; R. BONNARD, « les Actes constitutionnels de 1940 », *RDP*, 1942.

[272]A titre secondaire, l'on doit admettre le corps électoral et référendaire ainsi que le pouvoir constituant dérivé comme organes constitués.

[273]K. GÖZLER, *Pouvoir constituant, op.cit.*, p.50

[274]G. BERLIA, « De la compétence des assemblées constituantes », in *RDP*, 1945, *op.cit.*, p.356.

conformité de la loi à la Constitution fédérale) et dans le contexte européen (les efforts de construction théorique de Hans Kelsen sur la hiérarchie des normes) et analysé la légitimité du juge constitutionnel, relevé son statut de gardien de la Constitution, il paraît indiqué de présenter les systèmes de justice constitutionnelle.

CONCLUSION DU TITRE PREMIER

L'étude révèle que le contexte d'apparition de la justice constitutionnelle n'est pas le même à travers le monde.

Aux Etats-Unis d'Amérique, le phénomène est apparu, de manière empirique, à l'occasion de l'Arrêt Marbury contre Madison. En Europe, en revanche, l'éclosion de la justice constitutionnelle trouve son explication profonde dans la construction doctrinale de Hans Kelsen fondée sur la conception pyramidale de l'ordre juridique étatique chapeauté par la Constitution.

Aux Etats-Unis d'Amérique, le discours sur la justice constitutionnelle a trouvé un terrain de prédilection à la faveur notamment de l'idée-force selon laquelle *la justice constitutionnelle est la source du fédéralisme entendu comme mode de groupement structurel des collectivités politiques qui vise à renforcer leur solidarité tout en respectant leur particularisme*.

De manière générale, en Europe, l'idée d'assurer le contrôle de constitutionnalité a servi de fondement à l'apparition et à l'épanouissement de la justice constitutionnelle.

Par ailleurs, le phénomène a fait son apparition en Afrique à la suite de la décolonisation et à la faveur du processus de démocratisation des années 90.

Si lemimétisme constitutionnel et institutionnel explique aisément l'apparition de la justice constitutionnelle dans les Etats africains au moment de leur accession à la souveraineté nationale et internationale, le double souci d'encadrer la vie politique et la soumettre au respect des règles juridiques justifie sa résurgence au cours des années 90.

De nos jours, l'instauration de la justice constitutionnelle accorde un brevet de contemporanéité aux Etats. Ceux-ci s'empressent pour ériger un juge de la loi et des actes de l'Exécutif, encadreur du pouvoir politique.

TITRE DEUXIEME : LES DIFFERENTS SYSTEMES DE JUSTICE CONSTITUTIONNELLE

Avec l'idée de l'Etat de droit et le développement consécutif du constitutionnalisme, l'on assiste, un peu partout dans le monde, à la création des juridictions constitutionnelles. Ces institutions sont devenues une donne incontournable de la majorité des systèmes politiques des Etats, et leur raison d'être n'est plus discutée aujourd'hui. « *Ce n'est pas le hasard*, écrit Michel Fromont, *si la chute des dictatures, tant fascistes que communistes, a entraîné la création ou le renforcement des organes de justice constitutionnelle*[275]. »

Il importe de relever, cependant, qu'aussi loin que l'on puisse remonter dans l'histoire, il semble encore difficile de déterminer avec exactitude le moment et le lieu où apparaît la notion de justice constitutionnelle.

L'on reconnaît, toutefois, que c'est aux Etats-Unis qu'est apparu le contrôle judiciaire de la constitutionnalité des lois, introduit, du reste, empiriquement[276].

Mais l'expression « *justice constitutionnelle* » n'est pas, *expressis verbis*, utilisée pour désigner cette nouvelle vision imprimée par la Cour. Elle paraît inconnue dans la terminologie juridique et politique de l'époque.

Sans prétendre qu'ils en furent les inventeurs, Hans Kelsen et son disciple Eisenmann utilisent le terme justice constitutionnelle en 1928. Le premier l'emploie pour signifier « *la garantie juridictionnelle de la* Constitution ». Eisenmann systématise la pensée et livre une première définition selon laquelle « *la justice constitutionnelle est cette sorte de justice ou mieux de juridiction qui porte sur les lois constitutionnelles. La juridiction constitutionnelle est donc l'organe par lequel s'exerce la justice constitutionnelle dont le sens juridique est de garantir la séparation de la compétence entre législation ordinaire et législation constitutionnelle,*

---

[275]M. FROMONT, *La justice constitutionnelle dans le monde, op.cit.*, p.2.

[276] Le contrôle de constitutionnalité n'a pas été formellement prévu par le texte constitutionnel de 1787. Il est le fruit du génie créateur de la Cour suprême. Un tel contrôle n'a pas posé problème aux Etats-Unis, car sociologiquement, les Américains n'avaient pas à redouter des forces aristocratique et réactionnaire dans la composition des Cours. La Common Law anglo-saxonne les prédisposait à l'acceptation du pouvoir juridictionnel. Voir A.-M., Le POURHIET, *Droit Constitutionnel*, *op.cit.*, p.148.

d'assurer le respect de la compétence du système des règles ou de l'organe suprême de l'ordre étatique »[277].

Garantir la répartition des compétences entre la législation ordinaire et la législation constitutionnelle pour assurer le respect de la Constitution, est une autre manière d'exercer le contrôle de constitutionnalité des lois. C'est donc l'élément décisif qui permet de reconnaître une justice constitutionnelle[278].

Une certaine doctrine tente de compléter cette vision du départ en considérant que « la notion de justice constitutionnelle ne peut être que matérielle : elle ne peut que désigner une activité ou, si l'on préfère, une fonction exercée en la forme juridictionnelle par un organe indépendant ayant le caractère d'une juridiction et parallèlement le juge constitutionnel ne peut que désigner un juge exerçant la justice constitutionnelle, qu'il soit ou non spécialisé dans cette tâche[279] ».

Cette approche tend à présenter la justice constitutionnelle selon un double point de vue. Le premier consiste à faire du juge constitutionnel le juge des pouvoirs législatif et exécutif. Le second décrit le juge constitutionnel comme celui qui applique les règles constitutionnelles.

Cette double définition est pleinement opératoire pour l'étude comparative de la justice constitutionnelle dans le monde.

Longtemps considérée comme une spécialité américaine, la justice constitutionnelle s'est répandue dans de nombreux pays du monde en subissant parfois d'importantes modifications.

Son développement, en Europe, peu après la seconde guerre mondiale était tel qu'il fut salué comme « *l'un des événements les plus marquants du droit constitutionnel de l'après – guerre* »[280].

L'Afrique connaîtra cette justice vers les années soixante. En effet, à l'indépendance, nombre de pays furent dotés de cette institution. La fin, vers les années 1989, du communisme a favorisé l'expansion de cette institution en Asie.

La mutation de la justice constitutionnelle fait qu'il existe aujourd'hui une grande variété de systèmes de justice constitutionnelle.

On a cependant pour habitude d'opposer deux grands modèles de justice constitutionnelle : le modèle américain et le modèle européen. Cette typologie est, en réalité, inexacte comme on le verra plus loin. Mais l'on s'en tient à cette dichotomie traditionnelle pour des fins pédagogiques. Pour rendre compte de la très grande diversité des systèmes de justice constitutionnelle en vigueur dans le monde, il est utile de prendre en compte

---

[277]L. FAVOREU et Alii, *Droit constitutionnel*, *op.cit.*, p.199.
[278]M. FROMONT, *La justice constitutionnelle dans le monde, op.cit.*, p.2.
[279]M. FROMONT, *La justice constitutionnelle dans le monde, op.cit.*, p.2.
[280]L. FAVOREU et Alii, *Droit constitutionnel*, *op.cit.*, p.3.

la nouvelle typologie basée sur la juxtaposition des procédures concrètes et des procédures abstraites.

CHAPITRE I : LA DIVERSITE DE PERCEPTION DES SYSTEMES DE JUSTICE CONSTITUTIONNELLE

Il existe une grande variété de justice constitutionnelle en vigueur dans le monde que seule l'histoire se charge aujourd'hui d'expliquer[281]. Au-delà de cette diversité, on peut élaborer une typologie des formes de justice constitutionnelle pour mettre en lumière les différences essentielles qui existent et, partant, en dégager les spécificités.

La classification traditionnelle et la plus courante conduit à opposer les systèmes de justice constitutionnelle selon la nature de l'organe qui l'exerce.

Dans cette perspective, l'on dégage deux variables. La première représente les pays qui confient l'exercice de la justice constitutionnelle à tous les tribunaux (ordinaires ou de droit commun) sous la juridiction placée au sommet de la hiérarchie judiciaire, appelée généralement Cour suprême. C'est le modèle américain (section 1). La seconde variable regroupe les Etats qui confient cet exercice à une juridiction spécialement constituée à cet effet, que l'on peut dénommer Cour spéciale, Cour Constitutionnelle. C'est le modèle européen (section 2).

Cette dichotomie n'est, en réalité, que partiellement exacte dans la mesure où à l'heure actuelle, même en Europe, quelques Etats[282] pratiquent un système de justice constitutionnelle à l'américaine. C'est le dépassement de ces deux systèmes (Section 3).

SECTION 1 : LES SPECIFICITES DU SYSTEME AMERICAIN DE JUSTICE CONSTITUTIONNELLE

Les éléments qui caractérisent le modèle américain et qui témoignent de sa spécificité peuvent être ramenés à quatre. Dans ce système, le contrôle est diffus (§1), concret (§2), généralement exercé a postériori par voie

[281]M. FROMONT, *La justice constitutionnelle dans le monde, op.cit.*, p.40.

[282]L. FAVOREU, *Les Cours constitutionnelles*, *op.cit.*, p.6.Il en est notamment ainsi en Suisse, en Grèce, en Danemark, en Suède, en Norvège et en Estonie.

d'exception (§3) et les décisions du juge constitutionnel ont une autorité relative de la chose jugée[283].

§1. Le contrôle diffus de la constitutionnalité

La qualification de « *contrôle diffus* » signifie que le contrôle de constitutionnalité est confié à l'ensemble de l'appareil juridictionnel[284] ; c'est-à-dire qu'il peut être exercé par n'importe quel juge fédéral ou étatique[285], qu'il soit en bas ou en haut de la hiérarchie judicaire[286]. En d'autres termes, toutes les juridictions sont compétentes en matière constitutionnelle.

Cette appréhension pour le moins large du contrôle juridictionnel de la constitutionnalité a pour conséquence que les limites entre la justice constitutionnelle et la justice ordinaire demeurent très minces, voire difficiles à établir « *dans la mesure où tous les litiges, quelle que soit leur nature, sont jugés par les mêmes tribunaux et sensiblement dans les mêmes conditions*[287] ».

En sus, les tribunaux américains disposent d'une plénitude de juridiction. Ceci revient à dire que le juge saisi en première instance est compétent pour se prononcer sur l'ensemble des questions que peut soulever un litige, qu'elles soient civiles, pénales, administratives ou constitutionnelles.[288] Dans ce système, l'on sous-entend, en fait, que la dimension constitutionnelle peut être présente dans tous les litiges et ne nécessite pas un traitement particulier. De sorte que, « *il n'existe pas, à vrai dire, de contentieux constitutionnel, pas plus qu'il n'existe de contentieux administratif ou judiciaire ; car il n'y a aucune raison de distinguer les affaires portées devant le même juge*[289] ».

Dans ce contrôle cependant, l'on ne saurait sous-estimer la fonction de premier ordre que remplit la Cour suprême. Il est, en effet, usuel de parler de la jurisprudence de la Cour suprême pour désigner l'ensemble de la jurisprudence constitutionnelle américaine. C'est dire combien la justice constitutionnelle est dominée par la Cour suprême[290].

Cela tient à trois facteurs. Primo, la Cour suprême exerce en quelque sorte à la fois les fonctions de la Cour constitutionnelle, de la Cour de cassation et du Conseil d'Etat. Secundo, les juges de première instance se montrent souvent trop timides et n'abordent les questions constitutionnelles

---

[283] *Idem.*, p.5.
[284] L. FAVOREU et alii, *Droit constitutionnel, op.cit.*, p.207.
[285] M. FROMONT, *La justice constitutionnelle dans le monde, op.cit.*, p.46.
[286] L. FAVOREU, *Les Cours constitutionnelles, op.cit.*, p.5.
[287] *Idem.*
[288] *Ibidem.*
[289] *Ibid.*, p.207.
[290] *Id.*

qu'avec circonspection et prudence. Tertio, placée au sommet de la hiérarchie judiciaire fédérale, la Cour suprême est fréquemment saisie par la voie d'un recours en « certioriari »[291].

Il s'agit d'obtenir, par ce recours, la certification des décisions rendues par les juridictions inférieures[292]. On peut observer dans la pratique que les plaideurs sont toujours tentés de porter devant la Cour suprême une affaire qui soulève la question du respect de la Constitution fédérale. Ce faisant, ils forment contre la décision de la juridiction supérieure, soit un appel, soit simplement une demande de cassation par la voie du « *certioriari* »[293].

La Cour suprême est, dans ce cas, le juge d'appel de toutes les juridictions pour les questions de conformité à la Constitution ou une Cour de cassation qui produit le même effet, c'est-à-dire un contrôle de l'activité des juridictions inférieures.

Il ressort ainsi qu'aux Etats-Unis, la Cour suprême remplit une fonction régulatrice suprême.

Au demeurant, quel que soit le tribunal saisi, il faut l'existence d'un litige pour que la justice constitutionnelle soit exercée. En d'autres termes, l'existence d'un litige participe à la définition de la justice constitutionnelle.

§2. L'exercice d'un contrôle concret

Le contrôle de constitutionnalité dans le système américain est dit concret parce qu'il exerce et ne peut s'exercer qu'à l'occasion des « cas concrets » et des « litiges » particuliers. C'est ce qui ressort de l'article III, section 2 de la Constitution : « *le pouvoir judiciaire s'étendra à tous les cas concrets, en droit et en équité, qui pourront se produire sous l'empire de la présente* Constitution, *des lois des Etats-Unis ou des traités conclus... »*

Il y a silence de la loi, quant à la définition de la notion de " litige concret". La doctrine livre une double interprétation : elle saisit aussi bien en termes de séparation des pouvoirs qu'en termes d'intérêt pour agir.

Ainsi, pour que la Cour soit valablement saisie, trois conditions doivent être remplies : le requérant devra « justifier d'un intérêt pour agir (standing), de la maturité suffisante de l'affaire (ripeness) et du caractère toujours actuel du litige (mootness) »[294]. En d'autres termes « *le demandeur doit être directement touché par la violation de la Constitution, le dommage doit s'être produit ou apparaître suffisamment certain et la controverse toujours en état* ».

---

[291] M. FROMONT, *La justice constitutionnelle dans le monde, op.cit.*, p.47.

[292] L. FAVOREU et Alii, *Droit constitutionnel, op.cit.*, p.207.

[293] *Idem. Certioriari* signifie littéralement pour « rendre plus certain ».

[294] *Ibidem.*

Au regard de cette triple exigence, la Cour ne peut rendre des avis consultatifs à destination des autres branches du pouvoir. En sus, le pouvoir de dire le droit n'est reconnu à la Cour que dans le but de résoudre un litige. Elle ne saurait donc remplir, au risque de brader le principe de séparation des pouvoirs, un quelconque rôle de conseil. Enfin, au nom du même principe, la Cour se déclare incompétente pour connaître de toute « question politique » entendue au sens d'un litige qui, de par sa nature, se prête mal à un mode de résolution judiciaire[295].

L'on retiendra, en définitive, que la recevabilité de la requête dans le système américain est conditionnée par l'exigence du caractère concret du litige. Autrement dit, la Cour ne se prononce que sur des litiges avérés et concrets et non éventuels ou abstraits. Bref, dans le système américain, nous avons affaire à une justice constitutionnelle subjective et concrète.

Ce contexte justifie la consécration d'un contrôle a posteriori exercé par voie d'exception.

§3. Le contrôle a posteriori exercé par voie d'exception

Il existe deux mécanismes permettant de déclencher un contrôle de constitutionnalité à savoir, la voie d'action et la voie d'exception.

Georges Burdeau définit le contrôle par voie d'action comme le « procédé offensif qui permet d'attaquer la loi devant un tribunal déterminé auquel on demande d'examiner sa validité constitutionnelle et, le cas échéant, d'en prononcer l'annulation »[296].

Quant au contrôle par voie d'exception, il s'entend comme un contrôle que le tribunal peut exercer sur les lois et les actes législatifs à l'occasion d'une exception d'inconstitutionnalité soulevée au cours d'un procès, par le Ministère Public ou par une partie qui s'oppose à ce qu'on les lui applique.

La finalité recherchée est d'obtenir du juge convaincu de l'inconstitutionnalité d'une loi ou d'un acte législatif d'écarter l'application à l'espèce sous examen, mais en arguant que le juge saisi de l'exception soit à même de contrôler la constitutionnalité de l'acte incriminé[297].

C'est ce dernier procédé qui a été retenu aux Etats-Unis. En effet, dans la mesure où, dans le système américain, le juge n'intervient que s'il y a existence d'un litige à régler, le contrôle ne peut, logiquement s'exercer, et par principe qu'*a posteriori :* un litige doit être en cours d'instance. Et c'est dans le cadre du procès que le contrôle va se déclencher[298]. Il s'agit donc d'un contrôle portant sur des lois déjà promulguées et en vigueur.

---

[295]L. FAVOREU et Alii, *Droit constitutionnel*, *op.cit.*, p.207.

[296]G. BURDEAU, *Droit constitutionnel et institutions politiques*, Paris, LGDJ, 10ème éd., 1963, p.97.

[297]*Idem.*, pp.99 et 102.

[298]H.-S. GINESTE, *Le droit constitutionnel en schéma*, Paris, Ellipses, 2ème éd., 2008, p.88.

Dans le contexte américain, le déclenchement du contrôle se fait souvent par tout justiciable qui, à l'occasion d'un procès ordinaire, civil ou administratif, peut soulever, pour sa défense, une exception d'inconstitutionnalité. C'est le sens de la voie d'exception, c'est-à-dire que le contrôle s'exerce de manière indirecte à l'occasion d'un procès à la demande d'un justiciable, qu'il s'agisse d'une personne physique ou morale, privée ou publique[299].

Considérant la disposition susceptible d'être bien appliquée à la Constitution, le requérant sollicite du juge que la disposition ainsi attaquée ne produise pas d'effet en l'espèce[300].

L'exception d'inconstitutionnalité soulevée doit porter sur un texte (une loi par exemple) nécessaire au jugement de l'affaire, objet du procès. Elle doit être analysée et vidée avant que le juge ne tranche le litige lui-même.

Le jugement de l'exception présente deux cas de figure. Le premier est celui dans lequel le juge de fond est compétent et le second celui dans lequel le juge est incompétent.

Dans le cas d'espèce, étant donné le caractère diffus de la justice constitutionnelle aux Etats-Unis, tout juge est compétent pour juger de manière souveraine de la constitutionnalité du texte contesté. Dans cette hypothèse, il tranche immédiatement le litige, car se trouvant en face d'une question préalable[301].

A côté de la voie d'exception qui représente le premier mode d'intervention du contrôle de constitutionnalité, d'autres voies, d'usage moins fréquent, sont possibles. Il en est ainsi d'une demande d'injonction ou le mandamus[302].

L'on peut, en effet, soulever la question de constitutionnalité d'un texte par cette voie. Si la requête est déclarée recevable, le juge peut enjoindre à un agent public, sous peine d'outrager le tribunal, de ne pas procéder à l'application d'un texte réputé contraire à la Constitution. Il s'agit d'une procédure qui permet d'invoquer l'inconstitutionnalité avant que la loi ne soit appliquée. Outre la demande d'injonction, la procédure de jugement déclaratoire peut être également sollicitée. Celle-ci conduit à demander au juge de statuer sur les droits des parties et de se prononcer, le cas échéant, sur l'inconstitutionnalité d'un texte[303].

Remarquons que ces deux dernières procédures induisent, à la rigueur, une certaine forme de contrôle abstrait. Précisément, elles permettent parfois d'effectuer le contrôle anticipé.

---

[299]A.-M. Le POURHIET, *Droit Constitutionnel, op.cit.*, p.152.
[300]L. FAVOREU et Alii, *Droit constitutionnel, op.cit.*, p.209.
[301]H.-S. GINESTE, *Le droit constitutionnel en schéma, op.cit.*, p.88.
[302]Il s'agit de procédures permettant d'obtenir du juge ce qu'il ordonne à une autorité publique de faire ou de ne pas faire.
[303]L. FAVOREU et Alii, *Droit constitutionnel, op.cit.*, p.209.

Au demeurant, que ce soit pour le premier procédé ou pour les autres, c'est toujours l'exception d'inconstitutionnalité qui caractérise, et de loin, le contentieux constitutionnel américain[304].

Il importe de noter que le contrôle par la voie de l'exception a une portée considérable. Le juge peut, en tout état de cause, être saisi notamment de questions de société non encore tranchées par le législateur fédéral. La « *société civile* » peut aussi porter sur le terrain constitutionnel, au plus haut niveau (à la condition que l'affaire soit retenue par la Cour) des problèmes souvent éminemment politiques ou conflictuels.

Par ce procédé, la Cour suprême des Etats-Unis illustre plus que toute autre, sans doute, l'influence d'une juridiction constitutionnelle sur la société politique[305]. Elle ouvre ainsi, la porte à la « juridicisation » de la vie politique. Le moins que l'on puisse dire est que, les décisions de la Cour suprême « *marquent l'histoire des Etats-Unis autant qu'elles affectent la vie des citoyens* ». Dotée d'un « *immense pouvoir politique* », selon l'expression d'Alexis de Tocqueville, la Cour se retrouve souvent mêlée aux grandes controverses politiques de la nation américaine. En pesant, par ses décisions, sur les grands choix de société, de la séparation de l'Eglise et de l'Etat à la consécration d'un droit à l'interruption volontaire de grossesse, la Cour suprême relance, sans cesse, le débat autour de l'étendue des pouvoirs du juge et de sa légitimité démocratique[306].

Outre cet élément du contrôle a posteriori, caractéristique de la justice constitutionnelle américaine, la portée du jugement a toujours une autorité relative de la chose jugée.

§4. L'autorité relative de la chose jugée attachée à la décision du juge

Il existe deux possibilités dans le cadre de la voie d'exception, quant à la portée du jugement. Celui-ci peut avoir soit une autorité relative, soit absolue de la chose jugée.

Dans le contexte américain, la décision du tribunal statuant sur une exception d'inconstitutionnalité est revêtue de l'autorité relative de la chose jugée. La décision entreprise ne vaut donc que pour le procès qui l'a provoqué et pour les parties en cause. Elle n'a aucun effet *erga omnes*[307].

S'il s'avère que la loi est en contrariété absolue avec la Constitution, le juge « ne l'applique pas dans le litige en cause et ne l'écarte que dans l'affaire pendante ; c'est-à-dire qu'il n'annule pas la loi erga omnes mais se borne à la priver d'application inter partes. La loi contestée reste en vigueur et est susceptible de s'appliquer dans d'autres affaires[308] ». Simonian abonde

---

[304] *Idem.*
[305] L. FAVOREU et Alii, *Droit constitutionnel, op.cit.*, p.209.
[306] *Idem.*
[307] M. FROMONT, *La justice constitutionnelle dans le monde,op.cit.*, p.47.
[308] H.-S. GINESTE, *Le droit constitutionnel en schéma, op.cit.*, p.90.

dans le même sens lorsqu'elle écrit qu'« en théorie, la loi déclarée inconstitutionnelle n'est pas annulée. Son application au cas d'espèce est simplement écartée. Elle pourra s'appliquer dans d'autres affaires[309]».

Cette relativité reste toutefois, théorique et l'affirmation devra être nuancée. Il est un fait que l'effet relatif de la décision d'inconstitutionnalité peut entraîner des variations d'un Etat à un autre selon que telle ou telle juridiction aura, ou non, déclaré la contrariété du texte avec la Constitution. Il s'agit là d'une des conséquences du contrôle diffus. Cependant, par le biais de l'appel, la Cour suprême peut être amenée à se prononcer sur la question. Sa décision, bien qu'ayant seulement l'autorité relative de chose jugée, présentera néanmoins un effet équivalent au précédent[310].

Si les juridictions sont liées par les solutions précédemment jugées, à plus forte raison lorsqu'il s'agit des décisions d'une juridiction suprême comme la Cour suprême des Etats-Unis[311]. Ainsi donc, « l'arrêt de la Cour suprême ne peut annuler formellement une loi, il peut en paralyser l'application sur l'ensemble d'Etats américains dans la mesure où les juridictions inférieures devront s'y confirmer. »

Elle constitue, tout bien considéré, le point de départ de la généralisation des Cours constitutionnelles en Europe[312]. Celles-ci présentent des caractéristiques communes qui permettent de les identifier comme un modèle à part et de mieux le distinguer du modèle américain.

SECTION 2 : LES PARTICULARITES DU MODELE EUROPEEN DE JUSTICE CONSTITUTIONNELLE

Le modèle européen de justice constitutionnelle s'inspire largement des idées kelseniennes qui mettent en évidence les oppositions notables avec le modèle américain.

La doctrine retient quatre traits essentiels qui n'épuisent pas la matière. Ils seront analysés suivant le plan tracé à la section précédente concernant le modèle américain afin de mieux faire pour en ressortir les distances.

§1. Le monopole d'exercice du contrôle de la constitutionnalité par une juridiction spécifique

La justice constitutionnelle est confiée à une juridiction spécialisée disposant d'un monopole d'appréciation de la constitutionalité des lois. Les juges ordinaires ne peuvent donc pas connaître de ce contentieux réservé à la

---

309 L. FAVOREU et Alii, *Droit constitutionnel*, *op.cit.*, p.210.

310 A.-M. Le POURHIET, *Droit Constitutionnel, op.cit.*, p.151.

311 L. FAVOREU et Alii, *Droit Constitutionnel, op.cit.*, p. 210.

312 *Idem.*, p. 215.

juridiction unique créée à cet effet. C'est en cela que le contrôle est dit « *concentré* » et non diffus comme dans le modèle américain. En tout état de cause, les juges ordinaires doivent surseoir et renvoyer la question de droit constitutionnel au juge institué à cet effet. L'obligation leur est donc faite de saisir le tribunal constitutionnel dans le cas où l'efficacité de la loi aboutirait, selon eux, à une violation de la Constitution[313].

Ainsi, si la loi dont le juge doute de la constitutionnalité, ou celle contestée par voie d'exception, est déclarée inconstitutionnelle, le juge du fond ne devra pas l'appliquer.

Le Portugal fait cependant figure d'exception dans la mesure où il prévoit un système d'organisation en parallèle du contrôle de constitutionnalité par les tribunaux ordinaires[314].

Notons à ce sujet que le contentieux constitutionnel dont le jugement fait l'objet d'un monopole au profit de la Cour n'a pas la même consistance dans chaque cas, mais il inclut toujours un contrôle de la constitutionnalité[315].

Eisenmann, à la suite de Hans Kelsen, montre que c'est la raison d'être même de la justice constitutionnelle. « Il n'y a pas, en effet, de justice constitutionnelle s'il n'y a pas à confronter les actes du législateur national à la Constitution »[316].

On ne peut donc pas parler de l'existence de la justice constitutionnelle et, même, de la Cour constitutionnelle sans cette attribution centrale qu'est le contrôle de constitutionnalité des lois. La précision est nécessaire dans la mesure où, « *en dehors des lois nationales, il n'y a guère de difficultés à obtenir cette soumission au droit au point qu'il n'est besoin d'un tribunal constitutionnel supérieur occupant dans l'ordre juridique et politique la place la plus élevée (au-dessus même des pouvoirs publics étatiques) pour contrôler les règlements de l'administration voire les lois provinciales ou locales [...]. Le véritable problème, en effet, pour une* Cour constitutionnelle, *réside dans le fait qu'elle peut corriger, voire annuler les choix politiques fondamentaux faits par le législateur, représentant la volonté générale* »[317]

Raison pour laquelle, d'ailleurs, beaucoup d'Etats n'ont pas adopté de si tôt l'implantation des Cours constitutionnelles, estimant leur existence anti-démocratique, incompatible avec la souveraineté du parlement et contraire à la séparation des pouvoirs.

Retenons toutefois que Hans Kelsen parle du juge constitutionnel comme législateur négatif, tandis qu'une majeure partie de la doctrine justifie le fait par l'évolution dans la compréhension du concept

---

[313] M. FROMONT, *La justice constitutionnelle dans le monde, op.cit.*, p.10.
[314] L. FAVOREU et Alii, *Droit Constitutionnel, op.cit.*, p.216.
[315] *Idem.*
[316] *Ibidem.*
[317] L. FAVOREU, *Les Cours constitutionnelles*, *op.cit.*, pp.24-25.

« *démocratie* ». De la démocratie « moniste », on est passé à la démocratie « *constitutionnelle* » où la figure du juge, en particulier du juge constitutionnel, devient prédominante.

Un autre aspect caractéristique du modèle européen réside dans le fait que la juridiction ayant entre ses mains le monopole du contentieux constitutionnel est spécifique ou spéciale, située hors de l'appareil juridictionnel ordinaire. C'est ce qui constitue la différence fondamentale entre une Cour suprême et une Cour constitutionnelle. Alors que celle-là est placée au sommet d'un édifice juridictionnel (d'où, sa dénomination de Cour suprême), celle-ci se situe, en revanche, en dehors de tout appareil juridictionnel.

Crisafulli évoque, à l'origine de cette thèse, l'exemple de la Cour italienne et fait observer que « celle-ci ne reste pas, non seulement dans l'ordre judiciaire, mais même pas dans l'organisation juridictionnelle au sens large du terme (…). La Cour Constitutionnelle (…) reste en dehors des pouvoirs étatiques traditionnellement connus ; elle forme un pouvoir indépendant dont le rôle consiste à assurer le respect de la Constitution dans tous les domaines[318] ».

La question de la Cour constitutionnelle comme pouvoir indépendant, ou contre-pouvoir, continue à alimenter les débats autour de la problématique du gouvernement des juges dont les développements ultérieurs pourront donner la quintessence. Il reste que le modèle européen de justice contextuelle favorise une certaine coexistence entre un contrôle abstrait des normes avec un contrôle concret spécifique.

§2. La coexistence d'un contrôle abstrait des normes avec un contrôle concret spécifique

Selon le modèle proposé par Hans Kelsen, le contrôle de constitutionnalité implique une confrontation entre deux normes, l'une constitutionnelle et l'autre législative. Le juge statue fondamentalement sur la loi en elle-même et non sur son application dans un litige particulier.

En l'espèce, l'on ne suppose pas la résolution d'un litige concret particulier antérieur, au mieux, l'on ne se retrouve pas dans une confrontation classique entre deux parties attendant l'issue d'un règlement de litige. Le contrôle consiste plutôt en une vérification de conformité de la loi à la Constitution[319].

Un tel contrôle présente naturellement un caractère abstrait lorsqu'il est exercé en vue d'assurer un fonctionnement de l'Etat qui soit conforme aux principes posés par la Constitution.

---

[318] CRISAFULLI, « Le système de contrôle de la constitutionnalité des lois en Italie », *RDP* Paris, 1968, p.130.

[319] L. FAVOREU et Alii, *Droit Constitutionnel, op.cit.*, p.217.

A côté de ce contrôle abstrait exercé par la Cour constitutionnelle, la plupart des pays procèdent à la contribution des techniques nouvelles qui ouvrent la voie à l'exercice d'un contrôle concret.

Il en est ainsi de l'obligation imposée au juge ordinaire qui doute de la constitutionnalité d'une loi de surseoir à statuer sur le litige à trancher et de saisir la Cour spéciale de la question de la constitutionnalité de la loi dont question[320].

Ainsi donc, par un procédé de renvoi des tribunaux ordinaires, la juridiction spéciale est amenée à contrôler la constitutionnalité des lois mais, cette fois, à l'occasion d'un litige concret.

Peut aussi être considérée comme contrôle concret exercé par une juridiction spéciale, la procédure de recours direct individuel en protection des droits fondamentaux, appelé aussi plainte constitutionnelle, dirigée contre les actes publics : actes législatifs, administratifs ou juridictionnels[321].

Qu'il soit abstrait ou concret, le contrôle est exercé par voie d'action déclenchée par des autorités politiques ou publiques. Ce qui constitue un élément spécifique du modèle européen.

§3. Le contrôle abstrait par voie d'action exercé a priori et a posteriori

Le contrôle par voie d'action est un contrôle direct qui porte sur le contenu de la loi, indépendamment d'un cas d'application de celle-ci. Il s'agit d'un face-à-face entre deux normes générales (la loi ordinaire et la Constitution), indépendamment de tout litige ou procès préalablement en cours.

Ce contrôle du reste abstrait peut intervenir soit avant l'entrée en vigueur des lois - il est alors dit *a priori* ; soit pendant l'application des lois, il s'agit dans ce cas du contrôle *a posteriori*.

L'on ne peut s'étonner que le contrôle a priori soit toujours exercé par voie d'action pour la simple raison qu'il est déclenché alors que la loi n'est pas encore en vigueur.

Le contrôle *a priori* et abstrait par voie d'action est déclenché, en général, par des autorités politiques (Président de la République, Premier Ministre, les Présidents de deux chambres du parlement, etc.). Celles-ci peuvent décider de porter directement, devant la juridiction constitutionnelle, une loi ou un traité en vue d'en vérifier la conformité à la norme supérieure[322].

---

[320] M. FROMONT, *La justice constitutionnelle dans le monde, op.cit.*, p.21. Cette technique a été introduite en Italie (1947), en Allemagne (1949), en Autriche (1973), en Espagne (1978), en Belgique (1988) et en France (le 23 juillet 2008 avec le QPC).

[321] *Idem.*, p.22.

[322] L. FAVOREU et alii, *Droit Constitutionnel, op.cit.*, p.217.

Quelques Etats[323] organisent aussi la saisine directe du juge constitutionnel par les citoyens qui s'estiment victimes d'une violation de leurs droits et libertés fondamentales[324].

Le contrôle direct abstrait qui a lieu après la promulgation de la loi est généralement déclenché par des responsables de l'Exécutif, voire du parlement ou des organes des diverses collectivités, pour s'assurer de la conformité à la Constitution des lois qu'ils sont appelés à appliquer.

Qu'il soit *a priori* ou *a posteriori*, le contrôle abstrait par voie d'action, préconisé dans l'intérêt de l'ordre constitutionnel, demeure un élément majeur d'identification du modèle européen par rapport au modèle américain qui, lui, organise plutôt un contrôle concret *a posteriori* par voie d'exception.

La portée de la décision rendue par le juge constitutionnel se trouve ainsi distancée du modèle américain.

§4. L'autorité absolue de la chose jugée

Dans le système européen, les décisions rendues par la juridiction constitutionnelle spéciale sont revêtues d'une autorité absolue de la chose jugée : elles valent partout et à l'égard de tous. Concrètement, la solution dégagée à partir du contrôle abstrait (comparaison des normes pour dégager la conformité ou non des lois ou des traités indépendamment même de l'existence d'un litige concret) produit des effets *erga omnes*. Par ricochet, elle s'applique à tous les litiges concrets soumis aux juridictions ordinaires.

Il s'ensuit que la loi déclarée inconstitutionnelle est immédiatement et définitivement retirée de l'ordre juridique. Elle ne s'applique plus au présent, ni à l'avenir et perd tout effet parce que censée n'avoir jamais existé.

Le Portugal et la Belgique font, cependant, exception en cas de contrôle concret pour le premier et dans l'hypothèse de renvoi d'une question préjudicielle pour la seconde. Dans les deux cas, la décision rendue est dotée d'une autorité relative de la chose jugée.

Dans l'intérêt de la sécurité juridique et du respect de l'égalité devant la loi, des mécanismes sont mis en place pour renforcer cette autorité en l'étendant aux cas similaires (Belgique) ou la mise en mouvement d'une procédure de contrôle abstrait (Portugal)[325].

---

[323] C'est notamment le cas au Bénin, au Burundi, au Gabon, au Djibouti, en République du Congo et en République Démocratique du Congo où la saisine du juge constitutionnel est ouverte à tout citoyen qui s'estime victime d'un acte légal ou réglementaire contraire à la Constitution.

[324] A.-M. Le POURHIET, *Droit Constitutionnel ,op.cit.*, p.153.

[325] L. FAVOREU et Alii, *Droit Constitutionnel, op.cit.*, p.218.

En tout état de cause, les juridictions constitutionnelles selon le schéma kelsenien sont appelées à rendre des arrêts revêtus de l'autorité absolue de la chose jugée.

A l'analyse, il se dégage que le modèle européen de justice constitutionnelle est façonné autour de l'idée que le contentieux constitutionnel est du ressort exclusif d'un Tribunal spécial situé au dehors de l'appareil juridictionnel ordinaire. Ce tribunal, en l'absence d'un litige, peut statuer sur saisine directe d'une autorité politique et/ou juridictionnelle, voire des particuliers. Ces décisions sont revêtues de l'autorité absolue de la chose jugée.

L'étude a cependant observé qu'en Europe, il existe des Etats qui combinent des éléments empruntés des modèles américain et européen. De cette pratique, découle des systèmes mixtes dont les apports méritent une attention particulière.

SECTION 3 : LE DEPASSEMENT DE LA SUMMA DIVISIO EN MATIERE DE JUSTICE CONSTITUTIONNELLE

Les systèmes mixtes sont nés de la transposition, dans différents cadres nationaux, d'éléments des modèles américain et européen dont les adaptations ont consacré des atteintes à l'originalité des modèles initiaux.

La combinaison d'éléments des contrôles concentrés et diffus, abstraits et concrets, *a priori* et *a posteriori*, la saisine par des autorités publiques des plaintes constitutionnelles illustrent une tendance au rapprochement de deux modèles de départ et leur enrichissement mutuel par des apports nouveaux.

L'on a pu observer que, parmi les pays qui ont récemment opté pour la première justice constitutionnelle dans leur système juridique, rares sont ceux qui ont suivi le modèle américain.

Les raisons d'un tel rejet sont multiples et il importe de relever quelques cas d'illustration pratiques de combinaison ou de juxtaposition de deux modèles.

§1. Les difficultés de transposition du modèle américain et le choix du modèle européen

Le système américain de la justice constitutionnelle a connu une large diffusion depuis plus de deux siècles. Sa réception débute en Amérique Latine, et le mouvement va s'étendre en Europe avant de gagner le reste du monde.

En Europe, notamment l'influence de ce modèle est apparue timide. Seuls quelques pays dont la Suisse, la Grèce, le Danemark, la Suède, la Norvège et l'Estonie ont adopté le système de justice constitutionnelle s'inspirant du modèle américain. L'ensemble de pays dotés d'une juridiction constitutionnelle se sont rattachésau modèle européen, avant d'avoir été tentés d'adopter le système américain qu'ils ont finalement rejeté[326].

La question qu'il importe de se poser est de savoir comment les européens ont pu adopter le système impliquant un affrontement direct et ouvert avec le législateur alors que la révérence envers celui-ci les avait empêchés au XIXe et au début du XXe siècle d'adopter le système américain, apparemment attentatoire aux droits du Parlement[327].

Favoreu épingle quatre (4) raisons : la socialisation de la loi, l'absence d'unité de juridiction, la faible timidité de la Constitution et l'incapacité ou le manque d'expérience des juges ordinaires[328].

1. La socialisation de la loi

La socialisation de la loi est sans doute le premier obstacle à l'importation du modèle américain. En effet, alors qu'aux Etats-Unis, c'est la Constitution qui est sacrée, en Europe, c'est plutôt la loi qui l'a, au départ, été.

La tradition européenne fut longtemps marquée par le dogme rousseauiste de l'infaillibilité de la loi à telle enseigne que le droit était identifié aux lois du Parlement ; le régime du droit c'est le règne de la loi. La loi s'impose et est difficilement remise en cause.

Dans un tel contexte, la transposition de la justice constitutionnelle d'inspiration américaine ne peut que difficilement s'épanouir.

2. L'absence d'unité de juridiction

L'absence d'unité de juridiction dans divers ordres juridiques européens explique aussi cette difficulté. En effet, la plupart de pays fonctionnent avec un système de justice fondé sur la dualité ou la pluralité des juridictions.

La France est un cas typique où coexistent les juridictions de l'ordre judiciaire placées sous le contrôle de la Cour de cassation et les juridictions de l'ordre administratif coiffées par le Conseil d'Etat.

Or, le système américain est conçu de telle manière qu'il ne peut bien fonctionner que là où il y a unité de juridiction. Il n'y a pas séparation de contentieux. Car la dimension constitutionnelle peut être présente dans tous les procès sans nécessiter un traitement à part, et sans risque de conduire à des divergences d'opinion sur la Constitutionnalité des textes fondamentaux.

---

[326] L. FAVOREU, *Les Cours constitutionnelles, op.cit.*, p.6.

[327] *Idem.*

[328] *Ibidem.*, pp.8-10.

Ce qui suppose la présence des juges aptes à exercer la justice constitutionnelle. Ceux-ci font, malheureusement, défaut en Europe. Ainsi que l'explique Cappelleti, « *les juges d'Europe continentale sont habituellement des magistrats de « carrière » , peu aptes à assurer une tâche de contrôle des lois, tâche qui est inévitablement créatrice et va beaucoup plus loin que leur fonction traditionnelle de simples interprètes et de « fidèles serviteurs » des lois. L'interprétation même des normes* constitutionnelles*, et spécialement du noyau central de celle-ci qui est la déclaration des droits fondamentaux ou « Bill of Rights », c'est normalement très différent de l'interprétation des lois ordinaires. Elle demande une approche qui se conjugue mal avec la traditionnelle « faiblesse et timidité » du juge du modèle continental »*[329].

3. *La faiblesse et la timidité de la Constitution*

La faiblesse et la timidité de la Constitution s'expliquent par le manque de formation et d'expérience ainsi que par le statut de magistrat de carrière qui ne permettent au juge d'assurer efficacement la défense de la Constitution et des droits que celle-ci garantit au citoyen. Ainsi donc, « il était, en particulier, peu envisageable de confier le contrôle (de constitutionnalité) aux juges ordinaires qui manquaient sans doute de formation ou de légitimité nécessaire[330]».

En Espagne, le succès du recours d'Amparo justifie pour une large part par le doute des justiciables quant à la capacité de leurs juges ordinaires de faire prévaloir les principes constitutionnels.

4. *L'incapacité ou le manque d'expérience des juges ordinaires*

Au manque de personnel aguerri, capable et légitime, c'est-à-dire institué par le peuple, s'ajoute la faible rigidité des Constitutions de l'entre-deux guerres.

Dans la plupart des pays, leurs lois fondamentales étaient facilement modifiables, sans un système approprié de protection de la Constitution. C'est le cas de l'Allemagne de Weimar où des lois votées par la majorité permettaient de déroger matériellement au texte constitutionnel au mépris de la protection des droits et des libertés fondamentales.

Il en est autant pour la France de la IIIe République. Carré de Malberg dit à ce sujet qu' « en Amérique, la décision de justice qui déclare une loi inconstitutionnelle a pour, effet d'élever, à l'encontre de la volonté de la législature ainsi frappée d'opposition, une barrière qui demeure pour

---

[329] CAPPELLITI et COHEN, cités par L. FAVOREU, *Les Cours constitutionnelles, op.cit.*, p.9.

[330] L. FAVOREU et alii, *Droit Constitutionnel, op.cit.*, p.211.

elle infranchissable, attendu que la législature est impuissante à modifier par elle seule la Constitution. Chez nous, au contraire, le Parlement, s'il se heurtait à une déclaration juridictionnelle d'inconstitutionnalité, pourrait sans grande difficulté triompher de cette résistance : la majorité parlementaire qui a adopté la loi paralysée par une sentence de l'autorité judicaire n'aurait pour faire prévaloir sa volonté qu'à confirmer en assemblée nationale la décision ou la mesure qu'elle avait prise d'abord par simple voie législative... Dans ces conditions, l'on ne peut craindre des refus d'application contre les lois pour cause d'inconstitutionnalité ».[331]

Ainsi compris, le contrôle de constitutionnalité dans ce sens n'est que procédure. La loi retirée de l'ordre juridique par le juge constitutionnel peut revenir, sous d'autres formes, après révision constitutionnelle décidée par les majorités parlementaires. Dans ce cas, le juge constitutionnel devra évidemment s'incliner. Ce faisant, le juge, loin de s'opposer aux représentants du peuple ou au droit positif, contribue à la « fragilisation » de la Constitution, en indiquant au législateur, le cas échéant, que la loi ne peut être adoptée que par une révision de la Constitution.[332]

A regarder de plus près, deux raisons paraissent déterminantes pour justifier le choix du modèle kelsenien (européen) plutôt que du modèle américain. Il faut dire, d'une part, que la plupart des Etats européens pratiquant déjà la justice constitutionnelle n'avaient plus, après coup, confiance dans les juges ordinaires (c'est le cas notamment de l'Allemagne et de l'Italie).

En Allemagne, sous la Constitution de Weimar, les juges ordinaires s'appuyant sur les dispositions de l'article 102 se déclarèrent compétents pour vérifier la constitutionnalité des lois. Mais, ils n'osèrent pas étendre cette compétence pour statuer sur la constitutionnalité matérielle de la loi et notamment sur les protections des droits fondamentaux.

Aussi de « nombreuses violations de l'ordre constitutionnel qui furent commises très tôt par le Parlement »[333] échappèrent au contrôle.

En Italie, Cappelli et Cohen observent qu'avant que ne soit implantée une Cour constitutionnelle, les juges ordinaires « *firent un très pauvre travail quant à l'interprétation d'une Constitution très programmatique et très progressiste*[334]». Pour cette même raison, les anciennes Républiques soviétiques qui introduisirent, pour la première fois, les systèmes de justice constitutionnelle il y a peu, avaient préféré, pour la

[331] R. C. de MALBERG, *La loi, expression de la volonté générale : Etude sur le concept de la loi dans la Constitution de 1875, Paris, Librairie du recueil Sirey,* 1931, p.128.
[332] O. DUHAMEL, *Droit Constitutionnel et Institutions politiques*, *op.cit.*, p.420.
[333] J.-C. BEGIN, *Le contrôle de la Constitutionnalité des lois en RFA*, Paris, Economica, 1982, p.18.
[334] CAPPELLI et COHEN, cités par L. FAVOREU, *Les Cours constitutionnelles, op.cit.*, p.14.

plupart, l'institution d'une juridiction spécialisée au contrôle diffus à l'américaine.

Si ces expériences ont fait pencher la balance vers le modèle qui confie la justice constitutionnelle à une juridiction spéciale, ce mouvement a coïncidé, par ailleurs, avec l'effritement de la souveraineté du Parlement. En effet, au sein des régimes parlementaires, le législateur a montré qu'il pouvait être oppresseur faisant ainsi apparaître la nécessité de se défendre aussi contre lui. Le législateur ayant failli à sa mission, l'on ne craignait plus de porter atteinte à sa souveraineté.

Hauriou disait déjà, en son temps, qu'il était nécessaire de soumettre l'œuvre des parlementaires au contrôle. « On se rend compte, écrit-il, de la nécessité de contrôler les parlements parce que leur législature dangereuse est une menace pour les libertés»[335].

En Allemagne, la démonstration au temps du national-socialisme, de l'incapacité notoire du législateur de protéger les droits fondamentaux a conduit la Constitution de 1949 à adopter le modèle kelsenien en créant un tribunal constitutionnel.

En sus, du fait du monolithisme du bloc majorité parlementaire – gouvernement qui a caractérisé nombre d'Etats après la guerre, il n'y a plus, à la différence des Etats-Unis, de séparation des pouvoirs. Cette évolution avait abouti à conférer une immunité juridictionnelle aux actions du gouvernement dans la mesure où elles prenaient la forme de projets des lois votés par une majorité parlementaire aux ordres[336].

Il y avait donc nécessité que le juge constitutionnel intervienne « *afin de garantir un contrôle effectif du gouvernement* »[337] dont les majorités parlementaires se font de plus en plus complices. Mais à regarder de près, l'affrontement direct et ouvert avec le législateur, la censure de ce dernier se fait, peut-on le constater, avec beaucoup de prudences. Aujourd'hui, les Etats européens mettent au point des techniques permettant de contrôler la législation sans heurter de front le législateur. « *Plutôt que d'annuler purement et simplement, le juge constitutionnel préfère déclarer conforme sous réserves ; et il a mis au point toute une série de formules et de procédés donnant la possibilité d'arriver aux mêmes résultats* »[338].

Les raisons explicatives pour l'adoption du modèle kelsenien étant ainsi données et l'influence quelque peu limitée du modèle américain[339]mise

[335] HAURIOU, cité par L. FAVOREU, *Les Cours constitutionnelles, op.cit.*, p.14.
[336]*Idem.*, p.16.
[337] BURMEISTER, cité par L. FAVOREU, *Les Cours constitutionnelles, op.cit.*, p.15.
[338]*Idem.*, p.28.
[339] Il existe des pays qui ont emporté plus ou moins fidèlement le modèle américain : Norvège, Suède, Danemark, Japon, Argentine, République dominicaine, Corée du Sud, Lettonie, etc. Ces Etats reconnaissent aux tribunaux ordinaires le pouvoir de trancher toute question de droit constitutionnel dans le cadre des actions en justice du droit

en évidence, il est intéressant de rendre compte de l'existence des systèmes mixtes.

§2. L'existence des systèmes hybrides

Dans certains Etats ayant implanté la justice constitutionnelle, les transpositions liées aux adaptations nécessaires inspirées des contextes politiques nationaux spécifiques ont été telles que l'on ne peut plus situer ces expériences dans le cadre du seul modèle américain ou européen.

Il en est ainsi de la Grèce, de Chypre ou de Malte, qui associent, dans leur système de justice constitutionnelle, le contrôle concret et le contrôle diffus.

L'Irlande illustre l'expérience d'une autre combinaison réussie. Alors qu'elle s'est largement inspirée du modèle américain après avoir abandonné la tradition juridique britannique, l'Irlande réserve cependant l'exercice du contrôle de constitutionnalité des lois à la seule juridiction supérieure. A ce titre, la Cour suprême irlandaise a, d'une part, le monopole de contrôle préventif sur la constitutionnalité des lois, notamment celles sur la constitutionnalité desquelles le Président de la République émet des doutes ; d'autre part le droit de constater, à l'occasion d'un litige dont elle est saisie, l'inconstitutionnalité de la loi applicable à ce procès ordinaire[340].

Les Etats d'Amérique latine constituent des exemples de mixage atypiques. Ils « ont cherché à faire la synthèse des systèmes nord–américain et européen, tout en continuant d'exposer des voies originales, proprement sud-américaines[341].

La tendance est aujourd'hui à la combinaison des éléments de contrôle concret et de contrôle diffus, témoignant ainsi de l'influence du modèle européen sur des systèmes dont les empreintes originaires sont rattachées au modèle américain.

En effet, si tous les Etats d'Amérique latine ont adopté le système du contrôle incident de la constitutionnalité des lois, ils tendent à concentrer tout ou partie de la justice constitutionnelle entre les mains d'une juridiction spécialisée dont la grande majorité de ces Etats s'est aujourd'hui dotée.

Il est intéressant de faire remarquer que les procédés utilisés visent à obtenir l'annulation *erga omnes* pour inconstitutionnalité d'un acte public et, plus généralement, d'une loi. Ce qui constitue un progrès significatif au regard de l'annulation *inter partes* en vogue dans le système américain.

Ce qui fait apparaître une sorte de coexistence du système de contrôle concentré (par la création des juridictions spécialisées) avec le

---

commun. Lire à cet effet, M. FROMONT, *La justice constitutionnelle dans le monde, op.cit.*, p.49.

[340] M. FROMONT, *La justice constitutionnelle dans le monde, op.cit.*, p.20.

[341] *Idem.*, p. 26.

principe américain selon lequel tout juge est tenu de soulever la question d'inconstitutionnalité de la loi qu'il doit appliquer au litige dont il est saisi.

Il en résulte, en effet, une synthèse dans la mesure où « l'action en annulation d'une loi portée devant un juge spécialisé suppose l'initiative de la part du citoyen alors que l'exception d'inconstitutionnalité peut être soulevée d'office par le juge »[342].

Le Venezuela use aussi de système mixte. Sa justice constitutionnelle procède de la juxtaposition systématique de deux règles d'origine différente à savoir, la règle américaine qui impose l'obligation à tout juge de refuser d'appliquer une loi contraire à la Constitution d'une part et, d'autre part, le principe selon lequel tout citoyen peut demander à la Cour suprême, en dehors de tout litige concret, donc *in abstracto*, l'annulation d'une loi provinciale qui contrarie la Constitution.

Il y a donc existence d'une action populaire pour inconstitutionnalité à côté du système américain de contrôle diffus de la constitutionnalité des lois[343].

La Colombie, pour sa part, innove en introduisant un contrôle préventif de la constitutionnalité des lois pour parler ainsi du veto législatif du Président. La Cour dispose d'un délai de six (6) jours pour statuer sur la demande du Président de la République concernant la constitutionnalité d'une loi qui venait d'être votée et qui attend d'être promulguée[344].

Le recours d'Amparo est un élément que l'on ne saurait rattacher à un quelconque modèle existant. Le recours voit le jour au Mexique qui a créé sa justice constitutionnelle en s'inspirant du recours en *habeas corpus* de la *Common Law*. Il s'agit d'un recours en protection des droits constitutionnels garantis ouvert à tout particulier contre un ordre administratif ou juridictionnel.

A première vue, l'on peut penser que pareil recours n'est qu'une simple transposition du recours américain d'injonction. Remarquons que si les deux recours (en Amparo et demande d'injonction) servent tous à faire casser un acte en raison de son inconstitutionnalité, il ya cependant une différence. Alors que dans l'injonction américaine, le requérant peut invoquer l'atteinte portée à n'importe quel droit garanti par la Constitution, il y a une spécification de la voie de recours.

Cette spécification est à souligner aussi par rapport au recours individuel pour violation des droits constitutionnellement garantis en Europe. D'une part, l'Amparo constitue une voie de recours parallèle aux recours contentieux en matière civile, pénale ou administrative et non pas comme en droit européen (droit suisse ou allemand) une voie ultime c'est-à-dire ouverte seulement après épuisement des voies de recours ordinaires.

---

[342]M. FROMONT, *La justice constitutionnelle dans le monde, op.cit.*, p. 29.
[343]*Idem.*, pp. 12-13.
[344]*Ibidem.*, p. 29.

D'autre part, le régime en Amparo ne peut aboutir à une annulation *erga omnes* d'une loi comme c'est le cas pour le recours européen[345], et sans que la règle du précédent ne devienne supplémentaire comme c'est le cas dans les pays de *Common Law*.

L'expérience de la justice constitutionnelle en Afrique du Sud illustre davantage la tendance générale du mixage. Le pays concilie des éléments du Common Law et ceux du droit romano-germanique. Le système est fait de telle sorte que « *se trouvent ainsi juxtaposés l'intervention d'une Cour Constitutionnelle spécialisée et des mécanismes de contrôle par voie d'exception garantissant une protection juridictionnelle de proximité des droits fondamentaux, indispensables dans le contexte politique national de transmission démocratique. Le contrôle de constitutionnalité se trouve ainsi partagé entre une juridiction constitutionnelle spécialisée et les autres juridictions, même si compte tenu du rôle exercé en appel par la Cour constitutionnelle, le système peut être principalement rattaché au modèle européen* »[346].

Le modèle particulier d'aménagement de la justice constitutionnelle apparaît avec l'Institution de la chambre constitutionnelles ou de juridiction mixte. Il s'agit d'un système qui consiste à spécialiser l'une des chambres de la Cour suprême et à en faire une chambre constitutionnelle.

Des analyses qui précèdent, il ressort que l'étude des modalités d'organisation du contrôle de constitutionalité permet de mettre en évidence des spécificités de chacun des deux modèles (américain et européen) de justice constitutionnelle.

L'argument tiré de la nature de l'organe qui exerce le contrôle posé comme critérium de distinction semble assez faible. On a pu observer que, dans les pays qui ont opté pour l'installation d'une Cour constitutionnelle, les juridictions ordinaires, ne sont pas totalement dépourvues de compétences en matière constitutionnelle.

C'est dire que, dans le concret, la justice constitutionnelle n'est jamais entièrement concentrée car tout en étant réservé à la Cour constitutionnelle, le contrôle s'exerce sur la loi au moment de son application. A contrario, dans les Etats sans Cour constitutionnelle, la justice constitutionnelle se trouve concentrée partiellement entre les mains de la Cour suprême et souvent réservée aux juridictions supérieures. C'est dire aussi que la justice constitutionnelle n'est jamais totalement décentralisée ou diffuse[347].

En sus, si la présentation de l'organisation de la justice constitutionnelle en deux blocs permet de mettre en perspective la nature de cette justice et ses fondements, elle ne peut, en revanche, rendre compte de

---

[345] M. FROMONT, *La justice constitutionnelle dans le monde, op.cit.*, p.29.
[346] L. FAVOREU et Alii, *Droit Constitutionnel, op.cit.*, p.221.
[347] M. FROMONT, *La justice constitutionnelle dans le monde, op.cit.*, p.29.

la grande variété des systèmes de justice constitutionnelle aujourd'hui en vigueur dans le monde.

D'où l'intérêt accordé à d'autres typologies de justice constitutionnelle fondées, sur la distinction entre le modèle centré sur la loi et le modèle centré sur la protection des droits ou encore entre les procédures concentrées et les procédures abstraites.

Cette dernière classification nous paraît plus pertinente dans la mesure où elle traduit la double préoccupation qui préside à l'aménagement du contentieux constitutionnel à savoir, la logique objective et abstraite et celle subjective et concrète à l'étude desquelles nous consacrons le chapitre suivant.

CHAPITRE II : LES PROCEDURES CONCRETES ET ABSTRAITES DE JUSTICE CONSTITUTIONNELLE

L'étude de l'aménagement de la justice constitutionnelle fait apparaître que les décisions de justice qui sont susceptibles d'être rendues diffèrent selon que le juge constitutionnel est saisi à l'initiative d'un individu titulaire des droits subjectifs ou par leur renvoi des juridictions ordinaires ou, enfin, à l'initiative des autorités publiques sur les conflits des normes ou des organes étatiques.

La décision rendue à la demande d'un privé prend nécessairement en considération la situation concrète du justiciable ordinaire. La justice rendue en rapport avec une question relative au bon fonctionnement de l'Etat donne, en revanche, lieu à une justice constitutionnelle objective et abstraite.

En clair, dans la première hypothèse, la protection de l'individu contre les pouvoirs publics constituent la finalité mieux l'objectif recherché.

Dans la seconde hypothèse, c'est l'intérêt de l'Etat qui prime et le juge a pour tâche de discipliner les acteurs de la vie politique en vue du bon fonctionnement des organes de l'Etat.

Il existe, cependant, des procédures à caractère mixte. Il en est ainsi du recours en protection des droits de l'homme dirigé contre une loi ou une règle de droit. Il s'agit, de toute évidence, d'un recours subjectif car le requérant agit pour la défense de l'un des droits subjectifs.

Le fait que le recours soit dirigé contre la loi elle-même et non pas contre son application indique clairement que la demande met en cause la constitutionnalité de la loi même, en dehors de tout litige réel et que la procédure initiée vise, au bout du compte, un contrôle abstrait de la loi.

De même, le renvoi du juge ordinaire au juge constitutionnel d'une loi qui est applicable au litige concret dont il est saisi en vue du contrôle de sa conformité à la Constitution, est d'un certain point de vue une procédure objective dans la mesure où la demande a pour auteur un organe de l'Etat, agissant au nom de l'intérêt général.

Mais, à regarder de plus près, cette procédure n'en demeure pas moins concrète étant donné que la question de la constitutionnalité de la loi ne peut être tranchée qu'en référence au litige concret dont la surséance a été décrétée.

Il se dégage une certaine logique dans la catégorisation des systèmes de justice constitutionnelle selon l'importance et la place que chaque Etat accorde à chacun des types de procédures permettant de trancher une question de droit constitutionnel : les uns, tels que les Etats-Unis, ne connaissent que des procédures subjectives et concrètes, d'autres se situent à l'opposé et ont principalement des procédures objectives et abstraites (c'est le cas de l'Autriche), à côté de ceux qui les utilisent exclusivement (la France en est le cas type). D'autres encore, tel que l'Italie, ont principalement des procédures de caractère mixte ; d'autres enfin, ont principalement des procédures subjectives et concrètes comme aux Etats-Unis, tout en ayant également des procédures abstraites et des procédures de caractère mixte[348].

Compte tenu de ces diverses combinaisons au sein des systèmes de justice constitutionnelle, il est préférable de n'utiliser que l'opposition abstrait/concret[349].

Ainsi, la différence de perspective consacrée par l'opposition entre les procédures abstraites de la justice constitutionnelle et les procédures concrètes sert de fil conducteur à la compréhension de l'aménagement de la justice constitutionnelle dans le monde.

SECTION 1 : LES PROCEDURES ABSTRAITES DE JUSTICE CONSTITUTIONNELLE

Le caractère objectif et abstrait de la justice constitutionnelle apparaît indubitablement lorsque celle-ci est exercée dans l'unique but d'assurer un fonctionnement de l'Etat qui soit conforme aux principes fondamentaux posés dans la Constitution. Le but visé est moins de protéger les individus titulaires des droits subjectifs dans le cadre d'un procès ordinaire que de garantir l'harmonie des organes étatiques. Il va de soi que les titulaires du droit de saisine ne peuvent être de simples justiciables privés mais des autorités publiques ou des acteurs de la vie politique.

Historiquement, la justice constitutionnelle objective et abstraite a d'abord été confiée à des Cours spécialisées avant qu'elle ne soit étendue, dans certains Etats, à des Cours suprêmes, placées au sommet de la hiérarchie des juridictions ordinaires[350].

Il importe de relever la manière dont opèrent des procédures abstraites devant les Cours constitutionnelles avant d'examiner les procédures proprement dites.

---

[348] M. FROMONT, *La justice constitutionnelle dans le monde, op.cit.*, pp.42-45.
[349] *Idem.*
[350] *Ibidem.*, p. 64.

§1. Les procédures devant les Cours constitutionnelles

Si le contentieux des conflits d'organes étatiques ou entre les collectivités publiques demeure le plus ancien contentieux constitutionnel à caractère objectif, aujourd'hui, grâce à l'émergence de la théorie kelsenienne de la hiérarchie des normes, se développe un nouveau contentieux des normes.

A. L'arbitrage entre les pouvoirs publics

Le contentieux de la constitutionnalité du fonctionnement des pouvoirs publics permet de faire trancher, par la Cour constitutionnelle, des conflits susceptibles d'opposer les organes constitutionnels de l'Etat ou les collectivités composantes de l'Etat.

1. Les conflits entre les organes constitutionnels

Il est question dans cette catégorie du contentieux de la régularité des activités des organes constitutionnels, du contentieux de la validation des consultations populaires et du contentieux de la détention de mandats.

Le premier type de contentieux dit aussi contentieux de la division horizontale des pouvoirs prend des formes diverses selon les pays. Il peut s'agir d'un conflit de compétences ou d'attributions entre organes ; ce peut être aussi un conflit entre organes au sens étroit, souvent placés sur un même pied d'égalité ou appartenant à des structures différentes[351].

Le contentieux de la validité des votations populaires renvoie, selon les pays, à la question du « référendum » ou « d'initiatives populaires ». Le but visé étant la vérification de la validité de l'initiative populaire et donc la légitimité du choix de la procédure référendaire[352].

Le contentieux de la régularité de la détention du mandat, en particulier les mandats électifs, peut concerner l'élection qui commande l'obtention du mandat. Il s'agit, dans ce cas, du contentieux électoral qui vise le maintien de l'élu dans ses fonctions auquel cas l'on a affaire au contentieux du mandat.

2. Les conflits entre les collectivités publiques

Ce n'est pas un hasard si les premiers pays à avoir pratiqué la justice constitutionnelle sont des pays fédéraux. Il n'est pas concevable de ne pas disposer d'une justice constitutionnelle qui jouerait le rôle d'arbitre entre des

---

[351]M. FROMONT, *La justice constitutionnelle dans le monde, op.cit.*, p.68.

[352] L. FAVOREU et Alii, *Droit Constitutionnel, op.cit.*, pp.232-233.

Etats qui prétendent tous disposer de la plénitude de l'exercice de leurs compétences.

A l'exception de la Belgique, tous le Etats fédéraux européens et hors de l'Europe, l'Afrique du Sud, notamment connaissent le contrôle concret et abstrait de la constitutionnalité des lois (Allemagne, Autriche, etc.).

L'on peut distinguer les conflits horizontaux, nés entre Etats membres et ceux susceptibles de se produire entre la Fédération et les Etats membres, dénommés conflits verticaux[353].

Pareil contentieux peut être concevable aussi pour les Etats dits régionaux (Italie, Espagne) que pour les Etats unitaires décentralisés (c'est le cas de la France, après 1982).

La part du contentieux né des relations entre collectivités publiques est aujourd'hui considérable. En Espagne, le Tribunal constitutionnel a posé les bases d'une nouvelle architecture constitutionnelle en maintenant l'équilibre entre l'Etat et les communautés autonomes basques et la Catalogne. En France, le Conseil constitutionnel a joué un rôle considérable en faisant respecter un équilibre entre le principe constitutionnel de libre administration des collectivités territoriales et celui de l'indivisibilité de la République[354].

Le litige à faire trancher peut porter aussi sur la compétence d'édicter une règle de droit. Dans ce cas, le litige constitue, en réalité, une variété particulière de contrôle des normes. Son règlement peut mettre en exergue la procédure de conflit entre les organes étatiques avec la procédure de contrôle abstrait des normes.

B. Les conflits entre les règles de droit

A partir de la théorie de la pyramide des normes, initiée par Kelsen, on a pris pour habitude, lorsqu'on veut définir l'Etat, de prendre, outre la dimension archytechnonique de l'ensemble de l'autorité publique, l'aspect normatif qui voit dans l'Etat un système hiérarchisé des règles de droit[355].

Dans cette perspective, le contentieux constitutionnel objectif apparaît sous un jour nouveau, comportant aussi bien les litiges susceptibles de naître du rapport entre pouvoirs publics que ceux relatifs au rapport entre normes, plus spécialement entre la Constitution et les règles qui lui sont inférieures.

Le contrôle à exercer par le juge constitutionnel en cas de conflit des normes est dit abstrait pour un double motif à savoir, que la décision de justice qui tranche la question est prise non pas à la demande d'un justiciable

---

[353]L. FAVOREU et Alii, *Droit Constitutionnel*, *op.cit.*, p.69.
[354]*Idem.* p.234.
[355]*Ibidem.*

désireux de défendre ses droits subjectifs mais à l'initiative d'une autorité publique ayant pour mission de défendre et de parler au nom de l'intérêt général d'une part ; et d'autre part, la décision rendue l'est sans prise en considération de la situation particulière d'un justiciable quelconque[356].

Il importe de noter que la signification des procédures de contrôle de la constitutionnalité des normes diffère selon qu'elles se déroulent avant la promulgation de la règle de droit ou après l'entrée en vigueur de celle-ci.

1. Le contrôle abstrait préalable

La France est l'un des pays types qui exerce le contrôle préventif. C'est seulement après l'adoption par le Parlement d'une loi et avant sa promulgation que le Conseil constitutionnel français peut alors se prononcer sur la constitutionnalité de celle-ci (cf. article 60 de la Constitution française). Si, pour les lois organiques, la saisine s'effectue de manière automatique, s'agissant des lois ordinaires elle est le fait soit du président de la République, soit du Premier Ministre, soit du Président du Sénat ou de celui de l'Assemblée Nationale, soit encore le fait de 60 députés ou de 60 sénateurs au moins.

Si la Roumanie a adopté entièrement ce modèle, l'Espagne le fait coexister avec un contrôle concret postérieur ; tandis que la Pologne et la Hongrie le combinent avec un contrôle abstrait postérieur.

En Amérique latine, c'est sous forme d'avis consultatif sur des projets de lois ou d'arbitrage que les juridictions constitutionnelles exercent le contrôle préventif.

Quant au contrôle préalable des traités internationaux, il existe dans les pays qui appliquent le contrôle abstrait préalable. Seul un tel contrôle peut permettre de concilier le caractère irrévocable des engagements internationaux avec la nécessité d'organiser l'examen de leur compatibilité avec la Constitution[357].

En Afrique, le contrôle abstrait préalable existe dans plusieurs pays[358] où les lois et actes ayant force de loi ainsi que les règlements intérieurs de l'assemblée nationale, du sénat et d'autres organismes publics[359] sont soumis au contrôle de constitutionnalité avant leur mise en application.

---

[356] *Ibid.*

[357] M. FROMONT, *La justice constitutionnelle dans le monde*, *op.cit.*, pp.70-71.

[358] Il en est ainsi notamment de la République du Bénin, de la République du Burundi, de la République du Cameroun, de la République du Congo.

[359] Il s'agit notamment de la Haute autorité de l'audiovisuel et de la communication, du conseil économique et social ainsi que des conseils locaux.

En République démocratique du Congo, le contrôle abstrait préalable[360] coexiste avec le contrôle abstrait postérieur[361] de la constitutionnalité des lois et des actes ayant force de loi.

2. *Le contrôle abstrait postérieur*

Par contrôle abstrait postérieur, l'on retiendra qu'il s'agit d'un procédé par lequel les Cours constitutionnelles ne peuvent qu'être saisies par des autorités nommément identifiées par la grundnorm du droit positif[362] ou qu'elles peuvent être saisies, dans les Etats fortement démocratiques, par tout citoyen ou toute personne.

Ce contrôle est d'application dans notre ordre juridique actuel et dans son intégralité, contrairement au modèle français qui ne l'a jamais intégré depuis la révolution.

Retenons, toutefois, qu'il y a contrôle abstrait des normes lorsque les litiges soumis aux Cours Constitutionnelles ne présentent pas une confrontation classique entre deux parties et ne supposent pas la résolution d'un litige particulier antérieur.

Le contrôle de constitutionnalité selon le modèle kelsenien implique, en effet, une confrontation entre deux normes générales, l'une constitutionnelle, l'autre législative, le juge statuant sur la loi en elle-même et non sur son application dans un litige particulier[363].

---

[360] A cet effet, lire les dispositions de l'Article 160 de la Constitution de la RDC du 18 février 2006 telle que modifiée à ce jour : « *Les lois organiques, avant leur promulgation, et les Règlements intérieurs des Chambres parlementaires et du Congrès, de la Commission électorale nationale indépendante ainsi que du Conseil supérieur de l'audiovisuel et de la communication, avant leur mise en application, doivent être soumis à la Cour constitutionnelle qui se prononce sur leur conformité à la Constitution. Aux mêmes fins d'examen de la constitutionnalité, les lois peuvent être déférées à la Cour constitutionnelle, avant leur promulgation, par le Président de la République, le Premier ministre, le Président de l'Assemblée nationale, le Président du Sénat ou le dixième des députés ou des sénateurs* ».

[361] Lire l'article 162 de la Constitutionde la RDC du 18 février 2006 telle que modifiée à ce jour : « *Toute personne peut saisir la Cour constitutionnelle pour inconstitutionnalité de tout acte législatif ou réglementaire* ».

[362] Ph. ARDANT, *Droit constitutionnel et institutions politiques*, *op.cit.*, p.94, n° 67. L'auteur différencie la grundnorm positive du droit (norme supposée) de la grundnorm du droit positif (chez nous, c'est la Constitution de la RDC du 18 février 2006 telle modifiée à ce jour).

[363] L. FAVOREU, *Les Cours constitutionnelles dans le monde*, *op.cit.*, p. 217.

§2. Les modalités d'exercice du contrôle abstrait.

Ce contrôle peut s'exercer a priori ou a posteriori.

A. Le contrôle a priori

Il s'agit d'un contrôle par voie d'action a priori, qui s'exerce avant la promulgation de la loi ou la ratification d'un traité. Ce contrôle préalable existe en France, au Portugal et même en République Démocratique du Congo[364].

La saisine de la Cour constitutionnelle est généralement réservée à des autorités politiques[365].

B. Le contrôle a posteriori

Sous cette modalité, le contrôle s'exerce par voie d'action devant la Cour constitutionnelle. Il en est ainsi en Autriche, en Allemagne, en Italie, au Portugal, en Espagne et en Belgique[366].

Dans les pays où il est institué, ce contrôle est déclenché par des responsables de l'exécutif, des parlementaires ou les organes de diverses collectivités autonomes.

Dans certains pays, ce contrôle est exercé dans un délai relativement bref (trente jours en Italie, trois mois en Espagne par exemple), ce qui tend à le rapprocher du contrôle de type préventif (*a priori*)[367].

SECTION 2. LES PROCEDURES CONCRETES DE JUSTICE CONSTITUTIONNELLE

Le contrôle est dit concret lorsqu'il s'exerce à l'occasion des cas concrets et de litiges particuliers[368].

Deux questions fondamentales retiennent notre attention à savoir, la saisine sur renvoi des tribunaux et la saisine par les individus.

---

[364] Articles 139 et 160 de la Constitution de la RDC du 18 février 2006 telle que modifiée à ce jour.

[365] Il s'agit généralement du Président de la République, du Premier ministre, du Président de l'Assemblée nationale ou du Sénat et d'un nombre des députés ou de sénateurs déterminé par la Constitution.

[366] L. FAVOREU, *Les Cours constitutionnelles dans le monde, op.cit.*, p. 217.

[367] *Idem.*, p.218.

[368] *Ibidem.*

§1. La saisine sur renvoi des tribunaux

Cette hypothèse implique l'analyse de la question préjudicielle de constitutionnalité et celle de la question prioritaire de constitutionnalité.

A. La question préjudicielle de constitutionnalité

La question préjudicielle est celle qui oblige le tribunal à surseoir à statuer jusqu'à ce qu'elle ait été soumise à la juridiction compétente qui rendra à son sujet un acte de juridiction[369].

La tendance générale est de qualifier la question préjudicielle d' « exception d'inconstitutionnalité ». En effet, il y a exception d'inconstitutionnalité lorsque la question de constitutionnalité est soulevée devant le juge ordinaire à l'occasion d'un procès civil, administratif, commercial ou autre et tranchée par lui-même ; tandis que si le juge ordinaire est obligé de renvoyer la question de constitutionnalité au juge constitutionnel, il s'agit d'une « *question préjudicielle* »[370].

Par ailleurs, il existe entre les deux variantes du contrôle incident de constitutionnalité une autre ligne de démarcation : la décision rendue sur la question préjudicielle de constitutionnalité a effet *erga omnes*, alors que celle intervenue sur exception n'a effet qu'entre les parties[371]. Il en est autrement de la question prioritaire de constitutionnalité.

B. La question prioritaire de constitutionnalité

L'enjeu de l'institution de la question prioritaire de constitutionnalité est de permettre à la généralité des citoyens et des sujets de droit de s'approprier et de revendiquer la Constitution pour assurer la garantie de leurs droits[372].

En France, la « question prioritaire de constitutionnalité », permet à tous les justiciables de contester, en provoquant la saisine du conseil constitutionnel, la constitutionnalité des lois qu'on leur applique. Elle a abouti à la révision en 2008, de la Constitution dont l'entrée en vigueur fut concrète le 1er mars 2010[373].

---

[369] S. GUINCHARD, *Lexique des termes juridiques*, Paris, Dalloz, 18ème éd., 2011, p. 660.

[370] Th. RENOUX (*RFDC* n°4-1990, p. 651) cité par L. FIVOLEU et alii, *Droit constitutionnel, op.cit.*, p. 240.

[371] L. FAVOREU et L.PHILIP, *Les grandes décisions du Conseil constitutionnel*, *op.cit.*, p. 240.

[372] C. MAUGÜE et J.-H. STAHL, *La question prioritaire de constitutionnalité*, Paris, Dalloz, 2011, p.1.

[373] *Idem.*, p.2.

Une meilleure appréhension de la question prioritaire de constitutionnalité passe par l'examen de son caractère, des juridictions qu'elle concerne, de son objet, de sa forme ainsi que de son effet.

a. *La question prioritaire de constitutionnalité : une procédure préjudicielle prioritaire*

La question prioritaire de constitutionnalité présente le caractère d'une procédure préjudicielle revêtue d'un caractère prioritaire. Elle diffère des autres mécanismes de question préjudicielle existant devant les juridictions administratives et judiciaires, qu'il s'agisse des questions transmises d'un ordre de juridiction à l'autre ou de celles renvoyées au juge communautaire[374].

Ces autres questions préjudicielles ne sont, en effet, posées qu'après que le juge ait examiné les différents moyens soulevés par la requête. Ce n'est que si le juge ne peut résoudre le litige sans que soit tranchée la question qui relève de l'autre ordre de juridiction ou du juge communautaire qu'il pose une question préjudicielle.

Tout autre est le mécanisme de la question prioritaire de constitutionnalité organisé par la loi organique du 10 décembre 2009, qui impose au juge de procéder d'abord à l'examen du moyen de constitutionnalité avant d'examiner les autres moyens et de résoudre le litige[375].

Le caractère prioritaire de l'examen de la question de constitutionnalité conduit à donner une place première à l'examen des moyens de constitutionnalité, le juge ne peut examiner la requête au fond, même pour y faire droit, sans avoir d'abord traité la question de constitutionnalité[376].

b. *Les juridictions concernées par la question prioritaire de constitutionnalité*

La question prioritaire de constitutionnalité conduit le juge ordinaire à suspendre le cours normal du procès pour s'interroger sur la nécessité de saisir le juge constitutionnel de la question posée. Ce mécanisme préjudiciel est actionné par les cours suprêmes des deux ordres de juridictions que sont le conseil d'Etat et la Cour de cassation[377]. Sont ainsi concernées par le mécanisme, toutes les juridictions relevant du conseil d'Etat ou de la cour de cassation.

---

[374] *Ibidem.*, p.32. Il s'agit du cas de la France.
[375] C. MAUGÜE et J.-H. STAHL, *La question prioritaire de constitutionnalité*, op.cit, p.32.
[376] *Idem.*, p.33.
[377] *Ibidem.*

La connaissance de l'objet de la question prioritaire de constitutionnalité est nécessaire à sa compréhension.

c. La question prioritaire de constitutionnalité a pour objet la contestation d'une disposition législative

Seules les dispositions législatives et les actes de valeur législative sont concernés par ce mécanisme. Sont ainsi contestables, toutes les dispositions législatives résultant des lois « ordinaires » mais aussi des lois organiques, des lois de finances ou des lois de financement de la sécurité sociale[378].

Mais suivant quelle forme se manifeste la question prioritaire de constitutionnalité ?

d. La question prioritaire de constitutionnalité : un moyen soulevé au cours d'une instance

La question prioritaire de constitutionnalité constitue un motif juridique invoqué par une partie au soutien d'une de ses prétentions : elle ne peut constituer ni la cause ni l'objet principal de l'instance, elle est soulevée à l'appui de la demande d'une partie et en est l'accessoire jusqu'à ce que le juge constitutionnel en soit, le cas échéant, saisi[379].

Les parties à l'instance, qu'elles soient en demande ou en défense, peuvent soulever ce moyen.

e. L'effet de la question prioritaire de constitutionnalité : l'obligation de sursoir à statuer en cas de renvoi

Dès lors qu'elle a transmis la question, la juridiction doit sursoir à statuer jusqu'à réception de la décision du conseil d'Etat ou de la Cour de cassation ou, s'il a été saisi, du juge constitutionnel, sauf à prendre des mesures conservatoires utiles et provisoires[380].

Concrètement, il y a question prioritaire de constitutionnalité lorsqu'à l'occasion d'une instance (administrative, civile ou pénale), une partie soulève un moyen tiré de ce qu'une disposition législative applicable au litige ou à la procédure ou qui constitue le fondement des poursuites, porte atteinte aux droits et libertés que la Constitution garantit[381].

Dans ce cas, si la question n'est pas dépourvue de caractère sérieux et si cette disposition n'a pas déjà été déclarée conforme à la Constitution par

---

[378] *Ibid.*, p.34.
[379] C. MAUGÜE et J.-H. STAHL, *La question prioritaire de constitutionnalité*, op.cit., p.35.
[380] *Idem.*, pp.36-37
[381] S. GUINCHARD, *Lexique des termes juridiques*, *op.cit.*, p.661.

le Conseil constitutionnel, sauf changement de circonstances, la juridiction saisie doit statuer sans délai sur sa transmission au Conseil d'Etat ou à la Cour de cassation selon le cas. La haute juridiction saisie se prononce alors dans un délai de trois mois, sur le renvoi au Conseil constitutionnel. Si ce dernier déclare la disposition non conforme à la Constitution, elle est abrogée[382].

Pratiquement, la mise en œuvre de la justice constitutionnelle peut être aussi bien le fait d'une autorité publique agissant au nom et dans l'intérêt de l'Etat que d'un individu.

§2. La saisine par les individus

Les individus peuvent accéder à la justice constitutionnelle suivant deux modalités : directement par voie d'action et indirectement par voie d'exception.

A. La saisine directe

Le contrôle par voie d'action est un procédé direct par lequel une personne, se plaignant de l'inconstitutionnalité d'une loi, attaque directement celle-ci, au moyen d'une action en justice. Concrètement, la personne dispose du droit d'attaquer directement la loi devant un juge en invoquant telle ou telle irrégularité, autrement dit d'une action en justice ouverte contre les lois soupçonnées d'inconstitutionnalité.

L'action directe contre la loi peut être intentée devant une juridiction spécialisée : c'est le cas notamment en France et en République Démocratique du Congo.

Dans d'autres systèmes, cette action peut être portée devant les tribunaux ordinaires ou certains d'entre eux auxquels la loi constitutionnelle reconnaît cette compétence : le cas notamment en Suisse (en ce qui concerne la constitutionnalité des lois cantonales par rapport à la Constitution Fédérale)[383], aux Etats-Unis d'Amérique où les tribunaux disposent d'une plénitude de juridiction : le juge saisi en première instance est compétent pour se prononcer sur l'ensemble de questions soulevées par un litige, qu'elles soient civiles, pénales, administratives ou constitutionnelles[384].

Le contrôle par voie d'action conduit à l'annulation de la loi attaquée pour inconstitutionnalité.

Ainsi analysée, la saisine directe diffère de la saisine indirecte.

---

[382] *Idem.*

[383] E. MPONGO BOKAKO BAUTOLINGA, *Institutions politiques et droit constitutionnel, op.cit.*, p.109.

[384] L. FAVOREU et alii, *Droit Constitutionnel, op.cit.*, p.209.

B. La saisine indirecte

L'inconstitutionnalité d'un acte juridique (administratif, judiciaire, législatif) peut être invoquée devant tout tribunal qui a compétence pour statuer directement sur l'exception soulevée.

Le contrôle par voie d'exception est exercé de manière indirecte au cours d'un procès lorsque l'une des parties se défend en soulevant l'exception d'inconstitutionnalité de la loi qui lui est opposée.

Dans ce cas, le juge doit avant de se prononcer sur le fond du litige, décider de la constitutionnalité de la loi contestée : il statue sur la demande de l'intéressé et saisit le tribunal compétent appelé à statuer, en dernier ressort, sur la constitutionnalité de la loi.

On peut donc retenir que la nature et l'efficacité du contrôle de la constitutionnalité des lois varient selon les conditions de la saisine de la juridiction constitutionnelle et les modalités de contrôle.

En général, on peut affirmer que le contrôle est plus efficace que la saisine est plus ouverte et que sa nature varie selon qu'il est fait par voie d'action ou par voie d'exception[385].

Les considérations précédentes ont rendu compte de la diversité des systèmes de justice constitutionnelle constitués principalement du système américain, du système européen et des systèmes mixtes dans le but d'éclairer le contexte de la réception de ce phénomène en République Démocratique du Congo.

---

[385] M. DE GUILLEN CHMIDT, *Droit constitutionnel et institutions politiques*, Paris, Dalloz, 3ème éd., 1999, p.177.

CONCLUSION DU TITRE DEUXIEME

L'engouement des Etats dans la création, l'organisation et le fonctionnement d'une justice régulatrice des pouvoirs publics a conduit à une pluralité des systèmes de justice constitutionnelle.

La nécessité d'instaurer l'Etat de droit et d'assurer l'ancrage du constitutionnalisme explique, un peu partout dans le monde, la création des juridictions constitutionnelles caractérisées principalement par une diversité de perception.

Le premier système confie l'exercice de la justice constitutionnelle à tous les tribunaux sous la juridiction placée au sommet de la hiérarchie judiciaire (le modèle américain). Dans ce système, toutes les juridictions sont compétentes en matière constitutionnelle.

Le second système confie cet exercice à une juridiction spécialement constituée à cet effet, que l'on peut dénommer Cour spéciale, Cour constitutionnelle (le modèle européen de justice constitutionnelle).

Cependant, à l'heure actuelle, cette summa divisio est dépassée dans la mesure où même en Europe, quelques Etats pratiquent un système de justice constitutionnelle à l'américaine.

Cette évidence justifie l'existence des systèmes mixtes nés de la transposition d'éléments des modèles américain et européen dont les adaptations ont consacré des atteintes à l'originalité des modèles initiaux.

En Afrique, les constitutions de la plupart des pays prévoient l'existence des juridictions constitutionnelles appelées à assurer la protection de la Constitution et des droits fondamentaux garantis à la personne humaine.

En sus, l'analyse révèle que les décisions de justice qui sont susceptibles d'être rendues diffèrent selon que le juge constitutionnel est saisi à l'initiative d'un individu, titulaire des droits subjectifs ou par leur renvoi des juridictions ordinaires ou, enfin, à l'initiative des autorités publiques sur le conflit des normes ou des organes étatiques.

TITRE TROISIEME : LA RECEPTION ET L'ENDOGENEISATION DE LA JUSTICE CONSTITUTIONNELLE EN REPUBLIQUE DEMOCRATIQUE DU CONGO

Il s'agit, dans ce titre, de faire la lecture du processus de réception et d'installation de la justice constitutionnelle en République Démocratique du Congo.

La démarche impose de faire une approche historique du phénomène, afin de rendre compte de son évolution à travers le temps.

Sur un autre plan, il est question de dégager la glose[386] de la norme ou des normes relatives à la justice constitutionnelle en droit positif congolais.

L'étude de la réception de la justice constitutionnelle en République Démocratique du Congo, passe par la recherche de ses traits caractéristiques, ses faiblesses et son contenu avant de présenter ses traces. L'exercice permet de conclure à l'effectivité ou non de l'Institution.

---

[386] La glose renvoie à la note explicative d'un texte. C'est l'interprétation possible d'un texte sous réserve de celle que peut donner le juge. Lire R. GUILLIEN et J. VINCENT (dir.), *Lexique des termes juridiques,op.cit.*, p.328.

CHAPITRE I : L'HISTOIRE DE LA JUSTICE CONSTITUTIONNELLE EN REPUBLIQUE DEMOCRATIQUE DU CONGO

Le souci de clarté combiné à la curiosité scientifique conduit à présenter la quintessence de la justice constitutionnelle en République Démocratique du Congo, à travers l'histoire politique et constitutionnelle avant d'examiner les normes relatives à l'Institution et la problématique de son effectivité.

En dépit du débat sur le nombre et les sortes de Constitutions qu'a connues la République Démocratique du Congo[387], dans le cadre de l'étude, une distinction est faite entre les Constitutions et les actes juridiques constituants.

---

[387] J.-L. ESAMBO KANGASHE, constate ce qui suit à propos du débat : « sans donner les critères de la classification qu'il propose, F. VUNDUAWE-te-PEMAKO affirme que depuis son accession à l'indépendance, le Congo a été successivement régi par six Constitutions dont une provisoire (loi fondamentale du 19 mai 1960 relative aux structures du Congo), trois définitives adoptées par le peuple (les Constitutions du 1er août 1964, du 24 juin 1967 et du 18 février 2006) et deux intermédiaires (Acte Constitutionnel de la transition du 9 avril 1994 et la Constitution de la transition du 4 avril 2003) ».
L'auteur affirme que cet inventaire est loin de faire l'unanimité en doctrine car F. TOENGAHO pense qu'en quarante-huit ans d'indépendance, la R.D.Congo a été régie par dix Constitutions (A l'inventaire de F. VUNDUAWE-te-PEMAKO, il ajoute la Loi Constitutionnelle n°74/020 du 15 août 1974 portant révision de la Constitution, l'Acte portant dispositions constitutionnelles relatives à la période de la transition du 2 avril 1992, l'Acte constitutionnel harmonisé relatif à la période de la transition du 2 avril 1993 et le Décret-loi constitutionnel n°003 du 17 mai 1997 relatif à l'organisation et à l'exercice du pouvoir pendant la transition).
Aussi faut-il noter que le second considère les huit textes publiés au Journal Officiel ainsi que les différentes révisions constitutionnelles qui, selon lui, ont profondément modifié la dévolution et l'exercice du pouvoir d'infléchir la nature du régime politique. L'auteur prend en compte ces révisions de Constitution. J.-L. ESAMBO KANGASHE, *La Constitution congolaise du 18 février 2006 à l'épreuve du constitutionnalisme. Contraintes pratiques et perspectives*, *op.cit.*, 2010, pp.43-96.

SECTION 1. L'APPROCHE SYNOPTIQUE DE LA JUSTICE CONSTITUTIONNELLE CONGOLAISE

L'approche globalisante de la question conduit à l'examen des traits caractéristiques des faiblesses et du contenu de la justice constitutionnelle.

§1. Les traits caractéristiques de la justice constitutionnelle congolaise

La littérature existante sur le fonctionnement de la justice constitutionnelle congolaise renseigne que vis-à-vis des citoyens, l'image de cette justice est, à défaut d'être décevante, tout au moins controversée[388].

Il en résulte que la justice constitutionnelle a présenté tantôt l'image d'une justice politisée, tantôt celle d'une justice libérée de l'emprise de la politique.

A. L'image d'une justice constitutionnelle politisée : la période du MPR Parti-Etat

Conséquence de l'environnement politique et institutionnel dans lequel elle est née et elle évolue, la justice constitutionnelle congolaise n'a pas échappé au phénomène de politisation qui caractérise la plupart des institutions étatiques. C'est dire que cette justice a été un instrument au service du pouvoir politique. Gérard Conac affirme que, dans un tel contexte, l'on assiste à l'effectivité limitée du droit constitutionnel africain à laquelle s'ajoutent, non seulement la vulnérabilité du juge constitutionnel, mais surtout sa subjugation, sa domestication, bref, sa réduction au simple rôle de conseiller du chef de l'Etat s'il n'est pas destiné uniquement à décorer l'édifice institutionnel de l'Etat[389].

Pendant cette période, la plupart des décisions du juge constitutionnel semblent avoir été dictées par des considérations politiques.

A titre illustratif, l'arrêt RA 320[390] du 21 août 1996 mérite d'être évoqué.

En date du 26 janvier 1995, l'union sacrée de l'opposition radicale et alliés, Etienne Tshisekedi Wa Mulumba et consorts, ont saisi la Cour

---

[388] J.-L. ESAMBO KANGASHE, *La Constitution congolaise du 18 février 2006 à l'épreuve du constitutionnalisme. Contraintes pratiques et perspectives*, *op.cit.*, 2010, pp.234-237.

[389] G. CONAC et J. DUBOIS de GAUDUSSON (dir), *Les Cours Suprêmes en Afrique*, *Tome 1 : Organisation, finalité, procédure, Tome 2 : La jurisprudence : Droit constitutionnel, Droit social, Droit international, Droit africain, Tome 3 : La jurisprudence administrative*, Paris, Economica, 1988, (resp.) p.437, p.229 et p.388 cités par P.-G. NGONDANKOY NKOY-ea-LONGYA, *Le contrôle de constitutionnalité en République Démocratique du Congo. Etude critique d'un système de justice constitutionnelle dans un Etat à forte tradition autocratique*, *op.cit.*, p.88.

[390] Voir *Bulletin des arrêts de la Cour Suprême de Justice*, années 1990 à 1999, Kinshasa, 2009, pp.156-163.

Suprême de Justice en vue d'obtenir l'annulation pour « violation des dispositions constitutionnelles, excès et détournement de pouvoir, et partant pour illégalité, des ordonnances n°94/039 du 16 juin 1994 et n°94/042 du 6 juillet 1994 portant respectivement investiture d'un premier ministre en la personne de monsieur Kengo wa Dondo, et nomination des membres de son gouvernement » ; ordonnances prises en application des actes, décisions et règlement illégaux du Haut Conseil de la République-Parlement de la transition.

Par son arrêt RA 320 précité, la Cour Suprême de Justice, section administrative relève qu'en vertu de l'ordonnance n°082-017 du 31 mars 1982[391]relative à la procédure devant elle, « *elle apprécie souverainement quels sont les actes du conseil exécutif qui échappent à son contrôle* » d'une part, et d'autre part, « *elle ne contrôle pas les actes législatifs* ».

Pour la Cour Suprême de Justice, les ordonnances mises en cause ont été considérées comme des actes de gouvernement à caractère politique, actes essentiels pour assurer le fonctionnement des pouvoirs publics et échappant, de ce fait, au contrôle du juge administratif.

De ce qui précède, la cour s'est déclarée incompétente pour en connaître la légalité.

Il importe de relever avec Jean-Louis Esambo Kangashe que, intervenus dans le cadre de la désignation, la présentation et l'investiture d'un Premier ministre, ces actes et procédures seraient des actes législatifs[392]. Ils couvrent les lois stricto sensu ou les textes ayant valeur de loi, mais également tout document ou acte émanant ou accompli dans l'exercice du pouvoir législatif[393].

L'arrêt sous examen a été considéré par Dieudonné Kaluba Dibwa comme un « rendez-vous que le pouvoir judiciaire venait de rater en ce qui concerne son indépendance vis-à-vis des pouvoirs législatif et exécutif »[394].

La libération progressive de l'environnement politique et institutionnel a conduit à une certaine dépolitisation de la justice constitutionnelle congolaise.

B. L'ébauche d'une justice constitutionnelle au service de la démocratie et de l'Etat de droit

Avec la suppression du MPR parti-Etat, entraînant comme corollaire la réhabilitation de trois pouvoirs traditionnels de l'Etat, un certain activisme

[391] Voir l'article 87, alinéa 2 et 3 de l'ordonnance relative à la procédure devant la Cour Suprême de Justice.

[392] J.-L. ESAMBO KANGASHE, *La Constitution congolaise du 18 février 2006 à l'épreuve du constitutionnalisme. Contraintes pratiques et perspectives*, *op.cit.*, p.238.

[393] *Bulletin des arrêts de la Cour Suprême de Justice*, *op.cit.*, pp.161-162.

[394] D. KALUBA DIBWA, *La saisine du juge constitutionnel et du juge administratif suprême en droit congolais*, Kinshasa, éd. Eucalyptus, 2007, p.90.

judiciaire a été constaté dans le chef de la Cour Suprême de Justice appelée à corriger son image d'une juridiction politisée.

L'arrêt RA 266 du 8 janvier 1997, communément appelé « *arrêt témoins de Jéhovah II* »[395] constitue l'illustration de la dépolitisation progressive de la justice constitutionnelle.

L'on note que par sa requête du 16 juillet 1991, l'association sans but lucratif dénommée « *Les Témoins de Jéhovah* », a sollicité l'annulation de l'ordonnance présidentielle n°86-086 du 12 mars 1986 par laquelle, abrogeant celle n°124 du 30 avril 1980, le président de la République avait retiré à la requérante sa personnalité juridique.

Pour la requérante, l'ordonnance entreprise a violé la Constitution[396], la loi n°71/012 du 31 mars 1971[397] sur l'exercice des cultes[398] ainsi que le Décret-loi du 18 septembre 1965[399] relative aux associations sans but lucratif[400].

Dans son arrêt RA du 8 janvier 1991, la Cour a relevé l'absence des motivations de l'ordonnance présidentielle attaquée. Celle-ci « *porte atteinte aux droits garantis aux particuliers par la Constitution de 1967*[401] *telle que révisée et mise en vigueur à la date de la signature de l'ordonnance attaquée, mais abrogée par l'acte portant dispositions constitutionnelles relatives à la période de la transition applicable présentement* ».

A l'occasion, la Cour Suprême de Justice, saisie, au départ, d'un recours administratif, a incidemment examiné la conformité à la Constitution d'un acte administratif d'une autorité centrale.

Le comportement de la Cour Suprême de Justice est diversement apprécié. Mabanga Monga Mabanga pense que la section administrative de la Cour Suprême de Justice ne devrait pas se déclarer compétente pour une affaire relevant de toutes les sections réunies[402]. Dieudonné Kaluba Dibwa voit dans cet arrêt une avancée significative dans la mise en place d'une justice indépendante dans un régime monopolitique[403].

Pour notre part, à l'occasion, la Cour suprême s'était réveillée de son sommeil pour s'engager dans un processus de juridicisation de la vie politique nécessaire à l'éclosion et à la consolidation de la culture du respect des normes juridiques.

---

[395] *Bulletin des arrêts de la Cour Suprême de Justice, op.cit.*, p.81.

[396] Voir articles 17 et 18 de la Constitution du 24 juin 1967.

[397] Voir *Journal officiel de la République du Zaïre,* n° 2 du 15 janvier 1972, p.39.

[398] Article 10, alinéa 1er de la loi du 31 mars 1971.

[399] *Journal officiel de la République Démocratique du Congo*, numéro spécial du 24 septembre 1965, p.827.

[400] Article 24 du Décret-loi du 18 septembre 1965.

[401] Lire notamment les articles 17 et 18 de la Constitution du 24 juin 1967.

[402] MABANGA monga MABANGA, *Le contentieux constitutionnel congolais, op.cit.*, p.70.

[403] D. KALUBA DIBWA, *La saisine du juge constitutionnel et du juge administratif suprême en droit congolais, op.cit.*, pp.87-88.

Les caractéristiques de la justice constitutionnelle que nous venons d'esquisser, ont un impact non négligeable sur son activité (contentieux constitutionnel) dont les faiblesses méritent d'être clarifiées.

§2. Les faiblesses de la justice constitutionnelle

Parmi les causes du dysfonctionnement de la justice constitutionnelle, les auteurs mettent l'accent tantôt sur le manque d'indépendance des juges constitutionnels[404], tantôt sur la corruption[405] à laquelle ils sont exposés du fait de la précarité de leurs conditions de traitement.

A ces causes s'ajoutent les pesanteurs d'ordre juridique, politique et psychologique[406].

A. Le manque d'indépendance des juges constitutionnels

Cette évidence est encore perceptible et visible jusqu'à ce jour. La justice constitutionnelle congolaise apparaît comme un instrument au service des intérêts politiques.

A en croire Paul Gaspard Ngondankoy Nkoy-ea-Loongya, deux raisons majeures expliquent cette pusillanimité des juges constitutionnels[407]. Fondamentalement, affirme-t-il, il s'agit de la persistance d'une mentalité de servitude et de soumission des juges à la personne et à la fonction du président de la République, quel qu'il soit et ce, malgré les concessions juridiques obtenues.

Leur obséquiosité à l'égard du pouvoir politique, parfois à la limite de la servilité, est la principale cause psychologique de leur manque d'indépendance. Il s'agit, ensuite, d'un problème d'ignorance ou de minoration des pouvoirs d'une juridiction constitutionnelle dans le cadre de la construction d'une démocratie constitutionnelle. La Cour Suprême de Justice sait-elle qu'en tant que juge constitutionnel, elle dispose d'énormes pouvoirs, parfois proactifs, qui lui permettent de réguler, en toute indépendance et avec efficacité, le fonctionnement démocratique de l'Etat, par une soumission obligatoire de toutes les institutions - y compris le

---

404 P.-G. NGONDANKOY NKOY-ea-LOONGYA, *Le contrôle de la constitutionnalité en République Démocratique du Congo. Etude critique d'un système de justice constitutionnelle dans un Etat à forte tradition autocratique,op.cit.*, p.517.

405 J. MATADI NENGA GAMANDA, *La question du pouvoir judiciaire en République Démocratique du Congo.Contribution à l'étude de la réforme*, Thèse de doctorat en Droit de l'Université de Paris X, Nanterre, 2001, pp.377-379.

406 MABANGA monga MABANGA, *Le contentieux constitutionnel congolais,op.cit.*, pp.76-80.

407 P.-G. NGONDANKOY NKOY-ea-LOONGYA, *Le contrôle de la constitutionnalité République Démocratique du Congo. Etude critique d'un système de justice constitutionnelle dans un Etat à forte tradition autocratique, op.cit.*, pp.517-518.

président de la République – aux normes fondamentales et impératives posées par la constitution ?[408]

Pour notre part, au-delà de la mentalité de servitude et de soumission des juges à la personne et à la fonction du président de la République, la pusillanimité des juges constitutionnels congolais s'explique par le manque de conscience dans le chef de ces juges. En effet, ces derniers semblent ignorés l'étendue de la charge que la nation leur a confiée en matière de juridicisation de la vie politique et se comportent, en cette matière complexe, comme en matière de droit privé ; perdant de vue ainsi, l'impact de leurs décisions sur l'évolution voire la consolidation de la démocratie et de l'Etat de droit. A cette pathologie s'ajoute le manque du sens de responsabilité dans le chef de ces juges qui privilégient les considérations des divers ordres dans le traitement des questions relevant du droit constitutionnel dont le caractère ésotérique n'est plus à démontrer.

La corruption constitue l'autre fléau qui amène à la perte de confiance des citoyens dans la justice constitutionnelle.

B. Le phénomène de corruption

Plus dans les pays africains qu'ailleurs[409], la magistrature n'est pas une profession bien rémunérée[410] ; mais si l'on ne peut pas mettre à l'abri des tentations d'argent[411] les personnes qui ont la charge de dire le droit, par un traitement décent, l'on ne peut pas s'étonner que les jugements rendus, à défaut de l'être en faveur des détenteurs du pouvoir et de leurs proches, le soient en fonction des moyens financiers du justiciable[412].

La misère de la justice explique en partie la corruption[413]. La misère, en physiologie, caractérise l'état dans lequel se trouve un sujet ayant subi de longues privations.

C'est une pathologie qui, à défaut des mesures hygiéniques et diététiques appropriées, peut se compliquer et conduire à la mort[414]. Cet état

---

[408] *Idem.*

[409] S'agissant de l'entrée dans la magistrature dans les pays de l'Union européenne, lire J-P. ROYER, « La justice en Europe », *Pouvoirs*, n°74, 1995, pp. 141-142.

[410] A. BOIGEOL, « Les transformations des modalités d'entrée », *Pouvoirs*, n°74, 1995, p.35.

[411] A. DAMIEN, « L'indépendance de la magistrature », *Pouvoirs,* n°74, 1995, p.255.

[412] A. KAMUKUNY MUKINAY, *Contribution à l'étude de la fraude en droit constitutionnel congolais, op.cit.* p.440.

[413] E. BOSHAB MABUDJ, « La misère de la justice et justice de la misère en République Démocratique du Congo » in *revue de la recherche juridique, Droit prospectif,* Presses Universitaires d'Aix Marseille, 1998, pp.1163-1164 ; lire également Jennifer A. WIDNER, *Construire l'Etat de droitet le Combat pour l'indépendance de la justice en Afrique*, Paris, Nouveaux horizons – ARS, 2003, p.320.

[414] E. BOSHAB MABUDJ, « La misère de la justice et justice de la misère en République Démocratique du Congo », *op.cit.*, pp.1163-1164.

physiologique, affirme Evariste Boshab Mabudj, semble transposable, toutes proportions gardées, à la situation de la justice au Congo-Kinshasa.

La misère de la justice se lit à travers plusieurs éléments, notamment le délabrement ou mieux le vieillissement des bâtiments qui abritent les cours et tribunaux, la dépendance des Cours et tribunaux vis-à-vis de l'exécutif, la modicité des traitements accordés aux magistrats.

En effet, la misère traduit, malgré les difficultés auxquelles est confrontée la RDC, l'immense mépris du pouvoir politique à l'égard de la justice : même en Afrique ancienne où la séparation des pouvoirs n'était pas assurée, l'arbre de la palabre, lieu aménagé pour rendre justice, était d'une particulière propreté[415].

C'est assurément cette situation macabre de la justice qui amène l'opinion à accuser les magistrats de corruption sans en apporter la moindre preuve ; portant ainsi atteinte à la noblesse attachée à la fonction de dire le droit qui leur est confiée. Cet état des choses avait conduit, le Président M'zée Laurent Désiré Kabila à parler non pas de la corruption des magistrats mais plutôt de « l'état de corruptibilité dans lequel se trouvent les magistrats congolais ».

Il en résulte que le jugement de l'opinion se fonde sur la précarité des conditions de travail et de traitement du magistrat pour l'accuser ou encore mieux le suspecter de vivre de la corruption, en l'absence des cas avérés en face desquels l'on présenterait un magistrat corrompu et son corrupteur.

Bien que les magistrats congolais soient parmi les plus mal payés du continent africain, Evariste Boshab estime, avec raison, que l'argent ne peut pas à lui seul résoudre tous les problèmes auxquels se trouve confronté ce corps[416]. Le problème de conscience et d'intégrité morale des magistrats demeure une autre manche de l'épineux problème du délabrement de la justice en RDC[417]. Le conseil supérieur de la magistrature, en sa qualité d'organe de gestion du pouvoir judiciaire[418], se révèle indiqué pour amorcer les actions destinées à la conquête de la légitimité de la justice auprès de l'opinion qui manifeste, à ce jour, un sentiment de déception vis-à-vis du personnel judiciaire.

Les remèdes suggérés, à cet effet, par le chief justice Nyalali sont de deux ordres : l'amélioration des conditions sociales et des traitements du personnel judiciaire d'une part, l'application sans complaisance des règles

---

[415]E. BOSHAB MABUDJ, « La misère de la justice et justice de la misère en République Démocratique du Congo », *op.cit.*, p. 1178.

[416]*Idem.*, pp.1182-1183.

[417] A. KAMUKUNY MUKINAY, *Contribution à l'étude de la fraude en droit constitutionnel congolais, op.cit.* p.440.

[418] Lire l'article 152, alinéa 1er de la Constitution de la RDC du 18 février 2006 telle que modifiée à ce jour.

juridiques, voire déontologiques destinées à valoriser la réputation de ce personnel d'autre part[419].

Il importe d'examiner les facteurs qui expliquent le dysfonctionnement de la justice constitutionnelle congolaise.

C. Les pesanteurs qui bloquent le fonctionnement de la justice constitutionnelle congolaise

Juridiquement, Mabanga monga Mabanga note l'insuffisance législative due au fait que le législateur n'a jamais réussi à doter la justice constitutionnelle d'une architecture normative indispensable à son fonctionnement normal. De même, il opine que le monopole de saisine confié au seul procureur général de la République ne pouvait faciliter l'exercice de la justice constitutionnelle[420]. Cet écueil a été corrigé, à la suite de la promulgation de la Constitution de la RDC du 18 février 2006 qui inaugure l'ère de la « *démocratisation*[421] » de la saisine du juge constitutionnel.

Les raisons d'ordre politique ont fait que contester une loi pourrait être interprété comme un acte de subversion susceptible d'entraîner un ostracisme que très peu de zaïrois, à l'époque, étaient disposés à subir. Ces raisons propres à un Etat patrimonial ont connu quelques inflexions pendant la période d'après l'accord global et inclusif de Sun city suite à une « *reconsensualisation* » de la vie politique et donc au partage du pouvoir qui permet le contrôle juridictionnel[422]. En effet, au cours de la période, les anciens belligérants ayant renoncé à la lutte armée, ont transposé leur guerre sur le plan du droit constitutionnel, à travers la saisine du juge, chaque fois qu'ils avaient des revendications liées à l'exercice du pouvoir issu de l'accord.

Du point de vue psychologique, nous pensons avec Mabanga monga Mabanga que la léthargie de la justice constitutionnelle se justifie d'abord par le fait que l'individu et la fonction qu'il exerce sont généralement confondus en fait et en droit, ce qui fait que, pour la majorité des citoyens,

---

[419] Jennifer A. WIDNER, *Construire l'Etat de Droit et le combat pour l'indépendance de la justice en Afrique, op.cit.*, pp.319-323.

[420] MABANGA monga MABANGA, *Le contentieux constitutionnel congolais*, *op.cit.*, pp.76-77 ; Lire également E. MPONGO BOKAKO BAUTOLINGA, « Le contrôle de constitutionnalité des lois sous l'acte constitutionnel de la transition du 9 avril 1994 » in *Anales de la Faculté de Droit*, Vol XXV, Août 1996, Kinshasa, PUZ, pp.321-355.

[421] Lire, à cet effet, l'article 160, alinéa 2 de la Constitution de la RDC telle que modifiée à ce jour qui dispose que « *Toute personne peut saisir la Cour constitutionnelle pour inconstitutionnalité de tout acte législatif ou réglementaire* ».

[422] D. KALUBA DIBWA, *Contentieux constitutionnel en République Démocratique du Congo. Contribution à l'étude des fondements et d'exercice de la justice constitutionnelle en RDC*, op.cit., p.229.

quereller par voie juridictionnelle un acte législatif du chef de l'Etat équivaudrait, en fait, à mettre directement en cause son auteur[423].

Une correcte présentation de la justice constitutionnelle congolaise présuppose l'exploration de son contenu.

§3. Le contenu de la justice constitutionnelle congolaise

Analyser le contenu de la justice constitutionnelle revient à étudier les différents domaines d'intervention de la juridiction investie du pouvoir d'assurer la protection de la Constitution.

En principe, comme l'affirme Ngondankoy nkoy-ea-Loongya, toutes les matières inscrites dans la Constitution peuvent être l'objet et servir de référence au contrôle de constitutionnalité[424]. C'est ce que Charles Eisenmann cherche à insinuer lorsqu'il écrit : « *La justice constitutionnelle est cette sorte de justice ou mieux de juridiction qui porte sur les lois constitutionnelles* »[425].

Cependant, en dépit de leur diversité, les compétences assignées à la juridiction constitutionnelle congolaise peuvent se résumer en trois catégories : les compétences non contentieuses, les compétences contentieuses et les compétences pénales. Ces compétences seront analysées au titre II de la première partie de l'étude ; précisément au chapitre 2 traitant du droit positif congolais de la justice constitutionnelle.

Indiquons seulement que la connaissance des normes relatives à la justice constitutionnelle congolaise permet de circonscrire le cadre d'expression de cette institution.

SECTION 2 : LES NORMES RELATIVES A LA JUSTICE CONSTITUTIONNELLE D'AVANT LE 18 FEVRIER 2006

D'entrée de jeu, il faut entendre par norme « l'expression de la volonté, ni vraie ni fausse, qui ne cesse d'être valide si elle est violée »[426].

Le Viennois Hans Kelsen définit la norme en ces termes : « le mot norme vient du latin "norma", et a pris dans la langue allemande le caractère d'un mot d'emprunt par lequel on désigne – quoique non exclusivement, mais en premier lieu – un commandement, un ordre, une prescription.

[423] MABANGA monga MABANGA, *Le contentieux constitutionnel congolais*, *op.cit.*, p.80.

[424] P.-G. NGONDANKOY NKOY-ea-LOONGYA, *Le contrôle de constitutionnalitéen République Démocratique du Congo. Etude critique d'un système de justice constitutionnelle dans un Etat à forte tradition autocratique*, *op.cit.*, p.152.

[425] C. EISENMANN, *La justice constitutionnelle et la cour constitutionnelle d'Autriche*, *op.cit.*, p.1.

[426] F. HAMON et M. TROPER, *Droit constitutionnel,* Paris, LGDJ, 3ème éd., 2007, p.10.

Commander n'est pas cependant l'unique fonction d'une norme ; habiliter, permettre, abroger sont aussi des fonctions de la norme »[427].

« Aussi, poursuit-il, dans la mesure où le mot norme désigne une prescription ou un ordre, la norme signifie que quelque chose doit être ou doit avoir lieu »[428].

Gérard Cornu définit la norme comme « terme scientifique employé parfois dans une acception générale comme équivalent de règle de droit, qui évoque non pas la normalité ni celle de la rationalité ou de type connu, mais simplement la valeur obligatoire attachée à la règle de conduite, et qui offre l'avantage de viser d'une manière générale toutes les règles présentant ce caractère, quelle qu'en soit la source »[429].

Hamon et Troper, avec Arnaud, estiment que la norme existe et est valide puisqu'elle appartient à un ordre ou à un système normatif, et obligatoire dans ce système[430].

A propos de la validité de la norme, Hans Kelsen pense que « la norme acquiert sa validité d'une manière ou d'une autre, que ce soit par l'acte d'édition ou par la coutume ».

Si l'on dit : « *une norme est valide* », on pense qu'une norme existe. La validité est l'existence spécifique de la norme qu'il faut distinguer de l'existence des faits naturels et en particulier de l'existence des faits par lesquels la norme est créée[431].

Pour être valide, il faut que la norme soit posée par un acte de volonté ou comme la formule, le plus souvent la maxime : « *il n'y a pas d'impératif sans un imperator* »[432].

Par ces motifs, nous n'userons pas dans notre exposé des normes individuelles relatives à la justice constitutionnelle puisque, d'ailleurs, le système tel qu'organisé ne pose que des normes générales. Que ce soient les normes constitutionnelles ou les normes juridictionnelles, les effets sont *erga omnes* bien que, dans le second cas, l'on se situe devant un cas concret devant faire appel à l'effet relatif comme aux Etats-Unis. En République Démocratique du Congo, les décisions de la Cour constitutionnelle sont imposables à tous depuis le 30 juin 1960.

Nous analysons donc les normes qui ont constitué l'ordre juridique congolais depuis 1960 à 2006 et celles prescrivant la justice constitutionnelle depuis 1960 à 2006.

---

[427] H. KELSEN, *Théorie générale des normes, op.cit.*, p.1.
[428] *Idem.*, p.2.
[429] G. CORNU, *Vocabulaire juridique*, Paris, PUF, 4ème éd., 2003, p.595.
[430] F. HAMON et M. TROPER, *Droit Constitutionnel, op.cit.*, p.13 ;
[431] H. KELSEN, *Théorie générale des normes, op.cit.*, p.3.
[432] W. DUBISLAV (Zur Ungeundbarkeit der Forderungssatze, theoria, vol. III, 1937, p.335).

§1. Les normes constituantes relatives à la justice constitutionnelle de 1960 à 2006

Il s'agit de la Constitution (A) et des actes juridiques constituants (B).

L'intérêt de cette distinction réside dans la précision des concepts. Les premières sont qualifiées de « *Constitution* » parce qu'elles portent cette dénomination, et les secondes puisqu'elles ont constitué différents ordres juridiques sans pour autant être officiellement dénommées « Constitution »[433].

A. Les Constitutions

Sont rangés dans la catégorie des « *Constitutions* » d'avant le 18 février 2006 :

- La Constitution du 1er août 1964 communément appelée « Constitution de Luluabourg » du nom de la Ville où elle fut élaborée[434] ;
- La Constitution du 24 juin 1967[435] ;
- La Constitution de la transition du 4 avril 2003 ;

Pour ce qui est des actes juridiques constituants, l'on relève :

- La Loi fondamentale du 19 mai 1960[436] ;

---

[433] Le propre de l'acte juridique est de « *produire des effets de droit dont la nature et la mesure sont précisément déterminées par la volonté* ». Et, c'est en cela qu'il se distingue du fait juridique, qui « *est un fait volontaire ou non, qui produit des effets de droit dont la nature et la mesure sont déterminées par la loi* ». En d'autres termes, « *la cause génératrice des effets de droit est la volonté de l'auteur* » pour l'acte juridique et « *la volonté du législateur* » pour le fait juridique.

[434] Les précisions sur cet intitulé sont à retrouver chez E. BOSHAB MABUDJ, « les dispositions constitutionnelles transitoires relatives à la Cour constitutionnelle de la République Démocratique du Congo », *op.cit.*, p.6.

[435] IYELEZA MOJU-MBEY, MASIKA KATSUVA et ISENGINGO KAMBERG, *Recueil des textes constitutionnels de la République du Zaïre du 19 mai 1960 au 28 avril 1991 avec annexe de la charte coloniale du 18 octobre 1908*, Kinshasa, Editions ISE-Consult, Avril, 1991, p.85. Ces auteurs présentent, en outre, 17 révisions de ces textes que sont l'Ordonnance-loi n° 70-025 du 17 avril 1970 ; la loi n° 70-001 du 23 décembre 1970 ; la loi n° 71-006 du 29 octobre 1971 ; la loi n° 71-007 du 19 novembre 1971 ; la loi n°71-008 du 31 décembre 1971 ; la loi n°72-003 du 5 janvier 1972 ; la loi n°72-003 du 3 juillet 1972 ; la loi n°73-014 du 5 janvier 1973 ; la loi n°72-020 du août 1974 ; la loi n°78-010 du 15 février 1978 ; la loi n°80-007 du 19 février 1980 : la loi n°80-012 du 5 novembre 1980 ; la loi n°82-004 du 31 décembre 1982 ; la loi n°88-004 du 27 janvier 1988 ; la loi n°88-009 du 27 juin 1988 ; la loi n°90-002 du 5 juillet et la loi n°90-008 du 25 novembre 1990 ; Voir aussi A. KAMUKUNY MUKINAY, « La Constitution de la transition congolaise à l'épreuve duConstitutionalisme », in S. BULA BULA (dir.), *L'épanouissement de la pensée juridique congolaise. Liber amicorum. M.A. LIHAU*, *op.cit.*, p.154.

[436] IYELEZA MOJU-MBEY et Alii, *Recueil des textes constitutionnels de la République du Zaïre du 19 mai 1960 au 28 avril 1991 avec annexe de la charte coloniale du 18 octobre 1908*, *op.cit.*, pp.3-22.

- L'Acte constitutionnel harmonisé relatif à la période de Transition du 2 avril 1993 ;
- L'Acte constitutionnel de la transition du 9 avril 1994 ;
- Le Décret-loi constitutionnel n°0003 du 27 mai 1997 relatif à l'organisation et à l'exercice du pouvoir en République Démocratique du Congo.

B. Les normes constituantes

Les normes constituantes sont retenues comme telles en raison aussi de leur auto-affirmation. Ceci veut dire qu'au niveau de leurs dispositions transitoires et finales, ces normes ont abrogé toutes les dispositions des textes constitutionnels antérieurs qui leur sont contraires.

- Pour la loi fondamentale du 19 mai 1960, l'article 258 prescrit que : « Sont abrogées, au 30 juin 1960, la loi du 18 octobre 1908, telle que modifiée à ce jour sur le gouvernement du Congo belge en tant qu'elle s'applique au Congo belge. La loi du 21 mars 1959 portant institution du Conseil de législation du Congo belge[437] ». Cette norme juridique coïncide avec la naissance de l'Etat congolais. En droit, l'Etat doit, avant tout, son existence au fait qu'il possède une Constitution[438].
- Pour la Constitution du 1er août 1964, l'article 203 dispose que « La loi fondamentale du 19 mai 1960 relative aux structures du Congo et la loi fondamentale du 17 juin 1960 relative aux libertés publiques sont abrogées »[439]. C'est le changement d'ordre juridique.
- Pour la Constitution du 24 juin 1967, on peut lire à l'article IX que « La Constitution de la République Démocratique du Congo du 1er août 1964 est abrogée[440] ».
- L'article 125 de l'Acte constitutionnel harmonisé relatif à la période de transition, prescrit que « Toutes les dispositions constitutionnelles antérieures à la présente Loi sont abrogées »[441].
- Il s'en suit à l'article 121 de l'Acte constitutionnel de la transition du 9 avril 1994 que « toutes les dispositions constitutionnelles, légales et réglementaires contraires au présent Acte constitutionnel de transition,

---

437 IYELEZA MOJU-MBEY et Alii, *Recueil des textes constitutionnels de la République du Zaïre du 19 mai 1960 au 28 avril 1991 avec annexe de la charte coloniale du 18 octobre 1908*, *op.cit.*, p.22.

438 R. CARRE de MALBERG, *Confrontation de la théorie de la formation du droit par degrés avec les idées et les institutions consacrées par le droit positif relativement à sa formation*, *op.cit.*, p.65 ; A. HAURIOU, *Droit Constitutionnel et Institutions politiques*, *op.cit.*, pp.120-1201.

439 IYELEZA MOJU-MBEY et alii, *Recueil des textes constitutionnels de la République du Zaïre du 19 mai 1960 au 28 avril 1991 avec annexe de la charte coloniale du 18 octobre 1908*, *op.cit.*, p.56.

440 *Idem,* p.93.

441 *Ibidem.,* p. 59.

sont abrogées »[442].

- En ce qui concerne le Décret-loi constitutionnel n°003 du 27 mai 1997 relatif à l'organisation et à l'exercice du pouvoir en République Démocratique du Congo tel que modifié et complété par le Décret-loi Constitutionnel n°074 du 25 mai 1998, l'article 29 dispose que « Toutes les dispositions constitutionnelles, légales et règlementaires antérieures contraires au présent Décret-loi constitutionnel, sont abrogées »[443].
- Enfin, l'article 202 de la Constitution de la transition du 4 avril 2003 prescrit que : « Toutes les dispositions constitutionnelles antérieures, notamment le décret-loi constitutionnel n°003 du 27 mai 1997 relatif à l'organisation et à l'exercice du pouvoir en République Démocratique du Congo, tel que modifié et complété à ce jour, sont abrogées et remplacées par la présente Constitution de la transition de la République Démocratique du Congo ».

De ce qui précède, on peut retenir deux sortes d'abrogation :

- La Loi fondamentale, la Constitution du 1er août 1964, la Constitution du 24 juin 1967 et celle de la transition ont adopté l'abrogation expresse[444].
- L'Acte constitutionnel harmonisé relatif à la période de la transition du 2 avril 1993, l'Acte constitutionnel de la transition du 9 avril 1994 et le Décret-loi constitutionnel du 27 mai 1997 ont adopté l'abrogation tacite ou implicite des textes alors en vigueur[445].

L'identification des normes constituantes relatives à la justice constitutionnelle conduit à l'analyse de l'institution à travers l'histoire politique et constitutionnelle de la République Démocratique du Congo.

§2. La justice constitutionnelle dans les différentes constitutions de la République Démocratiques du Congo d'avant le 18 février 2006

Il est question de décrire les différentes prescriptions, les commandements et les habilitations constitutionnelles en matière de justice constitutionnelle.

La démarche procède de la Constitution du 1er août 1964 à la Constitution de la transition du 4 avril 2003, en passant par la Constitution du 24 juin 1967.

---

[442]*Ibid.*, p. 65.

[443]IYELEZA MOJU-MBEY et Alii, *Recueil des textes constitutionnels de la République du Zaïre du 19 mai 1960 au 28 avril 1991 avec annexe de la charte coloniale du 18 octobre 1908*, *op.cit.*, p. 10.

[444]L'abrogation expresse renvoie à l'idée d'abrogation de telle ou telle disposition : le texte est précisé. Lire F. VUNDUAWE-te-PEMAKO, *Traité de droit administratif*, *op.cit.*, 2007, p.694.

[445]*Idem.* L'abrogation tacite se résume de cette manière : « *les dispositions antérieures contraires sont abrogées* ». Tandis que, en implicite, l'on prend directement des dispositions nouvelles.

A. La justice constitutionnelle dans la Constitution du 1er août 1964

Le souci de clarté impose que la question soit analysée à travers le recours à la double approche anatomique et physiologique.

1. Approche anatomique

Sous cette Constitution, l'organisation de la justice constitutionnelle a été centralisée. Elle prescrit une Cour constitutionnelle, compétente pour connaître :

- des recours en appréciation de la constitutionnalité des lois et des actes ayant force de loi ;
- des recours en interprétation[446] de la Constitution, formée à l'occasion des conflits de compétence, portant sur l'étendue des pouvoirs attribués et des obligations imposées par Constitution aux organes nationaux ou provinciaux visés à l'alinéa 2 de l'article 168 ;
- de toutes les affaires à l'égard desquelles la Constitution lui attribue compétence ;
- de toutes les affaires à l'égard desquelles la législation nationale lui attribue compétence, la Cour veille à la régularité de l'élection du Président de la République et des Gouvernements des provinces. Elle examine les réclamations et, dans le cas de l'élection du Président de la République, proclame les résultats du scrutin. Elle statue, en cas de contestation, sur la régularité des élections des membres du parlement et des assemblées provinciales ainsi que sur la décision du parlement et des assemblées provinciales prononçant la déchéance ou la démission d'office de leurs membres, conformément aux articles 78 et 120.

Elle veille à la régularité des opérations de référendum et en proclame les résultats[447].

Pour ce qui est de sa composition, la Cour constitutionnelle comprend douze conseillers dont le mandat dure neuf ans et n'est pas renouvelable immédiatement[448].

Les saisines de cette juridiction sont regroupées en deux, selon qu'il s'agit d'un recours en appréciation de la Constitution ou d'un recours en interprétation de la Constitution.

Dans le premier cas :

---

[446] Article 167 alinéa 1er de la Constitution du 1er août 1964.

[447] Article 165 de la Constitution du 1er août 1964. Cfr. IYELEZA MOJU-MBEY et alii, *Recueil des textes constitutionnels de la République du Zaïre du 19 mai 1960 au 28 avril 1991 avec annexe de la charte coloniale du 18 octobre 1908*, *op.cit.*, p.52.

[448] *Idem.* Les nominations, les conditions de nomination, les incompatibilités et l'élection du Président, des membres de la Cour constitutionnelle sont aussi précisées dans le même article.

- pour des lois nationales, ce sont le Président de la République, les Présidents des Assemblées provinciales et les Gouverneurs des provinces qui la saisissent.
- Pour des actes du Président de la République ayant valeur de loi nationale, ce sont les Présidents des chambres législatives, les Présidents des assemblées provinciales et les Gouverneurs des provinces qui sont habilités à saisir la Cour constitutionnelle.
- Pour des lois provinciales, sont habilités à saisir la Cour constitutionnelle, le Président de la République, les Présidents des chambres législatives et les Gouverneurs des provinces.
- Pour des actes des gouverneurs des provinces ayant valeur de loi provinciale, le Président de la République, les Présidents des chambres législatives et les Présidents des assemblées provinciales sont habilités à la saisine du juge.
- Pour des lois nationales, des actes du Président de la République ayant valeur de loi nationale, des lois provinciales et des actes des Gouverneurs des provinces ayant valeur de loi provinciale, c'est la Cour suprême de justice qui en est habilitée lorsqu'une exception d'inconstitutionnalité est soulevée devant elle[449].

De cette dernière modalité de saisine, l'on note que l'exception d'inconstitutionnalité n'est soulevée que devant la Cour suprême de justice qui, à son tour, saisit la Cour constitutionnelle. C'est une situation à concevoir soit lorsque la Cour suprême siège en premier et dernier ressort, soit en appel des arrêts des Cours d'appel, soit encore en cassation.

Dans le second cas, il est question de la saisine de cette juridiction pour les recours en interprétation de la Constitution.

Sont habilités en la matière, le Président de la République, les Présidents des assemblées provinciales et les Gouverneurs des provinces.

Enfin, les décisions de la Cour constitutionnelle ne sont susceptibles d'aucun recours. Tout acte déclaré non conforme à la Constitution est abrogé de plein droit. Il faut relever que l'inconstitutionnalité d'une ou de plusieurs dispositions d'un acte n'entraîne pas nécessairement l'abrogation de tout l'acte. Le pouvoir d'appréciation souveraine de la Cour permet de trancher cette question[450].

---

[449] Ces modalités de saisine sont prescrites à l'article 168 de la Constitution du 1er août 1964, voir les pages 52 et 53 de IYELEZA MOJU-MBEY et Alii, *Recueil des textes constitutionnels de la République du Zaïre du 19 mai 1960 au 28 avril 1991 avec annexe de la charte coloniale du 18 octobre 1908.*

[450] Voir l'article 196 de la Constitution du 1er août 1964. Cfr. IYELEZA MOJU-MBEY et alii, *Recueil des textes constitutionnels de la République du Zaïre du 19 mai 1960 au 28 avril 1991 avec annexe de la charte coloniale du 18 octobre 1908*, *op.cit.*, p.53.

Il s'observe que ces décisions ont un effet absolu et non relatif. On peut appliquer ici l'adage selon lequel « *voies de nullité n'ont lieu contre les jugements (arrêts) de la Cour constitutionnelle* »[451].

En manière de transition, la Constitution du 1er août 1964 confie les attributions de la Cour constitutionnelle à la Cour d'appel de Léopoldville[452].

2. Approche physiologique

Sous l'empire de la Constitution du 1er août 1964, la justice constitutionnelle qui était conçue autour de l'idée d'une pacification des rapports politiques entre les différents organes et composantes de l'Etat[453], n'a pas efficacement fonctionné faute de la loi organique relative à son organisation, son fonctionnement et sa procédure[454].

Concrètement, l'absence d'une loi portant organisation et fonctionnement de la Cour constitutionnelle dans un contexte caractérisé par l'absence de culture juridique dans le chef de la classe politique de l'époque, justifie en grande partie l'échec de la juridiction constitutionnelle.

La situation semble n'avoir pas, considérablement, évolué nonobstant l'établissement, le 24 juin 1967, d'une nouvelle Constitution.

B. La justice constitutionnelle dans la Constitution du 24 juin 1967

L'utilisation combinée des approches anatomique et physiologique permet de rendre compte du fonctionnement de l'institution au cours de cette période.

1. Approche anatomique

Le titre VII de cette Constitution s'intitule : « De la Cour constitutionnelle et du contrôle de la constitutionnalité »[455].

Cette prescription permet déjà d'appréhender la juridiction constitutionnelle et sa compétence principale autour d'un système qui reste tout de même centralisé.

---

[451] R. GUILLIEN et J. VINCENT, *Lexique des termes juridiques, op.cit.*, p.676. Cet adage signifie qu'un acte juridictionnel ne peut être critiqué que par une voie de recours. Or, il n'y a pas de recours en cette matière. Donc, les arrêts de la Cour constitutionnelle demeurent non critiquables.

[452] Article 196 de la Constitution du 1er août 1964.

[453] P.-G. NGONDANKOY NKOY-ea-LONGYA, *Le contrôle de constitutionnalitéen République Démocratique du Congo. Etude critique d'un système de justice constitutionnelle dans un Etat à forte tradition autocratique*, *op.cit.*, p.27.

[454] Article 165, in fine de la Constitution du 1er août 1964.

[455] IYELEZA MOJU-MBEY et alii, *Recueil des textes Constitutionnels de la République du Zaïre du 19 mai 1960 au 28 avril 1991 avec annexe de la charte coloniale du 18 octobre 1908, op.cit.*, p.92.

L'article 71 du même texte confie à la Cour constitutionnelle les compétences de :

- Connaître des recours en appréciation de la constitutionnalité des lois et des actes ayant force de loi.
- Connaître des recours en interprétation de la Constitution, formés à l'occasion des différends portant sur l'étendue des pouvoirs attribués et des obligations imposées par la Constitution, respectivement au Président de la République, à l'Assemblée nationale ou aux Cours et tribunaux.
- Connaître de toutes les affaires à l'égard desquelles la même disposition innove en rendant la Cour constitutionnelle compétente pour juger le Président de la République dans les cas visés par l'article 34 de la même Constitution[456].

Comme en 1964, la Cour veille à la régularité de l'élection du Président de la République, examine les réclamations et statue sur celles-ci. Elle en proclame les résultats, statue, en cas de contestation, sur la régularité des élections des membres de l'Assemblée Nationale ainsi que sur l'Acte de l'Assemblée Nationale constatant la démission d'office d'un de ses membres pour l'une des causes prévues à l'article 40[457].

La composition des membres de la Cour constitutionnelle reste la même que sous la Constitution du 1er août 1964[458].

Quant à la saisine de ce juge, il est aussi distingué, comme sous la Constitution du 1e août 1964, deux modalités de saisine selon qu'il s'agit du recours en appréciation de la constitutionnalité ou du recours en interprétation de la Constitution.

Dans la première modalité, les saisines sont groupées selon les actes faisant griefs[459] :

- Le Président de la République saisit la Cour constitutionnelle pour des lois et des règlements de l'Assemblée nationale ;
- La Cour Suprême de Justice, de sa propre initiative ou lorsqu'une exception d'inconstitutionnalité est soulevée devant elle, pour des lois et des actes du Président de la République ayant valeur de loi. On peut constater, qu'à la différence de la Constitution du 1e août 1964, la Cour Suprême de justice peut saisir la Cour constitutionnelle de sa propre initiative sans qu'il ne soit soulevé une exception d'inconstitutionnalité devant elle.

En seconde modalité, le Président de la République, le Bureau de l'Assemblée Nationale et la Cour Suprême de Justice peuvent saisir la Cour constitutionnelle. Aussi, faut-il noter que les décisions de la Cour

---

[456] Il s'agit notamment des infractions de la haute trahison et de la violation intentionnelle de la Constitution, etc.

[457] Voir l'article 71, alinéas 3 et 4de la Constitution du 24 juin 1967.

[458] Voir l'article 70 de la Constitution du 24 juin 1967.

[459] Voir l'article 72 de la Constitution du 24 juin 1967.

constitutionnelle comportent les mêmes effets que ceux prévus par la Constitution du 1er août 1964.

Durant la transition, il est prescrit qu'en attendant la création de la Cour Constitutionnelle et de la Cour Suprême de Justice, la Cour d'Appel de Kinshasa exerce les attributions dévolues à ces Cours. Si la Cour Suprême de Justice est créée avant la Cour constitutionnelle, elle exercera, en attendant la création de celle-ci, les attributions de la Cour Constitutionnelle[460].

Cette dernière norme est une innovation pour ce qui concerne les dispositions transitoires relatives à la création de la Cour Constitutionnelle. Evariste Boshab Mabudj se demande « *si la suggestion de la création de la Cour Suprême de Justice avant la Cour Constitutionnelle n'était pas une option claire du Constituant. Tant il ressort que la Cour Suprême de Justice a été effectivement créée, tandis que la Cour Constitutionnelle a été avalée : ses compétences ont été attribuées, de manière définitive, à la Cour Suprême de Justice* »[461].

Pour notre part, les propos de l'auteur contrarient les dispositions de l'article VII, alinéas 1 et 2 de la Constitution du 24 juin 1967 qui confiaient, à titre transitoire, les attributions de la Cour constitutionnelle à la Cour suprême de justice, c'est-à-dire, en attendant la création et l'installation de la Cour constitutionnelle. Ce n'est donc pas, de manière définitive que les compétences de la juridiction sous examen ont été attribuées à la Cour suprême de justice.

C'est ici le lieu d'analyser les trois révisions de cette Constitution qui ont, soit supprimé la Cour constitutionnelle, soit confié quelques-unes de ses compétences à la Cour Suprême de Justice, soit renforcé lesdites compétences avant de les réduire sensiblement.

Il s'agit notamment des révisions de la Constitution du 24 juin 1967 opérées par :

- La loi n°74-020 du 15 août 1974 ;
- La loi n°78-010 du 15 février 1978 ;
- La loi n°88-004 du 27 janvier 1988.

Ainsi, l'article 70 de la loi n°74-020 du 15 août 1974, dispose que « le contrôle de la constitutionnalité des lois relève de la Cour Suprême de Justice »[462].

La Loi n°78-010 du 15 février 1978 ajoute aux compétences traditionnelles de la Cour Suprême de Justice d'autres lorsqu'elle affirme que : « *Sans préjudice des autres compétences qui lui sont reconnues par la présente Constitution, ou par les lois, la Cour Suprême de Justice connaît*

[460] Article 7, alinéas 1 et 2 de la Constitution du 24 juin 1967.

[461] E. BOSHAB MABUDJ, « Les dispositions constitutionnelles transitoires relatives à la Cour constitutionnelle de la République Démocratique du Congo », *op.cit.*, p.6.

[462] IYELEZA MOJU-MBEY ; *Recueil des textes Constitutionnels de la République du Zaïre du 19 mai 1960 au 28 avril 1991 avec en annexe de la charte coloniale du 18 octobre 1908, op.cit.*, p.106.

des recours en appréciation de la constitutionnalité des lois et des actes ayant force de loi ainsi que des recours en interprétation de la présente Constitution(...) [Et] des contestations électorales »[463].

Notons cependant que les contestations électorales dont question ne sont pas clairement déterminées.

Lors de la révision constitutionnelle opérée par la loi n°88-004 du 27 janvier 1988, il a été prescrit que les contestations électorales sont de la compétence du Comité Central du Mouvement Populaire de la Révolution[464]. A l'occasion, il en avait été ainsi parce que les membres du Comité Central du Mouvement Populaire de la Révolution qui avaient supervisé les élections des membres du Conseil législatif, à travers le pays, étaient accusés d'avoir commis des abus dont les victimes entendaient saisir la Cour suprême.

Ainsi, ils avaient amené le président de la République à réviser la Constitution pour leur octroyer des pouvoirs susceptibles de leur permettre de taire les revendications qui frisaient de toute part, en faisant du Comité Central, superviseur des élections (partie) un organe chargé de l'examen des contestations électorales (juge).

Dans le même ordre d'idées, Victor Djelo Empenge s'interrogeait en ces termes : « le Comité Central saura-t-il se montrer impartial ? Comment, après avoir endossé des candidatures et supervisé le déroulement des élections, peut-il en juger les contestations sans se remettre en question ? Ne risque-t-il pas d'apparaître à la fois comme juge et partie ? Comme il se prononce en premier et dernier ressort, ne sera-t-il pas tenté de les avaliser purement et simplement pour s'assurer la bonne conscience et le confort moral ? Qui, en définitive, gardera le gardien ?[465]

2. Approche physiologique

Faute d'une juridiction constitutionnelle installée, s'inspirant de la formule consacrée à l'article 253 de la loi fondamentale du 19 mai 1960 relative aux structures du Congo[466], la Constitution du 1er août 1964 a prévu qu' « *en attendant la création de la Cour constitutionnelle, la Cour d'appel*

---

463 Article 101.

464 Article 1er. Il faut aussi noter que l'article 103 de la loi n° 90-002 du 5 juillet 1990 portant révision de certaines dispositions de la Constitution a restitué les compétences en matière électorale à la Cour Suprême de Justice avec précision des différents scrutins.

465 V. DJELO EMPENGE-OSAKO, *Dette de clarification. Propositions pour parachever la révision de la Constitution du Zaïre*, Ottignies-Louvain-la-Neuve, Le Bel Elan, 1990, pp.19-20.

466 « *Jusqu'à ce que la Cour constitutionnelle soit légalement organisée conformément aux articles 229, 230, 232 et 236, les conseils d'Etat de Belgique exerce, selon la procédure qu'il détermine, les compétences de la cour constitutionnelle* », La loi fondamentale du 19 mai 1960 relative aux structures du Congo, *in Moniteur belge*, 27-28 mai 1960, p.353.

de Léopold ville, exerce(ra) les attributions dévolues par la présente Constitution à la Cour constitutionnelle »[467].

L'option du constituant serait justifiée par l'inexistence des magistrats congolais susceptibles de prendre la relève des magistrats belges pour œuvrer avec compétence et responsabilité au sein de la juridiction constitutionnelle.

A cette explication, s'ajoute la question de l'affirmation du pouvoir politique qui redoutait d'être contrôlé par une Cour constitutionnelle indépendante, dans un contexte caractérisé par l'instabilité politique due principalement au manque de culture et de tradition démocratiques.

Se trouvant dans le contexte semblable au contexte précédent, le constituant du 24 juin 1967 a adopté la même ingénierie constitutionnelle. Aux termes des « *dispositions transitoires* » de la Constitution sous examen, on peut lire qu' « *en attendant la création de la Cour constitutionnelle et de la Cour Suprême de Justice, c'est d'abord la Cour d'appel de Kinshasa qui devait exercer les attributions dévolues à ces Cours par la présente Constitution* ». Par la suite, il a été décidé que « *si la Cour Suprême de Justice est créée avant la Cour constitutionnelle, elle exercera, en attendant la création de celle-ci, les attributions dévolues à cette dernière* »[468].

De ce qui précède, l'on peut affirmer que, pendant la période sous revue, la justice constitutionnelle ne pouvait pas fonctionner normalement et s'acquitter de ses missions dans l'espace politique congolais.

Cette affirmation pourrait, à la lumière de l'évolution politique et constitutionnelle, bénéficier des enrichissements qualitatifs.

C. La justice constitutionnelle dans la Constitution de la transition du 4 avril 2003

Les recettes des approches anatomique et physiologique peuvent contribuer à éclairer le fonctionnement de la justice constitutionnelle pendant cette période.

1. Approche anatomique

D'entrée de jeu, il est à noter que le système centralisé est de mise sous l'empire de cette Constitution. L'article 150 de ce texte dispose que « *Sans préjudice des autres compétences qui lui sont reconnues par la présente Constitution ou par les lois de la République, la Cour Suprême de Justice connaît, par voie d'action et par voie d'exception, de la constitutionnalité des lois et des actes ayant force de loi ainsi que des*

---

[467] Article 196 de la Constitution du 1er août 1964.

[468] Article VII, dispositions transitoires, Constitution du 24 juin 1967, in *Moniteur congolais*, 15 juillet 1967, n°14, pp.549-576.

recours en interprétation de la Constitution de la transition. La Cour Suprême de Justice est juge du contentieux des élections présidentielles et législatives, ainsi que du référendum »[469].

Deux donnes nouvelles apparaissent, cependant. Il s'agit de :

- la détermination des modalités de saisine. L'on peut saisir le juge par voie d'action et par voie d'exception.
- l'attribution à cette juridiction de la compétence en matière référendaire.

Il convient de signaler que le caractère particulier de cette Constitution dont les ambitions ont été limitées dans le temps n'a pas permis d'apprécier l'action de la justice constitutionnelle.

2. Approche physiologique

Pendant cette période, malgré le changement du paysage politique, le « *bricolage* » de la justice constitutionnelle exacerbé par le caractère polyvalent[470] et dépendant de la Cour Suprême de Justice, notamment du pouvoir exécutif, n'a pas permis le fonctionnement efficient et efficace de l'Institution.

Compte tenu de sa pertinence, l'examen de la question à travers les actes juridiques constituants s'impose.

D. La justice constitutionnelle dans les différents actes juridiques constituants

La combinaison de l'approche anatomique et de l'approche physiologique paraît indiquée pour mettre en lumière le fonctionnement de l'institution.

1. Approche anatomique

La préoccupation est d'étudier la justice constitutionnelle à travers les actes constituants[471] dans le but de dégager le contenu réel du phénomène en République Démocratique du Congo.

---

[469] In *JORDC*, 44^{e}année, p.42.

[470] P.-G. NGONDANKOY NKOY-ea-LOONGYA, *Le contrôle de constitutionnalité en République Démocratique du Congo. Etude critique d'un système de justice constitutionnelle dans un Etat à forte tradition autocratique*, *op.cit.*, pp.67-88.

[471] Il s'agit des actes ci- après : la loi fondamentale du 19 mai 1960 relative aux structures du Congo, la Loi n°93-001 du 2 avril 1993 portant Acte constitutionnel harmonisé relatif à la période de transition, l'Acte constitutionnel de la transition de 2 avril 1994, Décret-loi constitutionnel n°003 du 27 mai 1997 relatif à l'organisation et à l'exercice du pouvoir en République Démocratique du Congo.

1.1. La justice constitutionnelle dans la Loi fondamentale du 19 mai 1960

Dans la Loi fondamentale, le système est aussi centralisé. A la différence des autres normes constituantes, ce texte, bien qu'instituant la Cour constitutionnelle, ne centralise pas ses pouvoirs dans une même rubrique. L'article 227 dispose que « *La Cour constitutionnelle exerce les pouvoirs qui lui sont conférés par la présente Loi* »[472].

Il faudrait alors trouver ces pouvoirs dans les dispositions relatives à ses chambres, et notamment la chambre de constitutionnalité et la chambre des conflits[473].

La lecture de la première section du titre VI de ladite Loi révèle qu'il était prescrit une chambre de constitutionnalité chargée d'émettre des avis ainsi que de se prononcer sur chaque Constitution provinciale dès qu'elle a été adoptée par l'assemblée, sur toute loi ou Ordonnance-loi, sur les édits[474].

En seconde lecture, la chambre des conflits est chargée de trancher les conflits de compétence survenant entre le pouvoir central et le pouvoir provincial[475].

Dans les dispositions transitoires, la Loi fondamentale dispose que « Jusqu'à ce que la Cour constitutionnelle soit légalement organisée conformément aux articles 229, 230, 232 et 236, le Conseil d'Etat de Belgique exerce, selon la procédure qu'il détermine, les compétences de la Cour constitutionnelle telles qu'elles résultent des articles 229 à 235 »[476].

En rapport avec cette transition, Félix Vunduawe-te-Pemako signale que « pour des raisons politiques, notamment la dégradation des relations diplomatiques entre le Congo et la Belgique, le Conseil d'Etat belge n'a pu jouer le rôle du juge. Aussi, présente-t-il un cas concret de ce dysfonctionnement juridictionnel au moyen de l'affaire Mahamba où, le juge belge déclara impossible, pour lui, de rendre un arrêt pour un Etat étranger »[477].

L'étude de la loi n°093-001 du 2 avril 1993 et d'autres qui l'ont suivie permet de dégager le rôle que le constituant a bien voulu confier, à travers cette évolution, à la justice constitutionnelle.

---

[472]IYELEZA MOJU-MBEY et alii, *Recueil des textes Constitutionnels de la République du Zaïre du 19 mai 1960 au 28 avril 1991 avec en annexe de la charte coloniale du 18 octobre 1908, op.cit.*, p.19.

[473]Respectivement ce sont les sections première et deuxième du titre VI de ladite loi.

[474]Articles 230 et 231 de la Loi fondamentale du 19 mai 1960. Il est indiqué de lire ces dispositions pour connaître les modes de saisine et les effets des décisions de cette juridiction.

[475] Lire les articles 232, 233, 234 et 235 de la Loi fondamentale du 19 mai 1960.

[476] Article 253 de la Loi fondamentale du 19 mai 1960.

[477] Voir F. VUNDUAWE-te-PEMAKO, « La distinction entre le contentieux administratif et le contentieux judiciaire », *op.cit.*, p.851.

1.2. La justice constitutionnelle dans la Loi n°93-001 du 2 avril 1993

Le système est toujours centralisé car le constituant précise que, « Sans préjudice des autres compétences qui lui sont reconnues par les lois, la Cour Suprême de Justice connaît des recours en appréciation de la constitutionalité des lois ainsi que des recours en interprétation de la présente Loi [et] des contestations nées des élections et du référendum »[478].

Il est clairement prescrit la dévolution de la compétence référendaire à cette juridiction[479]. Aussi, estimons-nous nécessaire de décrire la même matière sous l'empire de l'Acte constitutionnel de la transition.

1.3. La justice constitutionnelle sous l'Acte constitutionnel de la transition du 2 avril 1994

Comme le précédent, l'Acte constitutionnel de la transition prescrit le système centralisé en gardant la même ingénierie constitutionnelle. Il est ainsi dit que « *Sans préjudice des autres compétences qui lui sont reconnues par le présent acte ou par les lois, la Cour Suprême de Justice connaît des recours en appréciation de la constitutionnalité des lois et des actes ayant force de loi ainsi que des recours en interprétation du présent acte ainsi que des contestations nées des élections et du référendum* »[480].

1.4. La justice constitutionnelle dans le Décret-loi constitutionnel n°003 du 27 mai 1997

Ce Décret-loi constitutionnel, à la différence de toutes les normes constituantes, est laconique en ce qui concerne la justice constitutionnelle. L'article 26 y dispose que « *l'ensemble des* Cours *et tribunaux forme le pouvoir judiciaire* »[481]. Les lois fixent l'organisation et le fonctionnement[482].

2. Approche physiologique

Avec le recul du temps et la sérénité de la réflexion, on peut affirmer que depuis 1960 jusqu'à ce jour, la justice constitutionnelle a fonctionné dans un contexte qui ne lui permet pas de s'acquitter pleinement de ses missions. Entre 1960 et 1965, Jean-Louis Esambo Kangashe relève que c'est l'instabilité politique et constitutionnelle qui n'a pas permis au

---

478 Article 110 de la Loi n°93-001 du 2 avril 1993, in *JORZ*, 34e année, numéro spécial, avril 1993, p.53.

479 Telle est aussi la prescription sous la Constitution de la Transition (voir *supra*).

480 Article 102del'Acte constitutionnel de la transition du 2 avril 1994, *in* JORDC, *35e année, numéro spécial, avril 1994, p.57.*

481 Décret-loi constitutionnel, *op.cit.*, p.9.

482 Article 29 du Décret-loi constitutionnel n°003 du 27 mai 1997.

législateur d'élaborer un cadre juridique capable d'assurer l'effectivité de la justice constitutionnelle[483].

La littérature relative au dysfonctionnement de la justice constitutionnelle renseigne que, de 1967 à 2001, la situation n'a guère évolué en dépit de l'annonce, le 24 avril 1990, du processus de libération de la vie politique[484]. Bien qu'issue d'un accord politique, la Constitution du 4 avril 2003 n'a pas doté la juridiction constitutionnelle d'une architecture normative réglant les questions liées à son organisation, à ses attributions et à son fonctionnement.

En conséquence, pendant la période considérée, rares ont été les requêtes adressées à la juridiction chargée de la constitutionnalité des lois et des actes ayant force de loi. Cependant, saisie comme juge du contentieux administratif[485], la Cour Suprême de Justice a eu à exercer, de manière incidente, un contrôle de conformité à la Constitution des actes du Président de la République. Il en a été ainsi lorsque la juridiction a été saisie pour apprécier la constitutionnalité des motions de défiance adoptées contre les deux gouverneurs du Kasaï-Occidental et du Sud-Kivu[486].

En application des actes juridiques constituants supra examinés, existent des normes infra-constitutionnelles qui organisent et déterminent le fonctionnement de la justice constitutionnelle.

L'effort à entreprendre est soutenu par Edouard Mpongo Bokako Bautolinga qui estime que, même dans les pays où la Constitution écrite contient l'essentiel des règles concernant la structure de l'Etat et l'organisation du Gouvernement, beaucoup de ces règles ne sont pas établies par elle. On les trouve dans les lois ordinaires, dans les règlements, dans les résolutions des assemblées, voire dans les usages et les coutumes[487].

---

[483] J.-L. ESAMBO KANGASHE, *La Constitution congolaise du 18 février 2006 à l'épreuve du constitutionnalisme. Contraintes pratiques et perspectives*, *op.cit.*, p.227.

[484] Lire notamment D. KALUBA DIBWA, *Contentieux constitutionnel en République Démocratique du Congo. Contribution à l'étude des fondements et des modalités d'exercice de la justice constitutionnelle*, *op.cit.*, pp.228-229 ; J.-L. ESAMBO KANGASHE, *La Constitution congolaise du 18 février 2006 à l'épreuve du constitutionnalisme. Contraintes pratiques et perspectives*, *op.cit.*, p.227 ; P.-G. NGANDANKOY-ea-LONGYA, *Le contrôle de constitutionnalité en République Démocratique du Congo. Etude critique d'un système de justice constitutionnelle dans un Etat à forte tradition autocratique*, *op.cit.*, *op.cit.*, p.378.

[485] Arrêt RA 266 du 8% juillet 1993, RA 320 du 21 août 1996 et RA 459 du 26 septembre 2001 cités par J.-L. ESAMBO KANGASHE, *La Constitution congolaise du 18 février 2006 à l'épreuve du constitutionnalisme. Contraintes pratiques et perspectives*, *op.cit.*, p.227.

[486] R. Const. 051/TRS du 31 juillet 2007 et R. Const. 062/TRS du 27 décembre 2007.

[487] E. MPONGO BOKAKO BAUTOLINGA, *Institutions politiques et droit constitutionnel*, *op.cit.*, p.11.

§3. *Les normes infra-constitutionnelles*[488] *prescrivant la justice constitutionnelle en RDC*

En raison de la non édiction des lois organisant la Cour constitutionnelle, nous n'analysons que celles qui légifèrent l'organisation et le fonctionnement de la Cour Suprême de Justice statuant comme juge de la constitutionnalité.

Nous retenons deux textes législatifs, à savoir :

- L'Ordonnance-loi n°82-020 du 31 mars 1982 portant code de l'organisation et de la compétence judiciaires ;
- L'Ordonnance-loi n°80-017 du 31 mars 1982 relative à la procédure devant la Cour Suprême de Justice.

A. *La justice constitutionnelle dans l'Ordonnance-loi n°82-020 du 31 mars 1982*

Une disposition de cette Ordonnance-loi retient notre attention. Il s'agit de l'article 160 qui dispose que « *la Cour Suprême de Justice siège toutes sections réunies lorsqu'elle connaît :*

- *des recours en appréciation de la constitutionnalité des lois et des actes ayant force des lois ainsi que des recours en interprétation de la Constitution ;*
- *des conflits d'attribution ;*
- *des contestations électorales* »[489].

On peut, dans un rapprochement avec le Décret-loi constitutionnel du 27 mai 1997, affirmer que cette Ordonnance-loi organisait toujours la justice constitutionnelle pour autant qu'elle ne fût pas contraire audit Décret-loi constitutionnel.

B. *La justice constitutionnelle dans l'Ordonnance-loi n°82-017 du 31 mars 1982*

Le texte sous analyse est un acte juridique prescrivant la procédure, c'est-à-dire qu'il contient l'ensemble des formalités qui doivent être suivies pour soumettre une prétention à un juge[490], en l'espèce, la Cour Suprême de Justice.

Ainsi, pour ce qui est des compétences de la justice constitutionnelle, c'est la Cour Suprême de Justice, toutes sections réunies, qui exerce cette justice.

---

[488] Le préfixe « *infra* » renvoie à la locution adverbiale « *ci-dessous* » qui signifie plus bas. C'est dire que ces normes sont, dans la hiérarchie des normes, inférieures aux normes constitutionnelles.

[489] In *JORZ*, n°7 du 1e avril 1982, pp.39 à 53.

[490] Lire R. GUILLIEN et J. VINCENT (dir.), *Lexique des termes juridiques, op.cit.*, p.519.

Le législateur a prévu trois procédures pour ce qui concerne la justice constitutionnelle :

- la procédure en cas de conflit d'attribution[491] ;
- la procédure sur les recours en appréciation de la constitutionnalité des lois et des actes ayant force de loi ainsi que sur des recours en interprétation de la Constitution[492] ;
- la procédure en matière de contestation électorale[493].

1°) La procédure en cas de conflit d'attribution

Il y a conflit d'attribution lorsqu'une section judiciaire et une section administrative se déclarent pour une même demande, entre les mêmes parties, à la fois compétentes ou incompétentes[494].

La demande est formée par requête de la partie intéressée et introduite conformément aux dispositions du chapitre 1er du titre 1er[495].

En termes de sanction, la section déclarée compétente pourra être saisie après arrêt de la Cour Suprême de Justice, toutes sections réunies, par la partie la plus diligente, conformément à l'article 118[496].

La section qui n'a pas été reconnue compétente est dessaisie de plein droit de l'action pendante devant elle[497]. Celle déclarée compétente sera seule habilitée à trancher le fond du litige sur une nouvelle demande de la partie la plus diligente selon les règles fixées par la loi[498].

2°) La procédure en cas de recours en appréciation de la constitutionnalité des lois et des actes ayant force de loi ainsi qu'en cas de recours en interprétation de la Constitution

En cette matière, la Cour Suprême de Justice est saisie du recours en appréciation de la constitutionnalité par requête du Procureur Général de la République agissant d'office soit à la demande :

- du Président de la République, pour les lois et règlements intérieurs du Conseil Législatif ;
- du Bureau du Conseil Législatif, pour les actes du Président de la République ayant valeur de loi ;

---

[491] Articles124 à 130 de l'Ordonnance-loi n°82-017 du 31 mars 1982, in *JORDC*, numéro spécial, 20 juin 2006, p.85.

[492] Articles 131 à 135de l'Ordonnance-loi n°82-017 du 31 mars 1982.

[493] Articles 136 à 144de l'Ordonnance-loi n°82-017 du 31 mars 1982.

[494] Article 124, alinéa 2de l'Ordonnance-loi n°82-017 du 31 mars 1982.

[495] Article 125, alinéa 1 de l'Ordonnance-loi n°82-017 du 31 mars 1982. Il s'agit dans le chapitre cité de la procédure de saisine de droit commun devant la Cour Suprême de Justice, articles 1 à 12de l'Ordonnance-loi n°82-017 du 31 mars 1982.

[496] Article 130 in fine de l'Ordonnance-loi n°82-017 du 31 mars 1982.

[497] Article 129, alinéa 1er de l'Ordonnance-loi n°82-017 du 31 mars 1982.

[498] Article 129, alinéa 1er de l'Ordonnance-loi n°82-017 du 31 mars 1982.

- des juridictions de jugement, lorsqu'une exception d'inconstitutionnalité est soulevée devant elles pour les lois et les actes du Président de la République ayant valeur de loi[499].

Cette dernière faculté est reconnue à toutes les juridictions à la différence de la prescription initiale, de l'article 70 de la Constitution du 24 juin 1967 qui ne la reconnaît qu'à la Cour Suprême de Justice.

Une critique de cette modalité de saisine nous est offerte par Mpongo Bokako Bautolinga qui opine en ces termes : « On ne peut comprendre le fait que le Procureur Général de la République, défenseur attitré de la loi, en ce qu'il est chargé de veiller à son respect et à son application stricte par la Cour Suprême de Justice, puisse faire le procès de cette loi. Il s'agit là d'un véritable hiatus dans l'action de ce haut magistrat »[500].

L'auteur affirme, dans un autre cadre que « le législateur congolais a voulu imiter l'institution de la Procuratura (procurature) spécifique des Etats socialistes qui a comme mission originale d'être le gardien de la légalité sociale. A l'heure actuelle et compte tenu des charges nombreuses du Procureur Général de la République (il ne dispose pas d'un service spécialisé en cette matière), nous voyons très mal comment il peut réellement déclarer le contrôle de la conformité des lois à la Constitution. Il ne dispose pas, à vrai dire, de l'indépendance nécessaire pour remplir cette difficile tâche à la fois éminemment politique et technique »[501].

En termes de sanction, tout acte déclaré non conforme à la Constitution est abrogé de plein droit. L'inconstitutionnalité d'une ou de plusieurs dispositions d'un acte n'entraîne pas nécessairement l'abrogation de tout l'acte. La Cour détermine souverainement l'étendue de l'abrogation[502].

3°) La procédure en matière de contestation électorale

En cette matière, la Cour Suprême de Justice veille à la régularité de l'élection du Président de la République, examine les procès-verbaux de l'élection ainsi que les réclamations éventuelles, statue sur celles-ci et proclame les résultats du scrutin[503].

La saisine est exercée par requête du Procureur Général de la République dans les quinze jours qui suivent la fin des opérations

---

499 Article 131 de l'Ordonnance-loi n°82-017 du 31 mars 1982.

500 E. MPONGO BOKAKO BAUTOLINGA, « *Le contrôle de la constitutionalité des lois sous l'Acte Constitutionnel de la transition du 09 avril 1994* », in *Annales de la Faculté de Droit de l'Université de Kinshasa*, Vol XXV, Actes des journées juridiques de la Faculté de Droit de l'Université de Kinshasa, 25-26 juin 1996, p.344.

501 ID, *Institutions politiques et droit constitutionnel, op.cit.*, p116.

502 Article 134 de l'Ordonnance-loi n°82-017 du 31 mars 1982.

503 Article 136, alinéas 1 et 2de l'Ordonnance-loi n°82-017 du 31 mars 1982.

électorales[504]. Même si la saisine est laissée à l'intéressé sur requête, si la Cour connaît des recours dirigés contre les actes du Conseil Législatif refusant la validation des pouvoirs ou constatant la démission d'office de ses membres. Dans ce cas, si l'acte est annulé, le requérant est remplacé d'office dans l'exercice de son mandat[505].

Dans le cas où la Cour se prononce sur saisine du Procureur Général de la République, la sanction est réglementée comme suit :

- Si la Cour annule l'élection, son arrêt est notifié à l'autorité chargée de l'organisation des élections ainsi qu'au Président du Conseil Législatif.
- L'arrêt de la Cour est porté à la connaissance du public et publié au Journal Officiel.
- Il est procédé à des nouvelles élections dans les trois mois qui suivent l'arrêt de la Cour.

La curiosité scientifique nous conduit à l'examen des questions liées à la pratique des normes ayant régi la justice constitutionnelle en République Démocratique du Congo avant le 18 février 2006.

SECTION 3 : LES QUESTIONS LIEES A LA PRATIQUE DES NORMES RELATIVES A LA JUSTICE CONSTITUTIONNELLE EN R.D.CONGO

Deux questions retiennent notre attention à savoir, la création de la Cour constitutionnelle et son efficacité en matière du contentieux constitutionnel.

§1. La création et l'installation de la Cour constitutionnelle

Les esprits attentifs s'aperçoivent qu'il a été prévu, depuis la loi fondamentale du 19 mai 1960, une Cour constitutionnelle sans que celle-ci ne soit, effectivement, installée.

Elle a toujours été remplacée, à titre transitoire, par le Conseil d'Etat belge, la Cour d'Appel de Léopoldville et la Cour Suprême de Justice[506]. Par ailleurs, les lois organiques sur cette juridiction n'ont jamais été votées et promulguées.

A ce sujet, Moderne opine qu'« en Afrique, l'implantation d'une juridiction constitutionnelle autonome apparaissait déjà à l'époque comme un luxe inutile au regard des impératifs-mis en avant par les dirigeants

[504] Article 136, alinéa 3de l'Ordonnance-loi n°82-017 du 31 mars 1982.
[505] Article 144 de l'Ordonnance-loi n°82-017 du 31 mars 1982.
[506] Article 144 de l'Ordonnance-loi n°82-017 du 31 mars 1982. Voir *supra*

politiques-de la constitutionnalité et de la lutte contre le sous-développement »[507].

Analysant la notion de l'utopie de la justice constitutionnelle, Evariste Boshab Mabudj estime que « celle-ci peut également s'accorder à l'instauration d'une Cour constitutionnelle en République Démocratique du Congo, tant depuis bientôt 47 ans, ce projet, quoiqu'inscrit dans les dispositions transitoires des différentes Constitutions qu'a connues notre pays, demeure le cocon de la chrysalide »[508].

L'auteur ajoute que ceci signifie que, « sans la volonté politique affirmée pour remplir les préalables qui permettraient une mise en place rapide de la Cour constitutionnelle, on peut s'accommoder de la béquille prêtée par la Cour Suprême de Justice »[509].

Ces préalables sont d'ordre politique et matériel. Dans le premier cas, il s'agit de prôner la reconversion de la mentalité des gouvernants ; ceux-ci doivent accepter que le droit tienne leur action en état[510].

Cet auteur souligne l'importance des bâtiments dignes de favoriser la solennité et la sérénité qu'imposent les débats et aussi à une bibliothèque fournie pour mettre à la disposition des hauts magistrats des solutions jurisprudentielles trouvées sous d'autres cieux dans des circonstances similaires[511].

Une Cour constitutionnelle bien installée, dotée d'un cadre législatif et d'un personnel qualifié pourrait résoudre l'épineuse question de l'effectivité du contentieux constitutionnel.

§2. L'effectivité du contentieux constitutionnel en République Démocratique du Congo

La démarche permet de faire l'état des lieux de l'exécution des normes relatives à la justice constitutionnelle par le juge constitutionnel.

Jacques Djoli Eseng'Ekeli estime que « le droit constitutionnel n'est pas seulement constitué par l'articulation textuelle. Il n'existe que par sa jurisprudence qui lui donne consistance et assure la garantie de sa suprématie »[512].

---

[507] Cité par P-.G NGONDANKOY NKOY-ea-LOONGYA, *Le contrôle de constitutionnalité en République Démocratique du Congo. Etude critique d'un système de justice constitutionnelle dans un Etat à forte tradition autocratique*, *op.cit.*, p.87.

[508] E. BOSHAB MABUDJ, «Les dispositions constitutionnelles transitoires relatives à la Cour constitutionnelle de la République Démocratique du Congo », *op.cit.*, p.5.

[509] *Idem.*

[510] *Ibidem.*

[511] E. BOSHAB MABUDJ, «Les dispositions constitutionnelles transitoires relatives à la Cour constitutionnelle de la République Démocratique du Congo », *op.cit.* pp.9-10.

[512] J. DJOLI ESENG'EKELI, *Droit Constitutionnel : principes structuraux*, *op.cit.*, p.27.

Avec Ntumba Luaba Lumu, nous constatons que pendant presque quatre décennies, il était pratiquement exclu et impossible de parler de la justice constitutionnelle en Afrique, encore moins en République Démocratique du Congo. Ce n'est pas que l'institution n'existât point. Bien au contraire, un peu partout en Afrique, les façades (ou paravents) de démocratie constitutionnelle faisaient figurer en bonne place le juge constitutionnel, mais un juge virtuel ou illusoire, souvent sur papier ; en tous cas ineffectif sans production jurisprudentielle conséquente[513]. Aussi l'auteur le qualifie-t-il de « fiction d'édifice constitutionnel ». Il va plus loin pour signaler que c'est seulement en date du 4 février 1997 que la Cour Suprême de Justice a siégé comme juge constitutionnel, soit 29 ans plus tard[514].

Paul Gaspard Ngondankoy Nkoy-ea-Loongya pense que la cause de cette défaillance se trouve aussi dans l'ignorance du droit applicable par le juge constitutionnel[515].

Pour Mabanga monga Mabanga, plusieurs raisons peuvent expliquer l'absence de fonctionnement de la justice constitutionnelle congolaise. Elles sont notamment d'ordre juridique, politique et psychologique.

Du point de vue juridique, l'auteur signale l'insuffisance législative manifeste qui explique l'impossibilité de fonctionnement effectif de la justice constitutionnelle congolaise[516].

Au niveau politique, il relève le fait que le système politique congolais n'a pas rempli la condition selon laquelle la justice constitutionnelle ne peut fonctionner normalement que dans un contexte politique serein et démocratique[517].

Parmi les pesanteurs psychologiques, l'auteur pense à la confusion constatée entre l'individu et sa fonction ; ce qui fait que, pour la majorité des citoyens, quereller par voie juridictionnelle un acte législatif du Chef de l'Etat équivaudrait, en fait, à mettre directement en cause son auteur[518]. Peu de gens étaient ou sont à même d'oser tenter une telle aventure dans les périodes considérées[519].

A la suite de Mabanga monga Mabanga, Jean-Louis Esambo Kangashe recherche « les raisons de la léthargie de la Cour constitutionnelle

---

[513] A. NTUMBA LUABA LUMU, *Droit Constitutionnel général, op.cit.*, p.178.

[514] *Idem.*

[515] P.-G NGONDANKOY NKOY-ea-LOONGYA, *Le contrôle de constitutionnalité en République Démocratique du Congo. Etude critique d'un système de justice constitutionnelle dans un Etat à forte tradition autocratique*, *op.cit.*, p.358.

[516] MABANGA monga MABANGA, *Le contentieux constitutionnel congolais*, *op.cit.*, p.76.

[517] MABANGA monga MABANGA, *Le contentieux constitutionnel congolais*, *op.cit.*, p.77.

[518] C'est la même confusion opérée à l'occasion de l'arrêt TUMUKUNDE en Ouganda (Voir *infra*).

[519] MABANGA monga MABANGA, *Le contentieux constitutionnel congolais*, *op.cit.*, pp 79 et 80.

dans les contraintes organiques et fonctionnelles auxquelles cette juridiction a été confrontée »[520].

Du point de vue organique, il indique que, « depuis son institution par la Loi fondamentale du 19 mai 1960 relative aux structures du Congo, la Cour constitutionnelle n'a pas fonctionné comme juridiction autonome. La Cour Suprême de Justice qui a jusque-là joué le rôle de juridiction constitutionnelle supplétive ne semble pas avoir exercé pleinement ses prérogatives »[521].

Ce déficit organisationnel se remarque également au niveau des greffes de la Cour Suprême de Justice. Dans la pratique, on note que les recours en matière de contentieux constitutionnel sont enrôlés au greffe civil[522].

Enfin, du point de vue fonctionnel, l'auteur inscrit la léthargie dans le contexte politique qui n'a pas favorisé l'expression démocratique[523].

Spécifiquement, pour ce qui touche au contrôle de constitutionnalité des actes du Président de la République ayant valeur de loi, il situe l'absence d'un contrôle effectif dans la peur du Procureur Général de la République d'être relevé de ses fonctions par le Président de la République. Il constate, en même temps, qu'aucun Procureur Général de la République n'a, *motu proprio*, pris l'initiative de saisir la Cour Suprême de Justice en matière de constitutionnalité des lois et des actes ayant force de loi ou d'interprétation de la Constitution[524].

Pour notre part, les raisons du dysfonctionnement de la justice constitutionnelle au cours de la période considérée sont à rechercher aussi bien dans l'environnement politique de l'époque qui était peu favorable au contrôle juridictionnel des actes des gouvernants notamment ceux des autorités centrales, l'inexistence d'un cadre législatif destiné à faciliter le fonctionnement de la juridiction, le manque de confiance des justiciables en la justice constitutionnelle et l'inexistence d'un personnel qualifié à même d'appliquer le droit constitutionnel, dans un contexte où, jusqu'à ce jour, la plupart des citoyens considèrent que les autorités sont au-dessus de la loi et ne peuvent être contestées.

L'inventaire des pesanteurs qui entravent l'effectivité du contentieux constitutionnel congolais s'inscrit dans l'aménagement du droit positif congolais de la justice constitutionnelle.

---

[520] J.-L ESAMBO KANGASHE, *La Constitution congolaise du 18 février 2006 à l'épreuve du constitutionnalisme. Contraintes pratiques et perspectives*, *op.cit.*, pp.240 et 316.

[521] *Idem.*

[522] *Ibidem.*

[523] *Ibid.*, p.223.

[524] *Id.*, pp. 225-226.

CHAPITRE II : LE DROIT POSITIF CONGOLAIS DE LA JUSTICE CONSTITUTIONNELLE

Comme l'avait si bien compris le Maître de Vienne, le droit est un complexe des normes, dont la norme inférieure tire sa validité de la norme immédiatement supérieure jusqu'à la norme fondamentale qu'est la Constitution[525].

Dès lors que la validité juridique d'une norme dépend de son rapport de correspondance avec le degré supérieur de l'ordre juridique, il est d'une nécessité absolue que soit contrôlée, à chaque échelon, l'existence de ce rapport de correspondance et d'importation. Ce contrôle de conformité doit être effectué par un organe juridictionnel, pour garantir la suprématie de la Constitution[526].

Telle est la raison de la création d'un organe juridictionnel, ayant pour finalité de garantir non seulement la constitutionnalité des lois et des actes qui en tiennent lieu mais aussi qui encadre les comportements des autorités politiques. C'est la fameuse saisie du politique par le droit[527].

Le Constituant congolais de 2006 n'est pas allé à contre–courant de cette réalité. L'article 157 prévoit *expressis verbis* une Cour constitutionnelle. Plus de treize articles de la Constitution s'y rapportent[528].

La création de cette juridiction constitutionnelle relève non seulement de sa finalité traditionnelle de subordonner la loi et d'autres actes inférieurs à la Constitution[529] mais aussi de mettre fin à toute déviation dictatoriale du pouvoir. Cette Cour constitue un contre-pouvoir efficient dans la mesure où elle est dotée du pouvoir de censurer tout acte législatif ou réglementaire contraire à la Constitution[530] et, par ricochet, toute décision d'une autorité publique portant atteinte aux droits et libertés constitutionnellement garantis à la personne humaine.

---

[525] H. KELSEN, cité par H. RABAULT, *L'interprétation des normes : l'objectivité de la méthode herméneutique, op.cit,*p.3.

[526] Ch. EISENMANN, *La justice constitutionnelle et la cour constitutionnelle d'Autriche, op.cit,* pp.3 et s.

[527] L. FAVOREU et Alii, *Droit constitutionnel, op.cit.,* p.317.

[528] Des articles 157 à 169.

[529] M. DEBRE, cité par D. ROUSSEAU, *Droit du contentieux constitutionnel, op.cit.,*p.25.

[530] Lire l'article 162, alinéa 2 de la Constitution de la RDC du 18 février 2006 telle que modifiée à ce jour.

Comme précédemment relevé, la prévision d'une juridiction constitutionnelle n'est pas nouvelle en droit positif congolais. De la lecture de l'architecture constitutionnelle congolaise, se dégage une volonté du constituant de « *juridiciser* » la vie politique.

Ainsi, s'agira-t-il, à travers ce chapitre, d'analyser les normes de la Constitution du 18 février 2006 relatives à la justice constitutionnelle ainsi que celles que l'on peut qualifier d'infra-constitutionnelles mais se rapportant à la même matière.

SECTION 1 : LES NORMES CONSTITUTIONNELLES RELATIVES A LA JUSTICE CONSTITUTIONNELLE

L'étude de la composition de la juridiction constitutionnelle sera suivie de celle des normes qui lui sont destinées[531].

§1. La composition de la juridiction compétente en matière de justice constitutionnelle

La juridiction habilitée en la matière est la Cour constitutionnelle[532]. Elle a été, à l'instar des constitutions précédentes, créée par la Constitution du 18 février 2006[533].

En effet, il n'existe pas un modèle universel d'organisation des juridictions constitutionnelles. Chaque Etat organise sa juridiction constitutionnelle sur fond de son droit positif.

En France, par exemple, le Conseil constitutionnel comprend deux catégories de membres. Ils sont répartis en membres de droit et en membres nommés. Les premiers sont les anciens présidents de la République, les seconds qui constituent un corps de neuf membres, sont nommés par le Président de la République, à raison de trois à son initiative, trois à l'initiative du Président de l'Assemblée Nationale et trois à l'initiative du Président du Sénat[534]. Le renouvellement du Conseil se fait par tiers tous les trois ans. Chaque Président désigne un membre tous les trois ans[535].

Ce modèle suscite plusieurs critiques, notamment celle de la politisation dans la désignation des membres du Conseil constitutionnel[536].

---

531 Cette systématisation s'impose dès lors que la question de la composition des juridictions constitutionnelles a été toujours au rendez-vous dans les débats des constitutionnalistes.

532 Voir l'intitulé du paragraphe 5 de la section 4 du chapitre premier du titre troisième de la Constitution de la RDC du 18 février 2006 telle que modifiée à ce jour. Précisément, c'est l'article 157 de cette Constitution qui prescrit l'institution de cette juridiction.

533 Lire les articles 158 à 159de la Constitution de la RDC du 18 février 2006 telle que modifiée à ce jour.

534 Article 56 de la Constitution française du 4 octobre 1958.

535 Lire à ce sujet D. ROUSSEAU, *Droit du contentieux constitutionnel, op.cit.*, 7e éd., 2006, p.38.

536 Lire G. BURDEAU, F. HAMON et M. TROPER, *Droit constitutionnel, op.cit.*, p.472.

En Italie, la Cour constitutionnelle instituée par la Constitution du 27 septembre 1947, n'est devenue effective qu'en 1955[537]. Elle comprend quinze membres nommés pour neuf ans non renouvelables en raison de cinq par le parlement, siégeant en séance commune, cinq par le Président de la République et cinq par les juridictions suprêmes italiennes (Cour de cassation, Conseil d'Etat et Cour des comptes). Elle est constituée par des juristes (avocats, magistrats et professeurs de droit)[538].

En Espagne, le Tribunal constitutionnel se compose de douze membres nommés par le Roi, dont quatre sur proposition du Congrès (chambre des députés), quatre sur celle du Sénat, deux sur celle du Gouvernement, et deux autres sur celle du Conseil général du pouvoir judiciaire, pour une période de neuf ans[539].

En République centrafricaine, la Cour constitutionnelle est constituée de neuf membres dont deux magistrats élus par leurs pairs, deux avocats élus par leurs pairs, deux professeurs de droit élus par leurs pairs et trois membres nommés (dont deux par le Président de la République et un par le Président de l'Assemblée Nationale). Tous (les membres) élisent en leur sein un président et un vice-président[540].

Au Cap-Vert, la Cour Suprême se compose d'au moins cinq juges, dont un juge nommé par le Président de la République, un élu par l'Assemblée Nationale ; les autres désignés par le Conseil supérieur de la magistrature. Le juge nommé par le Président de la République doit impérativement être choisi parmi les magistrats du siège ou du parquet. Le juge élu par l'Assemblée Nationale peut être choisi parmi les magistrats du siège, ceux du parquet ou des juristes nationaux. Les juges désignés par le Conseil Supérieur de la Magistrature sont obligatoirement des magistrats de l'ordre judiciaire[541].

Au Djibouti, le Conseil constitutionnel comprend six membres dont le mandat dure huit ans et n'est pas renouvelable. Ils sont désignés comme suit : deux sont nommés par le Président de la République ; deux le sont par le président de l'Assemblée nationale ; deux par le Conseil supérieur de la magistrature. Il se renouvelle, par moitié, tous les quatre ans. Le président du Conseil constitutionnel est nommé par le Président de la République parmi ses membres. Il a voix prépondérante en cas de partage. De droit, les anciens Présidents de la République, sont membres du Conseil constitutionnel[542].

---

[537] Cet exemple italien a toujours servi à la plupart des Congolais dans la justification du retard dû à l'installation effective de la Cour constitutionnelle depuis 2006.

[538] Article 136 de la Constitution italienne du 27 décembre 1947.

[539] Article 159 de la Constitution espagnole de 1978.

[540] Article 70 de la Constitution de la République centrafricaine.

[541] Voir l'article 230 de la Constitution capverdienne.

[542] Voir l'article 76 de la Constitution Djiboutienne du 4 septembre 1992.

Cette diversité de modèles d'organisation des juridictions constitutionnelles prouve à suffisance qu'il n'existe pas un modèle unique et standard.

En République Démocratique du Congo, l'article 158 de la Constitution du 18 février 2006 dispose : « La Cour constitutionnelle comprend neuf membres nommés par le Président de la République dont trois sur sa propre initiative, trois désignés par le Parlement réuni en Congrès et trois désignés par le Conseil supérieur de la magistrature. Les deux tiers des membres de la Cour constitutionnelle doivent être des juristes provenant de la magistrature, du barreau ou de l'enseignement universitaire. Le mandat des membres de la Cour constitutionnelle est de neuf ans non renouvelable. La Cour constitutionnelle est renouvelée par tiers tous les trois ans. Toutefois, lors de chaque renouvellement, il sera procédé au tirage au sort d'un membre par groupe. Le président de la Cour constitutionnelle est élu par ses pairs pour une durée de trois ans renouvelable une fois. Il est investi par ordonnance du Président de la République »[543].

Du reste, force est de mentionner, en passant, l'apport de la loi adoptée par les deux chambres du parlement et qui n'attend que sa promulgation par le chef d'Etat. Cette loi qui prévoit que la Cour constitutionnelle siège avec le concours d'un parquet général[544] et l'assistance technique des conseillers référendaires[545].

Nous pouvons inférer qu'au-delà des membres expressément identifiés dans la Constitution, la Cour constitutionnelle, en prospection, fonctionnera avec le concours du parquet général et l'assistance d'un corps des conseillers référendaires.

Cette composition de la Cour n'a cessé de créer une hantise. Le fait que trois membres soient désignés par le Président de la République et trois autres par le Parlement réuni en congrès, traduit, en cas de fait majoritaire[546], une politisation de la Cour constitutionnelle, à tout le moins, de 60%.

C'est ce qui a conduit Maurice Duverger à opiner que la distinction traditionnelle du pouvoir législatif et du pouvoir exécutif n'a plus de signification ; le Chef du parti ou de la coalition majoritaire dispose à la fois de l'un et de l'autre : directement de l'exécutif à travers le gouvernement qu'il dirige et indirectement à travers la majorité parlementaire qu'il

---

[543] In *JORDC*, numéro spécial, 47e année, *op.cit.*, p.55.

[544] Article 13 de Loi organique portant organisation et fonctionnement de la Cour constitutionnelle.

[545] Articles 20, alinéa 1er et 21de Loi organique portant organisation et fonctionnement de la Cour constitutionnelle.

[546] Le fait majoritaire est une situation par laquelle la majorité parlementaire travaille en conjonction avec l'exécutif qu'il soutient toujours. Lire F. RUEDA, *Le contrôle de l'activité du pouvoir exécutif par le juge constitutionnel. Les exemples français, allemand et espagnol,* Paris, LGDJ, 2000, p.10.

contrôle[547]. Autrement dit, le Chef de la majorité ou de la coalition dispose d'un pouvoir de type nouveau qui lui permet à la fois de gouverner et de diriger implicitement le parlement[548].

Cette argumentation permet de légitimer la hantise des Congolais quant à l'effectivité de la justice constitutionnelle en République Démocratique du Congo. Car, les six juges de la Cour constitutionnelle pourraient être d'obédience du Président de la République qui, du reste, est justiciable devant elle[549].

Issus de la majorité au pouvoir, ces juges auraient du mal à sanctionner les actes inconstitutionnels du Chef de la majorité d'où ils sont issus. L'indépendance du juge constitutionnel pourrait être compromise.

Et pourtant, selon Matadi Nenga Gamanda, il ne serait pas possible de parler du pouvoir judiciaire en l'absence d'une autorité qui ne représente pas une certaine unité et une indépendance certaine[550].

De même, Michel Troper estime qu'il n'y a pas de pouvoir judiciaire si ceux qui exercent l'activité juridictionnelle dépendent d'individus exerçant d'autres autorités[551].

Evariste Boshab Mabudj se pose un questionnement à propos de l'indépendance du pouvoir judiciaire qu'il articule en ces termes : « *comment assurer la protection des droits si les Cours et Tribunaux ne jouissent pas de leur indépendance nécessaire en vue de dire valablement le droit ? Comment saisir les Cours et tribunaux s'ils ne peuvent censurer les actes irréguliers de la puissance publique ? Quel peut être encore le sens du droit s'il ne trouve application effective ?* »[552].

Pour notre part, l'indépendance de la justice constitutionnelle est largement fonction de la compétence, des conditions de vie et de la conscience des juges appelés à animer l'institution. De ce fait, au-delà du rattachement des juges à des courants politiques, en l'occurrence au camp majoritaire, rien ne pourrait entraver leur capacité à sanctionner des actes inconstitutionnels, quelques soient leurs auteurs, si des critères de compétence, d'intégrité et donc de conscience sont privilégiés à l'occasion de leur recrutement. De même, nommés pour un mandat de neuf ans, les juges, même issus de la famille politique au pouvoir, pourront faire montre de leur bravoure, à la fin de la législature prévue pour cinq ans.

L'organisation de la Cour constitutionnelle est révélatrice du rôle que la Constitution a bien voulu lui attribuer ; l'efficacité de cette juridiction

---

[547] M. DUVERGER, *Eléments du droit public, op.cit.*, p.298.

[548] *Idem.*

[549] Article 163 de la Constitution de la RDC du 18 février 2006 telle que modifiée à ce jour.

[550] G. MATADI NENGA GAMANDA, *La question du pouvoir judiciaire en République Démocratique du Congo*, Kinshasa, Droit et idées nouvelles, 2001, p.130.

[551] *Idem., p.136.*

[552] Lire utilement E. BOSHAB MABUDJ, *La contractualisation du droit de la fonction publique. Une étude de droit comparé Belgique – Congo, op.cit.*, pp.166-167.

dépend, en grande partie, de la qualité des hommes qui l'animent et qui la font vivre[553].

Pour ce faire, l'indépendance du juge constitutionnel doit provenir d'un « *devoir d'ingratitude* » des membres de cette Cour par rapport à ceux qui les ont nommés. C'est la condition sine qua non qui leur permettra de statuer en toute indépendance dans l'application des normes constitutionnelles se rapportant à la justice constitutionnelle.

§2. Les normes constitutionnelles relatives à la justice constitutionnelle

Dans son exposé des motifs, la Constitution de 2006 précise que pour plus d'efficacité, de spécialité et de célérité dans le traitement des dossiers, les Cours et tribunaux ont été éclatés en trois ordres juridictionnels :

- Les juridictions de l'ordre judiciaire placé sous le contrôle de la Cour de cassation ;
- Celles de l'ordre administratif coiffées par le Conseil d'Etat ; et
- La Cour constitutionnelle[554].

La question des ordres des juridictions a donné lieu à une querelle doctrinale au sein de la Faculté de Droit de l'Université de Kinshasa. Deux thèses se sont affrontées, l'une chapeautée par Boshab Mabudj qui affirme qu'il y a trois grandes juridictions, représentant trois ordres de juridictions[555].

Cette opinion contrarie notoirement celle soutenue par certains auteurs qui estiment qu'un ordre de juridictions suppose toujours un ensemble de juridictions hiérarchisées. De ce fait, il n'y a que deux ordres de juridictions dont l'ordre judiciaire (civil et militaire) et l'ordre administratif. La Cour constitutionnelle est simplement une haute juridiction et non un ordre[556].

Par-delà les antagonismes doctrinaux, le juriste doit toujours se référer à la norme positive inscrite dans la Constitution. Celle-ci précise dans son exposé des motifs qu'il y a trois ordres de juridiction. De ce fait, tout discours contradictoire à la norme paraît émis au nom d'une autre science

---

[553] J.-L. ESAMBO KANGASHE, *La Constitution congolaise du 18 février 2006 à l'épreuve du constitutionnalisme. Contraintes pratiques et perspectives*, *op.cit.*, p.241.

[554] 25e alinéa, in JORDC, numéro spécial du 20 juin 2006, p.8.

[555] Lire à propos E. BOSHAB MABUDJ, « Les dispositions constitutionnelles transit*oires* relatives à la Cour constitutionnelle de la République Démocratique du Congo »*op.cit.*, p. 7. Cette question fut soulevée lors des journées scientifiques du Département de Droit Public de la Faculté de Droit à l'Université de Kinshasa, en 2008. Le professeur P.-G. NGONDAKOY NKOY-ea-LOONGYA est d'avis qu'il y a trois ordres de juridictions en République Démocratique du Congo.

[556] C'est la position soutenue par F. VUNDUAWE-te-PEMAKO, lors des *Journées scientifiques organisées par le Département de Droit public interne de la* Faculté de Droit, Université de Kinshasa, du 27 au 29 janvier 2009, sur « la mise en place des ordres de juridictions instituées par la Constitution du 18 février 2006. »

que la science du droit[557]. C'est dans ce sens que Gözler estime qu' « *Il est évident que lorsqu'une thèse doctrinale n'est pas confirmée par le droit positif, ce qui doit être révisé, c'est la thèse doctrinale, et non pas le droit positif* »[558].

Pour notre part, il existe trois ordres de juridictions tel qu'il ressort de l'exposé des motifs de la Constitution[559]. L'exposé des motifs et même le préambule font partie intégrante de la norme constitutionnelle[560]. La Cour constitutionnelle est donc un ordre de juridiction à part entière dotée d'une organisation propre.

Cependant, nous voulons faire la description des compétences de cette juridiction que nous systématisons en compétences non contentieuses et contentieuses avant d'en faire autant pour ce qui est de l'autorité des arrêts découlant de cette juridiction. De manière spécifique, l'étude de la sanction en matière de contrôle de constitutionnalité paraît traduire la mission principale de cette juridiction.

A. Les compétences non contentieuses

Les compétences non contentieuses sont exercées sans l'existence préalable des conflits. Le juge est appelé non pas à trancher le litige mais à constater ou à confirmer une situation juridique déterminée ou encore à faire naître un droit en dehors de toute contestation[561]. Celles-ci tiennent à la réception du serment du Président de la République, à la constatation de la vacance à la présidence de la République, à la réception du patrimoine familial des hautes autorités de la république et au contrôle de la constitutionnalité des lois organiques et des règlements intérieurs des assemblées parlementaires et d'institution d'appui à la démocratie.

1° La réception du serment prêté par le Président de la République.

Généralement, dans la plupart des constitutions des Etats du monde, il est prévu que le Président prête serment avant d'entrer en fonction.

En République Démocratique du Congo, l'article 74 alinéa 2 prévoit qu'avant son entrée en fonction, le Président de la République prête, devant

---

557 Selon les vues de C. ATIAS, tout discours juridique doit recourir à la norme positive. Tout discours qui ne se réfère pas à la norme est émis au nom d'une autre science que la science du droit. Lire, C. ATIAS, *Epistémologie juridique*, Paris, Dalloz, 2002, p.139

558 K. GÖZLER, *Le pouvoir de révision constitutionnelle*, *op.cit.*, p. 186.

559 In *JORDC*, numéro spécial, 47e année, *op.cit.*, pp 6-7.

560 A ce propos, nous soulignons qu'en droit positif congolais, le préambule fait partie intégrante de la Constitution puisqu'il est contenu dans celle-ci.

561 MABANGA monga MABANGA, *Le contentieux constitutionnel congolais*, *op.cit.*, p.23.

la Cour Constitutionnelle, le serment ci-après : « *Moi... élu Président de la République Démocratique du Congo...* »[562].

Au regard de cette disposition constitutionnelle, ce serment a un caractère obligatoire. Le verbe " prêter" est utilisé à l'indicatif présent : « *prête* », ce qui exprime une « *l'obligation*».

Le constituant a donc voulu que le juge constitutionnel, gardien de la Constitution, reçoive le serment du garant de la nation appelé, par ailleurs, à veiller au respect de la Constitution[563].

2° La déclaration de vacance à la présidence de la République

L'article 76 de la Constitution dispose que « *La vacance de la présidence de la République est déclarée par la Cour constitutionnelle saisie par le Gouvernement* »[564]. Cette vacance peut être causée par le décès, la démission ou par toute autre cause d'empêchement définitif[565].

Cette vacance est déclarée après saisine de la Cour constitutionnelle par le Gouvernement.

3° La réception et la communication à l'administration fiscale de la déclaration du patrimoine familial du Président de la République et des autres membres du Gouvernement

Dans le souci d'éviter toute opacité et de garantir la transparence en évitant tout détournement des deniers publics, le constituant de 2006 a fait obligation au Président de la République et aux membres du Gouvernement, de faire, sur honneur, une déclaration écrite de leur patrimoine familial en énumérant leurs biens meubles, y compris les actions, les parts sociales, les obligations, et autres valeurs, les comptes en banque, les biens immeubles, y compris les terrains non bâtis, les forêts, les plantations et les terres agricoles, les mines et tous autres immeubles, avec indication des titres pertinents[566].

La Cour constitutionnelle, à travers un arrêt de donner acte, communique la déclaration du patrimoine familial à l'administration fiscale[567].

---

562 In *JORDC*, numéro spécial, 47ème année, *op.cit.*, p.28

563 Article 69 de la Constitution de la RDC du 18 février 2006 telle que modifiée à ce jour.

564 In *JORDC*, numéro spécial, 47è année, *op.cit.*, p.29.

565 Article 75 de la Constitution de la RDC du 18 février 2006 telle que modifiée à ce jour. Il faut signaler que cette situation est aussi envisageable dans le cadre de la déchéance prévue dans l'article 167, alinéa premier. C'est autant dire que la déchéance, dans une interprétation possible de la Constitution, rentre dans le cadre de « *tout autre cause d'empêchement définitif* » prévue dans l'article 75 sus-évoqué.

566 Article 99 de la Constitution de la RDC du 18 février 2006 telle que modifiée à ce jour.

567 *Idem.*

Faute pour le Président de la République ou un membre du gouvernement de satisfaire à cette obligation constitutionnelle, endéans les trente jours, à partir de date de l'entrée en fonction, la personne concernée est réputée démissionnaire[568]. De même, dans les trente jours suivant la fin des fonctions, faute de cette déclaration, en cas de déclaration frauduleuse ou de soupçon d'enrichissement sans cause, la Cour constitutionnelle ou la Cour de cassation est saisie selon le cas.

Dans la première hypothèse, la Cour est saisie par un dixième au moins des députés ou des sénateurs pour constater la démission d'office du Président de la République ou du membre du Gouvernement concerné[569].

En ce qui concerne la deuxième hypothèse, la Cour est saisie aux fins des poursuites pénales, à la requête du Procureur général, agissant d'office ou sur plainte de toute personne intéressée[570].

4° La prononciation sur la conformité à la Constitution des lois organiques, des règlements intérieurs des chambres parlementaires et du Congrès, de la commission électorale nationale indépendante ainsi que du Conseil supérieur de l'audiovisuel et de la communication

L'article 160, alinéa 2, dispose que « Les lois organiques avant leur promulgation et les règlements intérieurs des chambres parlementaires et du Congrès, de la Commission électorale nationale indépendante ainsi que du Conseil supérieur de l'audiovisuel et de la communication, avant leur mise en application, doivent être soumis à la Cour constitutionnelle qui se prononce sur leur conformité à la Constitution »[571].

Cette prescription constitutionnelle renvoie à l'idée que les actes précités sont soumis à un contrôle, a priori, de constitutionnalité. Ce contrôle est, cependant, non contentieux en ce sens qu'il rentre dans la procédure normale de l'élaboration desdits actes juridiques. Il y a absence de conflits.

B. Les compétences contentieuses

Au-delà des attributions non contentieuses dont le juge constitutionnel est compétent, il lui est attribué des compétences contentieuses. Celles-ci supposent, sans nul doute, la notion de conflit. Dans

---

[568] *Ibidem.*

[569] Article 83, alinéa 5 de la loi organique portant organisation et fonctionnement de la Cour constitutionnelle.

[570] *Idem,* alinéa 6.

[571] In *JORDC*, numéro spécial, 47ème année, *op.cit.*, pp.55-56.

ce cas, il y a une question de droit qui est soumise à sa connaissance du juge[572].

En matière contentieuse, le juge constitutionnel congolais est compétent pour connaître des recours en interprétation de la Constitution, des contentieux des élections présidentielle, législatives et référendaires, des conflits des compétences entre le pouvoir exécutif et le pouvoir législatif ou simplement entre l'Etat et les provinces, des affaires pénales contre une catégorie des justiciables ainsi que du contrôle de constitutionnalité.

1° L'interprétation de la Constitution

Le sens de la norme résulte, d'une part, de son inscription dans un ordre juridique cohérent et, d'autre part, de l'interprétation par le juge[573].

Sans tenir compte de cette évidence, le constituant congolais a accordé au juge constitutionnel le pouvoir d'interprétation de la Constitution. Il est, ainsi, l'autorité de droit en la matière. Celle-ci est une opération par laquelle le juge constitutionnel explique le sens d'une disposition constitutionnelle.

Cependant, il est un principe général de droit, *interpretatioclariscessat*, qui veut dire que lorsqu'une disposition constitutionnelle est claire, le juge aura moins de difficultés à l'expliquer.

En cette matière, en effet, le juge a un large pouvoir d'appréciation si bien qu'il peut être considéré comme un constituant bis.

En France, par exemple, quelques arrêts constitués en *obiter dictum* prouve, désormais, le caractère constituant du juge constitutionnel. Tel est le cas de la jurisprudence d'état d'urgence en Nouvelle Calédonie du 23 août 1985[574].

Le Conseil constitutionnel avait contrôlé la loi déjà promulguée à l'occasion de l'examen d'une loi votée qui la complétait et abrogeait certaines de ses dispositions.

Et pourtant, l'article 61 de la Constitution française de 1958 installe un contrôle a priori. Cette jurisprudence introduit une nouvelle distinction qui complète la Constitution, à savoir le régime des lois promulguées

---

[572] MABANGA monga MABANGA, *Le contentieux constitutionnel congolais*, *op.cit.*, p.32 ; J.-L. ESAMBO KANGASHE, *La Constitution congolaise du 18 février 2006 à l'épreuve du constitutionnalisme. Contraintes pratiques et perspectives*, *op.cit.*, p.262.

[573] H. RABAULT, *L'interprétation des normes: l'objectivité de la méthode herméneutique*, *op.cit.*, p..15.

[574] Décision n° 85-197 DC du 23 aout 1985. L'on peut aussi lire avec intérêt le 19ème Considérant de la décision n° 92-312 DC du 2 septembre 1992, connue sous le nom de Maastricht II.

affectées par les modifications législatives postérieures et le régime des lois promulguées non affectées par des modifications législatives postérieures[575].

Aussi, existe-il aujourd'hui, en France, des jurisprudences associées de réserve d'interprétation. Celle-ci consiste à déclarer une loi conforme à la Constitution pour autant qu'elle respecte les interprétations énoncées par le Conseil constitutionnel. On note qu'aucune norme constitutionnelle française n'en prévoyait l'existence spécifique avant la loi constitutionnelle du 23 juillet 2008.

En République Démocratique du Congo, deux arrêts de principe peuvent être évoqués à l'appui de cette thèse. Le premier est relatif à l'application de certaines dispositions de la Constitution de transition, notamment l'article 76 sur la nomination des gouverneurs et vice-gouverneurs de province ainsi que celle des gouverneurs et vice-gouverneurs de la Banque Centrale.

Saisie, le 23 décembre 2003, par le Président de la République, la Cour Suprême de Justice a pris, en date du 20 janvier 2004, l'arrêt RL 09. Dans celui-ci, elle soutient que « *Le concours des vice-présidents de la République et la consultation du gouverneur sont prévus pour les matières mentionnées aux premier et quatrième tirets de l'article 76. Pour le reste des matières, le Constituant a accordé au Président de la* République *des prérogatives qui lui sont propres* ». L'arrêt précise que « seuls sont visés par l'article 94 al.2 de la Constitution, les services de sécurité et de la protection, lesquels sont mis à la disposition du gouvernement»[576].

En outre, il faut signaler qu'à la demande du Président de la République, le Procureur Général de la République avait saisi, le 6 janvier 2006, la Cour Suprême de Justice en vue d'obtenir l'interprétation des articles 99, 102, 105 et 108 de la Constitution de la transition. A l'occasion, le juge a exercé son rôle d'interprète[577] de la Constitution en disant que «... *dès qu'un député, un sénateur ou un membre du bureau de l'une de deux chambres n'appartient plus à la composante qui l'avait désigné (lors de la transition), il ne peut plus continuer à siéger comme député ou sénateur et à exercer ses fonctions* ».

Ces précédents démontrent le poids qu'a pris l'interprétation, sinon la compétence interprétative accordée au juge constitutionnel congolais.

Le recours à l'interprétation suppose toujours l'existence d'un conflit préalable mais l'idée du conflit n'existe pas seulement dans l'interprétation : elle s'observe aussi lors des élections.

---

575 Voir à propos, le pertinent article de Ph. BLACHER, « Le Conseil constitutionnel n'en fait-il pas trop ?», *op.cit.*, p.17. C'était le seul moyen possible de saisir, a posteriori, le Conseil avant l'avènement de la question préjudicielle de constitutionnalité.

576 Lire J.-L. ESAMBO KANGASHE, *La Constitution congolaise du 18 février 2006 à l'épreuve du constitutionnalisme. Contraintes pratiques et perspectives*, *op.cit.*, p.265.

577 Cet arrêt sera longuement analysé dans la deuxième partie de notre dissertation.

2° Le juge du contentieux électoral

Le contentieux électoral a pour finalité de garantir l'authenticité de l'expression de la volonté du peuple et la transparence des élections. Le juge peut s'exprimer à travers la désignation des représentants ou en prenant position sur une question qui lui est posée. Dans les ceux cas, il est nécessaire, en démocratie, de pouvoir faire vérifier éventuellement que la volonté ainsi exprimée l'a été de manière authentique[578].

Le contentieux des élections présidentielle et législatives ainsi que du référendum est, en République Démocratique du Congo, confié au juge constitutionnel[579]. Ce dernier est également compétent pour connaître, au second degré, des recours formés contre les arrêts rendus par les Cours d'Appel en matière de contentieux des résultats des élections provinciales[580].

Quant à la constatation référendaire, le même juge constitutionnel est compétent pour la régulation des opérations référendaires[581].

Dans son arrêt R.E 04 rendu le 03 février 2006, la Cour Suprême de Justice, qui a préalablement reçu 13 requêtes contre les résultats provisoires du référendum populaire tels que publiés par la Commission Electorale Indépendante, a confirmé lesdits résultats en proclamant le « *oui* » gagnant avec 84,31% des voix contre 15,09% de non[582].

Cet arrêt est donc une illustration probante des contestations référendaires en RDC. Plus que cela, le juge constitutionnel connaît des conflits des compétences.

3° Le juge des conflits des compétences

Depuis qu'Aristote, Polybe, John Locke ainsi que de Secondat, Baron de la Brède et Montesquieu ont plaidé pour la séparation des pouvoirs[583], tous les constituants du monde se sont dépassés d'ardeur pour établir une ligne de démarcation entre les pouvoirs. Cette séparation n'est

578 Lire L. FAVOREU et alii, *Droit constitutionnel*, *op.cit.*, p.227.

579 Article 161, alinéa 2 de la Constitution de la RDC du 18 février 2006 telle que modifiée à ce jour.

580 Cette compétence est expressément illustrée dans l'Arrêt MBATSHI BATSHI que nous développons dans la deuxième partie de cette étude.

581 Article 161, alinéa 2 de la Constitution de la RDC du 18 février 2006 telle que modifiée à ce jour.

582 Lire J.-L. ESAMBO KANGASHE, *La Constitution congolaise du 18 février 2006 à l'épreuve du constitutionnalisme. Contraintes pratiques et perspectives*, *op.cit.* p.262.

583 Lire à ce propos, E. BOSHAB MABUDJ, « Principes de la séparation des pouvoirs à l'épreuve de l'interprétation des arrêts de la Cour Suprême de Justice par l'Assemblé Nationale en matière de contentieux électoral », in G. BAKANDEJA, R. KIENGE-KIENGE et A. MBATA (dir.), *Participation et responsabilité des acteurs dans un contexte d'émergence démocratique en République démocratique du Congo*, *op.cit.*, p.19.

pas bornée au niveau horizontal des institutions, elle l'est d'avantage au niveau vertical[584].

Il arrive que des conflits naissent entre les institutions séparées. C'est au juge constitutionnel que la Constitution du 18 février 2006 fait appel pour trancher directement les conflits d'attribution nés entre les institutions de l'Etat.

L'article 161, aliéna 3 dispose que la Cour constitutionnelle connaît des conflits de compétence entre le pouvoir exécutif et le pouvoir législatif ainsi qu'entre l'Etat et les provinces[585].

Le juge constitutionnel joue, à ce titre, le rôle de veilleur de toute usurpation des pouvoirs et de toute immixtion des pouvoirs exécutif et législatif dans les affaires autonomes de l'un ou de l'autre. Il constitue un garde-fou efficient contre toute déviation du politique. Ce qui le conduit à contrôler les actes des hautes autorités de la République comme le Président de la République et le Premier Ministre. Mais avant d'analyser la question de la responsabilité de ces autorités, il importe de relever que le juge constitutionnel connaît des recours contre les arrêts rendus par la Cour de cassation et le Conseil d'Etat, en tant qu'ils se prononcent sur l'attribution du litige aux juridictions de l'ordre judicaire ou administratif. Ce recours n'est recevable que si un déclinatoire de compétence a été soulevé par ou devant la Cour de cassation ou le Conseil d'Etat. Les modalités de ces recours sont déterminées par la loi[586].

4° Le juge pénal du Président de la République et du Premier Ministre

L'article 164 de la Constitution dispose que « La Cour constitutionnelle est le juge pénal du Président de la République et du Premier Ministre pour des infractions politiques de haute trahison, d'outrage au parlement, à la probité ainsi que pour les délits d'initié pour les autres infractions de droit commun commises dans l'exercice ou à l'occasion de leurs fonctions. Elle est également compétente pour juger leurs co-auteurs et complices [587]».

Cette prescription prouve à suffisance le souci qu'a le constituant d'encadrer les comportements des acteurs politiques contre toute forme de déviation.

---

584 Lire à ce sujet, A. de TOCQUEVILLE, cité par D. KALUBA DIBWA, C*ontentieux Constitutionnel en République Démocratique du Congo. Contribution à l'étude des fondements et des modalités d'exercice de la justice constitutionnelle*, *op.cit.*, p.192.

585 In *JORDC*, numéro spécial, 47ème année, *op.cit.*, p.56.

586 Article 161, alinéa 4 de la Constitution de la RDC du 18 février 2006 telle que modifiée à ce jour.

587 Article 161de la Constitution de la RDC du 18 février 2006 telle que modifiée à ce jour.

Concrètement, dans l'exercice de ses fonctions, le président de la République ou le Premier Ministre peut se rendre coupable d'outrage au parlement, d'atteinte à l'honneur ou à la probité ou de délit d'initié.

L'infraction d'outrage au parlement ne concerne que le Premier Ministre. Elle est commise « lorsque sur les questions posées par l'une ou l'autre des chambres du parlement sur l'activité gouvernementale, le Premier Ministre ne fournit aucune réponse dans les trente jours »[588].

Le président de la République ou le Premier Ministre peut se rendre coupable d'atteinte à l'honneur ou à la probité. Cette infraction existe lorsque, par son comportement personnel, le président de la République ou le Premier Ministre affiche des attitudes contraires aux bonnes mœurs ou lorsqu'il est reconnu comme auteur, coauteur, ou complice de malversations, de corruption ou d'enrichissement illicite[589].

Le délit d'initié dans le chef du Président de la République ou du Premier Ministre se cristallise lorsque celui-ci ou celui-là « *effectue des opérations sur des valeurs immobilières ou sur les marchandises à l'égard desquelles il possède des informations privilégiées et dont il tire le profit avant que ces informations soient connues du public* ».

Cette incrimination englobe « l'achat et la vente d'action fondés sur des renseignements qui ne seraient jamais divulgués aux actionnaires »[590].

En cas de commission de l'une ou l'autre de ces infractions par le président de la République ou le Premier Ministre, l'incriminé est mis en accusation devant la Cour constitutionnelle par le Congrès se prononçant à la majorité de deux tiers des membres qui le composent[591]. Lorsqu'il ya condamnation, la Cour prononce la déchéance du président de la République ou du Premier Ministre[592]. Il échet de préciser que la Cour constitutionnelle est compétente pour juger les coauteurs ou les complices des infractions sous examen[593].

5° Le juge de la constitutionnalité

Pour Rueda, le juge constitutionnel est d'abord le juge de la constitutionnalité des lois[594]. Celle-ci suppose une idée de conflit.

---

588 Article 165de la Constitution de la RDC du 18 février 2006 telle que modifiée à ce jour.

589 *Idem.*

590 Article 165, alinéa 3 de la Constitution de la RDC du 18 février 2006 telle que modifiée à ce jour.

591 Article 166, alinéa 1er de la Constitution de la RDC du 18 février 2006 telle que modifiée à ce jour.

592 Article 167, alinéa 1er de la Constitution de la RDC du 18 février 2006 telle que modifiée à ce jour.

593 Article 164 de la Constitution de la RDC du 18 février 2006 telle que modifiée à ce jour.

594 F. RUEDA, *Le contrôle de l'activité du pouvoir exécutif par le juge constitutionnel. Les exemples français, allemand et espagnol, op.cit.*, p.7.

En effet, l'article 160, alinéa premier, dispose que « La Cour constitutionnelle est chargée du contrôle de la constitutionnalité des lois et des actes ayant force de loi »[595].

De même, l'article 162 précise que « la Cour constitutionnelle est juge de l'exception d'inconstitutionnalité soulevée devant ou par une juridiction. Toute personne peut saisir la Cour constitutionnelle pour inconstitutionnalité de tout acte législatif »[596].

Ces deux dispositions méritent d'être analysées pour nous permettre d'avoir la vision correcte du champ opératoire du juge constitutionnel. L'objectif est de connaître les actes susceptibles de contrôle de constitutionnalité par le juge constitutionnel, l'effet des arrêts de la Cour constitutionnelle, ainsi que la sanction du contrôle de constitutionnalité.

Du reste, on doit souligner le questionnement que suscite l'article 168, alinéa 2 de la Constitution vient du fait que « *tout acte déclaré non conforme à la Constitution est nul de plein droit* »[597]. Le concept « *tout acte* » ouvre la voie à une interprétation extensive. Cette disposition incite à penser que « tout acte», c'est-à-dire même le règlement intérieur d'une association privée, est contrôlable par le juge constitutionnel.

Dans une interprétation atomiste (restreinte), nous estimons que les actes auxquels le constituant fait allusion sont ceux qu'il a prévus, notamment à son article 160 qui dispose que « *La Cour constitutionnelle est chargée du contrôle de la constitutionalité des lois et des actes ayant force de loi. Les lois organiques, avant leur promulgation et les règlements intérieurs des chambres parlementaires et du Congrès, de la Commission électorale nationale indépendante ainsi que du Conseil supérieur de l'audiovisuel et de la communication, avant leur mise en application, doivent être soumis à la Cour constitutionnelle qui se prononce sur leur conformité à la Constitution* »[598].

Il s'ensuit qu'à l'article 160, alinéa 2, le constituant reconnaît à toute personne le droit de saisir la Cour constitutionnelle pour inconstitutionnalité de tout acte législatif ou règlementaire[599].

Enfin, l'article 216 dispose que « si la Cour constitutionnelle consultée par le Président de la République, par le Premier Ministre, le Président de l'Assemblée Nationale et le Président du Sénat, par un dixième

---

595 In *JORDC*, numéro spécial, 47è année, *op.cit.*, p.55.

596 *Idem*, pp. 56-57. Cette interprétation doit être appréciée dans le cadre du possible juridique puisqu'il se peut que cela soit contredit par la Cour constitutionnelle dans sa compétence. Nous serons dans l'évidence gözlerienne selon laquelle « *Il est évident que lorsqu'une thèse doctrinale n'est pas confirmée par le droit positif, ce qui doit être révisée, c'est la thèse doctrinale, non pas le droit positif* ». K. GÖZLER, *Le pouvoir de révision* constitutionnelle, *op.cit.*, p.186.

597 In *JORDC*, numéro spécial, 47ème année, *op.cit.*, p.58.

598 *Idem*, p.55.

599 *Ibidem*, p.56.

des députés ou un dixième des sénateurs, déclare qu'un traité ou accord international comporte une clause contraire à la Constitution, la ratification ou l'approbation ne peut intervenir qu'après la révision de la Constitution »[600].

De la combinaison des dispositions des articles 160, 162, 216 et 145 de la Constitution, on peut déduire comme actes susceptibles de contrôle de constitutionnalité :

- les lois ;
- les actes ayant force de loi ;
- Les lois organiques ;
- Les règlements intérieurs des chambres parlementaires et du Congrès ;
- Tout acte législatif ou règlementaire ;
- Les traités ;
- Les ordonnances du Président de la République telles que prévues à l'article 145[601].

Sans outrecuidante prétention de fixer l'opinion sur une liste exhaustive des actes susceptibles de contrôle de constitutionnalité, nous estimons dans une vision restreinte avoir dégagé les actes qui peuvent être contrôlés par le juge constitutionnel, sans pourtant méjuger de l'interprétation extensive.

Les deux interprétations relèvent du possible juridique. Seul le juge constitutionnel, autorité compétente en la matière, peut nous livrer une liste définitive des actes susceptibles de contrôle.

Cependant, il est essentiel de se fixer sur la portée exactes de certains concepts qui sont couramment utilisés en matière de contrôle de constitutionnalité, notamment : les actes législatifs, les actes règlementaires et ayant force de loi ainsi que les lois de révision constitutionnelle.

La notion d'acte législatif fait l'objet des controverses dans la doctrine. La Constitution n'en livre pas une définition. Plusieurs conceptions sont alors développées.

La première considère un acte législatif comme « tout acte juridique émanant du pouvoir législatif ordinaire ou d'exception ». Mabanga monga Mabanga retient dans cette optique comme acte législatif, les actes ayant force de loi[602].

La deuxième fait rattacher les actes législatifs aux actes édictés par le pouvoir exécutif par opposition aux lois votées au Parlement[603].

---

[600] *Ibid*, p.74.

[601] Il s'agit bien ici des ordonnances que prend le Président de la République en termes de mesures nécessaires pour faire face à des situations exceptionnelles pendant l'état d'urgence ou l'état de siège. *In JORDC*, numéro spécial, 47ème année, *op.cit.*, p.50.

[602] MABANGA monga MABANGA, *Le contentieux constitutionnel congolais*, *op.cit.*, p.24.

[603] *Idem.*

La troisième relève de la définition donnée par la jurisprudence ; celle-ci définit les actes législatifs comme « ceux qui couvrent non seulement les lois stricto sensu ou les actes ayant force de loi mais également tout document ou acte émanant ou accompli dans l'exercice du pouvoir législatif »[604].

Pour Jean-Louis Esambo Kangashe, l'acte législatif est « *tout acte juridique* » pris dans le domaine législatif soit par une assemblée délibérante, soit par l'exécutif. Il faut se garder, renchérit-il, de considérer que toute décision que prend une assemblée délibérante a une nature législative[605].

Cette conception est en déphasage avec celle dégagée par la Cour Suprême de Justice, toutes sections réunies, dans l'affaire Trésor Kapuku Ngoy. La Cour Suprême de Justice, en réponse à cette question, a précisé que « *L'acte législatif est tout acte émanant ou accompli dans l'exercice du pouvoir législatif* ». De là, la Cour a inféré que la motion est un acte législatif. C'est dire qu' « *Il est évident que lorsqu'une thèse doctrinale n'est pas confirmée par le droit positif, ce qui doit être révisé, c'est la thèse doctrinale et non pas le droit positif* »[606].

Paul-Gaspard Ngondankoy Nkoy-ea-Loongya qualifie cette définition d'erronée et dit qu'elle doit être écartée[607].

Pour notre part, nous considérons que la jurisprudence a un rôle supplétif en droit positif. Elle joue ce rôle dans l'interprétation des dispositions constitutionnelles ou législatives. Dans le cas sous examen, le juge constitutionnel peut surenchérir la Constitution à travers son interprétation.

Nous basant également sur le principe général du droit selon lequel « *voies de nullité n'ont lieu contre les jugements* »[608], nous nous abstenons de toute critique et préférons la définition donnée par la jurisprudence constitutionnelle.

Selon Felix Vunduawe-te-Pemako, l'acte règlementaire est un acte qui a une portée générale[609].

Pour Jean-Louis Esambo, cet acte peut être défini comme « tout acte unilatéral » pris par l'administration dans ses rapports avec l'administré[610].

La doctrine départage ainsi les actes règlementaires autonomes des actes règlementaires subordonnés.

---

[604] Voir les arrêts R.A. 320 de 1996 et R. Const. O51/TSR du 31 juillet 2007.

[605] J.-L. ESAMBO KANGASHE, *La Constitution congolaise du 18 février 2006 à l'épreuve du constitutionnalisme. Contraintes pratiques et perspectives*, *op.cit.*, p.278.

[606] K. GÖZLER, *Le pouvoir de révision constitutionnelle, op.cit.*, p.186.

[607] P.-G. NGONDANKOY NKOY-ea-LOONGYA, « La nature juridique du règlement intérieur d'une assemblée parlementaire et sa place dans la hiérarchie des normes juridiques », in *Magazine du Sénat*, 2010, p.80.

[608] Lire R. GUILLIEN et J. VINCENT (dir.), *Lexique des termes juridiques, op.cit.*, p.289

[609] F. VUNDUAWE-te-PEMAKO, *Traité du droit administratif, op.cit.*, p.668.

[610] J.-L. ESAMBO KANGASHE, *La Constitution congolaise du 18 février 2006 à l'épreuve du constitutionnalisme. Contraintes pratiques et perspectives*, *op.cit.*, p. 281.

Les premiers sont des actes pris par l'exécutif en toute matière où la Constitution ne donne pas expressément compétence au législateur. Cet acte intervient dans les matières autres que celles qui sont du domaine de la loi[611].

Sans vouloir trancher le débat sur les actes règlementaires, nous estimons dans une interprétation possible de la Constitution, que seuls les actes règlementaires autonomes sont susceptibles de contrôle par le juge constitutionnel.

Cependant, il n'est pas exclu qu'en vertu de l'article 162, alinéa 2, le juge puisse contrôler « tout acte » dans une interprétation extensive. Nous soulignons que seul le juge constitutionnel peut trancher le débat sur l'interprétation de la Constitution.

Dans la catégorie des actes susceptibles de contrôle de constitutionnalité, les actes ayant force de loi font, aussi, objet de controverse. La Constitution ne les définit pas non plus.

La même impasse est constatée au niveau des lois et de la jurisprudence ; ce qui nous incite à fouiller la notion dans la doctrine.

Paul-Gaspard Ngondankoy Nkoy-ea-Loongya relève que « les actes ayant force de loi sont, au départ, des actes du pouvoir exécutif (Président de la République, Premier Ministre, Conseil des Ministres, etc.) mais qui n'acquièrent la nature législative que par la volonté du constituant, en raison de la nature législative des matières déléguées au pouvoir exécutif »[612].

Felix Vunduawe-te-Pemako est d'un avis contraire. Pour cet auteur, les actes ayant force de loi sont constitués de « toutes déclarations de volonté émanant de l'exécutif et destinées à produire, en vertu de la Constitution ou des théories de circonstances exceptionnelles, des effets juridiques équipollents à ceux d'une loi »[613].

Avec Jean-Louis Esambo Kangashe[614], l'on ne traite de la matière qu'en droit positif congolais. Il nous semble alors nécessaire de les hiérarchiser par rapport à la Constitution.

En effet, l'article 129 de la Constitution prescrit en son alinéa premier que « le gouvernement peut, pour l'exécution urgente de son

---

[611] Article 128 de la Constitution de la RDC du 18 février 2006 telle que modifiée à ce jour.

[612] P.-G. NGODANKOY NKOY-ea-LOONGYA, *Le contrôle de constitutionnalité en République Démocratique du Congo. Etude critique d'un système de justice constitutionnelle dans un Etat à forte tradition autocratique*, *op.cit.*, p..188. A la suite de la définition que donne cet auteur, nous pouvons nous poser la question de savoir si, au départ, les actes ayant force de loi sont de l'exécutif. A qui appartiennent-ils en amont ? L'auteur n'est pas clair là-dessus. Devons-nous aussi admettre que l'article 129 de la Constitution a recours à l'intervention du Président de la République ?

[613] F. VUNDUAWE-te-PEMAKO, « L'histoire constitutionnelle des actes ayant force de loi au Congo–Zaïre (1885 – 2005) », in S. BULA BULA (dir.), *Pour l'épanouissement de la pensée juridique congolaise. Liber amicorum M.A. LIHAU, op.cit.*, p.274 ; F. VUNDUAWE-te-PEMAKO, *Traité de droit administratif, op.cit.*, p.231 et s.

[614] J.-L ESAMBO KANGASHE, *La Constitution congolaise du 18 février 2006 à l'épreuve du constitutionnalisme. Contraintes pratiques et perspectives*, *op.cit.*, p.280 et s.

programme d'action, demander à l'Assemblée Nationale ou au Sénat l'autorisation de prendre, par Ordonnance-loi, pendant un délai limité et sur des matières déterminées, des mesures qui sont normalement du domaine de la loi »[615].

Ne restant que dans une interprétation littérale de la Constitution, on peut être tenté d'affirmer que les Ordonnances-lois que prend le gouvernement ne sont pas des actes ayant force de loi. Encore faut-il se poser la question de savoir si les ordonnances-lois ne sont pas des actes juridiques selon la théorie générale du droit.

A ce niveau, on peut clairement, avec Guillien et Vincent, définir un acte juridique comme une manifestation de volonté destinée à produire des effets de droit. L'acte juridique est alors celui qui apporte une modification à l'ordonnancement juridique (un ordre juridique)[616].

De cet éclaircissement, l'on ne peut s'empêcher d'affirmer que les ordonnances-lois du gouvernement sont des actes juridiques puisqu'elles sont soit modificatrices, extinctrices ou créatrices des droits et obligations dans l'ordre juridique. Elles ont force de loi puisqu'elles permettent non seulement de contrevenir à une loi mais elles sont aussi prises dans le domaine de la loi.

Peut-on par-là affirmer que les actes ayant force de loi sont aussi pris en vertu de la théorie des circonstances exceptionnelles ?

La lecture de l'article 145 de la Constitution est révélatrice. Il dispose qu' « en cas d'état d'urgence ou d'état de siège, le Président de la République prend, par ordonnances délibérées en Conseil des Ministres, les mesures nécessaires pour faire face à la situation. Ces ordonnances sont, dès leur signature, soumises à la Cour Constitutionnelle qui, toutes affaires cessantes, déclare si elles dérogent ou non à la présente Constitution »[617].

Doit-on, en droit constitutionnel, considérer les ordonnances prises par le Président de la République, pendant l'état d'urgence ou pendant d'état de siège[618], qui sont des circonstances exceptionnelles dotant le Président de la République des pouvoirs exceptionnels, comme actes ayant force de loi ?

Pour notre part, nous pensons que ces mesures restrictives des libertés publiques (état de siège et état d'urgence) ne peuvent que soit substituer l'autorité civile à l'autorité militaire, soit accroître le pouvoir de

---

[615] In *JORDC*, numéro spécial, 47e année, *op.cit*, p.45.

[616] R. GUIILLIEN et J. VINCENT (dir.), *Lexique des termes juridiques, op.cit*., p.15 ; H. MAZEAUD, L. MAZEAUD, J. MAZEAUD et F. CHABAS, *Leçon de droit civil, Tome1, 1er Vol. ; Introduction à l'étude du droit*, Paris, Montchrestien, 9ème éd., 1989, p.330 ; S. DRUFFIN-BRICCA, *L'essentiel de l'introduction générale au droit*, Paris, Gualino éditions, 4ème éd., 2006, p.62.

[617] In *JORDC*, numéro spécial, 47ème année, pp.31-32.

[618] A propos de l'état d'urgence et de l'état de siège ou aussi de la théorie des circonstances exceptionnelles, lire R. GUILLIEN et J. VINCCENT (dir.), *Lexique des termes juridiques, op.cit*., pp.119 et 288.

police des autorités administratives. Elles n'octroient pas au Président de la République des compétences législatives extraconstitutionnelles. D'ailleurs, la réunion de plein droit que convoque le Parlement pendant cette période lui permet de surveiller que son domaine de compétence n'aurait pas été empiété par l'incursion du gouvernant.

De ce qui précède, nous pouvons proposer une autre réflexion en rapport avec l'article 205 de la Constitution qui dispose que « *toutefois, l'Assemblée Nationale et le Sénat peuvent, par une loi, habiliter une Assemblée provinciale à prendre des édits sur des matières de la compétence exclusive du pouvoir central* »[619].

De la glose de cette prescription, une interprétation possible de la Constitution est qu'il doit exister, en République Démocratique du Congo, des édits qui sont normalement des lois provinciales, qui régissent des matières relevant de la compétence exclusive du pouvoir central, à la faveur d'une délégation du pouvoir donnée à l'Assemblée provinciale, par une loi d'habilitation votée par le parlement[620]. Ces édits votés dans les matières relevant du pouvoir central, demeurent en vigueur dans la province intéressée jusqu'à ce qu'une loi nationale ait pris en charge les matières concernées.

On peut ainsi se demander si, en vertu de l'article 160 de la Constitution[621], les lois portant révision de la Constitution[622], peuvent être elles aussi révisées par le juge constitutionnel.

4. Le problème du contrôle de constitutionnalité des lois portant révision de la Constitution

Jean-Louis Esambo Kangashe affirme que « de nature constitutionnelle [...], la loi est toujours soumise au contrôle du juge »[623].

---

[619] Article 205, alinéa 2 de la Constitution de la RDC du 18 février 2006 telle que modifiée à ce jour.

[620] Article 205de la Constitution de la RDC du 18 février 2006 telle que modifiée à ce jour.

[621] Il est prescrit ce qui suit dans cet article : « *La Cour Constitutionnelle est chargée du contrôle de la Constitutionnalité des lois...* » Peut-on insérer les lois portant révision de la Constitution dans cette catégorie des actes susceptibles de contrôle de constitutionnalité ?

[622] Le droit congolais, depuis l'Ordonnance-loi n°70-025 du 17 avril 1970 jusqu'à la loi n°11/002 du 20 janvier 2011 portant révision de certains articles de la Constitution de la République Démocratique du Congo du 18 février 2006, n'a utilisé que deux formes d'actes juridiques pour réviser la Constitution : l'Ordonnance-loi et la loi. Cette dernière étant majoritairement utilisée. Voir IYELEZA MOJU-MBEY et Alii, *Recueil des textes constitutionnels de la République du Zaïre du 19 mai 1960 au 28 avril 1991 avec annexe de la charte coloniale du 18 octobre 1908*, *op.cit.*, p.85 ; *JORDC*, 50e année, 1er article, n°3, pp.1-5.

[623] Le plus grand problème dans cette affirmation est celui de l'utilisation de l'adverbe de temps «*toujours* » qui renvoie à une répétition invariable. L'on peut même se poser la question de savoir si, depuis toujours, le juge constitutionnel congolais contrôle les lois portant révision de la Constitution. La vérification de cette question prouve le contraire.

Faute d'une clarté constitutionnelle en la matière et d'une jurisprudence adéquate, nous devons procéder de façon logique afin de déduire si oui ou non le juge constitutionnel peut contrôler la constitutionnalité des lois portant révision de la Constitution.

En effet, nous nous situons dans un système où ce contrôle n'est pas réglementé par la Constitution.

Si la Constitution ne contient aucune disposition claire sur la question de savoir si le contrôle de la constitutionnalité des lois [portant révision de la Constitution] est possible, la solution la plus appropriée ne peut se trouver que dans la jurisprudence constitutionnelle[624].

En d'autres termes, si la solution n'existe pas dans les textes positifs, il faut la rechercher dans la jurisprudence. Mais pour qu'il y ait une jurisprudence constitutionnelle, il faut qu'il existe avant tout dans le système, un contrôle de la constitutionalité des lois[625].

Pour ce dernier critère, il faut noter que notre droit positif prescrit un système de contrôle de constitutionalité des lois[626].

Dans notre système, la jurisprudence de l'organe chargé du contrôle de constitutionnalité est inexistante[627] pour que l'on sache si le contrôle de constitutionalité des lois [portant révision de la Constitution] est possible[628].

Du point de vue du droit positif, dans une telle hypothèse, il faut admettre que le contrôle de la constitutionnalité des lois portant révision de la Constitution est possible si cet organe s'est déjà déclaré compétent. Par contre, un tel contrôle est impossible si cet organe se considère comme incompétent. Dans les deux cas, la Cour constitutionnelle de la République Démocratique du Congo n'est pas concernée, puisqu'elle n'a, à notre connaissance, pas encore été saisie pour contrôler la constitutionalité d'une loi portant révision de la Constitution.

Notons tout de suite que si l'organe chargé du contrôle de la constitutionnalité ne s'est pas encore prononcé sur ce point, l'on peut, néanmoins, s'inspire des recettes qu'offre le droit comparé.

En d'autres termes, s'il n'existe pas de règlementation constitutionnelle ou de jurisprudence de la Cour constitutionnelle, la question du contrôle de la constitutionnalité des lois portant révision de la Constitution ne se pose pas du point de vue du droit positif. *« Il n'appartient*

Voir, J.-L. ESAMBO KANGASHE, *La Constitution congolaise du 18 février 2006 à l'épreuve du constitutionnalisme. Contraintes pratiques et perspectives*, *op.cit.*, p.280.

[624]K. GÖZLER, *Le pouvoir de révision constitutionnelle, op.cit.*, p.458.

[625]*Idem.*

[626] Voir l'article 160 de la Constitution de la RDC du 18 février 2006 telle que modifiée à ce jour.

[627] L'article 168 de la Constitution renforce ces points de vue en rendant obligatoires et opposables aux pouvoirs publics, à toutes les autorités administratives et juridictionnelles civiles et militaires ainsi qu'aux particuliers, les arrêts de la Cour constitutionnelle. Lire la page 58 du *JORDC*, numéro spécial, 47ème année du 20 juin 2006.

[628] K. GÖZLER, *Le pouvoir de révision constitutionnelle, op.cit.*, p.460.

pas à la science du droit d'inventer les solutions, lorsqu'elles n'existent pas positivement »[629].

En rapport avec l'autorité des arrêts rendus par la Cour constitutionnelle, l'article 168, alinéa premier de la Constitution prescrit que « *Les arrêts de la Cour constitutionnelle ne sont susceptibles d'aucun recours, ils sont immédiatement exécutoires. Ils sont obligatoires et s'imposent aux pouvoirs publics, à toutes les autorités administratives et juridictionnelles, civiles et militaires ainsi qu'aux particuliers* »[630].

N'être susceptible d'aucun recours signifie, dans une interprétation possible, que ces arrêts ont un effet absolu, et qu'ils s'imposent *erga omnes*.

L'autorité de ces arrêts est dite absolue dans la mesure où ce qui a été jugé entre deux ou plusieurs plaideurs est opposable à tous et doit être respecté par ceux qui étaient étrangers au procès.

Aussi devons-nous signaler que les arrêts de la Cour constitutionnelle dérogent à l'article 149 de la Constitution, alinéa 3, qui prescrit que « *les arrêts et les jugements ainsi que les ordonnances des Cours et Tribunaux sont exécutés au nom du Président de la République* »[631]. Cela se justifie du fait que ces arrêts sont immédiatement exécutoires. Ils n'ont pas besoin d'être dotés de la formule exécutoire.

Une question mérite toutefois d'être posée : la Cour constitutionnelle peut-elle revenir sur sa décision ? La Constitution est muette à ce sujet contrairement à l'Ordonnance-loi portant procédure devant la Cour Suprême de Justice qui, elle, prescrit, en son article 29, la tierce opposition.

Une situation analogue a été vécue en France. « Le Conseil constitutionnel avait apporté une précision importante en affirmant que, s'il est à nouveau saisi d'un problème de constitutionnalité d'un texte, il ne peut examiner que les éléments nouveaux. (Ainsi, il a été saisi trois fois sur une éventuelle contrariété entre le traité de Maastricht et la Constitution, mais à des titres différents) »[632].

---

[629] *Idem.*

[630] In *JORDC*, numéro spécial, 47ème année, op.cit., p.58.

[631] *Idem*, p.51.

[632] Lire Ph. FOILLARD, *Droit constitutionnel et institutions politiques*, 14e éd., Paris, Paradigme, 2008-2009, p.375. Pour sa part, J.-L. ESAMBO KANGASHE estime que la réalisation de cette situation suppose que, volontairement ou par erreur, le législateur refuse de se soumettre à la décision antérieure de la Cour. Il réintroduit, par malice, dans une nouvelle loi, la disposition déclarée non-conforme à la Constitution. Une telle attitude, estime-t-il, pourrait conduire à un dysfonctionnement institutionnel. Le Constituant est clair à ce sujet car les décisions de la Cour s'imposent et s'opposent à tous. Tout acte déclaré non conforme à la Constitution est nul de plein droit. Cfr. J.-L. ESAMBO KANGASHE, *La Constitution congolaise du 18 février 2006 à l'épreuve du constitutionnalisme, Contraintes pratiques et perspectives, op.cit.*, pp.314-315. L'auteur opine qu'il n'y a pas moyen pour le juge constitutionnel de revenir sur une décision de non-conformité des lois à la Constitution. Du reste, il faut se poser la question de savoir si le législateur est le seul à avoir la prétention d'exercer un tel recours. Dans tous les cas, l'article 29 de l'Ordonnance-loi n°82/017 du 31 mars 1982 portant procédure devant la

Le droit commun de la sanction rattachée au contrôle de constitutionnalité est prévu à l'article 168 de la Constitution, alinéa 2 : « *tout acte déclaré non conforme à la* Constitution *est nul de plein droit* »[633].

A ce sujet, trois observations peuvent être faites :

- Dans la sanction, le constituant ne détermine plus les actes susceptibles de contrôle de constitutionnalité. Il règle la question de façon absolue sans précision. Faut-il alors déduire que la Constitution renvoie ceci aux actes nommément cités dans la Constitution ? Ou que tout acte renvoie même aux actes matériels ? Nous pensons que le débat reste ouvert jusqu'à ce que la Cour constitutionnelle ait l'occasion de trancher l'équivoque en vertu de la compétence contentieuse qui est lui reconnue à l'article 161, alinéa 1[634].
- La sanction prévue n'est que négative, c'est-à-dire que la Constitution ne prévoit pour ce cas que la sanction relative à la déclaration de non-conformité. Doit-on inférer qu'en cas de conformité, l'acte attaqué reste valable ? Cela reste possible.
- La troisième observation est relative à la sanction négative proprement dite : la nullité de plein droit, sans qu'il ne soit nécessaire de faire intervenir une autre autorité. C'est une sanction qui s'auto-applique. Mais la difficulté est de savoir si cette nullité doit s'appliquer aussi aux actes susceptibles de contrôle de constitutionnalité a priori, supposant que ces actes n'ont pas encore fait leur apparition dans l'ordre juridique. Telle est, au concret, la situation des lois organiques, des règlements intérieurs des chambres parlementaires ainsi que des traités et accords internationaux.

1°) Les lois organiques

Deux dispositions portent à confusion. Il s'agit des articles 124.3 et 160, alinéa 2 de la Constitution.

La première prescrit un contrôle de constitutionnalité des lois organiques obligatoirement avant leur promulgation[635]. Comme « *la promulgation est un acte par lequel le Chef de l'Etat constate officiellement l'existence de la loi et la rend exécutoire* »[636], il va de soi que la nullité de plein droit ne peut s'appliquer à un acte qui n'existe pas en droit[637]. La

---

Cours Suprême de Justice relativise les effets. En cas de tierce opposition, la Cour peut toutefois, à la requête des parties ou du Procureur Général de la République, rectifier les erreurs matérielles de ses arrêts ou en donner interprétation, les parties entendues.

633 In *JORDC*, numéro spécial, 47ème année, p.58.

634 *Idem*.

635 In *JORDC*, numéro spécial, 47ème année, p.44.

636 R. GUILIEN et J. VINCENT (dir.), *Lexique des termes juridiques, op.cit.*, p.526.

637 « *La nullité est une sanction prononcée par le juge et consistant dans la disparition rétroactive de l'acte juridique qui ne remplit pas les conditions requises pour sa formation* » Cfr. R. GUILLIEN et J. VINCENT (dir.), *Lexique des termes juridiques, op.cit.*, p.446. Les lois organiques n'existent pas encore au moment de leur contrôle, elles

sanction négative possible est, à notre avis, la non-promulgation. Mais un écueil d'interprétation se pose après lecture de l'article 160, alinéa 2 de la Constitution qui prescrit que « les lois organiques [...], avant leur mise en application, doivent être soumises à la Cour constitutionnelle qui se prononce sur leur conformité à la Constitution ».

Doit-on, par cette lecture, inférer que l'expression « mise en application » utilisée par le constituant est synonyme de promulgation ?

Nous ne pouvons l'affirmer puisque ces lois peuvent même être mises en application par d'autres actes administratifs que l'ordonnance du Président de la République. C'est le cas, notamment, des règlements d'exécution et d'application d'une loi promulguée et publiée au Journal Officiel[638].

Ceci veut dire, que l'expression précitée ne signifie pas la promulgation. C'est ainsi qu'il faudra se réserver de conclure à la sanction de la non promulgation pour ce cas. La seule possibilité de sanction négative, pour cette matière, c'est la non mise en application d'une loi organique déclarée non-conforme à la Constitution.

2°) Les règlements intérieurs des chambres parlementaires

Comme pour la sanction négative retenue pour les lois organiques, en vertu de l'article 160, alinéa 2 de la Constitution, nous affirmons que les règlements intérieurs des chambres parlementaires et du Congrès, de la Commission électorale nationale indépendante ainsi que du Conseil supérieur de l'audiovisuel et de la communication, non-conformes à la Constitution, ne seront pas mises en application[639].

3°) Les traités et accords internationaux

Nous devons rappeler que ces actes ne sont pas obligatoirement contrôlés. C'est au conditionnel que la Cour constitutionnelle est saisie.

L'on sait que ces normes peuvent intégrer l'ordre juridique congolais sans passer par le contrôle de constitutionnalité. Dès qu'ils intègrent cet ordre, aucun contrôle n'est envisageable puisqu'ils ne sont ni acte législatif, ni acte réglementaire[640].

Ainsi, du moment où le Président de la République, le Premier Ministre, le Président de l'Assemblée Nationale, le Président du Sénat ou un

---

ne peuvent subir la nullité de plein droit qu'attache la Constitution à tout acte déclaré non-conforme à elle.

[638] Voir à ce sujet F. VUNDUAWE-te-PEMAKO, *Traité de droit administratif*, *op.cit.*, pp.310-311 et 323.

[639] Telle est aussi l'écriture de l'article 112, alinéa 3 de la Constitution du 18 février 2006 en ce qui concerne les règlements intérieurs des chambres parlementaires. In *JORDC*, numéro spécial, 47ème année, p.39.

[640] L'article 162, alinéa 1 n'envisage que les actes législatifs et réglementaires.

dixième des députés ou sénateurs consultent la Cour constitutionnelle afin qu'elle déclare un traité ou un accord international comportant une clause contraire à la Constitution, il y a lieu de sanctionner cet acte.

Le constituant réserve à ces normes une sanction spécifique à savoir, la ratification ou l'approbation qui ne peut intervenir qu'après la révision de la Constitution[641].

En clair, l'accord ou le traité international comportant une clause contraire à la Constitution ne sera pas nul de plein droit, puisqu'il n'existe pas en droit congolais. Il sera plutôt approuvé ou ratifié. La sanction négative ne peut qu'être la non approbation ou la non ratification dudit traité ou accord international.

La connaissance du droit positif de la justice constitutionnelle congolaise impose l'analyse des normes infra-constitutionnelles relatives à l'institution.

SECTION 2 : LES NORMES INFRA-CONSTITUTIONNELLES RELATIVES A LA JUSTICE CONTITUTIONNELLE EN REPUBLIQUE DEMOCRATIQUE DU CONGO

L'article 169 de la Constitution dispose que « L'organisation et le fonctionnement de la Cour constitutionnelle sont fixés par une loi organique »[642].

De la glose de cette disposition, nous pouvons inférer qu'au-delà de la Constitution qui prescrit les bases fondamentales de la justice constitutionnelle en République Démocratique du Congo, il existe des normes infra-constitutionnelles qui organisent ladite juridiction.

Bien plus, dans les dispositions transitoires de la Constitution, notamment l'article 223, on peut lire que : « En attendant l'installation de la Cour constitutionnelle, du Conseil d'Etat et de la Cour de cassation, la Cour Suprême de Justice exerce les attributions leur dévolues par la présente Constitution »[643].

Plus haut, l'article 221 dispose que « Pour autant qu'ils ne soient pas contraires à la présente Constitution, les textes législatifs et règlementaires en vigueur restent maintenus jusqu'à leur abrogation ou leur modification »[644].

---

[641] Voir article 216 de la Constitutionde la RDC du 18 février 2006 telle que modifiée à ce jour.
[642] In JORDC, numéro spécial, 47ème année, p.58.
[643] *Idem*, p.75.
[644] *Ibidem*, p.58.

De l'analyse successive de ces deux dispositions, il nous est loisible d'inférer que la Cour Suprême de Justice, toutes sections réunies, assure transitoirement les compétences de la Cour constitutionnelle[645].

Dans les lignes qui suivent, nous analysons successivement les normes infra-constitutionnelles se rapportant à la justice constitutionnelle, contenues dans l'Ordonnance-loi n°082/020 du 31 mars 1982 portant code de l'organisation et de la compétence judiciaires (§1), l'Ordonnance-loi n°82/017 du 31 mars 1982 portant procédure devant la Cour Suprême de Justice (§2) avant d'examiner la norme infra-constitutionnelle en manière électorale (§3), la loi organique portant organisation et fonctionnement de la Cour constitutionnelle (§4), le projet de loi organique relative à la procédure devant la Cour de cassation (§5) et le projet de loi portant organisation, fonctionnement, compétence et procédure devant les juridictions de l'ordre administratif (§6).

§1. L'Ordonnance-loi n°82/020 du 31 mars 1982 portant code de l'organisation et de la compétence judiciaires

L'exercice consiste dans l'identification de la juridiction constitutionnelle suivie de la détermination de son champ opératoire.

La Cour constitutionnelle est dans cet acte juridique, la Cour Suprême de Justice siégeant toutes sections réunies[646].

Le domaine d'action de la juridiction constitutionnelle est constitué des matières ci-après :

- Les recours en appréciation de la constitutionnalité des lois et des actes ayant force de loi ainsi que des recours en interprétation de la Constitution ;
- Des conflits d'attribution ;
- Des contestations électorales.

Il en résulte que sous l'empire de l'Ordonnance-loi sous examen, la juridiction constitutionnelle était dotée d'énormes pouvoirs en matière de juridicisation de la vie politique : elle était juge de l'appréciation de la constitutionnalité des lois et des actes ayant force de loi, de l'interprétation de la Constitution, du contentieux des élections présidentielle, législatives et

---

[645] Pour J.-L. ESAMBO KANGASHE, la Cour Suprême de Justice joue un rôle de juridiction supplétive. Lire J.-L. ESAMBO KANGASHE, *La Constitution congolaise du 18 février 2006 à l'épreuve du constitutionnalisme. Contraintes pratiques et perspectives*, *op.cit.*, p.226. Nous estimons que la Cour Suprême de Justice est une juridiction transitoire, assurant toutes sections réunies, les fonctions de la Cour constitutionnelle et ce, en attendant l'installation effective de celle-ci conformément aux dispositions de l'article 223 alinéa 1er de la Constitution de la RDC. De ce fait, il ne s'agit pas d'une juridiction supplétive qui signifierait la non prévision constitutionnelle de cette juridiction. En l'espèce, la Cour constitutionnelle est instituée à l'article 157 de la Constitution et la loi qui l'organise a été votée par le Parlement.

[646] Article 160 de l'Ordonnance-loin°82/020 du 31 mars 1982.

du référendum. Elle était, en outre, chargée de connaître des conflits des compétences entre les pouvoirs exécutif et législatif ainsi qu'entre le pouvoir central et les régions.

§2. L'Ordonnance-loi n°82/017 du 31 mars 1982 portant procédure devant la Cour Suprême de Justice

En vertu de ce texte, la Cour Suprême de Justice, toutes sections réunies, est saisie d'un recours en interprétation de la Constitution par requête du Procureur général de la République soit à la demande du Président de la République, soit à celle du bureau du Conseil législatif ou de toute juridiction de jugement, lorsque la disposition qualifiée d'obscure doit être appliquée à un litige dont elle est saisie[647].

De même, en cas d'exception d'inconstitutionnalité d'une loi ou d'un acte ayant valeur de la loi soulevée par l'une des parties ou le ministère public au cours d'un procès, c'est le Procureur Général de la République qui saisit à cet effet la Cour Suprême de Justice[648].

Ce monopole de saisine du juge constitutionnel confié au seul Procureur Général de la République n'était pas de nature à faciliter le fonctionnement normal de l'Institution[649].

§3. La loi électorale

Il s'agit de la loi n°06/006 du 09 mars 2006 portant organisation des élections présidentielle, législatives, provinciales, urbaines, municipales et locales telle que modifiée et complétée à ce jour[650].

Il est question d'examiner successivement la juridiction compétente en matière des constatations des élections présidentielle et législatives (1), de sa saisine (2), des délais de l'instance ainsi que des frais de justice (3) avant d'en arriver à la sanction du contentieux des élections (4).

---

[647] Article 132 de l'Ordonnance-loi n°82/017 du 31 mars 1982.

[648] Article 133 de l'Ordonnance-loi n°82/017 du 31 mars 1982.

[649] D. KALUBA DIBWA, *Contentieux Constitutionnelle en République Démocratique du Congo. Contribution à l'étude des fondements et des modalités d'exercice de la justice constitutionnelle*, *op.cit.*, p.229.

[650] In *JORDC*, numéro spécial du 10 mars 2006, Coll. 1-61. Lire également la loi modifiant et complétant la loi n°06/006 du 9 mars 2006 portant organisation des élections présidentielle, législatives, urbaines, municipales et locales telle que modifiée par la loi n°11/003 du 25 juin 2011

1°) La juridiction compétente en matière des élections présidentielle et législatives

La contestation électorale peut concerner la régularité du scrutin ou la sincérité des résultats. De ce fait, l'action du requérant peut porter sur la qualité d'électeur, les conditions d'éligibilité ou les opérations électorales proprement dites[651].

Les juridictions compétentes pour connaître du contentieux des élections sont[652] :

- La cour constitutionnelle pour les élections présidentielle et législatives ;
- La cour d'appel pour les élections provinciales ;
- Le Tribunal de Grande Instance pour les élections urbaines et municipales ;
- Le Tribunal de paix pour les élections locales.

Il s'ensuit que c'est la Cour constitutionnelle fonctionnant dans sa formule transitoire de la Cour Suprême de Justice[653], toutes sections réunies qui connaît du contentieux des élections présidentielle et législatives.

Cette juridiction doit se conformer aux dispositions de l'alinéa 8 de l'article 74 de la loi électorale qui prescrit que « le contentieux des élections est toujours jugé par une juridiction siégeant au nombre de trois juges au moins »[654].

2°) La saisine de la Cour Suprême de Justice en matière électorale

Peuvent contester une élection, dans un délai de trois jours, après l'annonce de résultats provisoires par la Commission électorale indépendante :

- le candidat indépendant ou son mandataire ;
- le parti politique ou le regroupement politique ou leur mandataire ayant présenté sa liste dans la circonscription électorale[655]. Le candidat non indépendant ne peut saisir, lui-même, la Cour en son nom ; aucune autre personne ne peut le faire en son nom.

---

[651] J-L ESAMBO KANGASHE, *La Constitution congolaise du 18 février 2006 à l'épreuve du constitutionnalisme. Contraintes pratiques et perspectives*, *op.cit.*, p.270.

[652] Article 74 de la loi n°06 du 09/03/2006 telle que modifiée et complétée à ce jour.

[653] Article 223 de la Constitution de la RDC du 18/02/2006 telle que modifiée à ce jour.

[654] Cette disposition est combinée avec l'article 54, alinéa 3 de l'Ordonnance-loi n° 82/020 du 31 mars 1982 qui dispose que « *lorsqu'elle statue toutes sections réunies, la Cour Suprême de Justice siège au nombre de sept membres au moins* ». Aussi, en vertu de l'article 160, alinéa 3 de l'acte précédent - attribuant compétence à cette juridiction, toutes sections réunies, de connaître des contestations électorales - l'on affirme qu'elle doit se composer de sept membres au moins quand elle juge les élections.

[655] Voir l'article 73 de la Loi électorale.

Le parti politique ou le regroupement politique n'ayant pas présenté sa liste dans une circonscription électorale ne peut pas non plus saisir la Cour, et personne ne peut le faire en leur nom.

A titre illustratif, nous présentons les arrêts ci-après par lesquels la Cour suprême de justice a sanctionné le défaut de qualité, dans le chef des personnes qui l'avaient saisie en matière de contentieux électoral. Il en est ainsi de :

a. L'arrêt RCE 023 du 02 mars 2007, affaire Dominique KABENGELE

Par sa requête, Monsieur Kabengele a saisi la Cour suprême de justice afin de relever appel au nom et pour le compte du parti politique dénommé Mouvement de Libération du Congo, MLC en sigle, sur base d'une procuration spéciale à lui donnée.

A l'examen de ladite requête, la Cour se rend compte que Monsieur Kabengele a agi en qualité de mandataire du MLC, en l'absence de la preuve de mandat à lui donné par le parti politique précité d'ester en justice en son nom.

La Cour a déclaré irrecevable pour défaut de qualité la requête de Monsieur Kabengele[656].

b. L'arrêt RCE 054 du 27 février 2006, affaire Coalition des démocrates chrétiens, en sigle « CDC ».

En date du 09 septembre 2006, la CDC, agissant par Monsieur Bajashika Ngoy Gérard, mandataire de sa liste, a introduit sa requête au greffe de la Cour suprême de justice en contestation des résultats des élections législatives du 30 juin 2006, sur laquelle Madame Bekhombe Marie-Claire fut candidate pour la circonscription électorale du Mont-Amba.

La Cour a déclaré irrecevable cette requête pour défaut de qualité, au motif que ni aux débats, ni au dossier de la cause, il n'est produit aucune pièce attestant l'existence légale de la requérante et, partant, de sa capacité d'ester en justice ainsi que la qualité de Monsieur Bajashika, mandataire d'agir au nom et pour le compte de la requérante[657].

c. L'arrêt RCE 068 du 1er février 2007, affaire Forces du Renouveau

Par sa requête déposée au greffe de la Cour suprême de justice le 11 août 2006, le Regroupement politique dénommé les Forces du renouveau,

---

656 KATUALA KABA KASHALA, *La jurisprudence électorale congolaise commentée*, Editions The Carter Center, R.D.C, 2007, pp.77-78.

657 KATUALA KABA KASHALA, *La jurisprudence électorale congolaise commentée*, *op.cit.*, pp.78-79.

agissant par Monsieur Kikadi Gapongolo Wilfrid en qualité de mandataire auprès de cette Cour, conteste les résultats provisoires des élections législatives de la circonscription électorale d'ILEBO tels que publiés le 07 septembre 2006 par la CEI.

La requête introduite a été déclarée irrecevable par la Cour pour défaut de qualité dans le chef de Monsieur Kikadi, mandataire désigné par son parti qui, au lieu de signer personnellement la requête, s'était confié à une autre personne non dûment mandatée à cet effet[658].

d. L' arrêt RCE 117 du 23/10/2006, affaire Regroupement politique convention du camp de la patrie, en abrégé « Camp de la patrie »

En date du 11/09/2006, le regroupement politique dénommé Convention du camp de la patrie, a déposé sa requête au greffe de la Cour suprême de justice en contestation de 500 voix attribuées par la CEI à son candidat Monsieur Kandanda Muela Fortunat dans la circonscription électorale de Mbuji-Mayi.

A l'audience publique du 28/09/2006, Monsieur Kandanda a soutenu qu'il représente le camp de la patrie en justice, sur base de sa désignation par le mandataire du parti, en la personne de Denis Baluku.

La Cour a déclaré la requête irrecevable pour défaut de qualité dans le chef de Monsieur Kandanda arguant que Monsieur Dénis Baluku n'a pas, au regard des statuts du parti, le pouvoir de désigner le mandataire en la matière[659].

Comment sont alors prescrits les délais, durant lesquels le juge devra statuer ? Y a-t-il lieu de payer les frais de justice après le prononcé de l'arrêt ?

3°) Des délais d'instance et des frais de justice en matière électorale

« Pour l'élection présidentielle, la Cour constitutionnelle dispose d'un délai de sept jours à compter de la date de sa saisine pour rendre ses décisions ».

Dans la pratique, cependant, depuis 2006, l'on a observé que le juge constitutionnel ne respecte pas ce délai. Les raisons de cet état de choses peuvent être liées au fait que le juge est submergé par une inflation des pièces dont il a la charge de pénétrer le contenu avant de décider, en connaissance de cause. De même, le manque d'initiation de ce juge à ce type de contentieux peut constituer un élément d'explication de ce dysfonctionnement.

---

[658] *Idem.*, pp.79-80.

[659] KATUALA KABA KASHALA, *La jurisprudence électorale congolaise commentée, op.cit.*, pp.89-90.

A titre d'illustration, il nous semble indiqué de présenter l'arrêt suivant :

a. L'arrêt RCE.PR.009 du 29 novembre 2006

Saisie en date du 18 novembre 2006 par le parti politique dénommé Mouvement de Libération du Congo « MLC », en sigle, en contestation des résultats provisoires du second tour de l'élection présidentielle organisé le 29 octobre 2006 par la CEI, la Cour ne s'était prononcée qu'en date du 29 novembre 2006, soit onze jours après.

Ainsi, pour répondre à la question de ce divorce entre les prescrits de la loi et la pratique, il est souhaitable que ce délai soit porté à 15 jours.

« Pour les autres élections, les juridictions compétentes disposent d'un délai de deux mois à compter de la date de leur saisine pour rendre leurs décisions [660]».

Pour cette dernière prescription, il faut déduire que la Cour Suprême de Justice est aussi concernée puisqu'elle peut juger les élections législatives[661].

Donc, le délai de deux mois lui est aussi opposable.

La pratique du juge électoral congolais enseigne que ce délai est loin d'être respecté et mérite d'être revu, en tenant compte, aussi bien de l'environnement du travail que de la technicité de la matière.

Les arrêts ci-après peuvent être évoqués, en faveur de cette prise de position.

b. L'arrêt RCE : 526/571/572/761/774 du 25 avril 2012

Saisie en date du 03 février 2012 par les partis politiques, Union des congolais pour le progrès, UCP en sigle, Union pour la Nation congolaise, UNC en sigle, Mouvement social pour le renouveau, MSR en sigle, Parti chrétien démocrate pour le développement intégral du Congo, PCDI en sigle et Forces novatrices pour l'union et la solidarité, FONUS en abrégé, agissant par leurs organes statutaires, en contestation des élections législatives organisées le 28 novembre 2011 dans la circonscription électorale de BIKORO, pour de graves irrégularités observées lors de ce scrutin, justifiant son annulation et la réorganisation d'une autre consultation législative dans un climat apaisé, la Cour ne s'est prononcée qu'en date du 25 avril 2012, soit deux mois et vingt-deux jours.

---

[660] Article 74, alinéa 3 de la loi électorale.
[661] Article 74, alinéa 1, de la loi électorale.

c. L'arrêt RCE.517/DN- du 25 avril 2012

Saisie en date du 03 février par le parti politique dénommé Parti Chrétien Démocrate pour le Développement Intégral Congolais, PCDI en sigle, en contestation des résultats provisoires des élections législatives proclamés par la Commission Electorale Nationale Indépendante, CENI en sigle, dans la circonscription électorale de MBANDAKA, province de l'Equateur, en raison des graves irrégularités observées, lors du scrutin, la Cour ne s'est prononcée qu'en date du 25 avril 2012, soit deux mois et vingt-deux jours.

Mais, qu'adviendra-t-il si la Cour statue hors délais ?

Pour notre part, cette juridiction pourra, à tout moment, rendre sa décision sans être en dépassement du délai, en vertu de l'adage « *les voies de nullité n'ont lieu contre ses arrêts* »[662]. Cependant, dans la perspective de la consolidation de l'Etat de droit, il est indispensable que ce juge rende son verdict dans le délai de la loi pour impulser la culture du respect des délais prescrits par la loi, en matière des décisions de justice. Par ailleurs, le législateur devra *expressis verbis* assortir le dépassement de délai des sanctions pour amener le juge à faire preuve de diligence afin de départager les parties dans cette matière hautement sensible.

D'ailleurs, Evariste Boshab Mabudj opine qu' « en matière de contentieux électoral, lorsque le législateur tient au respect d'un délai, dans l'intérêt du candidat ou de la communauté, pour que le retard éventuel des Cours et tribunaux n'entraîne le juge démocratique, il prend la précaution de l'assortir d'une sanction. Puisque le législateur n'a prévu aucune sanction à cet effet, on considère donc que ce sont des délais indicatifs pour une bonne administration de la justice. Il s'agit simplement d'inviter les magistrats à déployer les efforts nécessaires pour se conformer auxdits délais »[663].

Il faut relever qu'en matière du contentieux des élections, les juridictions compétentes « *statuent sur pièces et sans frais* »[664].

Cette gratuité en matière de justice électorale traduit la volonté du législateur de garantir le droit d'accès aux instances compétentes, à tout candidat indépendant ou son mandataire ainsi qu'à tout parti ou regroupement politiques ou leur mandataire.

---

662 Pour l'explication de cet adage, voir *supra.*

663 E. BOSHAB MABUDJ, « Le principe de la séparation des pouvoirs à l'épreuve de l'interprétation des arrêts de la Cour Suprême de Justice par l'Assemblée Nationale en matière de contentieux électoral », inG. BAKANDEJA wa MPUNGU et alii, *Participation et responsabilité des acteurs dans un contexte d'émergence démocratique en République Démocratique du Congo, op.cit.*, pp.19-27.

664 Article 74, alinéa 4 de la loi électorale.

4°) La sanction en matière de contentieux électoral

Si les recours sont déclarés irrecevables ou non fondés, la Cour Suprême de Justice proclame les résultats définitifs[665].

Si la Cour Suprême de Justice admet un recours pour erreur matérielle, elle rectifie le résultat erroné. Elle communique l'arrêt à la Commission électorale nationale indépendante aux fins de publication[666].

A titre exemplatif, présentons l'arrêt RCE. 425/465/466/556 du 25 avril 2012.

Par cet arrêt, le juge électoral, a rectifié les erreurs matérielles[667] commises par l'administration électorale, en faveur des candidats Ngoy Mulunda Nyanga Emmanuel et Ramazani Masudi Kilele Mabuga, tous deux, proclamés provisoirement élus par la CENI.

La correction desdites erreurs matérielles a eu comme conséquence le rétablissement de la régularité du scrutin au profit de Madame Katumwa Mukalay Vicky de l'UDCO avec 7024 voix et Monsieur Ali Bin Omari Simukinje de l'UNAFEC avec 10.648 voix

Du reste, la Cour Suprême de Justice peut annuler le vote en tout ou en partie lorsque les irrégularités retenues ont pu avoir une influence déterminante sur le résultat du scrutin[668].

Il s'ensuit que l'arrêt d'annulation des élections doit être immédiatement signifié par l'huissier de justice aussi bien au Bureau de la Commission électorale nationale indépendante qu'à la partie intéressée[669].

Dès lors, un nouveau scrutin est organisé dans un délai fixé par la Commission électorale nationale indépendante.

Cependant, l'on peut observer qu'à cause notamment du manque de spécialisation des juges congolais en matière électorale, le phénomène de juridicisation du contentieux connaît déjà des dysfonctionnements qui en réduisent les ambitions initiales.

La curiosité scientifique combinée avec le souci de rendre compte de l'évolution jurisprudentielle et législative conduit à l'analyse du projet de loi organique relative à la procédure devant la Cour de cassation et du projet de

---

[665] Article 75, alinéa 1er de la loi électorale.

[666] Article 75, alinéa 2e de la loi électorale.

[667] Notamment au Centre 12.528 qui a compté les bureaux K et L, le candidat NGOY MULUNDA NYANGE Emmanuel a obtenu à chacun de ces bureaux une voix ; au Centre 12.514 composé des bureaux G, H, I et K, il a obtenu respectivement 5, 1, 1 et 1 voix. Mais sur la fiche des résultats, la CENI lui a illicitement attribué 122 et 100 voix ; 145, 174, 99 et 100 voix. Le même constat a été observé pour le candidat RAMAZANI MASUDI KIELE MABUGA qui, aux Centres 12.514, 12.515, 12.528 et 12.523 comprenant respectivement les bureaux A, L, G, H, J ; J, L, H, F et G, avait effectivement obtenu 2 ; 5, 4, 5, 1 ; 2, 18, 5 et 0 soit au total 44, mais d'après les fiches de résultats, la CENI lui attribué, après falsification, 374 voix, accusant un excédent de 330 voix.

[668] Article 75, alinéa 3 de la loi électorale.

[669] Article 76, alinéa 1er de la loi électorale.

loi organique portant organisation, fonctionnement, compétence et procédure devant les juridictions de l'ordre administratif.

§4. La loi organique portant organisation et fonctionnement de la Cour constitutionnelle[670]

Sous l'empire de cette loi, la Cour connaît de la constitutionnalité des traités et accords internationaux, des lois, des actes ayant force de loi, des édits, des Règlements intérieurs des chambres parlementaires, du Congrès et des institutions d'appui à la démocratie ainsi que des actes réglementaires des autorités administratives[671]. De même, elle connaît des recours en interprétation de la Constitution à la requête du président de la République, du Gouvernement, du président du Sénat, du président de l'Assemblée nationale, d'un dixième des membres de chacune des chambres parlementaires, des gouverneurs de provinces et des présidents des Assemblées provinciales[672]. En sus, la Cour connaît des conflits de compétences entre le pouvoir exécutif et le pouvoir législatif[673], entre l'Etat et les provinces[674], elle connaît des conflits d'attributions entre les ordres de juridictions[675].

Par ailleurs, la Cour est la juridiction pénale du président de la République et du premier ministre pour les infractions politiques de haute trahison, d'outrage au parlement, d'atteinte à l'honneur ou à la probité ainsi que pour délit d'initié conformément aux dispositions de l'article 72 de la loi organique.

Enfin, la Cour est juge du contentieux des élections présidentielle, législatives nationales et du référendum, de la déclaration du patrimoine familial du président de la République et des membres du Gouvernement, de la déclaration de vacance de la présidence de la République et de la prolongation du délai des élections.

L'étendue des compétences attribuées à la Cour constitutionnelle à travers la loi organique sous examen, traduit sans nul doute le souci du constituant d'instaurer un Etat de droit constitutionnel dont la protection de la Constitution, le respect des droits de l'Homme et des libertés publiques, la moralisation de la vie publique et la redévabilité des gouvernants sont des indicateurs majeurs.

---

[670] Loi organique n°13/026 du 15 octobre 2013 portant organisation et fonctionnement de la Cour constitutionnelle de la République Démocratique du Congo, Journal officiel de la RDC, n°spécial, du 18 octobre 2013.

[671] Article 43 de la loi organique n°13/026 du 15 octobre 2013.

[672] Article 54 de la loi organique n°13/026 du 15 octobre 2013.

[673] Article 57 de la loi organique n°13/026 du 15 octobre 2013.

[674] Article 61 de la loi organique n°13/026 du 15 octobre 2013.

[675] Article 65 de la loi organique n°13/026 du 15 octobre 2013.

§5. loi organique relative à la procédure devant la Cour de cassation[676]

La Cour de cassation est la juridiction suprême sous le contrôle de laquelle sont placés les Cours et tribunaux civils et militaires[677].

Contrairement à la Cour Suprême de Justice (qui était, tout à la fois, une juridiction de fond, celle de cassation d'annulation, une juridiction des avis et d'interprétation des textes voire constitutionnelle), la Cour de cassation est juge de droit et non du fond[678]. Toutefois, il convient de relever qu'elle statue comme juge de fond à l'égard des personnes énumérées à l'article 153 de la Constitution[679] et en matière d'appel contre les décisions rendues, au premier degré, par les Cours d'appel en matière répressive.

La Cour de cassation assure le contrôle de légalité car il lui est reconnu le droit de casser toutes les décisions de dernier ressort prises en violation de la loi ou de la coutume.

En sus, cette juridiction se préoccupe de l'unité de la jurisprudence dans la mesure où ses décisions s'imposent aux juridictions de renvoi.

Par ailleurs, les arrêts rendus par la Cour de cassation peuvent être attaqués devant la Cour constitutionnelle lorsque la Cour de cassation déclare une juridiction de l'ordre judiciaire compétente pour connaître d'une même demande entre les mêmes parties[680].

De tout ce qui précède, l'on peut affirmer que la Cour de cassation est un instrument au service de l'Etat de droit et de la bonne gouvernance à travers la moralisation de la vie politique, matérialisée par la mise en œuvre de la responsabilité pénale des hommes politiques[681].

Cependant, le manque de promotion de l'excellence dans la gestion de la carrière, dédoublée de la politisation des postes de responsabilité, constituent des obstacles non négligeables à la concrétisation des objectifs

[676] Loi organique n°13/010 du 19 février 2013 relative à la procédure devant la Cour de cassation, Journal officiel de la République Démocratique du Congo, 54ème année, n°spécial du 20 février 2013.

[677] Article 153 de la Constitution de la RDC du 18 février 2006 telle que modifiée à ce jour.

[678] Voir l'exposé des motifs de la loi organique relative à la procédure devant la Cour de cassation.

[679] Il s'agit des personnes ci-après : les membres de l'Assemblée Nationale et du Sénat, les membres du gouvernement autres que le Premier Ministre, les membres de la Cour constitutionnelle, les magistrats de la Cour de cassation ainsi que ceux du parquet près cette Cour, les membres du conseil d'Etat et les membres du parquet près ce conseil, les membres de la Cour des comptes et les membres du parquet près cette Cour, les premiers présidents des Cours d'appel ainsi que les procureurs généraux près ces cours, les premiers présidents des cours administratives d'appel et les procureurs généraux près ces cours, les gouverneurs, les vice-gouverneurs de province et les ministres provinciaux ainsi que les présidents des assemblées provinciales.

[680] Article 161, alinéa 4 de la Constitution de la RDC du 18 février 2006 telle que modifiée à ce jour; voir également les articles 65-66 de la loi organique n°13/026 du 15 octobre 2013.

[681] Article 153 de la Constitution de la RDC du 18 février 2006 telle que modifiée à ce jour. , point 1-10.

recherchés par le constituant du 18 février 2006[682] à travers l'éclatement de la Cour Suprême de Justice en trois ordres de juridictions.

Il importe, à présent, d'étudier le projet de loi organique portant organisation, fonctionnement, compétence et procédure devant les juridictions de l'ordre administratif.

§6. Le projet de loi portant organisation, fonctionnement, compétences et procédure devant les juridictions de l'ordre administratif

Les Tribunaux et cours administratifs placés sous le contrôle du Conseil d'Etat forment l'ordre administratif[683].

Le Conseil d'Etat connaît, en premier et dernier ressort, des recours pour violation de la loi, formés contre les actes, règlements et décisions des autorités administratives centrales[684].

Cette juridiction connaît, en outre, en appel des recours contre les décisions administratives d'appel[685].

Lorsqu'il n'existe pas d'autres juridictions compétentes, le Conseil d'Etat connaît de demandes d'indemnités relatives à la réparation d'un dommage exceptionnel, matériel ou moral résultant d'une mesure prise ou ordonnée par les autorités de la République.

Les arrêts du Conseil d'Etat peuvent être attaqués devant la Cour constitutionnelle[686]. Il en est ainsi lorsque le Conseil d'Etat déclare une juridiction de l'ordre administratif compétente pour connaître d'une même demande mue entre les mêmes parties.

De même, le recours n'est recevable que si une exception d'incompétence a été soulevée par ou devant le Conseil d'Etat au motif que la demande relève en tout ou en partie de l'ordre judiciaire[687].

Par ailleurs, le projet de loi organique sous examen définit l'exception d'inconstitutionnalité en ces termes : « lorsque la solution d'un litige porté devant les juridictions de l'ordre administratif est subordonnée à l'appréciation de la constitutionnalité des dispositions d'une loi, d'un acte, d'un règlement, d'une décision ou des stipulations d'un traité ou d'un accord international, ces juridictions saisissent obligatoirement la Cour constitutionnelle de l'exception d'inconstitutionnalité ainsi soulevée et

---

[682] Il s'agit de l'efficacité, de la spécialité et de la célérité dans le traitement des dossiers.
[683] Article 154 de la Constitution de la RDC du 18 février 2006 telle que modifiée à ce jour.
[684] *Idem.*
[685] Article 154 de la Constitution de la RDC du 18 février 2006 telle que modifiée à ce jour.
[686] Article 161, alinéa 4 de la Constitution de la RDC du 18 février 2006 telle que modifiée à ce jour. Lire également l'article 66 de la loi organique n°13/026 du 15 octobre 2013.
[687] Article 67 de la loi organique n°13/026 du 15 octobre 2013.

sursoient à statuer jusqu'à ce que la Cour constitutionnelle se soit prononcée »[688].

L'observation conduit à soutenir qu'à l'heure actuelle, la carence de spécialisation de certains magistrats en matière administrative constitue un goulot d'étranglement à l'aboutissement de la réforme en cours.

Pour y parvenir, le recyclage des magistrats ainsi que le recrutement du personnel spécialisé en cette matière hautement technique s'imposent.

A cet effet, il faut relever que la spécialisation n'est pas à confondre avec l'obtention d'une licence ou d'un doctorat en droit public. Si la licence ou le doctorat confère respectivement les titres de licencié ou de docteur en cette matière, la spécialisation, elle, se rattache à la praxis, mieux à la pratique du droit, à l'issue du diplôme obtenu.

En clair, la spécialisation implique qu'au-delà de l'obtention du diplôme, l'intéressé puisse acquérir des aptitudes et des réflexes tirés de la pratique du droit.

---

[688] Article 502 du projet de loi organique portant organisation, fonctionnement et procédure devant les juridictions de l'ordre administratif.

CONCLUSION DU TITRE TROISIEME

Née de la décolonisation, à la faveur du mimétisme constitutionnel et institutionnel de 1960, la justice constitutionnelle a fait sa réapparition en RD. Congo à la suite de la relance de la démocratisation en 1990, après un long moment d'obscurantisme politique et idéologique créé par la Deuxième République.

Justifié par la nécessité de juridiciser la vie politique, c'est-à-dire assurer la soumission des autorités politiques et de leurs actes aux règles juridiques, le phénomène est omniprésent dans la quasi-totalité des constitutions congolaises.

Cependant, l'analyse révèle que depuis sa réception, le mécanisme est en proie à des sérieux problèmes de son endogénéisation considérée comme la condition sine qua non de son effectivité et de son efficience.

L'aboutissement du processus passe par l'aménagement des conditions susceptibles de contribuer au renforcement de l'indépendance des acteurs de la justice constitutionnelle.

CONCLUSION DE LA PREMIERE PARTIE

La recherche des facteurs explicatifs de la phénoménologie de la justice s'est servie du droit comparé pour évaluer, à partir des expériences d'autres pays, les différentes manifestations de la justice constitutionnelle en République Démocratique du Congo.

La démarche a permis d'identifier la justice constitutionnelle, comme étant celle des pouvoirs publics ou constitutionnels.

Dans le cadre des illustrations de l'apparition de cette justice, un précédent heureux a pu être relevé : de l'affaire Marbury contre Madison (1803) à l'occasion de laquelle le juge américain Marshall a pris le courage de sanctionner une loi qui n'était pas conforme à la Constitution fédérale américaine.

Relativement au discours commun des scientifiques-situant la naissance de cette justice dans l'affaire sus-mentionnée-l'étude remonte jusqu'à l'affaire Wollingsworth contre Virginia où l'on trouve l'exemple éloquent du contrôle de constitutionnalité des amendements constitutionnels aux Etats-Unis d'Amérique, déjà assuré en 1798.

Au côté du modèle américain de justice constitutionnelle, il lui a été opposé le modèle européen dont la réalisation est le fruit des grands travaux de recherche menés par Kelsen. Il est admis qu'en Europe continentale, la justice constitutionnelle vient du souci de contrer le légicentrisme favorisé par le parlementarisme absolu, triomphant ou l'ultra-parlementarisme selon qu'il s'agit de l'opinion de Carré De Malberg, de Caporal ou de Prelot.

Par-delà les lieux d'origine, nous avons examiné la justice constitutionnelle en République Démocratique du Congo dans ses phases de réception et d'endogénéisation.

En République Démocratique du Congo, les normes constituantes ont toujours prescrit cette matière sous réserve des pesanteurs qui se présentent en rapport avec l'installation et le fonctionnement de la juridiction qui en a la charge. Depuis la Loi Fondamentale du 19 mai 1960 jusqu'à ce jour, la justice constitutionnelle fonctionne dans un contexte caractérisé, notamment par la tendance à la politisation des institutions étatiques, le manque de volonté politique, carence du personnel qualifié et le manque de confiance des acteurs politiques et des citoyens vis-à-vis de l'institution. D'où la problématique de son efficacité.

DEUXIEME PARTIE : LA JURIDICISATION DE LA VIE POLITIQUE PAR LA JUSTICE CONSTITUTIONNELLE

Le droit est, par excellence, un phénomène social. Il joue un rôle fondamental dans l'organisation de la société puisqu'il oriente, encadre, voire contraint les conduites collectives et individuelles. Un certain nombre d'analyses font le constat d'un rôle croissant de la dimension juridique dans la régulation des rapports sociaux[689].

Ce mouvement de juridicisation du social et du politique-dont témoignent la prolifération et la diversification de la règle de droit[690], la réglementation des pratiques de financement des partis politiques[691], l'essor du mouvement constitutionnaliste[692] mais aussi l'émergence de « la question du droit [...] comme l'un des axes fondamentaux d'un débat politique rénové »[693] - s'accompagne d'un processus parallèle de judiciarisation[694]. Sous le coup d'une forte demande sociale, notamment la quasi-totalité des « problèmes » sociaux et politiques sont traités par l'institution judiciaire, qu'il s'agisse de l'affaire du sang contaminé, de l'effondrement de la tribune du stade de Furiani, ou de scandales politico-financiers, à tel point que la justice peut apparaître comme l'ultime gardien de la légalité et de la

---

689 Lire notamment, J. CAILLOSSE, « Droit et politique : vieilles lunes, nouveaux champs », in *Droit et Société*, n°1994, pp.127-154 et J. CHEVALLIER, « Présentation », in *CURAPP*, *Droit et politique*, Paris, PUF, 1993, pp.5-10.

690 J. COMMAILLE, L. DUMOULIN et C. ROBER, *La juridicisation du politique*, *op.cit.*, p.9.

691 Voir notamment D. DAUVIGNAC, « La politique investie par le droit ? La Commission nationale des comptes de campagnes et des financements politiques » in CURAPP, *Droit et politique, op.cit.*, pp.183-187 et D. MAUS, « Le financement de la vie politique », in CURAPP, *Droit et politique, op.cit.*, pp.189-196.

692 Voir Y. POIRMEUR, « Thèmes et débats autour du constitutionnalisme », in CURAPP, *Droit et politique*, *op.cit.*, pp.13-39.

693 L. COHEN-TANUGI, *Le droit sans l'Etat*, PUF, Paris, 1985, p.19.

694 J. COMMAILLE, L. DUMOULIN et C. ROBER, *La juridicisation du politique*, *op.cit.*, pp.200-201. Pour ces auteurs, ce phénomène évoque la légitimation de l'immixtion du pouvoir judiciaire dans le traitement des questions relevant naguère de la compétence exclusive des autorités politiques. Ils affirment que ce passage de l'arène politique vers l'arène judiciaire entraîne comme conséquence un recours de plus en plus régulier au droit comme ressource, par les acteurs sociaux et une extension du traitement d'affaires concernant les hommes politiques, particulièrement en matière de corruption, à l'initiative du juge.

démocratie[695]. L'avènement de cette « démocratie juridique »[696] n'est pas sans effet sur la place des juristes, considérés en tant que catégorie sociale et professionnelle, dans l'espace du politique et plus largement dans la société. Au fur et à mesure que la politique se juridicise et se judiciarise, s'opèrent ainsi de véritables recompositions autour de la place qu'occupent les professionnels du droit[697].

Dans le cadre de l'étude, ce phénomène est analysé à travers la justice constitutionnelle. Les efforts de réflexion se conjuguent sur le rôle que la justice constitutionnelle est appelée à jouer en matière de juridicisation de la vie politique en droit positif congolais.

La juridicité du droit constitutionnel a été longtemps contestée. Il en a été ainsi à cause de l'inexistence des mécanismes sanctionnateurs des violations des dispositions et mécanismes réhabilitateurs des personnes dont les droits et les libertés constitutionnellement garantis sont constamment mis à l'épreuve.

Avec l'avènement du « prétoire constitutionnel », on assiste, de nos jours, à l'évolution du droit constitutionnel qui a pris une nouvelle dimension. Louis Favoreu le qualifie d'une nouvelle conception du droit public qui a pour finalité de « *juridiciser* » la vie politique[698].

La soumission du jeu politique au respect de la règle de droit est un phénomène relativement récent. Il provient, certes, du souci des Etats à promouvoir l'Etat de droit constitutionnel qui a supplanté la démocratie majoritaire où la souveraineté légale et parlementaire était le principe sacro-saint.

Par la justice constitutionnelle, les détenteurs des droits fondamentaux sont habilités à déclencher un processus judiciaire pour veiller à la réalisation du programme normatif de la Constitution[699].

Il convient d'affirmer que les juridictions constitutionnelles ne s'occupent pas seulement du contrôle de constitutionnalité bien qu'il soit fondamental dans l'établissement d'une pyramide où les normes sont

---

695 Voir A. GARAPON, *Le gardien des promesses. Justice et démocratie*, Paris, éd. O. Jacob, 1996 ainsi que « La question du juge », *Pouvoirs*, 74, 1995, pp.13-26 (en particulier les pages 13 à 17).

696 *Idem.*, p.27.

697 Voir notamment D. ROUSSEAU, « Les constitutionnalistes, les politistes et le 'renouveau' de l'idée de Constitution », in CURAPP, *Droit et politique, op.cit.*, pp.40-52, Y. DEZALAY, « Multinationales de l'expertise et dépérissement de l'Etat », *Actes de la recherche en sciences sociales*, n°96/97, 1993, p.3-20 et B. FRANÇOIS, « Une revendication de juridiction. Compétence et justice dans le droit constitutionnel de la Ve République », *Politix, n°10/11, 1990.*

698 Lire à ce propos, F. RUEDA, *Le contrôle de l'activité du pouvoir exécutif par le juge constitutionnel. Les exemples français, allemand et espagnol, op.cit.*, p.5.

699 Lire, J. HAK-SEON, « L'application du principe de proportionnalité dans la justice constitutionnelle en Corée », Séoul, Kwangwoon Universty, 2006, p.2.

hiérarchisées. C'est pour cette raison que Rueda estime que le juge constitutionnel est, d'abord, juge des lois[700].

Au demeurant, ce serait utopique de considérer que la seule mission de la justice constitutionnelle congolaise, est le contrôle de la constitutionnalité des lois.

L'examen des dispositions constitutionnelles relatives aux compétences de la Cour constitutionnelle renseigne que le contrôle de constitutionnalité s'insère dans un ensemble des compétences nombreuses et variées dont les effets et les implications ne sont pas négligeables.

Pour rappel, le juge constitutionnel est à la fois le contrôleur de la régularité des élections, connaît des conflits des compétences entre le pouvoir exécutif et le pouvoir législatif ainsi qu'entre l'Etat et les provinces, interprète la Constitution.

Faut-il souligner que le juge constitutionnel est également compétent pour juger pénalement les hautes autorités de la République comme le Chef de l'Etat et le Premier Ministre.

Toute cette litanie de compétences dévolues à la Cour constitutionnelle démontre que cette juridiction s'érige en organe régulateur de l'ensemble de la vie politique. Elle régule le fonctionnement des Institutions et l'activité des pouvoirs publics. C'est ce qui a fait dire à la présidente de la Cour constitutionnelle du Gabon, Mborantsuo que « *l'intervention des Cours constitutionnelles responsabilise le pouvoir politique* »[701].

Ainsi, les Cours constitutionnelles, en responsabilisant le pouvoir politique et, également, en le limitant, accroissent paradoxalement sa légitimité aux yeux de l'ensemble des citoyens et concourent, de ce fait, à poser les bases d'un régime démocratique.

Les forces politiques doivent accepter cet encadrement juridique du pouvoir par le juge constitutionnel sanctionnateur de toute méconnaissance de la règle fondamentale du droit qu'est la Constitution.

La juridiction constitutionnelle constitue, pour ainsi dire, l'organe de pacification de la vie politique, parce que l'opposition ou la minorité a le moyen de s'assurer que la majorité ne franchit pas les limites fixées par la Constitution.

Elle s'érige en véritable encadreur des pouvoirs politiques. Toutes les possibles errances du politique seraient désormais sanctionnées par la Cour constitutionnelle, aujourd'hui par la Cour Suprême de Justice, toutes sections réunies[702].

---

[700] F. RUEDA, *Le contrôle de l'activité du pouvoir exécutif par le juge constitutionnel. Les exemples français, allemand et espagnol*, *op.cit.*, p.9.

[701] Lire à ce propos, M.-M. MBORANTSUO, *La contribution des Cours constitutionnelles à l'Etat de droit en Afrique*, *op.cit.*, p. 14.

[702] *Idem.*

C'est non sans raison que Louis Favoreu évoqua la question de la juridicisation en parlant de la politique saisie par le droit[703].

Jacques Djoli Eseng'ekeli observe qu'il existe un antagonisme naturel entre le pouvoir politique et le droit. Or, le droit constitutionnel a pour ambition d'instituer le gouvernement des hommes guidés par la raison, par le droit[704].

Cette séquence idéelle prouve, à suffisance, que la finalité du droit constitutionnel demeure la rationalisation de l'activité politique en appliquant un corps des règles aux actes et aux comportements déviants ou non des acteurs politiques. En clair, on aboutit à l'idée que l'ambition du droit constitutionnel est d'édicter et d'étudier les règles devant domestiquer le pouvoir politique[705].

Le souci de la domestication du politique par le droit trouve un fondement historique indubitable. Les égarements des régimes totalitaires et de la monarchie absolue ont conduit à l'établissement d'un nouvel organe susceptible de sanctionner les auteurs de ceux-là et pouvant permettre d'atteindre un Etat de droit constitutionnel.

C'est pourquoi les pouvoirs politiques ont cherché à qualifier les Etats où règne la justice constitutionnelle de « gouvernement des juges »[706]. Cela traduit ouvertement un refus de se pencher sur la signification profonde de la fonction juridictionnelle qui a pour mission de mettre en état les errances politiques.

La fonction juridictionnelle du juge constitue donc un contre-pouvoir, efficace contre les atteintes menaçant les libertés et les droits fondamentaux de la personne humaine.

Elle se trouve, aujourd'hui, renforcée car à son rôle traditionnel d'appliquer les lois, s'ajoutent le contrôle des actes réglementaires, la poursuite pénale du Chef de l'Etat, du Premier Ministre et de leurs complices et coauteurs.

De ce fait, si l'exécutif et le législatif peuvent se voir attribuer la mission de représenter la majorité[707], le juge constitutionnel se voit chargé d'agir pour le compte de l'ensemble de la communauté, en particulier à travers la défense de la norme constitutionnelle, et donc, de dégager des compromis entre la satisfaction d'intérêts majoritaires et le respect d'intérêts

---

703 Lire à ce sujet L. FAVOREU, *La politique saisie par le droit*, Paris, Economica, 1988, p.153.

704 J. DJOLI ESENG'EKELI, *Droit constitutionnel : principes structuraux, op.cit.*, p.1.

705 J. DJOLI ESENG'EKELI, *Droit constitutionnel : principes structuraux, op.cit.*, p.1.

706 Telle a été la lecture que fit le Lyonnais E. LAMBERT depuis 1921. En tout état de cause, cette vision gouvernementaliste du juge constitutionnel ne peut emporter la réalité juridique du moment que le juge ne peut se saisir et, même quand il est saisi, sa décision peut toujours être contournée par les lois postérieures.

707 La situation de double représentation s'apprécie fort dans un régime parlementaire bi-représentatif. Pour cette dernière notion, lire M.-A. COHENDET, « Cohabitation et Constitution », in *Pouvoirs n°91*, 2001, pp.33-57.

minoritaires. L'œuvre du juge est à la fois déterminative et agressive selon qu'il valide ou pas les politiques juridiques des autorités, coulées en actes juridiques.

Dans ce sens, le contrôle juridictionnel permet d'affirmer qu'on n'a pas juridiquement tort parce qu'on est politiquement minoritaire[708].

Le juge constitutionnel paraît, pour ainsi dire, « *la voix des sans voix* », le défenseur non seulement de la majorité mais aussi de la minorité.

Du reste, la saisie du pouvoir politique par le droit s'explique et se fonde plus sur l'applicabilité des normes. Autrement dit, c'est à travers la jurisprudence constitutionnelle qu'il est loisible de constater la juridicisation de la vie politique.

Il en est ainsi parce qu'une norme trouve son efficacité dans son applicabilité. On ne considère « une norme juridique comme objectivement valable que si la conduite humaine qu'elle règle y correspond efficacement, tout au moins, jusqu'à un certain point. Une norme, qui n'est appliquée [...], n'est pas reconnue comme une norme juridique objectivement valable. Un minimum d'efficacité est donc une condition de la validité des normes juridiques »[709].

En d'autres termes, une norme qui n'est jamais obéie ou appliquée n'est pas valable. Cette norme peut perdre sa validité par le fait qu'elle demeure d'une façon permanente inappliquée et non obéie. C'est ce que l'on appelle la désuétude[710].

Cette conception n'est pas en déphasage avec celle qui découle du réalisme juridique. Pour celle-ci, l'efficacité de la norme juridique s'apprécie par le fait qu'elle est suivie ou obéie par les sujets qui en sont les destinataires[711].

Il s'ensuit que le vrai droit est celui qui est effectivement appliqué par les Cours et Tribunaux, non pas celui qui est exprimé dans les lois seulement. Le réalisme juridique définit le droit comme « ce que font les tribunaux »[712].

Cette doctrine exige l'examen de la jurisprudence constitutionnelle afin de rendre compte de la juridicisation de la politique.

---

[708] J. DJOLI ESENG'EKELI, *Droit constitutionnel : principes structuraux, op.cit.*, p.154.

[709] Lire à ce propos H. KELSEN, *Théorie pure du droit, op.cit.*, p.287 ; H. KELSEN, *Théorie générale des normes, op.cit.,*pp.3 et s.

[710] H. KELSEN, *Théorie pure du droit, op.cit.*, p.288.

[711] Lire R. GUARTINI, « Sur la validité de la contribution du point de vue du positivisme juridique », in M. TROPER et L. JAUME (dir.), *1789 et l'intervention de la Constitution, Actes du colloque de Paris organisé par l'Association française de science politique, les 2, 3 et 4 mars 1989*, Paris, Bruxelles, LGDJ, Bruylant, 1994, p.221.

[712] Par exemple, K. L. LIEWELLY écrit : « *ce que font ces personnages officiels (les juges, les shérifs, les gardiens de prison ou les avocats), au sujet de conflits, constitue, à mes yeux, le vrai droit lui-même* ». [F. MICHAUT, « L'approche scientifique du droit chez les réalistes américains », in R. AMSELEK (dir.), *Théorie du droit et science*, Paris, PUF, Coll. « Léviathan », 1994, p.272.

L'étude de la juridicisation de la vie politique par la justice constitutionnelle, permet de comprendre l'évolution en dents de scie de cette charge confiée au juge constitutionnel. Cette asymétrie sera nourrie d'illustrations, de même ordre, aussi bien dans le passé congolais qu'en droit comparé.

Trois titres rendent compte de cette préoccupation. Il s'agit des contentieux constitutionnel, (Titre I), électoral et pénal (Titre II) en vue de dégager des perspectives heureuses pour une justice constitutionnelle efficace et effective en République Démocratique du Congo (Titre III).

TITRE PREMIER : LE CONTENTIEUX CONSTITUTIONNEL

La juridicisation de la vie politique par le contentieux constitutionnel, passe par l'ensemble des règles d'organisation, de compétence et de fonctionnement des juridictions constitutionnelles, mais également des litiges qui leur sont soumis.

Consacré au contentieux constitutionnel, l'exercice s'articule autour du contrôle de la constitutionnalité[713] (chapitre I) suivi de l'interprétation de la Constitution (chapitre II).

[713] Rappelons encore que le contrôle de constitutionnalité ne représente que l'un des éléments de la théorie de la justice constitutionnelle et ne s'identifie pas à celle-ci. L. FAVOREU et L. PHILIP, *Les grandes décisions du Conseil constitutionnel*, *op.cit.*, p. 200 ; Ch. DEBBASCH, in préface de M.-M. MBORANTSUO, *La contribution des Cours constitutionnelles à l'Etat de droit en Afrique, op.cit.*, pp. XIV et 181.

CHAPITRE I : LE CONTROLE DE CONSTITUTIONNALITE

Georges Vedel définit le contrôle de constitutionnalité comme suit : « Ce n'est pas autre chose que la vérification, par une autorité compétente, que le principe de la constitutionnalité est respecté, avec, comme sanction, la possibilité d'annuler ou de paralyser l'acte inconstitutionnel[714]».

C'est dire que tout contrôle de constitutionalité a une possibilité d'aboutir à une sanction négative de l'acte juridique en cause. Il ne faudrait pas voir dans cet exercice que des sanctions négatives. Il y a contrôle de constitutionalité même lorsque le juge constitutionnel déclare conforme à la Constitution l'acte attaqué ou le dote d'un brevet de constitutionnalité[715].

L'idée a convaincu une partie de la doctrine qui a défini le concept comme cette « procédure, ou ensemble de procédures, ayant pour objet de garantir la suprématie de la Constitution en annulant ou en paralysant l'application de tout acte qui lui serait contraire[716]. » La sanction est au conditionnel et le juge n'est toujours pas le législateur négatif.

C'est en raison de cette conception objective de la notion qu'il sera fait une étude du contrôle de constitutionnalité des actes des pouvoirs constituant et législatif (Section I) et ceux du pouvoir exécutif (Section 2).

SECTION 1 : LE CONTROLE DE CONSTITUTIONNALITE DES ACTES DES POUVOIRS CONSTITUANT ET LEGISLATIF

Dans ce paragraphe, il sera question d'étudier la jurisprudence produite par la Cour constitutionnelle en matière du contrôle de la constitutionnalité des actes du pouvoir constituant (§1) et du pouvoir législatif (§2).

---

[714] G. VEDEL, *Manuel élémentaire de droit constitutionnel*, Paris, Dalloz, 2002, p.122.

[715] Cette conception négativiste du contrôle est soutenue par M. DUVERGER qui définit ce concept juridique comme « cette *opération de vérification, qui doit normalement aboutir à l'annulation ou à la non application de la loi* ». M. DUVERGER, *Institutions politiques et droit constitutionnel(les grands systèmes politiques),* Paris, PUF, 1978, p.219.

[716] M. De VILLIERS et A. Le DIVELLEC, *Dictionnaire du droit constitutionnel*, *op.cit.*, p.84.

§1. Le contrôle des actes du pouvoir constituant

Le pouvoir constituant revêt deux réalités : l'une est de droit et l'autre de fait.

En droit, il n'y a qu'un seul pouvoir constituant, c'est celui qui édicte une norme ou des normes constitutionnelles suivant les règles prévues par la Constitution[717].

A notre avis, le pouvoir constituant originaire est un pouvoir illimité, car c'est un pouvoir de fait, et il ne s'exerce qu'en dehors de toute Constitution.

Par conséquent, il n'existe aucune règle (constitutionnelle ou *supra* constitutionnelle) qui s'impose à l'exercice de ce pouvoir[718].

Pour y parvenir, un examen du contrôle de constitutionnalité des actes du pouvoir constituant dérivé en droit national (1er) et en droit comparé (2e) s'avère indispensable.

1°) En droit national

La première question à se poser est celle de l'identification de l'acte juridique par lequel ce pouvoir statue. Cette question permet de déterminer si l'acte incriminé rentre dans la catégorie des actes susceptibles de contrôle de constitutionnalité.

Il faudrait décrire la norme juridique en la matière (a) pour y trouver la nature juridique de l'acte qui révise la Constitution.

Cette démarche nous permet de nous rendre compte de l'existence ou non des actes du pouvoir constituant dérivé ayant déjà subi le contrôle de constitutionalité (b).

a) La forme de l'acte juridique révisant la Constitution

La Constitution du 18 février 2006 ne détermine pas très clairement la nature de cet acte. Elle prescrit seulement que la révision est initiée soit par un projet, une proposition de loi, soit par une pétition[719].

---

[717] K. GÖZLER, *Le pouvoir de révision constitutionnelle*, *op.cit.*, p.45.

[718] *Idem.*, p.111.

[719] Article 218, alinéa 4 de la Constitution indique que l'initiative du projet appartient au Président de la République et au gouvernement après délibération en Conseil des ministres, la proposition à chacune des chambres du Parlement à l'initiative de la moitié de ses membres et, la pétition d'une fraction du peuple congolais, en l'occurrence 100.000 personnes, s'expriment par une pétition adressée à l'une de deux chambres. Telle est l'interprétation possible de cette disposition.

A l'alinéa 3 de l'article 218 du même texte, le constituant dispose que « la révision n'est définitive que si le projet, la proposition ou la pétition est approuvée par référendum»[720].

Peut-on se permettre, après une telle lecture, de se poser la question de savoir si *la révision* doit être l'intitulé de cet acte ou que ce sont le projet, la proposition ou la pétition de révision qui doivent être la forme de révision constitutionnelle, *selon le cas* ?

Dans le premier cas, point n'est besoin d'y croire puisque la révision est, au sens ordinaire, une action d'examiner de nouveau en vue de corriger ou de modifier un texte. Nous pouvons donc conclure à une activité et non à un acte[721]. L'acte de révision n'est pas la révision, mais plutôt il est l'issue favorable de la révision. Il la rend définitive.

Dans le second cas, l'argument est à trouver dans la pratique. Depuis 1960, l'acte qui révise les normes constituantes n'a jamais eu pour forme définitive le projet, la proposition ou la pétition. Ces derniers ne sont, comme les noms l'indiquent, que des formes provisoires.

Les formes adoptées du 17 avril 1970 au 20 janvier 2011 sont au nombre de trois[722] :

- *Ordonnance-loi ;*
- *Décret-loi constitutionnel ;*
- *Loi.*

Dans la pratique, on relève que l'ensemble des Constitutions de la République Démocratique du Congo, a été révisé par, soit l'Ordonnance-loi, soit la Loi, soit encore le Décret-loi constitutionnel.

Ces normes étant susceptibles de contrôle de constitutionnalité, il importe de savoir s'il y a eu, depuis 2006, un tel contrôle de constitutionalité. Dans le cas contraire, c'est le recours à l'histoire constitutionnelle ou au droit comparé qui peut aider à la compréhension de ce phénomène en droit positif congolais.

b) Contrôle de constitutionnalité d'une loi portant révision de la Constitution en droit positif congolais.

---

[720] In *JORDC*, numéro spécial, 47e année, p.74.

[721] C'est une activité en ce sens qu'elle est un ensemble d'actions humaines visant un but déterminé qu'on a généralement trouvé dans les exposés des motifs. Elle n'est pas un acte juridique puisqu'elle n'est pas une manifestation de volonté destinée à produire des effets de droit. En soi, la révision, en tant que processus ne crée, ne modifie, ne transmet, ne constate et n'éteint une situation juridique ou un droit.

[722] Lire IYELEZA MOJU-MBEY et Alii, *Recueil des textes constitutionnels de la République du Zaïre du 19 mai 1960 au 28 avril 1991 avec annexe de la charte coloniale du 18 octobre 1908*, *op.cit.*, p.85 ; Décret-loi constitutionnel n°003 du 27 mai 1997 tel que modifié, in *Journal Officiel de la République Démocratique du Congo*, 52ème année, 1ère partie, n° 3 du 1er février 2011, pp.1-5.

La préoccupation est celle de savoir si la Constitution détermine ou non la loi qui la révise et si celle-ci peut être contrôlée par le juge.

Il résulte de l'analyse de la Constitution du 18 février 2006 que le contrôle de constitutionnalité d'une loi portant révision de la Constitution n'est pas prévu.

Par ailleurs, l'examen de la jurisprudence constitutionnelle nous permet d'affirmer que jusqu'à ce jour la juridiction constitutionnelle ne s'est pas encore prononcée, par un arrêt de principe, sur cette question.

Par conséquent, considérer que la loi portant révision de la constitution, qui n'est pas une loi organique ou une loi de finances[723], induit-il que cette norme législative fait partie des autres catégories des lois et donc susceptibles de contrôle de constitutionnalité[724] ?

Comme le juge ne s'est pas encore prononcé sur cette question, faute de l'existence d'un cas soumis à son examen, *il n'appartient pas à la science du droit d'inventer [des] solutions lorsqu'elles n'existent pas positivement*[725]. Cette attitude n'est-elle pas constitutive de l'abstention coupable dans le chef des acteurs politiques qui devraient saisir la juridiction constitutionnelle chargée de la protection de la Constitution et des droits et libertés qu'elle garantit?

Devant une telle impasse, l'incursion en droit comparé s'impose afin d'orienter non seulement le juge dans le cadre de la juridicisation de la vie politique, mais également les acteurs en présence : la majorité et l'opposition politiques.

2°) En droit comparé

Pour y arriver, nous procédons à l'examen du droit comparé africain et non africain.

a) Le recours au droit comparé africain

En Afrique, il y a des cas de contrôle de constitutionnalité des lois qui révisent les normes constituantes. Ces cas concernant l'incompétence (a.1) ou non du juge (a.2).

---

[723] C'est du fait qu'elle n'est pas soumise à un contrôle a priori obligatoirement en vertu des articles 124, 125, 126 et 160, alinéa 2 de la Constitution de la RDC du 18 février 2006 telle que modifiée à ce jour.

[724] C'est la position du juge malien dans son arrêt n°01-128 du 12 décembre 2001 spécialement les 9ème et 10ème considérants.

[725] K. GÖZLER, *Le pouvoir de révision constitutionnelle*, *op.cit.*, p.462.

a.1 L'incompétence du juge constitutionnel

Le Conseil constitutionnel sénégalais a été, en date du 22 décembre 2005, saisi d'un recours en inconstitutionnalité enregistrée à son greffe le 23 décembre 2005 sous le numéro 3/C/2005 contre la loi constitutionnelle n° 29/2005 prorogeant le mandat des députés élus, à l'issue des élections du 29 avril 2001, loi votée par l'Assemblée Nationale, le 16 décembre 2005. Cette requête a été rédigée par O.-T. Dieng, A. Dansokho, A. Bathily, W. Faye, E. Sarr, A.-M. Ndiaye, M. Tine, O. D. Cisse, M. Diouf, S. KA, M. Diouf, C.-A. Kane, T. Diallo, F. Sarr et A. Mbaye, tous députés à l'Assemblée Nationale.

A l'examen des moyens développés par les requérants, le Conseil s'était déclaré incompétent en ces termes : « *le Conseil constitutionnel n'a pas compétence pour statuer sur la demande susvisée*[726] ».

La motivation de cette décision transpire au 12ème considérant aux termes duquel le juge édicte que : « considérant que la compétence du Conseil constitutionnel est strictement délimitée par la Constitution et la loi organique sur le Conseil constitutionnel ; que le Conseil ne saurait être appelé à se prononcer dans d'autres cas que ceux limitativement prévus par ces textes ; que le Conseil constitutionnel ne tient ni des articles 74 et 103 de la Constitution, ni d'aucune disposition de la loi organique le pouvoir de statuer sur une révision constitutionnelle »[727].

Il faut noter que le mimétisme qui est un phénomène quasi universel est aussi patent à travers les motivations des décisions de justice. L'écriture de la décision du Conseil constitutionnel sénégalais semble avoir été puisée de l'esprit du Conseil constitutionnel français relativement à la question du contrôle de constitutionnalité d'une loi de révision constitutionnelle.

Contrairement à cette opinion, Sindjoun pense que :

« En choisissant de ne pas statuer sur la constitutionnalité d'une loi constitutionnelle, le juge constitutionnel sénégalais a dit le droit constitutionnel positif : il n'est pas compétent en matière de contrôle de constitutionnalité des lois constitutionnelles. Il va sans dire qu'en motivant le rejet du recours en inconstitutionnalité par son incompétence, le Conseil constitutionnel serait tout aussi incompétent s'il lui était soumis une loi constitutionnelle dont l'adoption a violé les procédures ou les dispositions prévues par la Constitution. Car, suivant l'interprétation faite par le juge constitutionnel au sujet de sa compétence, il ne contrôle pas la constitutionnalité d'une loi constitutionnelle. Dès lors, ce sont les acteurs de

---

[726] Affaire 3/c/2005, décision du 18 janvier 2006, p.1.

[727] La remarque à ce niveau est que le juge ne fait même pas mention de l'acte attaqué ; son incompétence est relative à la révision constitutionnelle et non à l'acte de révision constitutionnelle.

la vie politique et de la société civile ou encore les députés qui sont appelés à jouer un rôle important »[728].

Pour notre part, nous pensons que le juge devrait étendre son champ opératoire en examinant la constitutionnalité des lois portant révision de la Constitution en vue de la protection de celle-ci et des droits qu'elle garantit à la personne humaine.

Telle n'a pas toujours été la position du juge dans l'espace africain.

2. La compétence du juge constitutionnel

Dans des nombreux cas, le juge constitutionnel s'est déclaré compétent pour contrôler la constitutionnalité des lois de révision constitutionnelle. Il en a été notamment le cas au Mali, au Bénin et au Tchad.

Par son arrêt n°01-128 du 12 septembre 2001, le juge malien a déclaré inconstitutionnelle une loi constitutionnelle à soumettre au référendum en raison de l'absence d'identité entre le texte publié par le Président de la République et celui adopté par le Parlement[729].

Pour sa part, la Cour constitutionnelle du Bénin a déclaré inconstitutionnelle une loi constitutionnelle au motif que, même si la Constitution a prévu les modalités de sa propre révision, la détermination du peuple béninois à créer un Etat de droit et une démocratie pluraliste, la sauvegarde de la sécurité juridique et de la cohésion nationale commandent que toute révision tienne compte des idéaux qui ont présidé à l'adoption de la constitution, notamment, le consensus national, principe à valeur constitutionnelle[730].

---

728 L. SINDJOUN, Les *grandes décisions de la justice constitutionnelle africaine. Droit constitutionnel jurisprudentiel et politiques constitutionnelles au prisme des systèmes politiques africains*, Bruxelles, Bruylant, 2009, p.341. Cette opinion rencontre dans une certaine mesure celle de J.-L. ESAMBO KANGASHE qui pense que « *le domaine politique étant celui dans lequel la neutralité est souvent rare, le juge constitutionnel doit éviter de se livrer à une juridicisation excessive du jeu politique* ». J.-L. ESAMBO KANGASHE, *La Constitution congolaise du 18 février 2006 à l'épreuve du constitutionnalisme. Contraintes pratiques et perspectives*, *op.cit.*, p.272. Pour notre part, du moment où l'Etat de droit et la démocratie fondent et résument l'ambition et la réputation du droit constitutionnel. Ceci implique la soumission de tout acte juridique autre que la Constitution à celle-ci.

729 Lire l'arrêt en ligne sur www.accpuf.org consulté le 24 décembre 2010.

730 L. SINDJOUN, *Les grandes décisions de la justice constitutionnelle africaine .Droit constitutionnel jurisprudentiel et politiques constitutionnelles au prisme des systèmes politiques africains, op.cit.*, p.333. En fait, la Cour constitutionnelle du Bénin est saisie de 24 recours portant sur le contrôle de conformité d'une loi modifiant la Constitution relative à la modification de la durée du mandat des députés. Devant un tel effort de justice, se pose la question de cerner le réel contenu des normes constituantes. Mais en réalité, c'est au juge seul que revient la tâche de la détermination de l'étendue de la norme de référence en matière de contrôle de constitutionnalité. C'est autant dire que le consensus national, au Bénin, fait partie de la Constitution béninoise.

L'originalité de la décision du juge constitutionnel béninois tient à ce que celui-ci s'affranchit des conditions substantielles de validation ou d'invalidation de la révision de la Constitution telles que limitativement fixées par l'article 156 de la Constitution béninoise : « *aucune procédure de révision ne peut être engagée ou poursuivie lorsqu'il est porté atteinte à l'intégrité du territoire. La forme républicaine et la laïcité de l'Etat ne peuvent faire l'objet d'une révision* »[731] .

L'on peut, toutefois, se demander si l'allongement de la durée du mandat des députés de 4 à 5 ans est un facteur d'appropriation personnelle du pouvoir, de remise en cause de la détermination du peuple béninois à créer un Etat de droit et une démocratie pluraliste, de la sauvegarde de la sécurité juridique et de la cohésion nationale. Ces réserves permettent de mieux faire ressortir l'audace jurisprudentielle de ce juge déterminé à juridiciser et à moraliser la vie politique.

Dans la même perspective, s'inscrit l'avis n°02 de la Cour constitutionnelle du Niger du 25 mai 2009. En effet, alors que l'article 136 de la Constitution nigérienne organise de manière spéciale la procédure de révision de la Constitution, la Cour constitutionnelle donne l'avis suivant lequel le serment de respecter et de faire respecter la Constitution prononcé par le Président de la République avant son entrée en fonction, conformément à l'article 39 de la Constitution, lui interdit d'engager ou de poursuivre le changement de la Constitution. Le serment de respecter la Constitution est considéré comme étant aussi décisif que les dispositions spéciales régissant la révision de la Constitution : changer la Constitution est alors assimilé à un parjure. Le pouvoir constituant institué que détient le Président de la République est un pouvoir de révision délimité de manière claire et nette : aucune disposition n'organise la procédure d'élaboration d'une nouvelle Constitution[732].

Par-delà cette optique objective, Sindjoun pense que : « en se posant comme dépositaires des idéaux ayant présidé à l'adoption de la Constitution, le juge constitutionnel se situe au-dessus de celle-ci. La censure de la loi constitutionnelle doit alors être comprise comme une sanction supra constitutionnelle. Gardienne de la Constitution et de la supra-Constitution, la Cour constitutionnelle [béninoise] interprète la Constitution, crée la « supra-constitution » et des normes opposables à l'Etat[733]». En s'inscrivant dans la perspective théorique élaborée par Dworkin, on peut considérer que la partie créatrice de la décision de la Cour constitutionnelle du Bénin (qui implique

---

[731] *Idem.*, p.334.

[732] L. SINDJOUN, *Les grandes décisions de la justice constitutionnelle africaine .Droit constitutionnel jurisprudentiel et politiques constitutionnelles au prisme des systèmes politiques africains, op.cit.*, pp. 335-336 ; J.-L. ESAMBO KANGASHE, *La Constitution congolaise du 18 février 2006 à l'épreuve du constitutionnalisme. Contraintes pratiques et perspectives, op.cit.*, pp. 323-324.

[733] *Idem.*, p.337.

une prise de distance à l'égard de la lettre du droit existant) résulte de l'application d'un « droit préexistant » fait des « principes » et des « droits naturels »[734].

Pour notre part, un tel avis ne peut scientifiquement s'imposer. D'abord, il sied de rappeler que « la critique du droit en vigueur et de la société politique ne peut se faire exclusivement au nom d'une connaissance scientifique positive. Elle implique des jugements de valeur, dont les composantes sont infiniment variées. Ces jugements de valeur s'expriment sous forme de doctrines, d'une axiologie juridique et politique »[735]. A ce propos, le juge Hughes n'avait-il pas raison lorsqu'il soutenait que :

« Nous sommes régis par la Constitution, mais celle-ci est ce que les juges disent qu'elle est »[736].

Ensuite, que doit-on dire de l'article 7 de la décision sous examen libellé en ces termes : « Toutes les dispositions de la loi constitutionnelle n°2006-13 portant révision de l'article 80 de la Constitution du 11 décembre 1991 votée par l'Assemblée Nationale, le 23 juin 2006 sont contraires à la Constitution ».

Faut-il ici continuer à affirmer que ce contrôle est exercé en se fondant sur la « *supra-constitution* » étant donné que les dispositions de la loi précitée sont jugées contraires à la Constitution et non à la « *supra-constitution* » qui n'a pas d'existence spécifique et qui ne saurait régir un Etat ?

Ce raisonnement ne semble-t-il pas emporter la conviction du juge constitutionnel tchadien ?

Dans une décision rendue le 11 juin 2004, ce juge indique que « considérant que par lettre sans numéro et sans date enregistrée au greffe le 1er juin 2004, sous le n°021, les députés A. Mahamar, S. Diedje, Laondodji Gognon, Mbainaye Le Bekoutou, Mme J. Natoungueu, J. Sixheure, N. Mbairigol, N. Ndjibo, Nderbe Kemnade, S. Kezabo, M. Danmbaye, Lol Mahamat, S. Mbaindoum, Ndoubabe Tomel, A. Djouassab, Fandeo Klong, Ndangar Noumadji, P. Bouzabo et Ngarjely (par délégation Konto) ont saisi le Conseil constitutionnel [tchadien] d'une requête contestant la constitutionnalité de la proposition de loi portant révision de la Constitution adoptée par l'Assemblée Nationale en sa séance du 26 mai 2004[737]. »

---

[734] DWORKIN, cité par L. SINDJOUN, *Les grandes décisions de la justice constitutionnelle africaine .Droit constitutionnel jurisprudentiel et politiques constitutionnelles au prisme des systèmes politiques africains, op.cit.*, p.337.

[735] R. PINTO et M. GRAWITZ, *Méthodes des sciences sociales, op.cit.*, p.120.

[736] J. DJOLI ESENG'EKELI, *Droit constitutionnel : principes structuraux, op.cit.*, p.154.

[737] Voir le 1er considérant de la décision n°001/CC/SG/04 du 11 Juin 2004 sur la proposition de loi portant révision de la Constitution du 31 mars 1996.

En rapport avec cette requête, le juge l'a dite non fondée et rejetée[738]. L'on peut donc comprendre que sur le plan de la forme, la requête fut reçue[739].

Du point de vue fond, le juge tchadien a écarté nombre de demandes. On note, par exemple que les requérants ont évoqué l'engagement solennel pris par le Chef de l'Etat, en juin 2001 de ne pas se présenter aux élections présidentielles de 2006 et de ne pas modifier la Constitution, pour soutenir que cet engagement a « force de loi » et que sa remise en cause constitue une violation des principes généraux du droit et du préambule de la Constitution[740].

Ils soulignent, en outre, que dans une interview accordée par le Premier Ministre à la Radio France Internationale, en mars 2004, celui-ci affirmait qu'un projet de loi émanant du Président de la République aux termes des dispositions de l'article 224 de la Constitution allait être déposé sur le bureau de l'Assemblée Nationale après décision de son gouvernement pour estimer qu'il n'a jamais été question d'une proposition de loi comme c'est le présent cas[741].

En réponse à ce moyen, le juge considère que « l'engagement solennel pris par le Chef de l'Etat et l'interview du Premier Ministre ne sont que de simples déclarations d'intention n'ayant aucune valeur juridique. Il convient de dire qu'il n'y a eu ni violation des principes généraux du droit, ni violation de la Constitution et de rejeter ce grief qui n'est pas fondé »[742].

On peut aussi affirmer que le juge tchadien, tout en se déclarant compétent pour statuer sur la constitutionnalité d'une loi constitutionnelle, n'a pas pourtant annulé la proposition incriminée.

L'examen de la situation en dehors du continent africain se révèle de nature à éclairer la religion aussi bien du juge constitutionnel congolais que celle des acteurs politiques engagés dans le processus de la juridicisation de la vie politique.

b) La référence au droit comparé occidental

L'analyse des cas où le juge s'est déclaré compétent (b.1) s'impose avant d'en arriver à la situation inverse (b.2).

---

[738] Article 2 de la décision ci-haut citée.

[739] Cela est confirmé par l'article 1er de la décision : « *la requête des députés ADOUM MAHMAT KONTO et autres est recevable* ».

[740] Voir le 3ème considérant, §1.

[741] Voir le 3ème considérant, §2.

[742] Voir 4e Considérant de ladite décision.

b.1 Déclaration de compétence

Intéressent l'étude, les comportements des juges constitutionnels américains (b.1.1), allemand (b1.2) autrichien (b.1.3) ainsi que turc (b.1.4).

b.1.1 La situation aux Etats-Unis d'Amérique

Aux Etats-Unis, la procédure de la révision constitutionnelle est réglementée à l'article 5 de la Constitution du 17 septembre 1787 ainsi libellé : « *Le Congrès, toutes les fois que les deux tiers des deux chambres l'estimeraient nécessaire, proposera des amendements à cette Constitution ou bien, si les législatures des deux tiers des Etats en font la demande, convoquera une convention pour proposer des amendements ; ces amendements dans un cas comme dans l'autre seront validés à tous égards et en tout point, comme partie intégrante de cette Constitution, quand ils auront été ratifiés par les législatures des trois quarts des Etats ou par les trois quarts des conventions réunies à cet effet dans chacun des Etats, selon que l'un ou l'autre mode de ratification aura été proposé par le Congrès. Toutefois, il ne pourra être fait aucun amendement, de quelque nature que ce soit avant l'année 1808 sur la première section du premier article, et aucun Etat ne pourra être privé sans son consentement de l'égalité de suffrage au Sénat* »[743].

La Cour suprême des Etats-Unis a eu, plusieurs fois, à statuer sur la validité des amendements constitutionnels. Ce contrôle a une riche histoire. Comme le souligne W. Dellinger, « le contrôle juridictionnel du processus d'amendement est, dans un sens, plus ancien que le contrôle juridictionnel lui-même »[744].

La toute première décision de la Cour suprême sur la validité d'un amendement constitutionnel remonte à 1789 dans l'affaire Hollingsworth contre Virginia[745], soit cinq ans avant la fameuse décision Marbury contre Madison (1803)[746]. Outre cette décision, il y en a eu aussi sept autres concernant les affaires Myers contre Anderson (1915)[747] ; Nationale prohibition cases (1920)[748] Hawke contre Smith (1920)[749]; Dillon contre Gloss (1921)[750] ; Leser contre Garnet (1922)[751] ; United States contre Espagne (1931)[752] et Coleman contre Miller (1939)[753].

---

[743] Traduction de K. GÖZLER, *Le pouvoir de révision constitutionnelle*, *op.cit.*, p.479.
[744] W. DELLINGER, « The legitimacy of constitutional change: Rethiaking the amendement process », *Harvard Law Review*, Vol.97, 1983, p.403.
[745] 3 Dallas: 1 L éd.644 (1798).
[746] 1 Cranch 137 (1803).
[747] 238 US 368, 35 sup. Ct. 932 (1915).
[748] *National prohibition Cases* (1920), 253 US, 350; 40 sup. ct. 486, 64 L Ed.946.
[749] 253 US 221; 40 Sup Ct. 495; 64 L, Ed. 871 (1920).
[750] 256 U.S. 368; 41S.ct.510 ; 65 L.Ed.994(1921).

En rapport avec l'affaire Hollingsworth contre Virginia, il est question du onzième amendement. Cet amendement a exclu le droit d'intenter des recours devant les Cours fédérales contre l'un des Etats par les citoyens d'un autre Etat ou par les citoyens ou sujets d'un Etat étranger.

Le procès de Hollingsworth contre la Virginie a été suspendu devant la Cour suprême ; et sur la base de l'amendement à la Constitution, la Virginie a demandé le rejet de cette affaire.

Hollingsworth a répondu que l'amendement n'a pas été correctement adopté parce que la résolution du Congrès proposant cet amendement n'a pas été soumise au Président des Etats-Unis pour sa signature (approbation ou veto) comme le prévoit l'article 1er de la Constitution[754].

La Cour suprême a rejeté cet argument en affirmant que « *le veto du président s'applique seulement à la législation ordinaire*[755] ». Selon la Cour, la proposition de l'amendement par le Congrès est une fonction fédérale dérivée de la Constitution. Elle n'est pas un acte de législation ordinaire, et, par conséquent, elle n'a pas besoin de l'approbation du Président[756].

La Cour suprême a, donc, dit expressément que l'amendement a été « *constitutionnellement adopté* »[757].

D'ailleurs dans la même affaire, il a été annulé le procès commencé avant son adoption, c'est-à-dire qu'il était *ex post facto* et par conséquent invalide[758].

La Cour suprême a unanimement répondu que l'amendement est entré en vigueur immédiatement après sa ratification et, de ce fait, elle a supprimé la compétence de la Cour suprême de décider dans les procès, avant ou après dans lesquels l'amendement s'applique[759].

---

[751] 258 U.S.130 ; 42S.Ct.217 ; 66 L.Ed.505 (1922).

[752] 282 U.S.719; 51.S.Ct.220; 75 L. Ed.640 (1931).

[753] 307 U.S.433; 59S.Ct.972; 83 L.Ed.1835 (1939). La décision de la Cour suprême se trouve également *in* CUSHMAN et CUSHMAN, *Cases in constitutional Law*, New York, Appleton-Century-Crofts, 3ème éd., 1968, pp.8-19.

[754] CUSHMAN et CUSHMAN, *Cases in constitutional Law*, *op.cit.*, p.3.

[755] 3 Dallas 381, cité par DELLINGER, « The legitimacy of constitutional change: Rethiaking the amendement process »,*op.cit.*, p.403.

[756] P.-G. KAUPER, *Constitutional Law, Cases and materials*, 2ème Editions, 1960, p.291, CUSHMAN et CUSHMAN, *Cases in constitutional Law*, *op.cit.*, p.3.

[757] 3 Dallas 382, cité par DELLINGER, « The legitimacy of constitutional change: Rethiaking the amendement process », *op.cit.*, p.403.

[758] CUSHMAN et CUSHMAN, *Cases in constitutional Law*, *op.cit.*, p.3.

[759] W. MARBURY, "The Limitations upon the amending Power", *Harvard Law Review*, Vol. XXXIII, 1919-1920, p.233.

b.1.2 La situation en Allemagne

En Allemagne, la Cour constitutionnelle fédérale s'est déclarée compétente pour contrôler la constitutionalité des lois constitutionnelles dans les décisions du 15 décembre 1970 et du 23 avril 1991[760].

Ainsi, en raison de sa jeunesse, la décision du 23 avril 1991[761] retiendra notre attention.

Le conflit en question est né du traité entre la République fédérale d'Allemagne et la République Démocratique Allemande relatif à la réalisation de l'unité de l'Allemagne (traité d'union) signé, à Berlin, le 31 août 1990. Selon l'alinéa 1er de l'article 41 de ce traité, «*la déclaration commune du 15 juin 1990 du gouvernement de la République fédérale d'Allemagne et du gouvernement de la République Démocratique allemande sur le règlement des questions patrimoniales pendantes [...] fait partie intégrante du présent traité* »[762] .

Dans la déclaration commune, il est dit que « ... les expropriations ayant pour fondement le droit ou la puissance d'occupation (1945 à 1949) ne sont pas à annuler ... ».

Il était donc prévisible que les anciens propriétaires de terres ainsi lésés n'hésiteraient pas à contester ces dispositions. C'est pourquoi, les auteurs du traité ont pris la précaution de leur conférer une valeur constitutionnelle en les inscrivant dans la loi fondamentale de la République Fédérale d'Allemagne, la future constitution de toute l'Allemagne[763].

On signale à ce sujet que ces dispositions ont été insérées dans la loi fondamentale au titre d'un nouvel article 143 à la suite d'une révision constitutionnelle qui s'est déroulée conformément à la procédure fixée par l'article 79[764].

L'alinéa 3 de l'article 143 dispose que « l'article 41 du traité d'union et les règles prises pour sa mise en œuvre sont également applicables, même

---

[760] Il est, à cet égard, de coutume de coter la décision du 18 décembre 1953. Dans cette décision, la Cour a fait référence aux principes supra positifs. Cependant, cette décision ne porte pas sur une loi de révision constitutionnelle au sens de l'article 79 de la loi fondamentale de 1949. Dans cette affaire, une cour d'appel a soulevé la question de savoir si une norme initiale de la loi fondamentale (et non pas une norme édictée selon la procédure de l'article 79) peut être inconstitutionnelle. C'est pourquoi nous estimons, comme aussi le pense K. GÖZLER, que cette décision reste en dehors de notre tâche qui est le contrôle de la constitutionnalité des lois de révision constitutionnelle.

[761] Décisions du 23 avril 1991, Bverf GE, t.84, p.90 et S., cité par M. FROMONT et O. JONANJAN, « Chronique des décisions de la Cour constitutionnelle allemande », *Annuaire International de justice constitutionnelle VII*, 1991, pp.371-373.

[762] *Vertag Zwishen der Bundes republik Deutschlan und der Deutchen Demokratischen republic iiber die herstellung der einheit Deutschlands-Einigunsnertrag, Bundesgesetz, teil* II, n°35, 28 septembre 1990, p.104 cité par COLLAS, « Réunification, constitution et propriété en Allemagne », *RFDC*, 1991, pp.639-640

[763] COLLAS, « Réunification, constitution et propriété en Allemagne », *op.cit.*, p.640.

[764] *Idem.*, p.641.

lorsqu'ils indiquent que ces atteintes à la propriété sur le territoire mentionné à l'article 3 dudit traité ont un caractère définitif »[765].

Ainsi, l'article 143, alinéa 3, prévoit un obstacle constitutionnel à toute tentative ultérieure de remise en cause des transferts de propriété ayant lieu entre 1945 et 1949 dans la zone d'occupation soviétique[766].

Les propriétaires expropriés entre 1945 et 1949 ont saisi la Cour constitutionnelle en annulation de la loi portant révision de la loi fondamentale[767]. A l'appui de leur demande, les requérants ont évoqué le fait que le principe de non restitution était en contradiction avec les garanties de l'article 79, alinéa 3 de la loi fondamentale.

La Cour constitutionnelle a jugé, d'abord, la constitutionnalité quant à la forme de la révision de la loi fondamentale, en vérifiant si elle a été votée selon la procédure correcte[768].

Elle a, ensuite, affirmé que les principes intangibles prévus par l'article 79, alinéa 3 de la loi fondamentale ne sont pas affectés par ces mesures. En effet, selon la Cour constitutionnelle, la question de savoir si les mesures d'expropriation, en 1945 et 1949, concernent ou non l'article 79, alinéa 3, ne se pose pas, car à cette époque, cette loi fondamentale n'était pas encore en vigueur[769].

En d'autres termes, la loi fondamentale ne protège pas les propriétaires contre des mesures d'expropriation imputables aux autorités étrangères[770]. En l'espèce, les expropriations effectuées entre 1945 et 1949 étaient imputables non pas à l'ex-R.D.A, mais aux autorités soviétiques qui occupaient alors le territoire. Ainsi, l'argument principal, souligne Gözler de chœur avec Pfersmann, « *consiste à dire que les expropriations sous la souveraineté soviétique ne relevaient pas du domaine de la validité spatiale...ou temporelle de la loi fondamentale qui n'entre en vigueur qu'après la date retenue dans la déclaration commune. Les atteintes à la propriété ne lui sont donc pas imputables* »[771].

De tout ce qui précède, la Cour constitutionnelle a rejeté, au fond, les recours à l'encontre de la révision de la loi fondamentale.

Tel n'est pas le cas en Autriche.

---

[765] Traduction établie par L. AUTEXIER

[766] COLLAS, *Réunification, constitution et propriété en Allemagne*, *op.cit.*, p.641.

[767] *Idem.*, pp.648-649.

[768] Article 79, alinéas 1 et 2 de la Loi fondamentale du 19 mai 1960.

[769] COLLAS, « Réunification, constitution et propriété en Allemagne », *op.cit.*, p.646.

[770] O. BEAUD et P.PASQUINO (dir), *La controverse sur le gardien de la constitution et la justice constitutionnelle. KELSEN contre SCHMITT, op.cit.*, cité par K. GÖZLER, *Le pouvoir de révision constitutionnelle*, *op.cit.*, p.505.

[771] *Idem.*

b.1.3 La situation en Autriche

La Cour constitutionnelle d'Autriche s'est déjà déclarée compétente pour contrôler la constitutionnalité des lois constitutionnelles. Il s'agit des décisions du 12 décembre 1952, du 23 juin 1988 et du 29 septembre 1988.

En raison de son actualité, seule la décision du 29 septembre 1988 sera examinée dans le cadre de cette étude.

En effet, la deuxième proposition de l'alinéa 2 de l'article 103 de la loi sur les véhicules à moteur de 1967[772] fut, d'abord, annulée par une décision de 1984[773] et, ensuite, par celle de 1985[774] œuvre de la Cour constitutionnelle, parce qu'elle obligeait le détenteur d'un véhicule à indiquer à l'autorité le nom de la personne qui avait conduit sa voiture et commis une infraction sans que le contrevenant ait été identifié sur le coup.

Cette obligation avait été jugée contraire au principe d'accusation (l'article 90, alinéa 2 de la Constitution) selon laquelle personne ne peut être contrainte, par la menace d'une sanction pénale, de témoigner sur les faits répréhensibles qui lui sont reprochés.

Le pouvoir de révision constitutionnelle a adopté l'ancienne disposition annulée sous forme de disposition constitutionnelle incluse de manière non séparée dans une disposition du code de la route[775].

La Cour constitutionnelle fut donc saisie par voie de recours contre des décisions administratives ainsi que par une demande de contrôle incident introduite par la Cour administrative visant à se prononcer sur la constitutionnalité de cette nouvelle disposition[776].

Examinant l'espèce, la juridiction constitutionnelle n'a pas conclu à l'annulation de la disposition constitutionnelle attaquée mais plutôt au maintien de sa jurisprudence aux termes de laquelle toute disposition constitutionnelle doit être conforme aux principes directeurs de la Constitution fédérale[777].

En conclusion, en ce qui concerne les lois constitutionnelles adoptées sous forme de révision partielle, c'est-à-dire sans référendum, ce

---

[772] KRAFTFAHRGESETZ 1967 dans la version Bundesgesltz blatt, 1967/615.

[773] VFSLG, p.950 de 1984.

[774] VFSLG, 10.394 de 1985.

[775] B. BUNDESGESETZ, 1986/106 (10ème amendement de la loi sur les véhicules à moteur KFG).

[776] O. PFERSMANN, « La révision constitutionnelle en Autriche et en Allemagne, théorie, pratique et limites », in *La révision de la constitution* (journées d'études des 20 mars et 16 décembre 1995) travaux de l'association française des constitutionnalistes), Paris, Economica, PUAM, 1993, p.39.

[777] MORSCHER, « La hiérarchie des normes constitutionnelles et sa fonction dans la traduction des droits fondamentaux », *Rapport autrichien présenté à la VIIIème conférence des Cours constitutionnelles européennes* (Ankara, les 7-10 mai 1990), (Traduit par Ulrike steinhorst), in *Annuaire international de justice constitutionnelle*, vol. VI, 1990, p.34.

contrôle porte, non seulement sur la régularité formelle, mais aussi sur le contenu de ces lois. Par contre, pour ce qui est des lois constitutionnelles adoptées sous forme de révision totale, c'est-à-dire avec le référendum, le contrôle de la Cour constitutionnelle porte uniquement sur la régularité formelle de la révision constitutionnelle[778].

b.1.4 La situation en Turquie

Le contrôle de constitutionnalité des lois est prévu pour la première fois en Turquie par la Constitution de 1961[779].

Du point de vue du droit positif, une seule conclusion s'impose : en Turquie, le contrôle de constitutionnalité des lois constitutionnelles est possible ; car, d'une part, la Constitution ne contient aucune disposition sur ce point, et d'autre part, la Cour constitutionnelle s'est déjà déclarée compétente sur la constitutionnalité des lois constitutionnelles.

Par conséquent, la jurisprudence de la Cour constitutionnelle illustre parfaitement la solution du problème dans un système où le contrôle n'est pas réglementé par des dispositions constitutionnelles.

La Cour constitutionnelle turque a ainsi rendu plusieurs décisions en la matière, notamment la décision n°1970 – 31 du juin 1970 (restitution des droits politiques), la décision n°1971 – 37 du 3 avril (report des élections du Sénat), la décision n°1975 – 87 du 15 avril 1975, la décision n°1976 – 19 du 23 mars 1976 (expropriation I), la décision n°1976 – 46 du 12 octobre 1976 (expropriation II) ; la décision n°1976 – 47 du 12 octobre 1976 'Expropriation III), la décision n°1977 – 4 du 27 janvier (Conseil supérieur des juges), la décision n°1977 du 27 septembre 1997 (Conseil supérieur des procureurs) ainsi que la décision n°1987 – 15 du 18 juin 1987 (Abrogation de l'article 4)[780].

La décision n°1970 – 31 du 16 juin 1970 doit attirer notre attention puisqu'elle est la première, à notre connaissance, qui concerne l'annulation d'une loi constitutionnelle.

En résumé, on retiendra que la *Constitution turque de 1961 a été révisée pour la première fois par la loi constitutionnelle n°1188 du 6 novembre 1969*[781]. L'article 68 interdisait aux personnes qui sont condamnées de certains délits et crimes d'être candidates et d'être élues en tant que députées, *même si elles ont bénéficié d'une amnistie*. La révision de 1969 a supprimé cette dernière restriction.

---

[778] Conclusion faite par K. GÖZLER, *Le pouvoir de révision constitutionnelle*, *op.cit.*, p.521.

[779] Loi n°334 du 09 juillet 1961, *Türkiye Cumhuriyeti resmi Gazetesi* (Journal officiel de la République Turque), n°10859 du 20 juillet 1961.

[780] La liste est à trouver chez K. GÖZLER, *Le pouvoir de révision constitutionnelle*, *op.cit.*, pp.570-670.

[781] RESMI GAZETE (Journal Officiel), n°13349 du 12 novembre 1969.

La loi constitutionnelle n°1188 du 6 novembre 1969, en supprimant ces quatre mots[782], permet aux anciens condamnés bénéficiant d'une amnistie de se présenter aux élections générales.

Cette disposition avait donc pour objet de rendre les droits politiques aux anciens responsables[783] du parti démocrate condamnés au procès de Yassiada à la suite du coup d'Etat militaire du 27 mai 1960 renversant le gouvernement de ce parti.

Ainsi, la première révision de la Constitution de 1961 a provoqué une crise politique dans le pays, opposant, d'une part, les partis politiques à l'armée, et, d'autre part, les partis de gauche à ceux de droite[784].

C'est dans ces circonstances que la Cour constitutionnelle fut saisie, le 9 janvier 1970, par le parti travailliste de Turquie, sur la base de l'article 149 de la Constitution à l'effet de se prononcer sur la conformité de la loi constitutionnelle du 6 novembre 1969.

On note que, dès la première révision constitutionnelle, cette juridiction a eu à se prononcer sur le point de savoir si elle est compétente pour contrôler la constitutionnalité des lois constitutionnelles[785].

A l'occasion, elle a conclu que la loi constitutionnelle en question n'a pas été adoptée conformément à la Constitution. Ainsi, par 8 voix contre 7, la Cour a prononcé l'annulation de la loi constitutionnelle du 6 novembre 1966[786].

Dans tous les pays, la compétence du juge constitutionnel en matière de contrôle de la constitutionnalité des lois de révision n'est pas toujours organisée. Certains systèmes ont conduit le juge à se déclarer incompétent.

b.2. L'incompétence du juge constitutionnel

Les cas soulevés relèvent de la jurisprudence constitutionnelle française. Il s'agit des décisions n°62-20 DC du 6 novembre 1962 et n°2003-469 DC du 26 mars 2003.

b.2.1 La décision n°62-20 DC du 06 novembre 1962[787]

En France, les articles 6 et 7 de la Constitution du 04 octobre 1958 ont été révisés par la loi n°62-1292 du 6 novembre 1962 relative à l'élection

---

782 Selon le texte turc de l'article (« *aff ugramis olsalar da* »).

783 C. BAYAR, ex-président de la République, et ses amis.

784 C. EROGUL, *Anayasayi Degistirme Sommu : Bir Mukayeseli Hukuk Incelemesi (la question de révision constitutionnelle) : une étude de droit comparé)*, Ankara, Ankara üniversitesi siyasal Bilgiler Fakültesi Yayimlasi, 1974, PP.149-150.

785 K. GÖZLER, *Le pouvoir de révision constitutionnelle*, *op.cit.*, p.570.

786 AMKD, n°8, 1971, p.325-332. Les juges minoritaires sont LUFTI ÖMERBAS, FEYZULLAH USHU, HAKKI KETENOGLU, FARIL ULUOCAK, ISHAM ECEMIN, HALIT ZARBUN et MUSTAFA KARAOGLU. Pour leur opinion dissidente voir, *Idem*, pp.333-340.

787 In *Journal officiel du 07 novembre 1962*, p.10778, *Recueil*, p.27.

du Président de la République au suffrage universel direct. Cette révision a été adoptée par référendum du 28 octobre 1962. En lieu et place du droit commun de la révision constitutionnelle prévue par l'article 89 de la Constitution, la révision fut définitive sur pied de l'article 11[788].

Le Conseil constitutionnel fut saisi le 3 novembre 1962 par le président du Sénat, sur la base de l'article 61, alinéa 2 de la Constitution aux fins d'appréciation de la conformité de la loi à la Constitution[789].

A l'article 1er de ladite décision, le Conseil constitutionnel décida qu'elle n'avait pas compétence pour se prononcer sur la demande du Président du Sénat.

Comme le remarquent Favoreu et Loïc, « la question qui se posait au Conseil constitutionnel était celle de savoir si les lois référendaires et les lois parlementaires devaient avoir le même régime contentieux. En somme, devrait-il considérer, qu'il n'y avait qu'une seule catégorie de lois au regard du contrôle de constitutionnalité ou bien deux catégories ? »[790].

En effet, l'article 61, alinéa 2 de la Constitution de 1958 a habilité le Conseil constitutionnel à statuer sur « *les lois* » qu'il vise englobant ou non les lois référendaires. Autrement dit, les lois référendaires sont-elles des « *lois* » au sens de l'article 61, alinéa 2, de la constitution de 1958 ? [791]

Selon l'auteur de la saisine, Monnerville, président du Sénat, « *les lois* » au sens de l'article 61, alinéa 2, englobaient non seulement les lois votées par le Parlement, mais aussi celles adoptées par voie de référendum. Car, les termes du second alinéa de l'article 61 ne comportent aucune distinction entre les lois votées par le Parlement et celles qui ont été adoptées par référendum. Par conséquent, le président du Sénat conclut que l'on ne saurait pas soutenir que, du fait que la loi en question a été adoptée par la procédure du référendum et non par celle des délibérations et de votes des assemblées parlementaires, le Conseil constitutionnel serait incompétent pour se prononcer sur la conformité de cette loi à la Constitution[792].

---

[788] Selon cet article, « le Président de la République, sur proposition du Gouvernement pendant la durée des sessions ou sur proposition conjointe des deux Assemblées, publiées au *Journal Officiel*, peut soumettre au référendum tout projet de loi portant sur l'organisation des pouvoirs publics, sur des réformes relatives à la politique économique, sociale ou environnementale de la Nation et aux services publics qui y concourent, ou tendant à autoriser la ratification d'un traité qui, sans être contraire à la Constitution, aurait des incidences sur le fonctionnement des institutions ».

[789] « La lettre du recours du président du sénat », in Didier MAUS, *Textes et documents sur la pratique constitutionnelle de la Vème république*, Paris, La documentation française, 2ème éd. 1982, pp.365-367.

[790] L. FAVOREU et L. PHILIP, *Les grandes décisions du Conseil constitutionnel*, *op.cit.*, p.179.

[791] Une question analogue fut posée au Mali à propos des lois constitutionnelles. Seulement dans cet Etat, il n'a pas été question de distinguer selon que ces lois étaient congressionnelles ou qu'elles étaient référendaires. (Voir *supra*).

[792] « La lettre du recours du président du Sénat », in D. MAUS, *Textes et documents sur la pratique constitutionnelle de la Vème république*, *op.cit.*, p.366.

Le Conseil constitutionnel a, après avoir rejeté cette interprétation, tiré la conclusion, d'une part, de l'esprit de la Constitution de 1958[793] et, d'autre part, du texte de la constitution de 1958[794] ainsi que de l'ordonnance du 7 novembre 1958[795] portant loi organique sur le Conseil constitutionnel.

Dans la première motivation, le Conseil a déduit de l'esprit de la Constitution qu'il n'avait pas reçu compétence d'assurer la régulation de l'«*expression directe de la souveraineté nationale* »[796].

Dans la deuxième motivation, l'organe juridictionnel se réfère à l'article 11 « ce qui ne prévoit aucune formalité entre l'adoption d'un projet de loi par le peuple et sa promulgation par le Président de la République »[797].

En troisième motivation, le Conseil constitutionnel a constaté que l'ordonnance du 7 novembre 1958 portant loi organique sur le Conseil constitutionnel n'envisage que le contrôle de la constitutionalité des lois votées par le Parlement[798].

Certains auteurs désapprouvent cette opinion. Selon Burdeau, Hamon et Michel Troper, l'argument de l'intervention du peuple souverain invoque la théorie du pouvoir constituant originaire et lui donne « *une saveur démocratique extrêmement séduisante* »[799].

D'après eux, politiquement, ce procédé a été efficace mais « cela ne veut pas dire que juridiquement il pourrait être considéré comme fondé »[800].

Du reste, à la question de savoir si le Conseil constitutionnel peut contrôler la constitutionnalité des lois constitutionnelles votées par le Congrès du Parlement, Gözler, soutenait, en 1996, que « *la jurisprudence du 6 novembre 1962 ne s'y oppose pas, dans la mesure où il ne s'agit pas là de l'expression directe de la souveraineté nationale par le peuple. La réponse à cette question n'est pas claire en l'état actuel de la jurisprudence* »[801].

Cette inquiétude sera vidée par la décision n°2003 DC du 26 mars 2003.

b.2.2 La décision n°2003-469 DC du 26 mars 2003

La décision sous examen concerne la loi constitutionnelle relative à l'organisation décentralisée de la République.

---

[793] Voir 2ème considérant.
[794] Voir 3ème considérant.
[795] Voir 4ème considérant.
[796] L. FAVOREU et L. PHILIP, *Les grandes décisions du Conseil constitutionnel, op.cit.*, p.11.
[797] Voir 3ème considérant.
[798] Voir 4ème considérant : article 17 de ladite ordonnance ne fait mention que des « *lois adoptées par le parlement* ».
[799] Cités par K. GÖZLER, *Le pouvoir de révision constitutionnelle*, *op.cit.*, p.536.
[800] *Idem.*
[801] *Ibidem.*, p.546.

A ce sujet, on note que le Conseil constitutionnel a été, le 19 mars 2003, saisi de la loi constitutionnelle relative à l'organisation décentralisée de la République, approuvée par le Parlement réuni en Congrès.

On peut donc s'imaginer déjà que, par cette décision, il devra être connu si le Conseil constitutionnel français peut statuer sur le contrôle de constitutionnalité des lois votées par le Congrès.

Sans évoquer l'esprit de la constitution, l'article 11 de la Constitution ou l'article 17 de l'ordonnance du 7 novembre 1958, cette juridiction considère qu'il ne tient ni de l'article 61, ni de l'article 89, ni d'aucune autre disposition de la Constitution le pouvoir de statuer sur une révision constitutionnelle[802].

L'on peut d'ailleurs constater que le Conseil constitutionnel français a la compétence de ses compétences ; il s'est, lui-même, fixé ses compétences pour décider qu'il est incompétent de statuer sur une révision constitutionnelle[803].

Traitons maintenant de la juridicisation de la vie politique via le contrôle de constitutionnalité des actes des assemblées parlementaires.

§2. *Le contrôle de constitutionnalité des actes des assemblées parlementaires*

Dans la structure organisationnelle d'un Etat, les institutions politiques sont non seulement le gouvernement et le Président de la République mais aussi le parlement. Ce dernier est un organe décisionnel prenant des actes ayant une portée juridique particulière.

Toutefois, la notion d'«acte » des assemblées parlementaires n'a cessé de diviser les auteurs. Il importe, avant toute description de la jurisprudence en la matière (B), de préciser le sens du concept (A).

A. Signification de la notion d'acte des assemblées parlementaires

La notion d'acte des assemblées parlementaires mérite d'être clarifiée. Il importe de préciser la notion d'acte en droit avant de dégager les différents actes pris par les assemblées parlementaires.

---

[802] Voir 2ème considérant de ladite décision.

[803] Il faut noter que cette décision ne fait même pas mention de la forme de l'acte révisant la constitution. Du considérant deux au considérant trois, il ne fait mention que de la révision constitutionnelle et de la révision de la Constitution. Nous pouvons donc nous interroger sur l'attitude que peut adopter ce juge dans la détermination de la forme de ladite révision. Est-ce que la forme en question serait « *révision constitutionnelle* » ?

1°) L'acte en droit

En droit, l'acte est « *une manifestation de volonté destinée à produire des effets juridiques* »[804]. Les effets juridiques dont question consistent dans la modification de l'ordonnancement juridique ou dans la création, la transmission, la constatation et l'extinction d'une situation juridique ou d'un droit[805].

Concrètement, l'acte juridique s'entend d'un fait créé par la volonté humaine auquel sont attachées des conséquences juridiques.

Une question se profile à l'horizon de notre pensée : existe-t-il des actes spécifiquement parlementaires ?

L'on a coutume de faire une distinction selon l'effet juridique (c'est la classification matérielle). Ainsi parle-t-on d'actes objectifs ou actes-règle, d'actes-condition et d'actes subjectifs[806].

L'acte-règle est celui qui pose des normes générales et abstraites ; l'acte-subjectif, pour sa part, est celui qui crée des situations juridiques individuelles et particulières. Tandis que l'acte-condition est celui qui permet « l'application d'une règle objective et [...] la naissance d'un pouvoir objectif[807].»

Le constituant ne définit pas un acte d'assemblée. Cependant, il désigne avec précision les normes que peut prendre une assemblée parlementaire. Celle-ci vote les lois nationales ou les édits provinciaux.

De ce qui précède, l'acte d'une assemblée parlementaire peut être défini comme étant toute manifestation de la volonté créant des effets ou des conséquences juridiques émanant du Parlement (Sénat et Assemblée nationale, pour la nation ; les assemblées provinciales, pour les provinces).

En dehors des normes de nature législative[808], les assemblées parlementaires édictent des actes réglementaires et d'assemblée[809].

Peuvent être notamment considérés comme actes réglementaires, les décisions de nomination du personnel politique et du personnel d'appoint des cabinets des membres des bureaux des chambres parlementaires ainsi que des membres de commissions parlementaires ad hoc[810].

---

[804] R. GUILLIEN et J. VINCENT (dir.), *Lexique des termes juridiques, op.cit.*, p.15.

[805] Lire à ce propos, H. MAZEAU et alii, *Leçon de droit civil, Tome1, 1er Vol. ; Introduction à l'étude du droit, op.cit.*, p.373.

[806] M. DUVERGER, *Eléments de droit public, op.cit.*, p.209.

[807] Cette distinction est celle de « *l'école de Bordeaux* » du doyen L. DUGUIT et ses disciples R. BONNARD, G. JEZE. Lire L. DUGUIT, *Traité de droit constitutionnel*, Paris, Ancienne Librairie Fontemoing, 2ème éd., Tome 4, 1930, pp.196-214.

[808] Il s'agit des lois nationales et des édits provinciaux.

[809] Lire à ce sujet, J.-L. ESAMBO KANGASHE, *La Constitution congolaise du 18 février 2006 à l'épreuve du constitutionnalisme. Contraintes pratiques et perspectives, op.cit.*, p.287.

[810] *Idem.*

Les actes d'assemblée concernent les décisions portant élection des membres des bureaux des chambres parlementaires, adoption des règlements intérieurs desdites chambres, constitution des commissions parlementaires, réglementation des modalités de prise de parole, le vote ainsi que les résolutions, les recommandations adressés à d'autres institutions ou les motions adoptées ou non contre le Gouvernement ou un de ses membres[811].

Il importe de noter qu'il y a quelque temps, la loi se définissait par son caractère général et abstrait. Elle a, avec l'usure, perdu ce sens initial[812].

Compte tenu de leur importance, la validité des actes d'assemblées est tributaire de la déclaration de leur conformité à la Constitution.

2°) Le contrôle des actes des assemblées parlementaires par la Cour constitutionnelle

Il est question de dire un mot sur le contrôle de constitutionnalité des actes des assemblées parlementaires tel que cela se déroule au niveau de la juridiction compétente. In *concreto*, c'est le moment d'analyser la jurisprudence congolaise en matière de contrôle de constitutionnalité de quelques actes pris par des assemblées parlementaires.

B) Analyse jurisprudentielle du contrôle de constitutionnalité des actes des assemblées parlementaires

Le contrôle de constitutionalité, en droit positif congolais, semble évoluer en dents de scie. Il suffit de jeter un regard sur les bulletins des arrêts de la Cour Suprême de Justice, assumant transitoirement les fonctions de la Cour constitutionnelle[813] , pour se rendre compte de la misère du contentieux en matière de constitutionnalité des actes des assemblées parlementaires.

Comment expliquer une telle carence s'agissant d'une question qui permet de comparer l'architecture et les transformations des institutions avec la finalité d'opérer la saisie de la politique par le droit ?

Loin de nous la prétention de présenter, de manière exhaustive, les décisions jurisprudentielles en matière de contrôle de constitutionnalité des actes des assemblées parlementaires, car nous n'avons ni l'information suffisante ni l'accessibilité aisée aux matériaux nécessaires à la réalisation d'une telle ambition.

---

[811] *Ibidem.*, p.288.

[812] Pour l'heure, les actes individuels posés par le Parlement, par exemple une loi accordant une récompense nationale à un individu nommément désigné – sont des lois. L'on peut ajouter à cette rubrique les actes pris par le Parlement accordant l'amnistie à certains individus ou des actes autorisant la ratification des traités. Voir M. DUVERGER, *Institutions politiques et droit constitutionnel(les grands systèmes politiques),op.cit.*, p.209.

[813] Article 223 de la Constitution de la RDC du 18 février 2006 telle que modifiée à ce jour.

Il est question de sélectionner quelques arrêts en la matière pour démontrer la manière dont le juge constitutionnel s'est comporté, eu égard à sa mission tendant à la juridicisation de la vie politique.

C'est dans ce cadre que seuls les arrêts à travers lesquels le juge constitutionnel a joué son rôle de régulateur du jeu politique nous intéressent.

2.1. Le contrôle de constitutionnalité des lois organiques et de règlements intérieurs de chambres parlementaires et du congrès

L'article 160, alinéa 2 de la Constitution précise que les lois organiques, avant leur promulgation, et les règlements intérieurs des chambres parlementaires et du Congrès, de la Commission électorale nationale indépendante [...] avant leur mise en application, doivent être soumis à la Cour constitutionnelle qui se prononce sur leur conformité à la Constitution[814].

Il en découle que la seule adoption de la loi organique par les assemblées parlementaires ne lui confère pas sa force obligatoire. Celle-ci ne peut être promulguée ni publiée qu'après avoir été déclarée conforme à la Constitution. Le juge exerce, dans ce cas, un contrôle *a priori*. Il en est de même des règlements intérieurs des chambres.

Un regard sur la jurisprudence en la matière permet de relever que plusieurs contrôles ont été exercés sur les lois organiques et les règlements intérieurs des chambres.

En effet, à la faveur de la Constitution de transition du 4 avril 2003 et de la Constitution du 18 février 2006, la Cour Suprême de Justice a été régulièrement saisie pour constater la conformité ou non à la Constitution des lois organiques.

Précisons qu'en date du 23 août 2006, le président de la République a saisi cette juridiction pour solliciter l'examen de la conformité à la Constitution de la République Démocratique du Congo et à celle de la transition, de la loi organique portant statut des magistrats.

En réponse à cette requête, la Cour a rendu, en date du 24 février 2006, l'arrêt R. Const. 028/TSR du 8 septembre 2006, déclarant la loi conforme à ladite Constitution.

Sous l'empire de la Constitution du 18 février 2006[815], le Chef de l'Etat a, le 14 juillet 2008, saisi la même juridiction aux fins de contrôler la conformité à la Constitution de la loi organique portant organisation et fonctionnement du Conseil supérieur de la magistrature.

---

[814] Article 160, alinéa 2 de la Constitution de la RDC du 18 février 2006 telle que modifiée à ce jour.

[815] Il était question précisément des articles 124 point 3 et 223.

La Cour l'a déclarée conforme à la Constitution dans son arrêt R. Const. 069/TRS du 30 juillet 2008[816].

Il est loisible de lire à travers ce contrôle a priori des lois organiques, le souci du constituant d'assurer le contrôle des actes du Parlement dans sa fonction législative afin d'éviter toute tentative déviationniste.

Il convient de préciser que la Cour constitutionnelle est chargée, sur pied de l'article 160, alinéa 1, de contrôler les règlements intérieurs des chambres parlementaires et du Congrès.

En référence à l'article 100, l'on constate que le Parlement est composé de deux chambres : l'Assemblée Nationale et le Sénat.

Il s'en suit de ces deux dispositions que les règlements intérieurs des assemblées provinciales ne sont pas dans la catégorie des règlements qui subissent le contrôle a priori du juge constitutionnel. Pour cause, le Parlement n'inclut que le Sénat et l'Assemblée Nationale. Les assemblées provinciales ne sont pas des chambres parlementaires.

Toutefois, l'article 74 de la loi n°08/012 du 31 juillet 2008 portant principes fondamentaux relatifs à la libre administration des provinces dispose que: « *la Cour administrative d'appel connaît en premier ressort des recours en annulation pour violation de la loi, des édits et des règlements nationaux formés contre les actes ou décisions des autorités provinciales ou locales et les organismes décentralisés sous la tutelle de ces autorités* »[817].

Cette disposition permet d'inférer qu'en l'absence d'un texte explicite traitant du contrôle des règlements intérieurs des assemblées provinciales, la Cour administrative d'appel a compétence de contrôler les règlements intérieurs des assemblées provinciales. Mais si ces règlements sont contraires à la Constitution, la Cour administrative d'appel devra le soumettre au contrôle et à la sanction du juge constitutionnel.

Quant aux règlements intérieurs des chambres parlementaires, ils sont soumis à un contrôle, *a priori*, du juge constitutionnel. Ils comprennent des dispositions qui, relevant exclusivement de la compétence desdites assemblées, organisent leur fonctionnement et leur discipline.

Aussitôt adopté ou modifié, le règlement intérieur d'une assemblée parlementaire nationale est obligatoirement soumis au contrôle de la conformité à la Constitution.

En matière jurisprudentielle, il est à noter que les règlements intérieurs de l'Assemblée Nationale et du Sénat ont été, depuis la Constitution du 4 avril 2003, obligatoirement transmis à la Cour Suprême de Justice pour vérification de leur conformité à la Constitution.

---

[816] Voir *JORDC*, numéro spécial du 11 août 2008, col.11-14.

[817] Lire à ce propos la loi sus-citée en son article 74 in *JORDC*, 49ème année, 2008.

Sur le plan empirique, l'on a constaté avec bonheur que le règlement du Congrès était passé au crible d'un contrôle *a priori* comme l'exige la Constitution[818].

Cependant, ce règlement n'a pas été voté comme l'exige la Constitution pendant les sessions extraordinaires qui ont suivi la proclamation des résultats des élections législatives[819].

Elaboré au cours de la session ordinaire de septembre 2007, ce règlement a été déclaré conforme à la Constitution[820] à l'exception de certaines dispositions[821], traitant de la procédure de la proclamation de l'état d'urgence ou de siège, de la déclaration de guerre ainsi que de la procédure de poursuite et de la mise en accusation du Président de la République et du Premier Ministre.

Les articles 3 point 3, 6 point 7 et 38 de ce texte subordonnent la déclaration de l'état d'urgence et de siège à l'autorisation du Congrès. Ces dispositions ne sont pas conformes à la Constitution qui dispose en son article 85, alinéa1 que «(…) *le Président de la République proclame l'état d'urgence ou l'état de siège, après concertation avec le Premier Ministre et les Présidents des deux Chambres*(…) ».

En lisant l'article 17 de ce règlement intérieur, on peut déduire que « le Congrès ne siège valablement qu'à la majorité absolue des membres qui composent chacune de deux chambres ». Le texte de la Constitution dispose que « chacune des chambres ou le Congrès ne siège valablement que pour autant que la majorité absolue de ses membres se trouve réunie. Il s'ensuit que la majorité exigée n'est pas cumulative à chaque chambre parlementaire et au Congrès mais alternative ».

L'article 40 du règlement dispose qu' « à l'initiative de la moitié des membres de chacune des deux chambres du Parlement, le Congrès par une résolution, décide des poursuites judiciaires et de la mise en accusation du Président de la République ou du Premier Ministre… ».

Pour la Cour Suprême de Justice, « cette disposition viole la Constitution qui renvoie à la compétence du législateur ordinaire la détermination de la procédure pénale[822]».

L'observation permet de mieux appréhender le rôle du juge constitutionnel dans le contrôle non seulement des actes produits par les assemblées mais aussi ceux qui organisent le fonctionnent desdites institutions.

---

[818] Article 160, alinéa 2 de la Constitution de la RDC du 18 février 2006 telle que modifiée à ce jour.

[819] Article 114, alinéa 3 de la Constitution de la RDC du 18 février 2006 telle que modifiée à ce jour.

[820] R. Const. 061/TSR du 30 novembre 2008, quatrième feuillet.

[821] Précisément les articles 3.3., 6.7, 17, 38, 40, 42 et 43.

[822] Article 122, point 6 de la Constitution de la RDC du 18 février 2006 telle que modifiée à ce jour.

De même, il se dessine, à ce jour, au plan jurisprudentiel et doctrinal, une tendance marquée par la soumission au contrôle de la conformité à la Constitution des règlements intérieurs des assemblées provinciales en tant que chambres parlementaires avant leur mise en application[823].

Le juge constitutionnel est, à ce point, un véritable gardien de la Constitution, et juridicise par son action la vie politique.

2.2. La jurisprudence en matière de contrôle de constitutionnalité des lois ordinaires

La jurisprudence en matière de contrôle de constitutionnalité des lois ordinaires en République Démocratique du Congo présente, depuis 2006, un tableau pas assez éclairé.

La Cour suprême de Justice n'a pas jusque-là prononcé un seul arrêt de principe en matière de contrôle, a posteriori, de constitutionnalité des lois ordinaires, pourtant prévue par la Constitution[824]. Cela conduit à faire une incursion en droit comparé.

En France, par exemple, le Conseil constitutionnel a fait preuve d'une audace en matière de contrôle de constitutionnalité des lois. On peut utilement se référer à la décision de 1971 et celle de 1985 se rapportant à la question de la Nouvelle Calédonie.

En effet, par la décision n°71/44.DC du 16 juillet 1971, le Conseil constitutionnel français a opéré une grande révolution politique et juridique. Il importe de l'illustrer par le recours aux faits.

Le 25 janvier 1971, le tribunal administratif de Paris annule, conformément à une jurisprudence constante, le refus du préfet de police de Paris, de délivrer au fondateur de l'Association « *Les amis de la cause du peuple* », le récépissé de la déclaration des statuts, au motif que la loi du 1er juillet 1901 relative aux associations ne donne pas à l'autorité administrative le pouvoir d'apprécier préalablement la liberté de l'association et la légalité de ses statuts.

Plutôt que de saisir le Conseil d'Etat, le gouvernement fait adopter par le Parlement, le 23 juin 1971, une loi modifiant celle de 1901 et aux termes de laquelle est instauré, à l'initiative du préfet, un contrôle a priori des associations par l'autorité judiciaire. Cette loi est adoptée malgré l'opposition du Sénat, conduite par Marcilhacy qui considère ses

---

[823] Lire dans ce sens l'arrêt R.CONST.152/TSR.- : AFFAIRE RICHARD NDAMBU WOLANG de la Cour suprême de justice du 19 mars 2011. Lire aussi BOSHAB MABUDJ E. et MATADI NENGA, *Le statut des représentants du peuple dans les assemblées politiques délibérantes : parlementaires, députés provinciaux, conseillers urbains, conseillers communaux, conseillers de secteur ou de chefferie*, Louvain-la-Neuve, Academia-Bruyant, 2010.

[824] Article 160 de la Constitution de la RDC du 18 février 2006 telle que modifiée à ce jour.

dispositions comme portant atteinte à la liberté de former des partis politiques reconnus par la Constitution.

Aussi, le Président de cette assemblée, est-il plus ou moins contraint de saisir le Conseil pour lui demander d'apprécier la constitutionnalité de cette réforme législative entamée.

Pour exercer son contrôle, le Conseil constitutionnel se réfère, pour la première fois, à la même loi, à la Déclaration Universelle de Droits de l'Homme de 1789 et au préambule de la Constitution du 1949 auxquels il renvoie « considérant qu'au nombre des principes fondamentaux reconnus par les lois de la République solennellement réaffirmés par le préambule de la Constitution, il y a lieu de ranger le principe de la liberté d'association ».

Par la suite, le Conseil déclare conforme à la Constitution les dispositions instaurant un contrôle a priori au motif que le principe implique que la constitution d'association se fasse librement et puisse être soumise, pour sa validité, à l'intervention préalable de l'autorité administrative ou même judiciaire[825].

C'est de cet arrêt que ressort la théorie du "bloc de constitutionnalité"[826].

Cette décision prouve à suffisance la détermination du juge constitutionnel de corriger tout dérapage relevant du pouvoir législatif dans l'exercice de ses fonctions. Elle sert d'inspiration à plusieurs juridictions constitutionnelles africaines.

La deuxième jurisprudence qui mérite d'être mentionnée est celle de l'état d'urgence en Nouvelle Calédonie.

En effet, par la décision d'état d'urgence en Nouvelle Calédonie [5] CC.85-187 DC n 25-1985, Rec., p.43 [...], le juge constitutionnel français a, encore une fois de plus, fait preuve de son pouvoir de contrôle.

A travers cette décision, le Conseil s'autorise de contrôler une loi promulguée à l'occasion de l'examen d'une autre votée et qui la complète, l'abroge ou la modifie. Dans cette hypothèse, l'article 61 de la Constitution prévoit un contrôle a priori.

La jurisprudence a même conduit Blacher à se lancer dans une série d'interrogations sur l'orthodoxie de l'esprit et de la lettre de la Constitution, dans le contrôle exercé par le Conseil constitutionnel[827].

---

[825] Lire à ce propos, D. ROUSSEAU, *Droit du contentieux constitutionnel*, *op.cit.*, p.66.

[826] Cette théorie a été développée par le doyen L. FAVOREU, « Le principe de constitutionnalité. Essai de définition d'après la jurisprudence du Conseil », in *mélanges C. EISENMAN,* Paris, Cujas, 1975, pp.33-38. Cette expression de "*bloc de constitutionnalité*" est polémique. Pour BEZZINA, l'expression paraît impropre puisqu'il conçoit la conformité à la Constitution de manière large, tel l'exemple du Conseil constitutionnel français qui s'est déclaré compétent pour contrôler la conformité des lois ordinaires aux lois organiques et plus précisément l'Ordonnance du 02 janvier 1959 à laquelle fait allusion l'article 34 de la Constitution en matières financières.

[827] Lire P. BLACHER, « Le Conseil constitutionnel en fait-il trop ?», *op.cit.*, pp.17-28 www.caim-info/revue pouvoir 2003-02-page-17htm, consulté le 20/mars/2011.

De l'observation de ces deux décisions, il appert que le Conseil constitutionnel français a démontré son courage jusqu'à déterminer la compétence de sa compétence. Ces espèces constituent une belle illustration de la régulation juridictionnelle de la vie politique française.

Outre les lois, il existe d'autres actes émanant des assemblées parlementaires et qui sont assujettis au contrôle du juge constitutionnel congolais.

2.3. La question spécifique du contrôle de constitutionnalité des actes législatifs

La problématique des actes législatifs ne cesse de diviser la doctrine. La Constitution du 18 février 2006 n'en donne pas de définition. Elle dispose en son article 162, alinéa 2 : « (...) *toute personne peut saisir la Cour constitutionnelle pour inconstitutionnalité de tout acte législatif ou réglementaire* ».

Ce mutisme a lancé la doctrine dans une quête inachevée d'une définition et d'un contenu exact de la notion d'acte législatif.

Toutefois, la jurisprudence congolaise a apporté une innovation notable en matière de contrôle de constitutionnalité, dans la célèbre affaire Trésor Kapuku, gouverneur de la province du Kasaï-Occidental. Par l'arrêt R. Const. 51/TSR de 2007, la Cour Suprême de Justice toutes sections réunies, siégeant en matière de constitutionnalité, a rendu un arrêt que l'on peut considérer comme un *orbiter dictum* (arrêt de principe). Cet arrêt mérite d'être analysé, eu égard à son importance.

2.3.1. Faits

Par sa requête du 12 juin 2007, déposée le 14 juin 2007 au greffe de la Cour Suprême de Justice, Trésor Kapuku saisit la Cour Suprême de Justice en annulation de la décision de l'Assemblée Provinciale du 7 juin 2007 portant motion de défiance pour inconstitutionnalité en ces termes : « Monsieur le Premier président, conformément à l'article 162 de la Constitution de la République Démocratique du Congo, j'ai l'honneur de saisir votre juridiction en vue d'introduire ma requête contre la violation flagrante de la Constitution en ses articles 146 et 198 alinéa 6 par l'Assemblée Provinciale du Kasaï-Occidental.

En effet, par sa décision du 07 juin 2007, l'Assemblée Provinciale a adopté la motion de défiance contre la personne du Gouverneur de province que je suis alors que le programme d'actions de mon gouvernement n'a pas encore été reçu ainsi que le gouvernement non investi.

Elle a, en outre, voté tous les députés provinciaux, les uns se prononçant pour et les autres contre la motion de défiance violant ainsi les prescrits de l'article 146 alinéa 3 qui veut que seuls soient recensés les votes favorables à la motion de censure ou de défiance.

Tout autre élément en rapport à cette affaire sera fourni à votre juridiction à l'audience s'y rapportant ».

A l'appel de la cause, à l'audience fixée par le premier président, la Cour après avoir déclaré la cause en état d'être examinée, accorda la parole :

- D'abord au requérant qui, représenté par son conseil, développa les faits de la cause et conclut en demandant à la Cour de déclarer la décision de l'Assemblée Provinciale prématurée.
- Ensuite, au conseil de l'Assemblée Provinciale qui déposa sa note de plaidoirie se fondant sur l'article 135 du code de procédure devant la Cour Suprême de Justice et demanda à ladite Cour de déclarer irrecevable la requête, en vertu de l'article 131 dudit code.
- Enfin, au Ministère public qui, en son avis verbal donné sur le banc déclara qu'il plaise à la Cour de céans de se déclarer compétente en vertu de la Constitution ; de déclarer la requête recevable et fondée suivant l'article 198 car le gouverneur n'avait pas encore présenté son programme d'action et été investi par l'Assemblée et de déclarer inconstitutionnelle la motion de défiance de l'Assemblée Provinciale du Kasaï Occidental.
- Sur ce, la Cour déclara les débats clos, prit la cause en délibéré et, séance tenante, prononça l'arrêt[828].

2.3.2. Arrêt de la Cour

Il y a lieu de distinguer la compétence de la Cour, sa recevabilité et l'examen au fond du litige.

2.3.2.1. De la compétence de la Cour

La Cour Suprême de Justice s'était, sur pied de l'article 223 de la Constitution déclarée compétente. Cette disposition constitutionnelle lui confère les attributions de la Cour constitutionnelle en attendant l'installation de celle-ci. L'article 162, alinéa 2 de la même Constitution autorise à toute personne de la saisir pour inconstitutionnalité de tout acte législatif ou règlementaire.

2.3.2.2. De la recevabilité de la requête

Sur le plan de la forme, la Cour a déclaré la requête recevable. En effet, une motion de défiance adoptée par une Assemblée Provinciale est un

[828] Lire à ce propos l'arrêt R. Const. 51/TSR du 31 juillet 2007, premier, deuxième et troisième feuillets.

acte législatif selon l'article 162, alinéa 2 susvisé car le vocable « *acte législatif* » couvre non seulement les lois stricto sensu ou les textes qui ont valeur de lois mais également *tout document ou tout acte émanant ou accompli dans l'exercice du pouvoir législatif à l'instar de la motion de défiance concernée*[829].

2.3.2.3. Quant au fond

A l'appui à son recours, le requérant invoque deux moyens. Le premier est pris de la violation des articles 146 et 198 alinéa 6 de la Constitution en ce que l'Assemblée Provinciale du Kasaï-Occidental a adopté la motion de défiance contre le gouverneur de province Trésor Kapuku alors que le programme d'action de son gouvernement n'avait pas encore été approuvé ni le gouvernement investi.

Ce moyen est, selon la Cour, fondé. En effet, aux termes de l'article 198 alinéa 2 de la Constitution, le gouverneur de province est élu pour un mandat de cinq ans renouvelable une seule fois par les députés provinciaux au sein ou en dehors de l'Assemblée Provinciale. Il est investi par l'ordonnance du Président de la République.

Mais, la Cour relève que cette investiture ne suffit pas pour que le gouverneur entre en fonction car suivant l'article 198 alinéa 6 et 7 de la Constitution, l'entrée en fonction est conditionnée par la présentation, par le gouverneur, du programme d'action et son adoption à la majorité absolue des membres qui composent l'Assemblée provinciale.

Or, en l'espèce, la motion de défiance a été déposée contre le requérant alors que celui-ci n'avait pas encore présenté à l'Assemblée Provinciale son équipe gouvernementale et son programme d'action. Il en résulte, selon la volonté du constituant, que seuls les actes posés à l'entrée en fonction peuvent être concernés par une motion de défiance.

L'examen du deuxième moyen devient dès lors superfétatoire.

C'est pourquoi, la Cour Suprême de Justice, toutes sections réunies, siégeant en matière d'inconstitutionnalité, le ministère public entendu déclare inconstitutionnelle la décision de l'Assemblée Provinciale du Kasaï Occidental du 07 juin 2007 portant motion de défiance contre le gouverneur de province, Monsieur Trésor Kapuku Ngoy[830].

2.3.3. Commentaire de l'arrêt

Cette décision a été à la base d'une réflexion en doctrine. Pour Jean-Louis Esambo Kangashe, « à l'état actuel de la législation, on note qu'en dehors des actes législatifs ou règlementaires, la Cour constitutionnelle

[829] Lire le quatrième feuillet de l'arrêt R. Const 51/TSR, *op.cit.*
[830] Lire le 5ème feuillet de l'arrêt R. Const 51/TSR

congolaise n'est pas autorisée à contrôler la conformité à la Constitution des actes d'Assemblée qui sont constitués de motions de censure, de motions de défiance ou de résolutions des Assemblées »[831].

L'auteur affirme que, « sauf revirement spectaculaire de sa propre jurisprudence, la Cour Suprême de Justice ne censure pas les actes d'Assemblée qu'elle assimile maladroitement aux « actes de gouvernement »[832]. Il soutient, par ailleurs, que pour autant que les actes d'assemblée aient violé les droits garantis aux particuliers par la Constitution, tel le droit de la défense, la Cour est compétente.

Paul-Gaspard Ngondankoy nkoy-ea-Loongya, définit pour sa part « les actes législatifs comme des manifestations concrètes du pouvoir dont disposent les Assemblées parlementaires dans le domaine législatif »[833]. Parmi ces actes législatifs, l'auteur cite les lois au sens strict du terme, excluant notamment les « actes ayant force de loi du pouvoir exécutif pris dans le domaine législatif en vertu d'une délégation constitutionnelle expresse.[834]»

Il relève aussi la conception prétorienne selon laquelle « *le vocable acte législatif* [...] couvre non seulement les lois stricto sensu ou les textes ayant valeur de loi, mais également *tout document ou tout acte émanant ou accompli dans l'exerce du pouvoir législatif.*»[835]

Pour lui, la condition sine qua non pour être un acte législatif, c'est être voté par le Parlement et avoir un caractère général, impersonnel et sanctionnateur ; oubliant qu'il existe des lois[836] votées par le Parlement mais qui ont un caractère individuel. Le cas de la loi sur l'amnistie est trop spectaculaire pour n'être pas cité comme exemple.

Pour notre part, ne banalisant pas le caractère complémentaire sinon créateur de la jurisprudence constitutionnelle, et reconnaissant son rôle très important de source du droit constitutionnel[837], nous estimons que le juge constitutionnel congolais a pris un arrêt qui mérite d'être coulé en *orbiter dictum*, en matière de juridicisation de la vie politique.

---

[831] Lire J.-L. ESAMBO KANGASHE, *La Constitution congolaise du 18 février 2006 à l'épreuve du constitutionnalisme. Contraintes pratiques et perspectives*, *op.cit.*, pp.121-122.

[832] *Idem.*

[833] P.-G. NGONDANKOY NKOY-ea-LOONGYA, « La nature juridique du règlement intérieur d'une assemblée parlementaire et sa place dans la hiérarchie des normes juridiques », *op.cit.*, p.80.

[834] Article 129 de la Constitution du 18 février 2006.

[835] Lire à ce propos, CSJ RA 320, Usoral et alliés, et le Président de la République du Zaïre 21 août 1993 in *BA CSJ* 1990-1999, p.161. Lire également R. Const. 51/TSR T. KAPUKU, L'Assemblée Provinciale du Kasaï Occidental, 31 juillet 2007, inédit.

[836] P.-G. NGONDANKOY NKOY-ea-LOONGYA« La nature juridique du règlement intérieur d'une assemblée parlementaire et sa place dans la hiérarchie des normes juridiques », *op.cit.*, p.80.

[837] Lire utilement à ce propos, R. GUILLIEN et J. VINCENT (dir.), *Lexique des termes juridiques*, *op.cit.*, p.384.

Nonobstant son mérite opératoire, cet arrêt renferme des faiblesses d'ordre épistémologique.

La première observation est relative au contenu significatif du concept « *actes législatifs* ».

La deuxième observation se rapporte à la notion de l'investiture et de la responsabilité d'un gouvernement devant une Assemblée. D'abord, en rapport avec les actes législatifs, le constituant ne livre aucun contenu précis.

Ainsi, dans son rôle supplétif lui permettant de combler les lacunes du constituant, le juge constitutionnel a pris un arrêt dont l'habileté concurrence celle de Marshall dans la célèbre affaire Marbury contre Madison[838].

Cependant, sans pour autant minimiser le caractère courageux du juge constitutionnel congolais, on peut relever quelques litiges syntaxiques et syntagmatiques qui sont de nature à menacer gravement l'esthétique grammaticale de l'arrêt de la plus haute Cour de la République.

Celle-ci définit, en effet, les actes législatifs comme tout document ou acte émanant ou accompli dans l'exercice du pouvoir législatif […].

Remarquons que la Cour utilise le concept émanant [du verbe émaner de] sans le faire suivre d'un « *de* » ou « *du* », qui lui éviterait toute incompréhension.

Bien plus, les syntagmes tout « *document ou acte* » fait penser à un « *ou* » inclusif qui identifierait tout document au concept acte législatif.

Ces constatations n'ôtent en rien le caractère original du contenu donné par la Cour Suprême de Justice au concept « *actes législatifs* ». Car, nous fondant sur le principe général du droit constitutionnel« *Voies de nullité n'ont lieu contre les jugements* », principe signifiant qu'un acte juridictionnel ne peut être critiqué que par une voie de recours,[839] nous nous limitons à souligner que cet arrêt demeure une preuve éloquente de la juridicisation de la vie politique congolaise.

Quant à la question de la responsabilité du Gouverneur de province investi, la Cour relève, sans équivoque, que l'investiture ne suffit pas pour qu'un gouverneur engage sa responsabilité. Il faut en outre la présentation du programme d'action et son adoption à la majorité absolue des membres qui composent l'Assemblée provinciale. Cela constitue aussi une avancée en la matière.

Dans le même ordre d'idée, il échet d'examiner l'arrêt R.CONST.152/TSR.- : AFFAIRE RICHARD NDAMBU WOLANG.

Pour y parvenir, nous présentons les faits de la cause, la décision de la Cour suivie de l'appréciation de l'œuvre de la juridiction constitutionnelle.

---

[838] Le célèbre arrêt W. MARBURG contre J. MADISON a été longuement exposé dans la première partie.

[839] Lire, R. GUILLIEN et J. VINCENT, *Lexique des termes juridiques, op.cit.*, p.676.

I. Les faits de la cause

Par sa requête signée le 19 mars 2011 et déposée au greffe de la Cour suprême de justice le 17 du même mois, le Gouverneur de la province du Bandundu, Monsieur Richard Ndambu Wolang, agissant par son conseil Maître Dieudonné Kaluba Dibwa, avocat au barreau de Kinshasa/Gombe, sollicita de cette Cour, de déclarer non conforme à la Constitution la motion de défiance votée le 11 mars 2011par l'Assemblée provinciale du Bandundu le démettant de ses fonctions de gouverneur de Bandundu.

Le requérant soumet à la censure de la Cour suprême de justice, toutes sections réunies, agissant comme Cour constitutionnelle de la République Démocratique du Congo, les faits ci-après :

En date du 09 mars 2011, il a été obligé de répondre à la correspondance de l'Honorable Boniface Ntwa Boshiewa, Président de l'Assemblée Provinciale, lui transmettant une motion de défiance déposée contre sa personne.

Il lui est notamment reproché, non pas des actes relevant de la politique générale du gouvernement provincial du Bandundu, mais plutôt ceux concernant la politique sectorielle de quelques ministères provinciaux.

Malgré la pertinence des observations juridiques faites à cette motion par certains députés provinciaux, aux travers des motions incidentielles visant à déclarer irrecevable ladite motion de défiance pour mauvaise direction, ainsi que celles faites par le Gouverneur de province lors de son intervention ; la motion a été, contre toute attente, mise aux voix en date du 11 mars 2011 par le Bureau de l'Assemblée Provinciale.

Sans avoir notifié sa décision au Gouverneur déchu, la plénière de l'Assemblée Provinciale a désigné le Vice-gouverneur pour assurer l'intérim du Gouverneur de province.

A l'appui de sa requête, Richard Ndambu développe les moyens d'inconstitutionnalité tirés, pour l'essentiel, de la violation des articles 160 alinéa 2, 146 alinéa 2, 147 et 198 de la Constitution de la RDC du 18 février 2006.

1. La violation manifeste de l'article 160, alinéa 2, de la Constitution de la République Démocratique du Congo du 18 février 2006

Aux termes des dispositions de l'article précité, les lois organiques, les règlements intérieurs des chambres parlementaires et du Congrès, de la Commission Electorale Nationale Indépendante ainsi que du Conseil supérieur de l'audiovisuel et de la Communication, avant leur mise en application, doivent être soumis à la Cour constitutionnelle qui se prononce sur leur conformité à la Constitution.

En application de cette disposition constitutionnelle, l'article 14, alinéa 3, de la loi n°08/012 du 31 juillet 2008 portant principes fondamentaux relatifs à la libre administration des provinces, dispose que « Il (Règlement Intérieur de l'Assemblée des provinces) est publié au Journal Officiel ».

Jusqu'à ce jour, l'Assemblée provinciale n'a pas déféré à ce devoir constitutionnel qui constitue un contrôle préalable et obligatoire pour le Règlement Intérieur d'une chambre parlementaire, en l'occurrence l'Assemblée provinciale du Bandundu.

A défaut du contrôle de constitutionnalité, avant la mise en application et de la publication au Journal Officiel de la République Démocratique du Congo, tel Règlement Intérieur ne pouvait entrer en vigueur et produire ses effets sans violer la Constitution du 18 février 2006.

Dès lors que c'est sur base dudit Règlement Intérieur que l'Assemblée provinciale procède, son inconstitutionnalité aura pour effet l'annulation de plein droit de la motion de défiance attaquée.

2. La violation des articles 146, alinéa 2, 147 et 198 de la Constitution de la République Démocratique du Congo du 18 février 2006.

La Constitution de la République Démocratique du Congo du 18 février 2006, en faisant à l'article 198, alinéa 9, un renvoi aux articles 146 et 147 de la même Constitution, a bien voulu opérer une nette distinction entre la motion de censure et la motion de défiance, entre le Gouverneur ou le Vice-gouverneur et les membres du gouvernement provincial nommés, et le cas échéant, révoqués par le Gouverneur de province.

En l'espèce, la motion de défiance est dirigée contre un membre du Gouvernement provincial, un ministre provincial. Elle est fondée sur les faits, actes et comportements politiques relevant de sa responsabilité. Ainsi donc, lorsqu'une telle motion de défiance est adoptée, le membre du gouvernement concerné est réputé démissionnaire. Il présente sa démission au Gouverneur de province.

La preuve est que tous les actes du Gouverneur dans les matières sectorielles sont contresignés par le Ministre provincial qui s'en rend seul politiquement responsable, conformément à l'article 28 de la loi du 31 juillet 2008 sur les principes fondamentaux relatifs à la libre administration des provinces.

Par ailleurs, la Constitution de la République Démocratique du Congo du 18 février 2006 ressort clairement que la mise en jeu de la responsabilité du Gouvernement provincial l'est par celle du Gouverneur de province. Car, en effet, lorsqu'une motion de censure est votée contre lui, celle-ci entraîne, ipso facto, la démission du Gouvernement provincial. Le Gouverneur de province présente sa démission au Président de la République.

De même, l'article 8 du Règlement Intérieur de l'Assemblée provinciale, entaché d'inconstitutionnalité, est clair à ce sujet lorsqu'il fait la nette distinction entre la responsabilité du Gouvernement par vote d'une motion de censure ou de l'un des ministres par le vote d'une motion de défiance.

En violant ainsi son propre Règlement Intérieur, l'Assemblée provinciale du Bandundu n'a fait que violer la Constitution qui établit cette distinction au profit de la stabilité des institutions gouvernementales.

Tels sont les faits sur lesquels la Cour suprême de justice faisant office de la Cour constitutionnelle s'était prononcée en rendant sa décision en date du 26 avril 2011.

II. La décision de la Cour

Examinant sa compétence, la Cour suprême de justice a relevé qu'au sens de l'article 162 alinéa 2 de la Constitution, le vocable acte législatif couvre non seulement les lois stricto sensu, mais aussi les textes ayant valeur de loi, tout acte émanant de l'organe législatif à l'instar d'une motion de défiance d'une assemblée provinciale. Elle se déclarera dès lors compétente pour connaître de la motion de défiance du 11 mars 2011 ;

Il ressort des éléments du dossier que par lettre du 9 mars 2011, le président de l'Assemblée provinciale du Bandundu a transmis à Monsieur Richard Ndambu Wolang, Gouverneur de la province du Bandundu, une motion de défiance déposée contre sa personne par 11 membres de l'Assemblée, en lui demandant d'en accuser réception et de se préparer à y répondre en séance plénière du vendredi 11 mars 2011 ;

Dans cette motion, il est reproché au demandeur la mégestion, la mauvaise gouvernance ainsi que la gabegie financière caractérisée par de nombreux détournements de deniers publics et privés ;

Mise aux voix à la date sus indiquée, la motion de défiance a été adoptée de la manière ci-après : sur 75 députés votants : 43 pour, 29 contre, 02 bulletins nuls et 1 abstention ;

Par lettre sans date, le Président de l'Assemblée provinciale a invité le Vice-gouverneur de province à assumer l'intérim de l'exécutif provincial jusqu'à nouvel ordre ;

Dans ses conclusions dites « mémoires en réponse » déposées le 22 avril au greffe de la Cour suprême de justice, l'Assemblée provinciale soulève l'exception d'irrecevabilité de la requête du demandeur articulée en deux branches ;

L'exception en sa première branche, est prise de la violation des dispositions des articles 3 et 4 de l'ordonnance-loi n°82-017 du 31 mars 1982 portant procédure devant la Cour suprême de justice, en ce que le demandeur n'a pas produit deux copies dûment signées par un avocat près la Cour suprême de justice, alors que les dispositions légales susdites prévoient que toute requête introduite devant la Cour suprême de justice et tout mémoire déposé devant elle doivent être accompagnés de deux copies dûment signées par un avocat près la Cour suprême de justice sous peine d'irrecevabilité ;

En cette branche, l'exception n'est pas fondée car en vertu de l'article 162, alinéa 2 de la Constitution, « toute personne peut saisir la Cour constitutionnelle pour inconstitutionnalité de tout acte législatif ou règlementaire » et, pour ce faire, elle n'a pas besoin de produire deux copies de la requête signées par un avocat à la Cour suprême de justice, le ministère d'un avocat n'étant même pas exigé ;

L'exception, en sa deuxième branche, est tirée de la violation des dispositions des articles 198, alinéa 8 de la Constitution, 160, alinéa 1 de la loi n°06/006 portant organisation des élections présidentielle, législatives, provinciales, urbaines, municipales et locales, et 131 de l'ordonnance-loi n°82-017 du 31 mars 1982 portant procédure devant la Cour suprême de justice, en ce que le demandeur agit par son conseil, l'avocat Kaluba Dibwa, alors qu'il a été relevé de ses fonctions par une motion de défiance depuis le 11 mars 2011 et que c'est à la requête soit du Procureur général de la république, soit du Président de la République, soit encore du bureau du Conseil législatif ou des juridictions des jugements que la Cour devait être saisie ;

En cette branche, l'exception n'est pas non plus fondée car le demandeur a justement intérêt à attaquer la décision qui lui porte grief en le déchoyant de ses fonctions de Gouverneur de province et ce, en vertu de l'alinéa 2 de l'article 162 sus rappelé ;

L'exception n'étant pas retenue, la requête sera reçue ;

Le premier moyen d'inconstitutionnalité est tiré de la violation de l'article 160, alinéa 2, de la Constitution, en ce que l'Assemblée provinciale qui procède sur base de son Règlement Intérieur n'a, à ce jour, déféré celui-ci au contrôle constitutionnel, alors qu'aux termes de cette disposition, « les lois organiques, les Règlements Intérieurs des chambres parlementaires et du Congrès, de la Commission Electorale Nationale Indépendante ainsi que du Conseil Supérieur de l'Audiovisuel et de la Communication, avant leur mise en application, doivent être soumis à la Cour constitutionnelle qui se prononce sur leur conformité à la Constitution » ;

Ce moyen est fondé. En effet, si l'article 197 de la Constitution qui traite des Assemblées provinciales ne renvoie pas expressément à l'article 160 de la même Constitution, il ne serait pas exact de soutenir que les Règlements Intérieurs des Assemblées provinciales ne doivent pas être soumis à la Cour constitutionnelle pour examen de leur conformité à la Constitution ;

La volonté du constituant d'inclure les Assemblées provinciales dans le champ d'application de l'article 160 est sans équivoque dès lors qu'à l'alinéa 2 de cette disposition, il utilise les vocables chambres parlementaires, étant entendu que les Assemblées provinciales sont, elles aussi, des chambres parlementaires, et que l'énumération faite à l'article 197 alinéa 6 n'est pas exhaustive, la disposition concernée étant ainsi libellée : « Sans préjudice des autres dispositions de la présente Constitution, les dispositions des articles 100, 101, 102, 103, 107, 108, 109 et 110 sont applicables, mutatis mutandis, aux Assemblées provinciales et à leurs membres » ;

En l'espèce, la Cour suprême de justice relève que la procédure suivie pour arriver au vote de la motion de défiance, laquelle procède du Règlement Intérieur de l'Assemblée provinciale du Bandundu est viciée, dès lors que ce règlement n'a pas été soumis à la Cour constitutionnelle pour examen de conformité à la Constitution. Les considérations émises par ladite Assemblée suivant lesquelles le demandeur ne peut invoquer l'inconstitutionnalité de ce Règlement étant donné qu'il a lui-même été élu et qu'il a travaillé sur base de celui-ci pendant quatre ans, tout en estimant que les actes ainsi accomplis par l'exécutif provincial et l'Assemblée provinciale doivent être ratifiés car ayant produit des effets juridiques, ne peuvent justifier une dérogation à la Constitution ;

Ce moyen étant retenu, l'examen du deuxième moyen devient superfétatoire.

De ce qui précède, la Cour suprême de justice, toutes sections réunies, siégeant en matière de constitutionnalité ;

Le Ministère public entendu ;

Reçoit l'exception d'irrecevabilité de la requête mais la dit non fondée ;

Déclare inconstitutionnelle la motion de défiance du 11 mars 2011 démettant le demandeur de ses fonctions de Gouverneur de province de Bandundu ;

Délaisse les frais à la charge du Trésor.

La Cour a ainsi jugé et prononcé en son audience publique du 26 avril 2011.

Cette œuvre de la Cour mérite d'être appréciée pour permettre de mesurer le chemin parcouru par cet organe en matière de juridicisation de la vie politique.

III. Appréciation de la décision

Par cette œuvre, on lit le courage du juge constitutionnel congolais qui s'est, sans ambages, évertué à rencontrer, avec succès, les moyens soulevés par les parties avant d'assurer la protection de la Constitution en désapprouvant le comportement de l'Assemblée provinciale du Bandundu lorsque celle-ci avait omis de soumettre son Règlement Intérieur au contrôle de constitutionnalité avant sa mise en application. A l'occasion, le juge constitutionnel s'était engagé sur la voie de la conquête de sa légitimité aussi bien auprès des acteurs politiques que de ceux de la société civile jusque-là habités par le pessimisme eu égard à sa détermination à censurer les actes législatifs et règlementaires contraires à la Constitution.

Cependant, cet élan rénovateur et libérateur du juge constitutionnel congolais s'est heurté à des pesanteurs d'ordre politique dans un environnement peu favorable au contrôle juridictionnel des actes des autorités publiques. C'est assurément ce qui explique la non-exécution de l'arrêt sous examen à la suite duquel le requérant devrait reprendre ses fonctions de Gouverneur. Cette attitude qui est révélatrice d'un manque de volonté politique dans le chef des acteurs pourtant appelés à participer au processus de la juridicisation de la vie politique, en s'inclinant aux décisions de la Cour constitutionnelle, n'est pas de nature à favoriser l'avènement d'un Etat de droit régulateur du pouvoir et protecteur des droits et libertés constitutionnellement garantis à la personne humaine.

Apres avoir examiné la juridicisation des actes du pouvoir législatif, nous pouvons à présent cerner la question dans le domaine du contrôle des actes du pouvoir exécutif.

SECTION 2: LE CONTROLE DE CONSTITUTIONNALITE DES ACTES DU POUVOIR EXECUTIF

Ce contrôle porte, d'une part, sur les traités et accords internationaux et, d'autre part, sur des actes ayant force de loi ainsi que d'autres actes administratifs.

§1. La jurisprudence constitutionnelle en matière de contrôle de constitutionnalité des traités et accords internationaux

La question est abordée en droit national (A) et comparé (B).

A. En droit congolais

En droit congolais, les différentes normes constituantes, qui se sont suivies, n'ont jamais cessé de régler la question du contrôle de constitutionnalité des traités et accords internationaux ; à l'exception de la Loi fondamentale du 19 mai 1960, de la Constitution du 1er août 1964 et du Décret-loi constitutionnel n°003 du 27 mai 1997.

La Constitution du 24 juin 1967 prévoyait, en son article 68, alinéa 4, que « si la Cour constitutionnelle consultée par le Président de la République ou par l'Assemblée Nationale, déclare qu'un traité ou un accord international comporte une clause contraire à la Constitution, la ratification ne peut intervenir qu'après révision de la Constitution[840]».

La Loi n° 93-001 du 02 avril 1993 portant Acte constitutionnel harmonisé relatif à la période de transition prescrivait que « Si la Cour Suprême de Justice, consultée par le Président de la République, par l'Assemblée Nationale ou par le Gouvernent, déclare qu'un traité ou un accord international comporte une clause contraire à la présente loi, la ratification ou l'approbation ne peut intervenir qu'après révision de celle-ci[841] ».

De même, l'Acte constitutionnel de la transition prescrivait, en son article 113, que « Si la Cour Suprême de Justice, consultée par le Haut Conseil de la République-Parlement de transition ou par le Gouvernement, déclare qu'un traité ou accord international comporte une clause contraire au présent Acte, la ratification ou l'approbation ne peut intervenir qu'après révision de l'Acte »[842] .

La Constitution de la transition indique que « Si la Cour Suprême de Justice, consultée par le Gouvernement, l'Assemblée Nationale ou le Sénat déclare qu'un traité ou accord international comporte une clause contraire à la présente Constitution, la ratification ou l'approbation ne peut intervenir qu'après la révision de la Constitution »[843].

Dans la Constitution du 18 février 2006, on peut lire que : « Si la Cour constitutionnelle, consultée par le Président de la République, par le Premier Ministre, le Président de l'Assemblée Nationale ou le Président du Sénat, par un dixième des députés ou un dixième des sénateurs, déclare qu'un traité ou accord international comporte une clause contraire à la Constitution, la ratification ou l'approbation ne peut intervenir qu'après la révision de la Constitution »[844].

Il importe de relever que seule la période régie par la Constitution du 18 février 2006 offre l'unique cas du contrôle de constitutionnalité d'un traité ou accord international en droit congolais. Il s'agit de l'arrêt R. Const.112/TSR du 5 février 2010.

Compte tenu de son importance en matière de la juridicisation des traités et accords internationaux, cet arrêt mérite d'être analysé en profondeur. C'est pour cette raison que Marcel Wetsh'Okonda soutient que « cet arrêt mérite d'être salué, car il arrive après cinquante ans de constitutionnalisme congolais »[845].

---

[840] IYELEZA MUJU-MBEY et Alii, *Recueil des textes constitutionnels de la République du Zaïre du 19 mai 1960 au 28 avril 1991 avec annexe de la charte coloniale du 18 octobre 1908*, *op.cit.*, p.91.

[841] In *JORDC*, 34ème année, p.59.

[842] In *JORDC*, 35ème année, p.62.

[843] Voir article 194, in *JORDC*, 44ème année, p.45.

[844] Voir article 216, in *JORDC*, 47ème année, p.74.

[845] R. Const. 112/TSR du 05 février 2010, premier feuillet.

1°) Présentation de l'arrêt R. Const.112/TSR du 5 février 2010

Par sa requête tendant à obtenir un avis consultatif sur la contrariété éventuelle à la Constitution de certaines dispositions du Traité du 17 octobre 1993 relatif à l'harmonisation du droit des affaires en Afrique (OHADA), requête signée, le 31 décembre 2009 et reçue au greffe de la Cour Suprême de Justice le 07 janvier 2010, Monsieur le Président de la République a saisi cette Cour en ces termes :

« A Monsieur le Premier Président de la Cour Suprême de Justice
à Kinshasa/Gombe

Monsieur le Premier Président de la Cour Suprême
Messieurs les Présidents à la Cour Suprême de Justice
Messiers les Conseillers à la Cour Suprême de Justice.

Objet : Requête tendant à obtenir *un avis consultatif* sur la contrariété éventuelle à la Constitution, de certaines dispositions du Traité du 17 octobre 1993 relatif à l'Harmonisation du Droit des Affaires en Afrique (OHADA)[846].

LE PRESIDENT DE LA REPUBLIQUE

Considérant l'article 69 alinéa 2 de la Constitution et se référant aux dispositions des articles 216 et 223 de la Constitution.

A l'honneur de saisir la Cour Suprême de Justice, afin qu'elle donne ses avis éclairés, sur la contrariété éventuelle à la Constitution, de certaines dispositions du Traité du 17 octobre 1993 relatif à l'Harmonisation du Droit des Affaires en Afrique (OHADA).

I. Par rapport à la saisine, à la compétence et à la portée des décisions de l'organe juridictionnel de l'OHADA :

- Article 18 du traité.

« La saisine de la Cour commune de Justice et d'arbitrage suspend toute procédure de cassation engagée devant une juridiction nationale contre la décision attaquée… »

---

[846] Nous pensons avec M. WETSH'OKONDA, qu'à notre connaissance, c'est la première fois, en trente et une années d'existence, que la haute cour a ainsi exercé sa compétence en matière de contrôle de constitutionnalité des traités internationaux, mieux de contrôle de contrariété. Aussi, poursuit l'auteur, le fait que ces questions relatives à la constitutionnalité du droit de l'OHADA aient fait l'objet des débats parlementaires marque en soi un progrès du constitutionnalisme en République Démocratique du Congo. Que la Cour Suprême de Justice ait été sollicitée pour éclairer l'opinion des Congolais et Congolaises en la matière en constitue une preuve supplémentaire. Elle devrait, si besoin en était encore, emporter la conviction de ceux qui en doutaient encore du fait que la politique est désormais saisie par le droit en République démocratique du Congo. M. WETSH'OKONDA, « L'arrêt de la Cour Suprême de Justice R. Const. 112/TSR du 05 février 2010 sur l'OHADA », *In* http://www.*la-constitution-en-Afrique.org*, consulté le 20 novembre 2010, pp.1, 5-6.

- Article 20 du traité

« Les arrêts de la Cour commune de justice et d'arbitrage ont l'autorité de la chose jugée et la force exécutoire. Ils reçoivent sur le territoire de chacun des Etats parties une exécution forcée dans les mêmes conditions que les décisions juridiques nationales. Dans une même affaire, aucune décision contraire à un arrêt de la Cour commune de justice et d'arbitrage ne peut faire l'objet d'une exécution forcée sur le territoire d'un Etat partie».

Ces deux dispositions méritent d'être confrontées aux dispositions pertinentes de la Constitution à savoir, l'article 153, alinéa 2 qui dispose : « *sans préjudice des autres compétences qui lui sont reconnues par la présente Constitution ou par les lois de la République, la Cour de cassation connaît des pourvois en cassation formés contre les arrêts et jugements rendus en dernier ressort par les Cours et tribunaux civils et militaires*[847] ».

II. Par rapport aux compétences du Conseil des Ministres de l'OHADA et à l'entrée en vigueur des Actes uniformes :

- article 5 du traité :

« Les actes pris pour l'adoption des règles communes prévues à l'article premier du présent Traité sont qualifiés d'Actes uniformes… »

- Article 6 du traité :

« Les actes uniformes sont préparés par le Secrétariat Permanent en concertation avec les Gouvernements des Etats parties. Ils sont délibérés et adoptés par le Conseil des Ministres après avis de la Cour commune [de justice] et d'arbitrage ».

- Article 9 du traité :

« Le actes uniformes entrent en vigueur quatre-vingt-dix jours après leur adoption, sauf modalités particulières d'entrée en vigueur prévues par l'acte uniforme lui-même. Ils sont également publiés au Journal Officiel des Etats parties ou par tout autre moyen approprié »[848].

- Article 10 du traité :

« Les actes uniformes sont directement applicables et obligatoire[s] dans les Etats Parties nonobstant toute disposition contraire de droit interne antérieure ou postérieure ».

Il me paraît nécessaire que ces quatre dispositions du Traité soient confrontées aux dispositions suivantes de la Constitution :

- Article 100 de la Constitution :

Le pouvoir législatif est exercé par un Parlement composé de deux chambres[s] : « l'Assemblée Nationale et le Sénat »[849].

- Article 122 point 8 de la Constitution :

[847] R. Const. 112/TSR, deuxième feuillet.
[848] R. Const. 112/TSR, troisième feuillet.
[849] R. Const. 112/TSR, troisième feuillet.

« Sans préjudice des autres dispositions de la présente Constitution, la loi fixe les règles concernant [...] le commerce, le régime de propriété des droits et des obligations civiles et commerciales ».

- Article 73 alinéa 2 de la Constitution [:]

« Le Président de République promulgue les lois dans les conditions prévues par la présente Constitution »[850].

- Article 136 [...] de la constitution [:]

Dans les six jours de son adoption, la loi est transmise au Président de la République, pour sa promulgation, le Premier Ministre en reçoit ampliation.

- Article 142 alinéa 1 de la Constitution :

« La loi entre en vigueur trente jours après sa publication au Journal Officiel à moins qu'elle n'en dispose autrement ».

Les dispositions susvisées, tant du Traité que de la Constitution, ne sont relevées ici qu'à titre indicatif.

Eu égard à tout ce qui précède, le Président de la République, en application des dispositions des articles 216 et 223 de la Constitution, « consulte la Haute cour, afin qu'elle déclare si le traité émargé comporte ou non des clauses contraires à la Constitution ».

A cette requête, le Ministère public a reconnu la compétence en matière d'appréciation de la constitutionalité de certains articles du traité relatif à l'Harmonisation du Droit des Affaires à la section de législation de cette Cour.

Il a, à l'occasion, estimé que si la Cour Suprême de Justice section de législation s'estime saisie malgré tout conformément aux articles 159 du Code d'organisation et de la compétence judiciaires sur les difficultés d'interprétation des textes et sur l'autorité qui a pris l'initiative de la consulter, elle dira au regard de l'article 217 de la Constitution, que ce Traité soumis à son examen ne comporte pas de clause contraire à la Constitution et que sa ratification n'appelle pas une révision préalable de cette dernière[851].

En termes d'arrêt, la Cour Suprême de Justice, toutes sections réunies, siégeant en matière constitutionnelle [...] dit que le Traité de l'OHADA ne comporte aucune clause contraire à la Constitution[852].

En motivation de ce qui précède, le juge de la constitutionnalité des traités et accords internationaux, la Cour Suprême de Justice, toutes sections réunies, motive que de l'examen des dispositions lui soumises par le Président de la République, que celle[s]-ci sont des clauses de transfert de compétence et de limitation de souveraineté des Etats membres au profit de

---

[850]R. Const. 112/TSR, troisième feuillet.

[851]*Idem*, cinquième feuillet.

[852]*Ibidem*, sixième feuillet.

l'OHADA, susceptibles d'être adoptées en vertu de l'article 217 de la Constitution[853].

Après cette motivation ''bloquée'', le juge souligne que s'agissant des autres dispositions du Traité, celles-ci n'appellent aucune observation particulière. C'est une réponse à la précision faite dans la requête suivant laquelle les dispositions soumises n'étaient relevées qu'à titre indicatif.

La présentation de la requête combinée à la position du juge constitutionnel permet de juger du bien-fondé de la décision sous examen.

2°) Commentaires de la requête et de l'arrêt

L'appréciation de la requête du Président de la République (a) induit celle de la décision du juge constitutionnel (b).

a) A propos de la requête du Président de la République

Cette requête s'inspire largement des observations prémonitoires avancées par Jean-Louis Esambo en matière de la nature des décisions de la Cour constitutionnelle.

L'auteur affirmait, dès 2009, faute de texte législatif et de la jurisprudence particulière, qu'« en tant que juridiction, la Cour constitutionnelle émet des avis sur la conduite par le gouvernement de la politique internationale...[854] » *In concreto*, il opinait qu'en application de l'article 216 de la Constitution, le juge habilité, c'est-à-dire le juge constitutionnel, devrait prendre des avis consultatifs[855].

Nous fondant sur la dogmatique juridique[856], nous pensons que le comportement du Président de la République a été, suivant les arguments développés ci-haut, adéquat quant à la question en étude.

Marcel Wetsh'Okonda, pense que « bien qu'elle n'ait pas motivé sa décision sur ce point, la Cour Suprême de Justice s'est gardée de tomber dans le piège de répondre à la requête du Président de la République par voie d'avis consultatifs comme celle-ci le lui demandait. Elle a ainsi tiré les leçons de son avis RL n°09/CSJ du 20 janvier 2004 sur les difficultés d'interprétation des articles 76 et 94 de la Constitution de la transition du 04

---

[853] Cet article dispose que « *La République démocratique du Congo peut conclure des traités ou des accords d'association ou de communauté comportant un abandon partiel de souveraineté en vue de promouvoir l'unité africaine* ».

[854] J.-L. ESAMBO KANGASHE, *La Constitution congolaise du 18 février 2006 à l'épreuve du constitutionnalisme. Contraintes pratiques et perspectives*, *op.cit.*, p.257.

[855] *Idem.*, p.257.

[856] Domaine de la science du droit consacré à l'interprétation et à la systématisation des normes juridiques. Bien que la requête ne soit pas une norme juridique, nous la considérons importante puisqu'elle applique une norme juridique (article 216 de la Constitution).

avril 2003 dans lequel elle a été induite en erreur par le Président de la République »[857].

Dans le cadre du possible juridique, il faut comprendre que l'article 216 de la Constitution laisse une assez lourde responsabilité à la Cour constitutionnelle d'apprécier qu'un traité ou accord international, dans sa totalité, peut comporter ou non une clause contraire à la Constitution.

Il n'appartient donc pas au requérant de limiter le champ d'activité du juge en lui proposant des matières à confronter à la Constitution.

C'est pourquoi, vers la fin de sa requête, le Président de la République a pris soin de signaler que « *les dispositions, susvisées*[858], tant du Traité que de la Constitution n'étaient relevées qu'à titre indicatif »[859]. Il n'a pas ainsi ignoré l'étendue de la compétence du juge constitutionnel.

b) Au sujet de l'arrêt R. Const.112/TSR lui-même

Sur ce point, il importe d'apprécier la motivation[860] du juge et la position adoptée au regard de l'avis du Ministère public.

En premier lieu, le juge motive en se fondant directement sur l'article 217 de la Constitution[861]. Ceci veut dire que cette motivation rencontre, selon le juge, la requête en rapport avec la saisine, la compétence et la portée des décisions de l'organe juridictionnel ainsi que les compétences du Conseil des Ministres de l'OHADA et à l'entrée en vigueur des Actes uniformes.

Faut-il alors admettre que la Cour de cassation ne peut connaître des pourvois en cassation formés contre les arrêts de la Cour commune de justice et d'arbitrage rendus en dernier ressort en vue de promouvoir l'unité africaine ?

En vertu de l'article 215 de la Constitution « les traités et accords internationaux régulièrement conclus ont, dès leur publication, une autorité supérieure à celle des lois, sous réserve pour chaque traité ou accord, de son

---

[857] M. WETSH'OKONDA, « L'arrêt de la Cour Suprême de Justice R. Const. 112/TSR du 05 février 2010 sur l'OHADA », *op.cit.*, pp.1, 5-6.

[858] Il s'agit notamment, pour le traité, des articles 18, 20, 15, 6,9 et 10 et pour la Constitution, des articles 153 alinéa 2, 100, 73 alinéa 2, 136, 141 et 142.

[859] Voir l'avant-dernier paragraphe de la requête, in R. Const. 112/TSR, Quatrième feuillet.

[860] C'est le respect fait par le juge de l'article 21, alinéa 1er de la Constitution : « *tout jugement est écrit et motivé* ».

[861] En rapport avec cette motivation bloquée de la Cour Suprême de Justice, M. WETSH'OKONDA opine qu' « *il y a lieu de souligner qu'il est heureux de constater que la Cour ait donné pleins effets aux dispositions de l'article 217 de la Constitution relatif à l'unité africaine. Présenter dans la quasi-totalité des Constitutions congolaises, celles-ci n'ont servi jusque-là qu'à amuser la galerie. Leur véritable utilisation aurait pourtant contribué à la concrétisation du vieux, rêve de l'intégration africaine* ». M. WETSH'OKONDA, « L'arrêt de la Cour Suprême de Justice R. Const. 112/TSR du 05 février 2010 sur l'OHADA », *op.cit.*, pp.11-12.

application par l'autre partie »[862]. Il s'en suit que l'autorité de la décision rendue par la Cour suprême de justice est réelle, car la Cour commune de justice et d'arbitrage est une juridiction supérieure à la Cour de cassation.

Même si on peut se féliciter de cette position de la Cour suprême de justice, il demeure qu'autant d'ambiguïtés et d'inquiétudes démontrent à suffisance que l'œuvre de cette juridiction est significative en matière de juridicisation de la vie politique.

En second lieu, la Cour Suprême de Justice n'est pas non plus tombée dans le piège du formalisme à outrance que lui a tendu le Ministère Public en préférant que, sans la moindre motivation, elle se déclare incompétente pour connaître de la requête dont elle était pourtant saisie arguant qu'aux termes de l'article 159 du Code d'organisation et compétence judiciaires, la matière relève de la section de législation et non de la Cour Suprême de Justice, toutes sections réunies.

L'on note également que, brillant par défaut de motivation, la Cour a écarté le moyen d'irrecevabilité de la requête présidentielle développé par le Ministère public. Il s'agit d'un moyen tiré des dispositions de l'article 131 de l'Ordonnance-loi portant procédure devant la Cour Suprême de Justice aux termes duquel la Cour Suprême de Justice n'est saisie, en cette matière, qu'à la requête du Procureur Général de la République[863].

L'éclairage du droit comparé permet de mieux apprécier l'œuvre du juge constitutionnel congolais en la matière.

B. La situation en droit comparé

Nous avons opté pour un cas très original et très riche en matière de juridicisation de la vie politique. Il s'agit de la décision du Conseil constitutionnel ivoirien n°019/CC/SG du 6 décembre 2006. La présentation d'un extrait de cette décision (1°) permet de recadrer notre commentaire (2°).

1°) Extrait de la décision du Conseil constitutionnel ivoirien n°019/CC/SG du 6 décembre 2006

Dans une décision originale du 6/12/2006, le Conseil constitutionnel ivoirien procède au contrôle de la constitutionnalité d'une résolution adoptée

[862] In *JORDC*, 47e année, p.73.

[863] M. WETSH'OKONDA, « L'arrêt de la Cour Suprême de Justice R. Const. 112/TSR du 05 février 2010 sur l'OHADA », *op.cit.*, p.12. Nous soutenons l'avis du Ministère public sans lequel la religion du juge ne serait pas éclairée. L'avis rendant compétente la section de législation n'est pas sans intérêt. Cette démarche a permis au juge de savoir que s'il devait rendre un avis consultatif, il devait se déclarer incompétent au profit de sa section de législation. Au cas contraire, sa compétence ne pouvait aller qu'avec un avis mais sinon avec un arrêt.

par le Conseil de Sécurité des Nations Unies dans le cadre du chapitre VII. Il a abouti à l'affirmation de la prépondérance et de la centralité de la Constitution ivoirienne sur une résolution du Conseil de sécurité des Nations Unies[864].

Voici l'extrait de cette décision :

« Au nom du peuple de Côte d'ivoire, le Conseil constitutionnel,

Vu la Constitution ;

Vu la loi organique n°2001-303 du 5/06/2001 déterminant l'organisation et le fonctionnement du Conseil constitutionnel ;

Vu la résolution 1721 du Conseil de Sécurité de l'ONU en date du 1er novembre 2006.

Vu la lettre de saisine du Conseil constitutionnel par le Président de la République en date du 27/11/2006, enregistrée le même jour sous le n°98 au Secrétariat général du Conseil ;

Ouï le rapporteur en son rapport ;

Considérant que la saisine susvisée du Président de la République défère la Résolution 1721 en date du 1er novembre 2006 du Conseil de Sécurité des Nations Unies au Conseil constitutionnel à l'effet de savoir si cette résolution comporte des dispositions contraires à la Constitution de la République de Côte d'Ivoire ;

Considérant qu'en vertu de l'article 88 de la Constitution, le Conseil constitutionnel est régulateur du fonctionnement des pouvoirs publics ;

Considérant que la Résolution 1721 du Conseil de Sécurité des Nations Unies en date du 1er novembre 2006 sur la situation en Cote d'Ivoire comporte des dispositions tendant à modifier la répartition des compétences entre les Instituions de la République de Côte d'Ivoire. Que l'application de ladite Résolution est de nature à porter atteinte au fonctionnement régulier des pouvoirs publics ; Que le Conseil constitutionnel est fondé à se prononcer sur sa conformité à la Constitution de la République de Côte d'Ivoire ;

Considérant que l'application « intégrale de la Résolution créerait, inéluctablement, à la place du régime présidentiel ivoirien un régime politique ne se rattachant à aucun modèle connu, un véritable régime politique sui generis, alors qu'aucune disposition de la Charte des Nations Unies, fondement juridique des décisions ou résolutions n'autorise les organes de l'Organisation, y compris le Conseil de Sécurité, même agissant en vertu du chapitre 7 de la Charte, à attenter à la Constitution, aux Institutions, à l'organisation politique et sociale, au Régime politique d'un Etat membre de cette Organisation ; que cette Organisation ne peut donc, sans outrepasser ses pouvoirs, sans commettre un excès de pouvoir ou un

---

[864] L. SINDJOUN, *Les grandes décisions de la justice constitutionnelle africaine. Droit constitutionnel jurisprudentiel et politiques constitutionnelles au prisme des systèmes politiques africains, op.cit.*, p.297.

détournement de fonction, ni dissoudre, ni modifier, ni même suspendre la Constitution d'un Etat, ou encore moins placer cet Etat sous un régime de tutelle, ce régime ne pouvant s'appliquer, en vertu de l'article 78 de la Charte, aux pays devenus membres des Nations Unies, les relations entre ceux-ci devant être fondées sur le respect du principe de l'égalité souveraine de tous ses membres » ;

Considérant, plus spécialement que les dispositions ci-après de la Résolution 1721 ne sont pas conformes à la Constitution ivoirienne : l'alinéa 11 du préambule de la Constitution et les paragraphes 1, 3, , 4, 5, 6, 7, 8, 9, 10, 11, 13, 15 et 22 de celle-ci, qu'au regard de tout ce qui précède, tous les réaménagements aux attributions constitutionnelles du Président de la République, de l'Assemblée Nationale et de la Commission électorale Indépendante ont été faits en violation de la Constitution Ivoirienne ;

Décide :

Article 1er : Sont déclarées contraires à la Constitution de la République de Côte d'Ivoire, les dispositions ci-après de la Résolution 1721 du Conseil de Sécurité des Nations Unies du 1er novembre 2006 : l'alinéa 11 du préambule, les paragraphes 1, 3 4, 5, 6, 7, 8, 9, 10, 11, 13, 15 et 22 de la Résolution »[865].

Cette décision combien audacieuse mérite d'être analysée.

2°) Analyse de la décision du Conseil constitutionnel Ivoirien n°019/CC/SG du 6 décembre 2006

Dans le cas sous examen, le juge constitutionnel s'était permis de contrôler la conformité à la Constitution ivoirienne de la Résolution 1721 du Conseil de Sécurité des Nations Unies.

La préoccupation fondamentale réside dans la détermination de la nature juridique de la résolution du conseil de sécurité au regard de la Constitution ivoirienne.

Il est, généralement, admis qu'un traité est un accord conclu entre Etats ou autres sujets de [droit international public] en vue de produire des effets de droit dans leurs relations mutuelles. « Il est synonyme d'une convention, d'un pacte, d'un accord, d'un arrangement ou d'un protocole…»[866].

Déjà, l'on peut remarquer qu'une Résolution du Conseil de Sécurité des Nations n'est pas un accord conclu entre Etats ou autres sujets de droit international public. Il s'agit plutôt d'un acte pris par un organe de l'ONU qui n'est ni un Etat qui entre en relation avec un autre, ni un sujet de droit international public autre que l'Etat.

---

[865] Voir l'intégrité de la décision in http://www.accpuf.org consulté le 15 mars 2011.

[866] R. GUILLIEN et J. VINCENT (dir.), *Lexique des termes juridiques, op.cit.*, pp.647-648.

On peut donc comprendre qu'il s'agit d'un texte voté par un organe délibérant et qui exprime sa volonté sur [le maintien de la paix et de la sécurité internationales][867].

En droit ivoirien, ce texte suit le même régime que les traités et accords internationaux. A l'évidence, il faut cerner que le Conseil constitutionnel [ivoirien] réaffirme la suprématie de la Constitution par rapport à la résolution du Conseil de Sécurité des Nations Unies. Cela relève dans une certaine mesure de « *l'effet Beckett* »[868].

En affirmant la centralité de la Constitution, le juge constitutionnel ivoirien renforce la place du Conseil dans la vie politique ivoirienne[869].

Le gardien de la Constitution est aussi, opine L. Sindjoun, un gardien de la souveraineté. Il est intéressant de noter que cette résistance du Conseil constitutionnel au pouvoir constituant de fait du Conseil de Sécurité [des Nations Unies], tel qu'il s'exprime dans la Résolution 1721/2006, explique en partie la réaction diplomatique de la résolution 1739 (2007) adoptée le 10/01/2007 sur la Côte d'Ivoire.

La décision du Conseil constitutionnel ayant offert au Président de la République des ressources institutionnelles pour désobéir à la Résolution 1721, le Conseil de sécurité dans sa résolution 1739 (2007) faisant suite à celle-ci, évite de restreindre l'application d'une disposition constitutionnelle ou d'affecter la répartition constitutionnelle des compétences entre organes du pouvoir d'Etat[870].

§2. En matière de contrôle de constitutionnalité des actes de l'exécutif

L'article 160 alinéa 1e de la Constitution dispose que « la Cour constitutionnelle est chargée du contrôle de la constitutionnalité des lois et des actes ayant force de loi »[871].

A l'article 162 alinéa 2e, on peut lire que «toute personne peut saisir la Cour constitutionnelle pour inconstitutionnalité de tout acte législatif ou règlementaire »[872].

Il en découle que le juge constitutionnel congolais a la compétence de contrôler certains actes du pouvoir exécutif, notamment les actes ayant force de loi ainsi que les actes administratifs.

---

[867] *Idem.*, p.575.

[868] L. SINDJOUN, *Les grandes décisions de la justice constitutionnelle africaine. Droit constitutionnel jurisprudentiel et politiques constitutionnelles au prisme des systèmes politiques africains, op.cit.*, p.306. Par effet Beckett, J. CHEVALLIER entend le processus d'identification des juges constitutionnels à leur institution (Cour suprême ou Conseil constitutionnel) et à la valorisation de celle-ci.

[869] *Idem.*, p.306.

[870] *Ibidem.*

[871] Lire la Constitution du 18 février 2006.

[872] In *JORDC*, 47e année, p.56.

A. Le contrôle de la constitutionnalité dans le actes ayant force de loi

Depuis 2006, le prétoire constitutionnel Congolais ne nous livre aucune jurisprudence en cette matière.

Nous pensons qu'il en est ainsi parce que le congolais, fort de l'héritage d'un passé autocratique, continue à croire, à tort, qu'en attaquant ces actes, il attaque leur auteur qui est le président de la République.

Dans la perspective de la consolidation de la juridicisation de la vie politique, il est souhaitable que les personnes présumées victimes des actes sous examen saisissent la Cour constitutionnelle aux fins de la vérification de leur constitutionnalité et de leur censure éventuelle.

B. Le contrôle de la constitutionnalité des actes administratifs

La jurisprudence en matière de contrôle de constitutionnalité des actes administratifs réglementaires ne nous étant pas accessible, nous ne développerons que les arrêts en matière de la constitutionalité des actes administratifs non réglementaires.

En effet, après 2006, le tableau jurisprudentiel en matière d'actes non réglementaires de l'exécutif est presque nul. Le recours à l'histoire constitutionnelle du pays s'impose.

La jurisprudence congolaise nous projette devant l'écran de l'affaire Témoins de Jéhovah I (1) et II (2), dont l'analyse s'avère nécessaire. Ces deux arrêts sont suivis du R.A. 320 portant sur l'acte de nomination du Premier Ministre Léon Kengo (3).

1°) L'arrêt R.A 235 du 02 novembre 1990[873]

Le rappel des faits de cet arrêt permet d'en mieux faire le commentaire.

a) Rappel succinct des faits

Au mois d'octobre 1988, le Président fondateur du M.P.R a pris une ordonnance d'expropriation de l'Asbl les Témoins de Jéhovah de son domaine de la Mikonga. En exécution de cette ordonnance, le directeur du Bureau du Président de la République avait adressé une lettre (n°BPR/DB) 2811/88 par laquelle il demandait à l'Asbl de libérer les installations du

[873] CSJ, R.A 235, respectivement 2 novembre 199O et 19 février 1993, in *Bulletin des arrêts de la Cour suprême de justice (1990-1999),* Kinshasa, service de documentation et d'études du Ministère de la Justice, 2003, pp.82-86.

domaine de la Mikonga, « *car il a plu au Président Fondateur du M.P.R, Président de la République, de les confier à la Garde civile* ».

En date du 12 janvier 1989, l'Asbl saisit la section administrative de la Cour Suprême de Justice en annulation de la lettre de nature décisionnelle du Directeur du Bureau du Président de la République pour « *excès de pouvoir* ».

Outre l'annulation de la décision attaquée, la requérante sollicitait « la réparation du préjudice matériel et moral subi » à la suite de la « perte de son domaine et des constructions y érigées... ainsi que du manque à gagner tenant au fait que ses membres effectifs ne pourront guère, à temps, disposer de la valeur qu'ils auraient pu retirer de la vente des biens et équipements sus indiqués et des tracas de la présente procédure ».

b) Arrêt de la Cour

La Cour Suprême de Justice ; « vu l'instruction de la cause à l'audience du 2 novembre 1990, siégeant en annulation au premier et dernier ressort ; le Ministère public entendu,

- *annule la décision déférée,*
- *invite la République du Zaïre à conclure sur la demande des dommages intérêts,*
- *renvoie la cause en prosécution à l'audience du 22 février 1991.* »

Lors de cette audience, la cause fut de nouveau renvoyée au 19 février 1993 pour plusieurs raisons d'ordre procédural.

A cette dernière audience, la Cour Suprême de Justice, après avoir constaté que « *la requérante a subi un préjudice matériel et moral certain* », évalué respectivement à 1.291.773.000 Zaïres et à 100.000.000 Zaïres mais ramenés globalement par la Cour à 1.000 milliards de Zaïres, « *le Ministère Public entendu ; condamne la République du Zaïre à payer à la demanderesse la somme de 1.000 millions de Zaïre (et) dit que cette somme sera réajustée au taux de dévaluation du jour de paiement...* ».

c) Commentaires

Au-delà de l'importance des sommes allouées à la requérante, l'arrêt en cause est révélateur, à plus d'un titre, de la bravoure de la Cour Suprême de Justice[874].

Pour notre part, cette jurisprudence constitue sans nul doute la première tendance d'arrêt qui dégage le parfum de la juridicisation de la vie politique.

---

[874] Lire P.-G. NGONDANKOY NKOY-ea-LOONGYA, *Le contrôle de constitutionnalité en République Démocratique du Congo. Etude critique d'un système de justice constitutionnelle dans un Etat à forte tradition autocratique*, *op.cit.*, p.108.

Constatons-le, la Cour suprême est visiblement décidée à briser le mythe de la toute-puissance sacrée ou de l'hégémonie du pouvoir exécutif sur l'ensemble de la vie nationale et spécialement sur les particuliers. Cette juridiction ne s'embarrasse plus des formules d'ordre protocolaire pour soumettre la Présidence de la République au respect des règles de la procédure judiciaire.

Avec l'auteur précité, retenons que cette décision est révélatrice d'une sorte d'affranchissement du pouvoir judiciaire vis-à-vis du pouvoir politique.

Le courage de la juridiction qui paraît consciencieuse de sa mission de faire saisir la politique par le droit mérite d'être salué[875].

Nous considérons que cet arrêt est le témoignage d'un courage extraordinaire qui frôle la témérité à l'époque où la dictature était à son apogée. Il est donc un exemple éloquent de la juridicisation de la vie politique en même temps qu'il est déclencheur de plusieurs autres arrêts du même genre[876].

2°) L'arrêt R.A 266 du 08 janvier 1993

Une brève présentation des faits sera suivie des commentaires de la décision de la Cour suprême de justice.

a) Présentation des faits

En date du 16 juillet 1991, pour aller jusqu'au bout de sa logique, l'Association sans but lucratif les « Témoins de Jéhovah », revenant en charge, sollicite, cette fois, l'annulation de l'ordonnance présidentielle n°86-086 du 12 mars 1986 par laquelle, abrogeant celle n°124 du 30 avril 1980, le Président de la République avait retiré à la requérante sa personnalité juridique.

Confrontée à un problème de délai de saisine (trois mois à partir de la notification de la décision administrative), la requérante a argué – ce que la Cour lui a concédé – que « *l'ordonnance incriminée ne lui a jamais été notifiée, d'une part et d'autre part, il n'y a aucune preuve de sa publication au Journal Officiel* » pour que la Cour lui en oppose l'irrecevabilité.

---

[875] *Idem.*, p.109.

[876] Nous pouvons mentionner dans cette vague, outre les arrêts KATO-KALE, notamment R.A. 278, 21 déc.1995 ; Archidiocèse de Kinshasa République du Zaïre (annulation d'un arrêté ministériel portant lotissement d'un terrain privé et ce pour violation des droits acquis et négligences et lenteurs de l'Administration dans la conversion des titres fonciers ; R.A.329/95 ; 30 Janvier 1997 : Eglise des Noirs ; en Afrique C/ la République Démocratique du Congo annulation d'une ordonnance présidentielle portant dissolution de la secte religieuse sur fondement d'une Constitution déjà abrogée, etc. cfr. *Bulletin des arrêts de la Cour suprême de justice (1990-1999), op.cit.*, p.

A travers son unique moyen, la requérante faisait grief à l'ordonnance attaquée d'avoir violé les dispositions des articles 17 et 18 de la Constitution, et de l'article 24 du décret du 18 septembre 1965 relatif aux associations sans but lucratif et 10, alinéa 1er, de la loi du 31 décembre 1971 règlementant l'exercice des cultes, en ce que l'ordonnance en cause n'avait pas précisé les motifs de la mesure de dissolution, violant ainsi les droits garantis aux particuliers tant par la Constitution que par les lois précitées[877].

Après un constat effectif de l'ordonnance attaquée, la Cour avait réellement « omis d'indiquer des faits précis, actes ou activités jugés, en l'espèce, attentatoires à l'ordre ou à la tranquillité publique pour justifier la dissolution de l'Asbl, annule, en conséquence, l'ordonnance présidentielle n°86/086 du 12 mars 1986 », au motif qu'elle n'était pas suffisamment motivée et qu'ainsi, elle portait atteinte « aux droits garantis aux particuliers par les articles 17 et 18 et de la Constitution de 1967 telle que révisée, en vigueur à la date de la signature de l'ordonnance attaquée mais abrogée par l'acte portant dispositions constitutionnelles relatives à la période de transition applicable présentement [...] »[878].

Pour avoir fait application des dispositions constitutionnelles, et surtout, pour s'être prononcé sur la valeur juridique des deux Constitutions « *concurrentes* »[879] au moment de l'examen du litige, l'arrêt de la Cour mérite des éloges sur le terrain du contrôle de constitutionnalité des actes de l'exécutif.

b) Commentaires

Dans un environnement politique marqué par la dictature présidentielle, la Cour Suprême a fait preuve, une fois de plus, d'une bravoure incommensurable.

On signale comme détonateur de cette bravoure la convocation de la Conférence nationale souveraine dont le caractère exécutoire des décisions a servi de sursaut d'audace dont s'est dotée la Cour Suprême de Justice.

Sur le plan juridique, cet arrêt est venu mettre en exergue l'importance du principe de la motivation des actes administratifs, notion jadis très peu développée dans la doctrine juridique congolaise, et ce, en

---

877 Lire la Cour Suprême de Justice, R.A.266, 8 janvier 1993, in *Bulletin des arrêts de la C.S.J. (année 1990 à 1999), op.cit.*, pp.78-82.

878 Lire à propos, J.-N. VUDISA, « Considérations sur la motivation des arrêts et jugements dans la jurisprudence de la Cour Suprême de Justice de la République Démocratique du Congo de 1968 à 1975 », in *Revue de Droit Africain, N° 9/98*, p.104, cité par P.-G. NGONDANKOY NKOY-ea-LOONGYA, *Le contrôle de constitutionnalité en République Démocratique du Congo. Etude critique d'un système de justice constitutionnelle dans un Etat à forte tradition autocratique*, *op.cit.*, p.111.

879 Il s'agit de la Constitution du 24 juin 1967 telle que révisée et en vigueur au moment du verdict de la Cour suprême de justice et de l'Acte portant dispositions constitutionnelles relatives à la période de transition.

insistant sur la nécessité, pour les autorités administratives, d'indiquer de manière précise les motifs à la base de leurs décisions.

Désormais, il ne suffit plus de faire allusion aux formules générales contenues dans une loi telles que « *l'activité de tel acte menace de compromettre l'ordre public*[880] ». Encore faut-il indiquer des faits précis, des actes ou activités jugés, en l'espèce, attentatoires à l'ordre ou à la tranquillité publique.

Cette exigence est une preuve éloquente de la volonté du juge de protéger les droits et libertés des individus qui étaient de façon récurrente violés.

Par cet arrêt, le juge procède non seulement au contrôle de légalité[881] mais aussi à celui de constitutionnalité parce qu'il constitue une protection des droits garantis aux particuliers par la Constitution.

Ainsi, pour n'avoir pas respecté les exigences des droits de l'homme, formellement garantis dans la Constitution, la Cour censure l'œuvre du Président de la République, en le considérant comme contraire aux droits garantis aux particuliers par la Constitution.

Du point de vue de la méthode utilisée par la Cour, il est appréciable de voir la juridiction avoir recours à l'application directe des règles constitutionnelles dans un procès, qu'il soit administratif, pénal ou autre. On le constate : les dispositions des articles 17 et 18 de la Constitution sont clairement invoquées dans ce litige.

En plus, la Cour se prononce incidemment sur la validité même des textes constitutionnels en vigueur à l'époque de la décision, suscitant du coup un débat assez passionné sur l'objet, l'opportunité et la légalité d'un tel verdict[882].

L'ordonnance présidentielle avait également violé le principe de liberté de religion, principe consacré par la Constitution et même par des textes particuliers.

Comme on peut le constater, ces deux arrêts ont permis à la Cour suprême de justice de contrôler la constitutionnalité des actes du Président de la République de nature non réglementaire.

Le courage du juge constitutionnel a, néanmoins, un effet relatif notamment en matière du contrôle de la constitutionnalité des actes non règlementaires du Président de la République.

---

[880] Lire à ce propos, Décret-loi du 18 Septembre 1965 sur les associations sans but lucratif ; article 24, in *Moniteur Congolais*, 1965, p.827.

[881] C'est un contrôle de légalité parce qu'il s'est agi de la question d'un acte administratif.

[882] Lire à ce propos F. VUNDUAWE-te-PEMAKO, « Réflexion sur la validité de l'Acte portant dispositions constitutionnelles relatives à la période de la transition au regard du compromis politique global et de l'arrêt R.A 266 de la Cour suprême de justice », in *le Soft de Finances* n° 127, du 30 mars 1993.

3°) Le contrôle de la constitutionnalité des actes non réglementaires du président de la République

Par acte non réglementaire, nous voulons entendre les actes individuels portant notamment nomination ou révocation.

Il s'agit ici de cerner deux grands arrêts de la Cour Suprême de Justice en matière de nomination et/ou révocation. L'exercice consiste à analyser l'arrêt R.A 320 du 21 août 1996 (1°) avant de nous pencher sur l'arrêt R.A 459 du 26 septembre 2001.

- *L'arrêt R.A 320 du 21 août 1996*

Cet arrêt résulte d'une requête, en annulation des ordonnances présidentielles, introduite par la plate-forme USORAL, ainsi que par Etienne Tshisekedi Wa Mulumba dans le cadre de sa révocation et de la nomination consécutive de Léon Kengo en qualité de Premier ministre[883].

L'analyse des faits permet d'élucider le commentaire de cet arrêt.

a.1. Les faits de la cause

Conformément à l'élection, le 15 août 1992, Etienne Tshisekedi Wa Mulumba est porté au poste de Premier ministre par la Conférence Nationale Souveraine. Il se verra révoqué, le 30 novembre 1992, par le Chef de l'Etat, pour, entre autres, avoir biffé le texte de prestation de serment, ignoré le texte constitutionnel de la République et « exclu » certaines composantes politiques – dont la famille politique du Président de la liste des membres de son gouvernement. Les conditions de cette révocation sont remises en question pour couvrir la constitutionnalité de l'attitude du Premier ministre et la démarche du Chef de l'Etat[884].

Comme corollaire à cette crise, le Président de la République décide de renvoyer le gouvernement et de ne reconduire que son Premier ministre. Le 6 décembre 1992, c'est la clôture précipitée de la Conférence Nationale Souveraine, sous la menace de l'armée. Le 27 janvier 1993, Etienne Tshisekedi est déchargé, par le Président de la République, de sa qualité de «*formateur d'un nouveau gouvernement*» et le 28 janvier de la même année, il ya des émeutes et des pillages à Kinshasa. C'est ce qui conduisit, le Haut Conseil de la République, à la demande du Président, de changer le 05 février, le Premier ministre.

D'où la nomination de Faustin Birindwa, transfuge de l'UDPS, en qualité de nouveau Premier Ministre le 17 mars 1993. Et le 5 octobre, de la même année, intervint la signature d'un protocole d'accord politique

[883] Lire à propos, B. BIBOMBE-MWAMBA et alii, *Recueil des principaux arrêts de la jurisprudence administrative Congolaise et étrangère*, Kinshasa, 1998, pp.35 et s.

[884] Lire à propos P.-G. NGONDANKOY NKOY-ea-LOONGYA, *Problématique de la vacance de la transition après la conférence nationale souveraine*, *op.cit.*, p.81.

prévoyant que le nouveau Premier Ministre serait issu « *de la famille politique à laquelle n'appartient pas le Chef de l'Etat [...]* ». Le 23 janvier 1994 eut une mise en place consensuelle du nouveau « *Haut Conseil de la République – Parlement de Transition* » suivie de l'élection par cet organe de Léon Kengo en qualité de Premier ministre issu de la famille politique à laquelle n'appartient pas le Chef de l'Etat avec comme conséquence l'éclatement définitif de l'opposition. Enfin, le 16 juin 1994, furent signées des ordonnances présidentielles de nomination du nouveau Premier ministre et des membres de son gouvernement.

Cette période est donc émaillée de faits politiques, et de crises aigües. C'est une période de turbulences politiques.

L'USORAL, loin de se laisser emporter par la léthargie, a introduit une requête datée du 26 janvier 1995 sollicitant, en accord avec Etienne Tshisekedi et consorts, de la Cour Suprême de Justice, section administrative, « *l'annulation pour violation des dispositions, excès et détournement de pouvoir, et partant pour illégalité, des ordonnances présidentielles n°94/039 du 16 juin 1994 et n°94/042 du 06 juillet 1994 portant respectivement investiture d'un Premier Ministre, en la personne de Léon Kengo et nomination des membres de son gouvernement (ordonnances) prises en application des actes, décisions et règlements illégaux du Haut Conseil de la République – Parlement de Transition, Forces politiques du conclave et apparentés, et de son bureau (acte) relatifs à la présentation et à l'élection du Premier Ministre de la transition et à l'investiture de son gouvernement* »[885].

Cette requête avait pour base constitutionnelle l'article 78 de l'Acte constitutionnel de la transition du 9 avril 1994, aux termes duquel le Premier Ministre « *est présenté après concertation, par la famille politique à laquelle n'appartient pas le Chef de l'Etat, dans les dix jours à compter de la promulgation du présent acte. Passé ce délai, le Haut Conseil de la République-Parlement de Transition se saisit du dossier* ».

« Le Premier Ministre est nommé ou investi, selon le cas par ordonnance du Président de la République. Il propose pour nomination les membres de son gouvernement au Président de la République, conformément à l'article 81 du présent acte »[886].

Toutefois, selon les termes de la requête, la Cour Suprême est saisie en sa section administrative et ce, pour annulation des ordonnances présidentielles considérées comme entachées d' « *excès et de détournement de pouvoir* ».

[885] C.S.J., R.A. 320, in *Bulletin des arrêts de la C.S.J. (1990-1999), op.cit.*, p.157.
[886] Lire Acte constitutionnel de la transition du 9 avril 1994, *op.cit.*, p.46.

a.2. Arrêt de la Cour

La Cour Suprême a commencé par examiner la légalité de la représentation des parties à l'instance.

Ensuite, soulevant d'office la question de sa compétence, elle clôt directement les débats, puisqu'elle juge ne pas contrôler la légalité des actes qui lui sont soumis au double motif invoqué plus haut.

En rapport avec la représentation des parties, « les avocats Kabange et Kisimba s'étant mutuellement contesté le pouvoir de représenter leurs clients, la Cour devra statuer sur ce point avant d'examiner la compétence ».

De ce fait, la Cour est arrivée à deux solutions rappelant que l'avocat Kabange, appuyé par son confère Mukendi soutenait que l'avocat Kisimba, représentant le Premier ministre tombait sous le coup des incompatibilités prévues par la loi organique sur le barreau, et ce, pour avoir « *signé le mémoire en réponse pour le compte de Léon Kengo et les membres de son gouvernement ... étant donné qu'il était Ministre à ce moment* ».

Quant à Kisimba, il contestait sur les mêmes bases, la représentation de Kabange, avocat de la partie requérante qui, à ses yeux, « *était actuellement membre du Haut Conseil de la République – Parlement de Transition* ».

Dans son arrêt, la Cour rappelle d'abord qu'aux termes de l'article 58 de l'Ordonnance-loi du 28 septembre 1979 organisant le barreau, la profession d'avocat est incompatible avec l'exercice de toute activité de nature à porter atteinte à l'indépendance et au caractère libéral de la profession et notamment [...] avec toute fonction permanente de l'ordre judiciaire ou administratif qui ne serait pas gratuite [...] avec tout emploi à gage créant un lien de subordination.

Elle relève ensuite qu'aux termes de l'article 63 du même texte, l'avocat investi d'un mandat de commissaire politique ou de commissaire du peuple ne peut, ni directement, ni par l'intermédiaire d'un associé ou collaborateur, accomplir aucun acte de sa profession, plaider ou consulter contre l'Etat, les sociétés paraétatiques, les collectivités ou établissements publics. Il en est de même de celui qui est investi d'un mandat au sein d'une collectivité publique, en ce qui concerne les actions dirigées contre cette collectivité.

Eu égard aux considérations précédentes, la Cour Suprême de Justice a conclu qu'entre les avocats Kisimba et Kabange, seul ce dernier tombait sous le camp des incompatibilités prévues à l'article 63, alinéa 1er de l'Ordonnance-loi susmentionnée.

Pour cette juridiction, étant donné d'une part qu'il est actuellement membre du Haut Conseil de la République-Parlement de Transition et d'autre part, que le recours des requérants est notamment dirigé contre la République du Zaïre, l'avocat Kabange ne peut représenter le requérant dans la présente instance.

Dès lors, la Cour n'aura égard ni aux observations orales, ni aux plaidoiries faites par l'intéressé[887].

En ce qui concerne l'avocat Kisimba, « la Cour dit qu'il peut, aux termes de l'article 62 de l'Ordonnance-loi pré-mentionnée, et ce, contrairement aux affirmations de la partie adverse, représenter valablement ses clients. En effet, bien que l'article 62 interdise aux avocats de poser un acte de leur profession au moment où ils sont chargés par l'Etat de missions même temporaires, sauf autorisation du conseil de l'ordre de leur barreau, il n'est pas en l'espèce prouvé que le barreau auquel appartient cet avocat ne lui a pas accordé cette autorisation ».

Par ailleurs, la Cour Suprême de Justice relève en ce qui concerne cet avocat que, « nonobstant le fait qu'il peut, aux termes de la loi précitée, valablement représenter ses clients, n'exerçant pas en effet une activité de nature à porter atteinte à l'indépendance et au caractère libéral de la profession et n'étant pas non plus investi d'un mandat au sein d'une collectivité publique, ledit avocat a signé un mémoire en réponse tout en déclarant intervenir en faveur des parties non visées dans la requête. Ainsi, la Cour rejettera ce mémoire en réponse de la prétendue intervention qui n'a pas, en l'espèce, été réalisée par voie de requête comme l'exige l'article 83 alinéa 2 de l'ordonnance- loi n°82/017 du 31 mars 1982 relative à la procédure devant elle … »[888].

En rapport avec sa compétence, la Cour rappelle qu'en vertu de l'article 147 du code de l'O.C.J, sa section administrative ne connaît que des recours en annulation formés contre les actes administratifs pris par les autorités centrales. Or, constate-t-elle, « *l'objet principal du litige, tel qu'il résulte de l'ensemble des moyens développés par les requérants, consiste à obtenir l'annulation des ordonnances présidentielles en tant qu'elles ont entériné... les illégalités commises par le Haut Conseil de la République-Parlement de Transition(...) »* dans sa procédure de présentation et d'investiture d'un nouveau Premier ministre.

En plus, la Cour relève qu'en vertu de l'article 87, alinéa 2 et 3, du même code, « elle apprécie souverainement quels sont les actes du conseil qui échappent à son contrôle ».

Aussi, sur base du principe de la souveraineté, la Cour constate-t-elle que les ordonnances mises en cause ont été prises par le Président de la République en exécution des actes et des procédures accomplies par le Haut Conseil de la République-Parlement de Transition. Et, à ce titre, sont destinés, en l'espèce, à doter le pays d'un gouvernement.

La Cour les considère donc comme des actes de gouvernement à caractère politique essentiellement pour assurer le fonctionnement des pouvoirs publics.

---

[887] Arrêt R.A 320, §9.
[888] Arrêt R.A 320, §10.

Enfin, la Cour relève qu'« ...il ressort de la nature même du litige (que) les deux ordonnances dont l'annulation est demandée sont intimement liées aux actes et procédures accomplis par le Haut Conseil de la République-Parlement de Transition en vue de la désignation de Léon Kengo, en qualité de Premier ministre et par sa représentation à l'investiture du Président de la République. L'examen de la régularité desdites ordonnances...nécessite ainsi le contrôle préalable de la régularité de ceux-ci. Or, en vertu de la disposition de l'article 87, alinéa 3, de l'Ordonnance-loi précitée, la Cour ne contrôle pas les actes législatifs »[889].

Dans ce cas d'espèce, la Cour considère que les actes et procédures intervenues pour la désignation, la présentation et l'investiture d'un Premier ministre sont des actes législatifs selon les dispositions légales précitées.

Pour la Cour, le vocable "acte législatif" couvre non seulement les lois *stricto sensu* ou les textes ayant valeur de loi, mais également tout document ou acte émanant ou accompli dans l'exercice du pouvoir législatif[890].

C'est pourquoi la Cour Suprême de Justice, section administrative, statuant contradictoirement, en annulation et en dernier ressort, en application des dispositions de l'article 147 du Code de l'organisation et de la compétence judiciaire et celle des articles 2 et 3 de l'Ordonnance-loi relative à la procédure devant elle, le Ministère public entendu, rejette la représentation des parties faite par l'avocat Kabange, dit irrecevable le mémoire en réponse signé et déposé par l'avocat Kisimba, se déclare incompétente pour connaître du litige déféré devant elle...

3. Commentaires de l'arrêt

Cet arrêt est qualifié par une certaine opinion comme entaché d'irrégularité, précisément dans la procédure d'admission des représentants de partie. Paul-Gaspard Ngondankoy nkoy-ea-Loongya pense qu'il y a eu un traitement anormalement différencié du statut de l'avocat Kabange, représentant les intérêts de la partie requérante, et de celui de l'avocat Kisimba, intervenant pour le compte du Premier Ministre et du gouvernement Léon Kengo[891].

Pour notre part, la question principale qui intéresse le cadre limité de la recherche est celle de la déclaration d'incompétence du juge du fait que

---

889 Article 87 alinéa 3 de l'Ordonnance-loi n° 82/017 relative à la procédure devant la Cour Suprême de Justice.

890 Arrêt, §21 ; B. BIBOMBE MWAMBA et alii, *Recueil des principaux arrêts de la jurisprudence administrative Congolaise et étrangère*, *op.cit.*, pp.42-43.

891 Lire P.-G. NGONDANKOY NKOY-ea-LOONGYA, *Le contrôle de constitutionnalité en République Démocratique du Congo. Etude critique d'un système de justice constitutionnelle dans un Etat à forte tradition autocratique*, *op.cit.*, p.315.

c'est un acte émanant du Parlement ; notion qui a donné lieu à la théorie des actes de gouvernement. Cela constitue une hésitation flagrante dans le contrôle des actes qui, pourtant, peuvent énerver la Constitution.

Par-delà l'aspect négatif de l'arrêt, la Cour semble avoir fait preuve d'une rigueur juridique hors du commun en ce sens qu'elle se base sur les dispositions de l'article 87 alinéa 3 de l'Ordonnance-loi relative à la procédure devant la Cour Suprême de Justice qui dispose : « *la cour ne contrôle pas les actes législatifs* ». La déclaration d'incompétence pourrait être également considérée comme facteur de maturité juridique d'une juridiction, si elle est basée sur la norme.

De ce commentaire, il paraît aisé d'analyser l'arrêt R.A 459 pour mieux juger de la constance du juge constitutionnel congolais.

4°) L'arrêt R.A 459 du 26 septembre 2001

Un bref rappel des faits se révèle de nature à éclairer notre religion sur la position de la Cour que l'étude se propose de commenter.

a) Faits

Par son décret n°144 du 6 décembre 1999, le Président de la République avait révoqué 315 magistrats de leurs fonctions au motif qu'ils sont soit d'une moralité douteuse, soit corrompus, soit déserteurs ou affichent une incompétence notoire, comportement contraire au devoir de leur état, à l'honneur et à la dignité de leurs fonctions.

Contre cette décision, 134 magistrats sur les 315 avaient saisi la Cour Suprême de Justice, en vue d'obtenir l'annulation du décret sus évoqué pour détournement et excès de pouvoir.

Pour les requérants, le décret pré-rappelé n'avait ni établi concrètement les faits formant la substance des accusations, ni obéi au principe du contradictoire et à celui du parallélisme des formes et avait violé le droit de la défense[892].

b) L'arrêt de la Cour

S'appuyant sur les dispositions de l'article 87, alinéa 2 de l'Ordonnance-loi relative à la procédure devant la Cour Suprême de Justice, la Cour se déclare incompétente au motif que l'acte déféré avait un caractère politique et qu'il rentrait dans le cadre de la politique du gouvernement

[892] Lire à propos L. ODIMULA LOFUNGUSO, *De l'avènement de l'Etat de Droit en Afrique centrale. Cas de la République Démocratique du Congo sous la première République et sous la période de transition.*, Mémoire de DEA en droit public, Faculté de Droit, UNIKIN, 2005, inédit, pp.124-125.

visant l'assainissement des mœurs au sein de la magistrature et le meilleur fonctionnement de l'un des trois pouvoirs de l'Etat.

La Cour estime que le décret entrepris fait partie des actes de gouvernement et échappe au contrôle juridictionnel car étant relatif à la conduite de la politique de la nation menée par le gouvernement ou le Président de la République.

c) Commentaires

Le contrôle juridictionnel des actes du gouvernement constitue, par nature, un véritable rempart des errances du pouvoir politique.

Dans le cas d'espèce, la compétence du Chef de l'Etat était liée par l'existence d'un cadre juridique régissant la situation des magistrats, à savoir l'Ordonnance-loi n°88-056 du 29 septembre 1988 portant statut des magistrats.

Cette Ordonnance-loi consacre, dans ses dispositions, la procédure disciplinaire que l'autorité compétente se devrait de respecter sous peine de porter atteinte aux droits reconnus aux magistrats.

L'on a constaté à travers cette révocation, le non respect du principe de présomption d'innocence. En plus, ladite révocation n'a aucun fondement juridique adéquat, susceptible de soutenir la raison de la révocation.

Le juge de la Cour Suprême de Justice, en vertu de sa qualité de gardienne du fonctionnement régulier des institutions, ne pouvait, à notre avis, que déclarer inconstitutionnelle et/ou illégale l'ordonnance du Président de la République.

Ces commentaires nous permettent d'aborder la question de la juridicisation de la vie politique à travers l'interprétation de la Constitution.

CHAPITRE II : L'INTERPRETATION DE LA CONSTITUTION

La juridicisation de la vie politique par l'interprétation de la Constitution se décline par l'analyse du droit national (section I) et du droit comparé (Section II).

SECTION 1: EN DROIT POSITIF CONGOLAIS

D'entrée de jeu, Jean-Louis Esambo Kangashe, de chœur avec Pierre Avril et Jean Gicquel, signale suite à l'absence d'une définition constitutionnelle, que l'interprétation est une opération qui consiste à expliciter le sens d'un texte. Elle est en principe réservée aux dispositions obscures. Elle peut être doctrinale ou scientifique, jurisprudentielle ou authentique. L'interprétation authentique résulte de la décision des autorités investies du pouvoir d'appliquer le texte[893].

Dans le cadre de cette étude, seule l'interprétation jurisprudentielle, fondée en principe sur l'article 161 de la Constitution, alinéa 2, nous intéresse. Pour y parvenir, nous présentons et commentons les trois arrêts ci-après:

- L'arrêt R.Const.28/TSR du 24 février 2006 relatif à l'interprétation des articles 99, 102, 105 et 108 de la Constitution de la transition[894]
- L'arrêt R.Const.38/TSR du 15 septembre 2006 relatif à la prolongation au 29 octobre 2006 du délai d'organisation du second tour du scrutin présidentiel. L'arrêt est retenu pour autant qu'il contient un orbiter dictum[895] intéressant l'interprétation de la Constitution bien que l'arrêt

---

[893] J.-L. ESAMBO KANGASHE, *La Constitution congolaise du 18 février 2006 à l'épreuve du constitutionnalisme. Contraintes pratiques et perspectives*, *op.cit.* p.263.

[894] L'arrêt est retenu en droit positif pour des raisons ci-après :
- il est pris après l'entrée en vigueur de l'ordre juridique sous examen, soit après le 18 février 2006 ;
- il est fondé sur pied de l'article 222 de la Constitution du 3 avril 2003: « *les institutions politiques de la transition restent en fonction jusqu'à l'installation effective des institutions correspondantes prévues par la présente constitution et exercent leurs attributions conformément à la Constitution de la transition* ».

[895] Expression de la procédure française dont la doctrine, sur le continent européen, fait parfois usage. L'*orbiter dictum* qualifie l'argument qui n'entre pas dans la *ratio dicendi,* qui n'est pas invoqué pour faire la décision. S'applique à un raisonnement dénué de force obligatoire, de nature à éclairer l'espèce et à guider le juge. R. GUILLIEN et J VINCENT (dir.), *Lexique des termes juridiques, op.cit.,*p. 448. L'*obiter dictum* ici, c'est

soit rendu en matière non contentieuse, s'agissant d'une juridiction gracieuse.

- L'arrêt R. Const.050/TSR du 23 mai 2007 relatif à l'interprétation de l'article 114 de la Constitution.

§1. L'arrêt R. Const.28/TSR du 24 février 2006

Riche de leçons, cet arrêt mérite d'être présenté avant son commentaire.

A. Résumé de l'arrêt

En date du 20 janvier 2006, le Procureur Général de la République, conformément à la demande lui adressée, en date du 06 janvier 2006, par le Président de la République, avait saisi la Cour Suprême de Justice en vue d'obtenir l'interprétation des articles 99, 102, 105 et 108 de la Constitution de la transition.

La requête visait à savoir, si un membre du Parlement qui n'appartient plus à une composante ou une entité désignée dans l'annexe IB de l'accord global et inclusif, peut continuer ou pas à siéger comme député. De même, un membre du Bureau de l'une ou l'autre chambre du Parlement qui n'appartient plus à une composante [ou] entité mentionnée dans l'annexe IB peut-il ou non continuer à siéger comme député ou sénateur et à exercer ses fonctions ? [896]

Par sa décision du 24 février 2006, la Cour Suprême de Justice, toutes sections réunies, rend, après une interprétation constitutionnelle, jugée partiellement problématique par Paul-Gaspard Ngandankoy nkoy-ea-Loongya, un arrêt définitif dont un des points du dispositif était ainsi libellé : « *…dès qu'un député, un sénateur ou un membre du bureau de l'une de deux chambres n'appartient plus à la composante qui l'avait désigné (lors de la transition), il ne peut plus continuer à siéger comme député ou sénateur et à exercer ses fonctions* »[897].

---

l'interprétation de la force majeure en droit constitutionnel congolais par l'interprétation de l'article 76 de la Constitution.

896 J.-L. ESAMBO KANGASHE, *La Constitution congolaise du 18 février 2006 à l'épreuve du constitutionnalisme. Contraintes pratiques et perspectives*, *op.cit.* p.268.

897 P.-G. NGONDANKOY NKOY-ea-LOONGYA, *Le contrôle de constitutionnalité en République Démocratique du Congo. Etude critique d'un système de justice constitutionnelle dans un Etat à forte tradition autocratique*, *op.cit.*, p.380 ; J.-L. ESAMBO KANGASHE, *La Constitution congolaise du 18 février 2006 à l'épreuve du constitutionnalisme. Contraintes pratiques et perspectives*, *op.cit.*, p.265. Voir notamment l'arrêt, §6, cinquième feuillet.

C'est cette décision de la Cour Suprême de Justice, toutes sections réunies, siégeant en matière d'interprétation de la Constitution de la transition qui appelle nos commentaires.

B. Commentaires de l'arrêt

Nous signalons en premier lieu que cet arrêt coïncide avec l'article 110 *in fine* de la Constitution du 18 février 2006 telle que révisée par la Loi n°11/002 du 20 janvier 2011 portant révision de certains articles de la Constitution de la République Démocratique du Congo[898] qui dispose que « *le député national, le sénateur ou le suppléant qui quitte délibérément son parti politique durant la législature est réputé avoir renoncé à son mandat parlementaire ou à la suppléance obtenus dans la cadre dudit parti politique* ». C'est une décision qui rend l'élu responsable de ses engagements politiques qu'il est tenu d'honorer. Il n'en sera pas tenu si son départ du parti, du moins pour le moment, n'était pas causé par lui, ni personne en son nom.

En lieu et place de différentes questions que se pose, non sans raison Paul-Gaspard Ngondakoy nkoy-ea-Loongya à ce sujet[899], nous pensons que cet arrêt a, de manière interprétative, consacré le bloc de constitutionalité[900] en matière des normes de référence du contentieux constitutionnel.

Nous pouvons ainsi soutenir que l'accord global et inclusif faisait partie des normes de référence en matière de contentieux constitutionnel pendant la période de la transition.

§2. L'arrêt R. Const.38/TSR du 15 septembre 2006

Il est nécessaire de présenter le résumé de cet arrêt (A) avant d'en faire un commentaire (B).

A. Résumé de l'arrêt

En date du 6 septembre 2006, la Commission Electorale Indépendante, agissant par son Président, sollicitait de la Cour Suprême de Justice la prolongation, au 29 octobre 2006, du délai d'organisation du second tour du scrutin présidentiel, pour cas de force majeure tiré

---

[898] In *JORDC*, 1ère partie, 52ème année, n° 3, p.3.

[899] P.-G. NGONDANKOY NKOY-ea-LOONGYA, *Le contrôle de constitutionnalité en République Démocratique du Congo. Etude critique d'un système de justice constitutionnelle dans un Etat à forte tradition autocratique*, *op.cit.*, pp.383 et s

[900] Expression d'origine française recouvrant l'ensemble des dispositions auxquelles le Conseil constitutionnel français fait référence dans l'exercice du contrôle de constitutionnalité. [Lire R. GUILLIEN et J. VINCENT (dir.), *Lexique des termes juridiques*, *op.cit.*, p.87]

notamment des contraintes d'organisation et de logistique dans lesquelles elle se trouvait, lesquelles contraintes rendaient matériellement impossible l'organisation dudit scrutin dans le délai de 15 jours prévus aux articles 71 de la Constitution et 114 de la loi électorale.

Elle sollicite, en outre, le respect, pour la campagne électorale, du délai de 15 jours qui précèdent la date du 29 octobre 2006[901].

Après motivation, la Cour Suprême de Justice, toutes sections réunies, siégeant en matière constitutionnelle, le Ministère public entendu, reçoit la requête et la dit fondée ; elle prolonge le délai de 15 jours à 50 jours pour l'organisation du second tour du scrutin présidentiel et dit que ce délai prend cours le lendemain de la proclamation des résultats définitifs du premier tour[902].

Ce résumé cernant le contour de la requête et de l'arrêt nous permet de nous prononcer sur les mérites de cette décision.

B. Commentaires de l'arrêt

Dans cet arrêt, il n'y a aucune mention relative à la base juridique de la compétence de la Cour Suprême en la matière.

L'on peut alors se demander si la Cour porte suffrage à l'argument évoqué par la Commission Electorale Interdépendante, selon lequel le raisonnement analogique permet de résoudre la difficulté sus évoquée et de pallier le silence du constituant.

Cette question est d'autant plus importante car l'article 71 de la Constitution du 18 février 2006 régissant l'élection du Président de la République en temps normal n'accorde ni à la Commission, ni à la Cour, la compétence en matière de prolongation de délai du scrutin présidentiel après l'organisation du premier tour.

L'absence de motivation de l'arrêt sur la question de la base juridique en vertu de laquelle la Cour s'était déclarée compétente constitue une inquiétude de nature à entamer le crédit du juge constitutionnel devenu actif dans sa mission de la juridicisation de la vie politique.

Une autre observation est celle de la notion de force majeure et des circonstances exceptionnelles en droit électoral congolais. Le juge définit la force majeure comme « *tout événement imprévisible et insurmontable empêchant l'exécution d'une obligation, elle est d'origine extérieure en ce sens qu'elle est absolument étrangère à la personne qui l'invoque*[903]. » Cette définition lui a permis d'écarter ce moyen du fait que les conditions

---

[901]In *Bulletin des arrêts de la cour suprême de justice, contentieux électoraux 2006-2007*, Kinshasa, Edition du service de documentation et d'Etudes du Ministère de la justice, 2007, p.392.

[902]*Idem*, p.395.

[903]*Ibidem*, p.394.

d'organisation du deuxième tour de l'élection présidentielle n'avaient pas un caractère imprévisible clairement démontré[904].

Il s'agit d'une élection normale c'est-à-dire celle organisée à l'expiration du mandat du Président en fonction et non d'un scrutin imprévu, celui organisé lorsque le Président est dans l'impossibilité d'exercer ses fonctions : en cas d'une vacance ou d'un empêchement déclaré définitif.

Au demeurant, il est à constater que la Cour tire de l'article 71 de la Constitution que « le délai de 15 jours qu'il fixe pour l'organisation du second tour du scrutin est une prescription de procédure dont le respect s'impose dans les conditions normales, mais dont le non-respect ne saurait affecter la régularité de l'élection lorsque des circonstances objectives, extérieures aussi bien à la volonté des acteurs de l'élection qu'à celle de ceux qui ont en charge l'organisation de celle-ci, ne permettent pas de le respecter »[905] : le juge développe dans ce sens la notion des circonstances exceptionnelles qui se résume du fait que la mise en place du dispositif matériel permettant la tenue de cette élection de manière régulière et transparente excède manifestement le délai de 15 jours, prévu après la proclamation des résultats définitifs du premier tour[906]. Quoi qu'il en soit, cet arrêt constitue sans nul doute une illustration de la juridicisation du processus électoral par le juge constitutionnel.

§3. L'arrêt R. Const.050/TSR du 23 mai 2007

Le résumé de cette affaire (A) sera suivi d'un bref commentaire (B).

A. Résumé de l'arrêt

Saisie par le Président de l'Assemblée Nationale, en date du 18 mai 2007, la Cour Suprême de Justice en interprétation de l'article 114 de la Constitution dit, dans son arrêt R.Const.050/TSR du 23 mai 2007 *que « la validation du pouvoir confié au parlement par l'article 114 de la Constitution concerne la vérification des faits tels que l'identité des députés nationaux ou des sénateurs proclamés provisoirement élus et ne vise pas le mandat des personnes dont la régularité de l'élection a été constatée par les instances judiciaires dont les décisions s'imposent à tous »*[907].

Cet arrêt est consécutif à la crise politique que l'Assemblée Nationale a traversée. Après la proclamation des résultats définitifs certains députés nationaux dont Evariste Boshab Mabudj avaient vu leur qualité de

---

[904] *Ibid.*

[905] In *Bulletin des arrêts de la cour suprême de justice, contentieux électoraux 2006-2007, op.cit,* p.394.

[906] *Idem.*

[907] J.-L. ESAMBO KANGASHE, *La Constitution congolaise du 18 février2006 à l'épreuve du constitutionnalisme. Contraintes pratiques et perspectives*, *op.cit.*, p.269.

député contestée alors qu'elle a été constatée par la décision du juge constitutionnel.

C'est ainsi que le premier arrêt rendu en matière électorale a failli ne pas être exécuté au niveau de l'Assemblée Nationale. En effet, se fondant sur l'article 74 de la loi électorale qui prescrivait que, pour les élections autres que présidentielle, les juridictions compétentes disposent d'un délai de deux mois à compter de la date de leur saisine pour rendre leurs décisions, la chambre basse du Parlement a tenté de censurer les décisions rendues par le juge constitutionnel en les traitant d'illégales.

A cette position parlementaire, Evariste Boshab Mabudj, « pense qu'en raison de l'engorgement des Cours et tribunaux, ces délais sont rarement respectés. On constate cependant que les jugements et arrêts rendus hors délai légal ne sont pas annulables puisque le législateur n'a prévu aucune sanction à cet effet. Il convient de considérer que les délais impartis au juge pour rendre ses décisions sont des délais indicatifs destinés à l'amener à se prononcer à temps : il s'agit simplement d'inviter les magistrats à déployer des efforts pour se conformer auxdits délais »[908].

Pour notre part, nous estimons que ces délais s'imposent au juge, eu égard au caractère sensible de la matière dans laquelle son intervention est requise. Le dépassement des délais ne saurait se concevoir en dehors de la force majeure.

B. Commentaires de l'arrêt

L'arrêt interprète l'article 114 de la Constitution qui dispose que « Chaque chambre du Parlement se réunit de plein droit en session extraordinaire le quinzième jour suivant la proclamation des résultats législatifs par la Commission électorale nationale indépendante en vue de la validation des pouvoirs »[909].

En France, sous l'appellation de vérification des pouvoirs, c'est un « contrôle par une assemblée parlementaire de l'élection de ses membres. Traditionnelle en France depuis la révolution, cette vérification des pouvoirs a été remplacée, en 1958, par l'attribution au Conseil constitutionnel de la connaissance du contentieux électoral.[910] » Ce remplacement est justifié par des abus que ce système a générés au nom de la solidarité parlementaire des députés de la majorité. Il a été toujours décidé en excès de pouvoir sans un recours juridictionnel.

---

908 E. BOSHAB MABUDJ, « Le principe de la séparation des pouvoirs à l'épreuve de l'interprétation des arrêts de la Cour Suprême de Justice par l'Assemblée Nationale en matière de contentieux électoral», *op.cit.*, p.24.

909 In *JORDC*, Numéro spécial, 47ème année, p.40.

910 M. De VILLIERS et A. Le DIVELLEC, *Dictionnaire du droit constitutionnel*, *op.cit.*, p.340.

Il en découle que le juge constitutionnel congolais, cohabitant avec la validation des pouvoirs par les chambres parlementaires, a interprété clairement cette notion afin que le conflit des compétences ne soit entretenu. La Cour Suprême de Justice entend par validation des pouvoirs, la vérification des faits tels que l'identité des députés nationaux ou des sénateurs proclamés provisoirement élus. Cette technique parlementaire ne vise pas le mandat des personnes dont la régularité de l'élection a été constatée par les instances judiciaires dont les décisions s'imposent à tous[911]. La validation des pouvoirs ne vaut donc pas contre les personnes définitivement proclamées parlementaires par la Cour Suprême de Justice.

SECTION 2 : EN DROIT COMPARE

La mode, dans les constitutions contemporaines, est de confier le pouvoir de l'interprétation à la juridiction constitutionnelle. Celle-ci est généralement considérée comme gardienne de la Constitution et même des institutions qui y sont consacrées.

Dans la perspective comparatiste, nous nous évertuons à analyser la question tant par le juge constitutionnel français (§.1), qu'ougandais (§.2).

§1. L'interprétation de la Constitution par le juge constitutionnel français

En matière d'interprétation de la Constitution, le Conseil constitutionnel français demeure parmi les exemples les plus éloquents, notamment avec la jurisprudence assortie de réserves d'interprétation[912].

En effet, l'objectif des réserves consiste à sauver la constitutionnalité d'une disposition législative en déclarant celle-ci conforme à la Constitution à la condition que son application respecte l'interprétation énoncée par le Conseil constitutionnel.

L'emploi de cette technique souligne au passage toute la distance qui sépare « *le contentieux constitutionnel* » de la procédure juridictionnelle classique prévue par la Constitution[913].

L'interprétation assortie de réserves est, en réalité, l'œuvre du juge constitutionnel, aucune norme constitutionnelle française n'en prévoit l'existence. L'ordonnance organique du 7 novembre 1958 portant loi organique relative au Conseil constitutionnel ne mentionne que deux formes

---

911 J.-L. ESAMBO KANGASHE, *La Constitution congolaise du 18 février2006 à l'épreuve du constitutionnalisme. Contraintes pratiques et perspectives*, *op.cit.*, pp.226-267.

912 Lire utilement à ce sujet A. VIALA, *Les réserves d'interprétation dans la jurisprudence du Conseil constitutionnel*, Paris, LGDJ., 1999, p.45.

913 Lire à propos G. DRAGO, « Le contentieux constitutionnel des lois, contentieux d'ordre public par nature », *Mélanges R. DRAGO*, Paris, Economica, 1996, p.9. M. BERTRAND et M. VERPEAUX, *Le contentieux constitutionnel des droits fondamentaux*, Paris, LGDJ, 2002, p.26.

de décisions à savoir : la déclaration de conformité à la Constitution ou la déclaration de non-conformité.

En échappant à l'alternative conformité/non-conformité, les décisions assorties de réserves d'interprétation emportent des conséquences non « *codifiées* » par les textes organisant le contrôle de constitutionnalité. Ce qui soulève, au-delà de la légitimité de leur usage, le problème de l'autorité juridique des interprétations « *directives*», « *constructives* » et « *neutralisantes* »[914].

Même si la doctrine française trouve de solides justifications à l'emploi de la technique des réserves, cette forme de rédaction des décisions constitutionnelles n'en est pas moins contraire à l'esprit du contrôle préventif de constitutionnalité.

C'est non sans raison que Philippe Blacher se lance dans une foule de questions : « émettre des réserves n'est-ce pas soulever un doute sur la qualité constitutionnelle d'un texte ? Autoriser la promulgation d'une disposition contraire à la constitution, n'est-ce pas laisser une loi pour des raisons extra juridiques ?[915] »

Sans doute, par les jurisprudences assorties de réserves d'interprétation, le juge constitutionnel français démontre sa volonté de juridiciser la vie politique à travers le pouvoir d'interprétation qu'il détient.

En plus, ces réserves d'interprétation constituent, à notre avis, une ébauche de volonté qui a conduit à l'insertion de la question prioritaire (préjudicielle) de constitutionnalité en France, où le juge constitutionnel peut être saisi *a posteriori* par le mécanisme de question préjudicielle soulevée par devers la juridiction où l'on est jugé[916].

La question de l'interprétation est transversale. Elle intéresse également les juges constitutionnels africains, notamment ougandais.

§2. L'interprétation de la Constitution par le juge ougandais

Pour une meilleure compréhension de la décision du juge, un rappel succinct des faits s'impose avant d'en arriver au commentaire.

---

[914] C'est ainsi que la doctrine qualifie les réserves à la suite de celle proposée par D. ROUSSEAU, *Droit du contentieux constitutionnel, op.cit.*, p.151. Lire aussi, Th. DI MONNO, *Le Juge constitutionnel et la technique des décisions interprétatives en France et en Italie*, Paris, Economica, PUAM, 1997.

[915] Lire P. BLACHER, « *Le Conseil constitutionnel n'en fait-il de trop ?* », *op.cit.*, p.5. L'auteur qualifie l'attitude du juge constitutionnel en matière de jurisprudence assortie des réserves comme véritable « *déni de justice constitutionnelle* ».

[916] Lire à propos Ph. FOILLARD, *Droit constitutionnel et institutions politiques*, *op.cit.*, p.373. Pour éviter qu'il y ait un afflux de recours, il a été prévu que le juge ne sera saisi que sur renvoi du Conseil d'Etat ou de la Cour de cassation qui jouent un rôle de filtre.

A. Résumé des faits et position du juge

Le Brigadier Tumukunde saisit la Cour constitutionnelle en date du 05 août 2005 aux fins de déclarer l'inconstitutionnalité, d'abord, des actes du Chef suprême des Forces armées, visant à la faire démissionner de sa position de représentant de l'armée au sein du parlement ainsi que des actes du Président de l'Assemblée Nationale déclarant vacant son siège au sein du Parlement, ensuite, des actes des forces armées visant à restreindre sa liberté d'expression, enfin des actes de la Commission électorale qui préparait une élection au siège qu'il dit continuer à occuper. Après une concertation entre le plaignant et les défenseurs, accord a été établi sur des questions considérées comme constituant le procès.

Il s'agit notamment des questions suivantes :

- Les actes du Chef suprême des Forces armées peuvent-ils être poursuivis devant un Tribunal ou une Cour ?
- La lettre du requérant en date du 28 mai 2005 équivaut-elle à une démission de son siège ?
- La notification par la Commission électorale de la vacance du siège du pétitionnaire contrevient-elle à la Constitution ?
- En adressant des accusations contre le requérant, les Forces armées ont-elles violé la Constitution ?

La première question à savoir, la justiciabilité des actes du Chef suprême des Forces armées, est au cœur de ce procès constitutionnel.

La requérante annonce deux arguments pour soutenir la justiciabilité des actes du Chef suprême des Forces armées :

- Parce que suivant l'article 2 de la Constitution ougandaise, celle-ci est la loi suprême qui s'impose à toutes les autorités et à toutes les personnes, le Chef suprême des Forces armées (le Président de la République) est l'une des autorités qui doit obéir à la Constitution ;
- Parce que la Cour constitutionnelle est compétente au sujet de toute question relative aux droits de l'homme et aux libertés, les actes du Chef suprême des Forces armées peuvent être concernés par ladite compétence.

Les avocats du Chef suprême des Forces armées, du Président de l'Assemblée Nationale et de la Commission Electorale objectent que, conformément à l'article 98 alinéa 4, le Président de la République, durant son mandat, ne peut pas être poursuivi en justice.

Par conséquent, contester les actes pris par le Président de la République revient à intenter une poursuite judiciaire contre lui.

A la question de savoir si les actes du Chef suprême des Forces armées peuvent être poursuivis devant un tribunal, la Cour constitutionnelle répond par l'affirmative[917].

B. Commentaires

Le juge constitutionnel ougandais a fait manifestement preuve d'une volonté de la juridicisation de la vie politique, à travers l'interprétation de la Constitution. Il procède à une distinction entre l'immunité de la personne du Président de la République et la justiciabilité de ses actes, entre actes de bonne foi et actes de mauvaise foi.

Le juge indique, dans ce cas précis, que les actes du Président de la République peuvent être objet de procédure juridictionnelle. Ils peuvent faire l'objet d'un contentieux sans que le Président de la République en personne soit partie au procès.

Mention doit être faite de ce que, dans son opinion dissidente, le juge Kavuma a estimé que l'immunité du Président de la République est totale, que le devoir de la Cour constitutionnelle n'est ni d'interpréter ni de réécrire la Constitution, encore moins de s'immiscer dans le domaine dévolu par la Constitution, aux pouvoirs exécutif et législatif.

Cette opinion minoritaire va dans le sens du « fétichisme » de la fonction présidentielle, perspective contraire à celle de la majorité des juges qui évoquent aussi bien l'argument de droit étranger (Etats-Unis)[918] que la prérogative d'interprétation de la Constitution reconnue à la Cour constitutionnelle par la Constitution[919].

En définitive, le juge constitutionnel ougandais a, à travers cet arrêt, fait preuve d'une audace teintée de bravoure étonnante dans le contexte africain où le Président de la République est sacralisé sinon divinisé.

Cette incursion en droit comparé permet de mieux comprendre la juridicisation par l'interprétation de la Constitution en droit étranger.

Il nous est à présent loisible de cerner la question dans le contentieux électoral et pénal congolais.

---

[917] Pour de plus amples détails, lire L. SINDJOUN, *Les grandes décisions de la justice constitutionnelle africaine. Droit constitutionnel jurisprudentiel et politiques constitutionnelles au prisme des systèmes politiques africains, op.cit.*, pp.76-77.

[918] Affaire W. MARBERY contre J. MADISON.

[919] Article 137 de la Constitution Ougandaise.

CONCLUSION DU TITRE PREMIER

L'analyse du contentieux constitutionnel congolais permet d'inférer que l'entreprise évolue en dents de scie dans la mesure où le juge affiche les deux faces de Janus : tantôt il sombre dans la pusillanimité, tantôt il fait preuve de son indépendance lorsqu'il est saisi des questions liées au contrôle de constitutionnalité et à l'interprétation de la constitution.

Si la première attitude rend compte de la période caractérisée par le déficit organisationnel et fonctionnel, dans un contexte peu favorable à l'expression démocratique, la seconde, en revanche, se rattache aux périodes de transition vers la troisième République. Il en résulte que la visibilité de la justice constitutionnelle est largement tributaire du contexte politique dans lequel elle se déploie.

TITRE DEUXIEME : LE CONTENTIEUX ELECTORAL ET PENAL

Le contrôle de constitutionnalité des lois n'est qu'une des techniques à la disposition de la justice constitutionnelle. C'est sans doute la plus importante mais elle ne représente que l'un des éléments de la théorie de la justice constitutionnelle et ne s'identifie pas à celle-ci[920].

De nos jours, la juridicisation de la vie politique par la justice constitutionnelle se matérialise à travers le contrôle de la dévolution, de l'exercice et éventuellement de la perte du pouvoir. A cette compétence du juge, s'ajoute le traitement des affaires dans lesquelles les plus hautes autorités politiques de l'Etat sont mises en cause ou impliquées.

Cette saisie du politique par le droit, s'explique par le fait que la justice constitutionnelle intervient dans le jeu des pouvoirs, ce qui conduit à une juridicisation de la vie politique[921].

En raison d'un tel dépassement des compétences habituelles des juridictions constitutionnelles, nous décrivons les différentes décisions de justice constitutionnelle relatives aux contentieux électoral (chapitre premier) et pénal (chapitre II).

---

[920] L. FAVOREU et alii, *Droit constitutionnel*, *op.cit.*, p.200.
[921] *Idem.*, p.247.

CHAPITRE I : LE CONTENTIEUX ELECTORAL

Le contentieux électoral a pour objet de régler les litiges mettant en cause la régularité des opérations électorales. Il comporte le contentieux de l'établissement de la liste électorale, le contentieux des actes préparatoires (c'est-à-dire des actes qui ont rendu l'élection possible) et le contentieux de l'opération électorale proprement dite[922].

Ce dernier contentieux a été remis, en France, par le constituant de 1958, au Conseil constitutionnel pour l'élection présidentielle, les élections parlementaires et les opérations de référendum[923].

En droit comparé, un tel contentieux n'avait jamais existé en France avant le 04 octobre 1958. Du moins pour les élections législatives, il avait organisé un simple système de vérification des pouvoirs des parlementaires par les assemblées elles-mêmes, procédure qui avait donné lieu en 1956 au scandale des invalidations (d'autorité, l'Assemblée nationale française avait remplacé par leurs adversaires malheureux onze députés sur les quelques cinquante élus sous le nom du leader des commerçants et artisans, P. Poujade[924]).

---

[922] M. De VILLIERS et A. Le DIVELLEC, *Dictionnaire du droit constitutionnel, op.cit.*, p.83.

[923] Pour les élections locales et européennes, la compétence est celle de la juridiction administrative. Ce contentieux a, en République Démocratique du Congo, été remis à la Cour constitutionnelle dès l'ordre juridique du 1er août 1964 : « *la cour constitutionnelle veille à la régularité de l'élection du Président de la République, et des gouverneurs des provinces. Elle examine les réclamations et, dans le cas de l'élection du président de la République, proclame les résultats du scrutin. La Cour statue en cas de contestation, sur la régularité des élections des membres du parlement et des assemblées provinciales prononçant la déchéance ou la démission d'office de leurs membres, conformément aux articles 78 et 120* ». Article 167, alinéas 2 et 3 de la Constitution du 1er août 1964, in IYELEZA MOJU-MBEY et alii, *Recueil des textes constitutionnels de la République du Zaïre du 19 mai 1960 au 28 avril 1991 avec annexe de la charte coloniale du 18 octobre 1908*, *op.cit.*, p.52. Notons aussi qu'actuellement la matière est régie par l'article 161, alinéa 2 de la Constitution du 18 février 2006 disposant que la Cour constitutionnelle juge du contentieux des élections présidentielle et législatives ainsi que du référendum ». Constatons que les compétences, en comparaison avec les anciens textes, sont réduites pour plus d'efficacité, de spécialité et de célérité dans le traitement des dossiers.

[924] M. de VILLIERS et A. le DIVELLEC, *Dictionnaire du droit constitutionnel, op.cit.*, p.83. Ce fut aussi le palliatif sous la Loi fondamentale du 19 mai 1960 (article 54). Voir J.-L. ESAMBO KANGASHE, *La Constitution congolaise du 18 février 2006 à l'épreuve du constitutionnalisme. Contraintes pratiques et perspectives*, *op.cit.*, p.267.

En contentieux électoral, opinent de Villiers et de Divellec, il ne s'agit pas pour le juge de sanctionner toutes les irrégularités. Le juge électoral n'est pas un juge répressif, mais son rôle est d'attester que les résultats proclamés expriment sincèrement ce qu'a voulu le corps électoral[925].

De même, l'exposé des motifs de la loi électorale mentionne que « la régularité et la sincérité de l'élection sont garanties par un contrôle juridictionnel »[926].

Cette mission du juge peut cependant conduire à l'annulation des opérations électorales lorsque les irrégularités ont eu, ou sont susceptibles d'avoir eu, compte tenu de l'écart des voix, une influence déterminante sur les résultats[927].

Il en résulte que le juge dispose également du pouvoir de reformer les résultats et même, dans certains cas, de proclamer élus d'autres candidats que ceux qui l'ont été et ce, après avoir rectifié les erreurs matérielles constatées dans les documents à lui transmis par l'organe ayant dans ses attributions, l'organisation des élections[928].

Dans les lignes qui suivent, nous examinons quelques arrêts en rapport avec les élections présidentielle (section I), législatives et provinciales (section II).

SECTION 1 : L'ELECTION PRESIDENTIELLE

Depuis le 18 février 2006, deux arrêts sont intervenus en la matière à savoir le RCE.PR.009 du 29 novembre 2006 et le R.C.E.O11/P.R du 16 décembre 2011.

---

[925] J.-L. ESAMBO KANGASHE, *La Constitution congolaise du 18 février 2006 à l'épreuve du constitutionnalisme. Contraintes pratiques et perspectives*, *op.cit.*, p.83.

[926] Exposé des motifs de la loi n°06/006 du 09 mars 2006 portant organisation des élections présidentielle, législatives, provinciales, urbaines, municipales et locales, in *JORDC*, numéro spécial, 20 juin 2006, p.133.

[927] M. De VILLIERS et A. Le DIVELLEC, *Dictionnaire du droit constitutionnel, op.cit.*, p.83 ; Article 75, alinéa 3 de la loi électorale

[928] En République Démocratique du Congo, le juge en a déjà fait usage ; on peut citer l'arrêt RCE O77 du 2 mars 2007, in *Bulletin des arrêts de la Cour Suprême de Justice*, contentieux *électoraux*, *op.cit.*, p.339 et s. Approfondir avec : J.-P CAMBY, *Le Conseil constitutionnel*, Paris, Sirey, 1996 ; *Code électoral commenté et annoté* par J. VINCENT et M. De VILLIERS, 9ème éd., 2008 ; J.-C. MASCLET, *Droit électoral*, Paris, PUF, 1989.

§1. L'arrêt RCE.PR.009 du 29 novembre 2006[929]

I. Présentation de l'arrêt

« En cause : recours du Mouvement de Libération du Congo ».

Par requête reçue au greffe de la Cour Suprême de Justice le 18 novembre 2006, le parti politique dénommé Mouvement de Libération du Congo, « *MLC* » en sigle, lequel avait présenté monsieur Jean-Pierre Bemba à l'élection présidentielle du second tour tenue le 29 octobre 2006, sollicite de cette Cour l'annulation des résultats provisoires publiés le 15 novembre 2006, par la Commission Electorale Indépendante, « *CEI* » en sigle, pour irrégularités et fraudes, et la proclamation de son candidat vainqueur de la susdite élection.

La Cour Suprême de Justice relève qu'il ressort des termes de l'exposé des motifs de la loi n°6/006 du 09 mars 2006 portant organisation des élections présidentielle, législatives, provinciales, urbaines, municipales et locales, la régularité et la sincérité de l'élection sont garanties par un contrôle juridictionnel.

A ce titre, il incombe aux juridictions de la République de statuer sur les recours mettant en cause l'élection et d'en proclamer les résultats définitifs. Ainsi, aux termes de l'article 74 alinéa 8 de cette loi, la Cour Suprême de Justice est compétente en premier et dernier ressort pour connaître du contentieux de l'élection présidentielle et dispose d'une plénitude de juridiction. Elle peut, au titre de l'article 75 de la même loi, annuler le vote en tout ou en partie lorsque les irrégularités retenues ont pu avoir une influence déterminante sur le résultat du scrutin.

Elle précise que ses décisions sont, au regard des dispositions combinées des articles 168 et 223 de la Constitution, obligatoires et s'imposent aux pouvoirs publics, à toutes les autorités administratives et juridictionnelles, civiles et militaires ainsi qu'aux particuliers.

La Cour relève par ailleurs que, suivant l'article 74, aliéna 3 de la loi électorale, elle dispose d'un délai de 7 jours à compter de la date de sa saisine pour rendre ses décisions.

Elle constate qu'en l'espèce, le recours du requérant ayant été déposé au greffe le 18 novembre 2006, le délai pour rendre la décision a expiré le samedi 25 novembre 2006.

Elle note, toutefois, qu'à la suite des événements survenus le mardi 21 novembre 2006 au moment où elle examinait ce recours, lesquels événements ont occasionné l'incendie et la destruction d'une partie de ses locaux, elle a dû suspendre l'audience et n'a pu la reprendre que 2 jours plus tard, soit le vendredi 24 novembre 2006 dans le Salon rouge du Ministère

---

[929] L'arrêt est repris dans son intégralité du fait que c'est la première de notre histoire électorale.

des Affaires étrangères. Elle considère que ces événements imprévisibles et insurmontables constituent un cas de force majeure[930] qui la relève de la déchéance encourue, de sorte qu'en récupérant les 2 jours perdus elle statue dans le respect de la disposition légale susmentionnée. A l'audience du 24 novembre 2006, le requérant a soulevé trois moyens qualifiés d'incidents de procédure.

Dans le premier moyen, il a déclaré qu'ayant été appelé à l'audience par un communiqué de presse et non par un exploit d'huissier à lui notifié régulièrement, la Cour ne peut considérer qu'elle est valablement saisie à son égard et que, par conséquent, elle devra s'abstenir de toute instruction pour régulariser la procédure.

Ce moyen n'est pas, aux yeux de la Cour, fondé. En effet, en vertu de l'article premier de la procédure devant la Cour Suprême de Justice et l'article 74 alinéa 2 de la loi électorale, cette Cour a été saisie par requête du MLC déposée au greffe le 18 novembre 2006.

La Cour retient que la notification de date d'audience a pour finalité d'informer les parties du jour, de l'heure et du lieu où l'audience devra se tenir.

Elle retient en sus que la procédure, telle qu'organisée par la loi électorale, est simplifiée et non formaliste, de sorte que les parties peuvent être appelées à comparaître même par communiqué de presse lorsque la notification de date d'audience est rendue impossible comme en l'espèce où, à deux reprises, l'huissier qui s'était rendu au siège du requérant, a noté que celui-ci était fermé.

Au demeurant, non seulement l'audience constatée était une audience de prosécution, mais aussi le requêtant n'a invoqué aucun grief à lui causé par la procédure suivie.

En outre, ayant au cours de la même audience préalablement soulevé deux moyens relatifs respectivement à l'irrégularité de la composition du siège et à l'incompatibilité d'exercer la profession d'avocat qui frapperait l'avocat Nkulu occupant pour Joseph Kabila Kabange, candidat provisoirement proclamé élu président de la République, auxquels moyens la Cour avait répondu par un arrêt le même jour, le requérant est mal fondé à venir invoquer un moyen se rapportant à la saisine.

Dans le deuxième moyen, le requérant conteste la présence à l'audience du candidat Joseph Kabila au motif que ce dernier qui se dit intervenant volontaire, n'a cependant pas accompli les formalités légalement exigées pour intervenir dans un procès. Ce moyen est, pour la Cour, irrelevant. En effet, le candidat Joseph Kabila ne se trouve pas dans cette instance en vertu de la procédure d'intervention, mais plutôt en conformité à l'article 141 de la procédure devant la Cour Suprême de Justice et au

[930] Cette motivation s'inscrit dans la même filière que celle donnée dans l'arrêt R. Const. 38/TSR du 15 Septembre 2006 en rapport avec la notion de force majeure.

principe du contentieux électoral qui veulent que, lorsque l'élection d'un candidat est contestée, celui-ci soit appelé pour faire des observations.

Dans le troisième et dernier moyen, le requérant soulève l'inéligibilité du candidat Joseph Kabila au motif que ce dernier était militaire au moment du dépôt, par lui, de sa candidature à la CEI.

Ce moyen n'est pas fondé, car conformément à l'article 10 de la loi électorale, le candidat Joseph Kabila a démissionné des Forces Armées de la République Démocratique du Congo et le décret acceptant sa démission, lequel porte le numéro 06/012, a été signé le 15 mars 2006, soit bien avant le dépôt de sa candidature.

A l'appui de son recours, le requérant a, quant au fond, formulé huit griefs.

Le premier est tiré de la violation de l'article 59 de la loi n°06/006 du 09 mars 2006 portant organisation des élections présidentielle, législatives, provinciales, urbaines, municipales et locales, en ce que la CEI, en organisant le second tour de l'élection présidentielle, s'est employée à planifier une fraude systématique.

Par le vote massif d'un électorat incontrôlé, constitué des électeurs fictifs dits omis et d'autres votant par dérogation au détriment de son candidat Jean-Pierre Bemba, de sorte que les suffrages exprimés par cette catégorie d'électeurs représentant plus ou moins 1.800.000, soit 10% au profit de son adversaire, ont été déterminants sur l'ensemble du résultat provisoire proclamé par la CEI.

Le requérant soutient aussi que, dans la logique d'altérer la vérité des urnes, la CEI a établi une liste d'électeurs qualifiée de spéciale, constituée de 394.469 électeurs pour lesquels elle n'a aucune donnée correspondante en identité, alors qu'il s'agit d'une masse importante d'électeurs fictifs. Il conclut que cela a, de manière déterminante, influé sur les résultats proclamés par la CEI et qui, dans l'ensemble, donnent une masse représentant 2.194.469 d'électeurs fictifs ayant exprimé leur suffrage frauduleusement au détriment de son candidat Jean-Pierre Bemba et au profit de son adversaire. Il sollicite, en conséquence, l'annulation des résultats du second tour du scrutin présidentiel.

Appelée à fournir des précisions techniques sur ce premier grief, la CEI a donné, à l'audience publique du 25 novembre 2006, les explications ci-après :

Quant à la liste des omis, elle a expliqué que celle-ci a été créée en vertu de l'article 26 de la décision n°21/CEI/BUR/05 du 1er octobre 2005 relative aux mesures d'application de la loi n°05/010 du 22 juin 2005 portant organisation du référendum constitutionnel en République Démocratique du Congo. Elle a ajouté que la susdite liste a été reconduite par la décision n°024/CEI/BUR/06 du 15 juillet 2006 portant création d'une liste électorale spéciale et d'une liste électorale des omis dans les bureaux de vote et dépouillement et complétée par la décision n°041/CEI/BUR/06 du 26 octobre 2006.

Elle a précisé que la liste des omis a été instituée au profit des personnes enrôlées et détentrices des cartes d'électeurs, mais dont les noms n'apparaissent pas sur les listes électorales de leurs centres d'inscription, afin de leur permettre de pouvoir voter.

Elle a déclaré, en outre, que la liste des omis a été utilisée au référendum du 18 décembre 2005, aux élections présidentielle du 1er tour et législatives du 30 juillet 2006 ainsi qu'aux élections présidentielle 2e tour et provinciales du 29 octobre 2006.

Pour la CEI, la disparition des noms des listes électorales est due aux dommages partiels subis par les supports ayant servi à l'enrôlement des électeurs et qui ont entraîné l'absence des données sur certaines personnes enrôlées dans la base des données du Centre National de Traitement.

S'agissant de la liste électorale spéciale, la CEI a soutenu que celle-ci a été instituée sur les mêmes bases légales lorsque, pour un centre d'inscription, les données manquent totalement tout en précisant que les électeurs figurant sur les listes des omis et sur les listes spéciales votent obligatoirement là où ils se sont fait enrôler, en l'occurrence dans les bureaux de vote issus de leurs centres d'inscription.

Considérant le vote par dérogation, elle a expliqué qu'il est institué par l'article 59 de la loi électorale et précisé par les articles 44 et 45 de la décision n°003/CEI/BUR/06 du 09 mars 2006 portant mesures d'application de la loi précitée en faveur des témoins des candidats aux scrutins, des observateurs, des journalistes nationaux, des agents de carrière des services de l'Etat en mission ou en mutation, des membres de la CEI et des membres des bureaux de vote.

Dans le cadre de l'exécution desdites dispositions, a-t-elle enchaîné, la circulaire n°013 du 17 octobre 2006 de la CEI a assimilé les épouses et les enfants des militaires et policiers en mutation aux cas des personnes éligibles au statut de vote par dérogation. Les électeurs concernés peuvent voter en dehors de l'endroit où ils se sont fait enrôler.

La CEI a, enfin, précisé que la création de toutes les listes a été faite en toute transparence comme le reconnaissent les deux parties à l'élection présidentielle dans le communiqué conjoint du 28 octobre 2006 signé par leurs mandataires et comme le témoigne le compte rendu de la sixième réunion de concertation tenue, le 18 octobre 2006, entre elle et les délégués des deux candidats.

Rencontrant ce premier grief, la Cour Suprême de Justice relève qu'aux termes de l'article 59 de la loi électorale, les membres du bureau de vote, les témoins, les observateurs, les agents de carrière des services publics de l'Etat en mission et les agents de la CEI en mission peuvent voter dans les bureaux où ils sont affectés. Ils doivent, outre leurs cartes d'électeurs, présenter leurs cartes d'accréditation ou leur ordre de mission.

Elle relève, en outre, que selon les articles 44 alinéa 3 et 45 de la décision n°003/CEI/BUR/2006 du 09 mars 2006 portant mesures d'application de la loi électorale, les noms des personnes énumérées à l'article 59 susvisé sont inscrits sur une liste de dérogation, le candidat détenteur de sa carte d'électeur est admis à voter dans sa circonscription électorale au bureau de vote de son choix sur présentation de la copie du récépissé de la déclaration de candidature. Son nom est inscrit sur une liste de dérogation.

Selon les articles 1 à 3 de la décision n°024/CEI/BUR/2006 du 15 juillet 2006 portant création d'une liste électorale des omis dans les bureaux de vote et de dépouillement, il est créé une liste spéciale dans les bureaux de vote et de dépouillement géré par 142 centres d'inscription identifiés à l'annexe I de la décision, une liste spéciale des omis générée par 1.029 centres d'inscription identifiées à l'annexe II de la même décision.

La liste électorale spéciale et la liste électorale des omis ne pourront contenir que les électeurs détenteurs de la carte d'électeur portant le numéro du code du centre d'inscription du ressort du bureau de vote et de dépouillement dont l'opération d'enrôlement est retracée dans la série continue du numéro d'ordre du centre. Elles sont respectivement constituées par le bureau de vote et de dépouillement sur les formulaires dont les modèles sont respectivement identifiés en annexe de la décision sous I a et II a.

Les annexes I et II de ladite décision donnent les listes des centres d'inscription disposant d'une liste électorale spéciale par bureau de vote et dépouillement et d'une liste électorale des omis par bureau de vote et de dépouillement.

La décision n°041/CEI/BUR/2006 du 26 octobre 2006 complète dans les annexes III et IV, la liste électorale spéciale et celle des omis dans les bureaux de vote et de dépouillement.

Dans les motifs de la décision n°024, il est dit que c'est « pour des raisons techniques, notamment les dommages causés aux supports et pour les erreurs de gravage des Compact Discs rendant partiellement ou totalement inaccessibles les données relatives à l'enrôlement des électeurs, que bon nombre de ceux-ci sur lesquels la CEI détient des informations fiables, n'ont pu être repris sur les listes électorales ».

De même, les motifs de la décision n°041 renseignent que lors du premier tour de l'élection présidentielle et des élections législatives du 30 juillet 2006, bon nombre d'électeurs n'ont pu être répertoriés sur le dépouillement généré par les centres d'inscription où ils étaient dûment enrôlés. Ces deux motifs ont justifié la création des listes électorales spéciale et des omis.

Il ressort des dispositions légales et réglementaires qui précèdent que la liste électorale des votants par dérogation, celle spéciale et des omis ont été légalement créées et qu'elles ne soulèvent pas d'objection comme l'ont reconnu les mandataires des deux candidats dans leur communiqué conjoint du 28 octobre 2006 faisant état des préparatifs techniques opérés dans la transparence avec l'implication des délégués des deux candidats et des discussions ayant porté notamment sur les listes des électeurs et les bureaux de vote et de dépouillement.

La Cour relève que le requérant qui invoque une fraude systématique, le vote massif d'un électorat incontrôlé, constitué des électeurs fictifs dits omis et d'autres votant par dérogation au détriment de son candidat, mais au profit de son adversaire, ne détermine pas les anomalies des listes qu'il conteste et qui ont pourtant été établies dans les bureaux de vote et de dépouillement suivant les modèles fixés légalement.

Outre qu'il ne détermine pas les anomalies desdites listes, il n'a pas produit celles-ci au dossier de la cause de manière à permettre à la Cour de déceler des irrégularités invoquées en les confrontant aux autres éléments du dossier, en l'occurrence la liste électorale spéciale et la liste électorale des omis indiquant les électeurs attendus.

A ce sujet, la Cour se réfère aux pièces du dossier qui montrent ce qui suit :

- Sur 1.067.185 électeurs attendus pour les listes électorales des omis, 279.949 ont voté, soit 26,23% ;
- Sur 414.106 électeurs attendus pour la liste électorale spéciale 11.625 ont voté, soit 27,02% ;
- Sur 951.208 électeurs attendus susceptibles de voter par dérogation, 1.103.041 ont voté, soit 151.833 non attendus, nombre justifié cependant par le vote des épouses et enfants militaires et policiers en mutation, les agents de carrière des services publics en mission ou en mutation.

Il y a lieu de relever que sur, 2.432.499 électeurs attendus sur l'ensemble des listes électorales spéciales, listes électorales des omis et des listes électorales des votants par dérogation, 1.394.255 électeurs seulement l'ont été suivant le tableau, côté 86, versé au dossier de la CEI.

La Cour note enfin que, suivant les tableaux des votants de toutes les provinces cotés 87 à 109, votants parmi lesquels figurent les omis, les admis à voter par dérogation, les suffrages exprimés par ces deux catégories ont profité à l'un ou l'autre des deux candidats, contrairement au soutènement du requérant selon lequel les électeurs de ces catégories et ceux des listes électorales spéciales ont voté au détriment de son candidat et au profit de son adversaire.

Il découle, dès lors, de ce qui précède qu'il n'y a pas d'éléments permettant d'affirmer que les suffrages exprimés par les trois catégories d'électeurs visés ont influencé l'ensemble des résultats provisoires au détriment du candidat et au profit de son adversaire. Le premier grief n'est donc pas fondé.

Le deuxième grief est tiré de l'institution des bureaux fictifs en violation des articles 49 alinéa 3 et alinéa 2 de la loi électorale en ce que la CEI n'a pas publié la liste des bureaux de vote 30 jours avant la date du scrutin du second tour pour assurer ainsi la régularité, et a ainsi favorisé la fraude massive par l'ouverture des bureaux fictifs.

Le requérant soutient que la liste des bureaux publiée officiellement par la CEI sur son site le 28 septembre 2006 a révélé l'existence de 24.880 bureaux fictifs reconnus, après un constat contradictoire entre la CEI et le requérant à l'issue duquel la CEI a, séance tenante, remis un nouveau CD-ROM reprenant 50.045 bureaux de vote conformément aux exigences légales.

Il poursuit qu'après décryptage de ces derniers CD-ROM, deux anomalies ont été constatées à savoir, l'existence des centres et bureaux de vote sans adresse et la tenue des centres et bureaux inexistants et que ces anomalies, portées à la connaissance de la CEI, n'ont pas été élaguées, ce CD-ROM révélant l'existence de 2.804 centres et bureaux de vote sans adresse.

Mise au courant de ces observations, dit-il, la CEI n'a répondu que le 28 octobre 2006 à 22 heures, les mettant dans l'impossibilité absolue de vérifier les prétendues corrections vantées par la Commission Electorale Indépendante.

Pour le requérant, il s'est avéré que pendant les opérations de vote les 2.804 centres et bureaux fictifs ont été opérationnels tant et si bien qu'au Maniema, plus précisément à PANGI où il a été relevé l'existence des bureaux fictifs allant de 0514 à 0563, soit 50 bureaux fictifs. Il conclut qu'il résulte de la prise en compte de ces bureaux fictifs en électorat constitué de plus ou moins 1.304.075 électeurs, dont le suffrage exprimé sur l'ensemble du territoire national, a été déterminant sur les résultats provisoires.

Il sollicite ainsi l'annulation de ces résultats.

Entendue sur ce grief, la CEI a fait observer que les listes de 50.045 bureaux de vote, imprimés sur papier et sur CD ont été remises aux deux parties et publiées sur son site le 28 septembre 2006, soit 30 jours avant le scrutin, conformément à la loi électorale comme l'indique le compte rendu de la deuxième réunion de concertation de la CEI avec les délégués des deux candidats le 28 septembre 2006. Elle précise que le requérant a reconnu dans sa requête la publication à bonne date desdites listes.

Elle poursuit que suite aux difficultés de lecture et d'interprétation des données, et à la demande du candidat du requérant, il a été ajouté des éléments d'informations complémentaires pour faciliter la lecture et l'interprétation. Un nouveau CD reprenant les mêmes 50.045 bureaux de vote a été remis aux deux parties et a fait l'objet d'échanges entre la CEI et les parties lors de la réunion du 11 octobre 2006 et du communiqué conjoint du 28 octobre 2006.

S'agissant des bureaux sans adresse ou inexistants, la CEI a expliqué que certains centres et bureaux ont été identifiés par rapport aux lieux de référence : noms de villages, d'écoles, d'églises connus du public étant donné qu'il n'y a pas d'adresses cadastrales ou urbanistiques.

Concernant le cas de Pangi, elle a soutenu que les bureaux 0514 à 0552 se trouvent dans le territoire de Pangi tandis que les bureaux allant de 0553 à 0563 se trouvent dans le territoire de Punia et a conclu que c'est à tort qu'ils ont été localisés tous dans le territoire de Pangi. Elle a enfin précisé que ces bureaux font partie de 50.045, qui ont fonctionné et que les listes de leurs électeurs sont produites au dossier.

Ce grief n'est pas fondé. En effet, l'article 47 alinéas 1 et 3 de la loi électorale dispose que la CEI fixe, dans chaque circonscription électorale, le nombre des bureaux de vote et en détermine le ressort. Elle publie la liste des bureaux de vote 30 jours avant la date du scrutin.

En l'espèce, comme le reconnaît le demandeur dans le dernier paragraphe de sa requête en parlant de la liste des bureaux publiée officiellement par la CEI sur son site le 28 septembre 2006 avant le scrutin présidentiel du second tour, la CEI a, dans son communiqué de presse du 28 septembre 2006, informé l'opinion publique nationale qu'elle a rendu publique à la même date la liste des bureaux de vote et de dépouillement pour l'élection présidentielle deuxième tour et pour les élections des députés provinciaux fixé au dimanche 29 octobre 2006. Elle a précisé, à la même occasion, que le nombre total des bureaux de vote et de dépouillement est de 50.045 et que la liste peut être consultée sur son site web. Elle avait, par ailleurs, précisé que l'affichage dépendait de la sécurité sur les lieux d'affichage.

En outre, dans le compte rendu de la deuxième réunion de concertation de la CEI et des délégués des deux candidats, il a été acté que la CEI avait, le jeudi 28 septembre 2006, remis aux mandataires des deux candidats les listes des bureaux de vote sur CD-ROM et sur support papier ainsi que le tableau sur le nombre des bureaux de vote et de dépouillement (50.045). A la même réunion, la CEI avait remis aux mandataires deux CD-ROM contenant des détails complémentaires sur notamment les adresses des bureaux de vote. Ce support, était-il précisé, complétait un CD-ROM précédemment mis à la disposition des candidats au second tour de l'élection présidentielle.

Quant aux bureaux de vote n°0514 à 0552 et ceux allant de 0553 à 0563 indiqués à titre d'exemple comme étant inexistants, la Cour relève des pièces versées au dossier que les bureaux n°0514 à 0552 sont situés dans le territoire de Panzi dans la province du Maniema tandis que ceux allant de 0553 à 0563 sont localisés dans le territoire de PUNIA. Les listes de tous ces bureaux, leurs adresses, les noms d'établissements dans lesquels ils ont fonctionné, leurs nombres sont indiqués sur les tableaux versés au dossier sous les cotes 122 à 127 de la Commission électorale indépendante.

Le requérant n'ayant cité que les bureaux de Pangi à titre d'exemple des bureaux sans adresses et fictifs sans autres indications sur les 2.804 considérés par lui comme fictifs, a mis la Cour dans l'impossibilité de vérifier ses allégations relatives à l'existence de 2.803 bureaux non cités. Il s'ensuit qu'il n'est pas établi la preuve d'un électorat de 1.304 075 électeurs dont le suffrage aurait été déterminant sur les résultats provisoires et partant de la fraude massive.

En ses troisième et quatrième griefs, le requérant invoque, d'une part, la violation par la CEI de l'article 38 alinéa 3 de la loi électorale qui édicte que l'absence des témoins n'est pas un motif d'invalidation du scrutin sauf si elle est provoquée de manière intentionnelle et en violation des dispositions de la présente loi et, d'autre part, le non-respect du prescrit de l'article 68 alinéa 2 de la même loi qui fait obligation à la CEI de faire signer au témoin qui le désire la fiche des résultats après dépouillement et la remise d'une copie de celle-ci aux témoins qui le demandent.

Il justifie la violation de l'article 38 alinéa 3 précité par le fait que dans la province du Sud-Kivu, plus précisément dans la ville de Bukavu et dans le territoire de Walungu, ses témoins ont été délibérément chassés et, donc de manière intentionnelle, empêchés de remplir leur obligation légale d'assurer par leur présence, la régularité du scrutin, lesquels faits ont favorisé des fraudes massives ayant entaché la régularité du scrutin quant au résultat provisoire.

S'agissant de la violation par la CEI de l'article 38 alinéa 2 ci-dessus cité de la loi électorale, le requérant soutient que dans les centres de vote de Bulonge, de Muzinzi, de RHAME ainsi que dans bien d'autres, ses témoins se sont vu refuser systématiquement la délivrance des fiches des résultats après dépouillement. Ce fait, poursuit-il, s'est également produit dans 35 centres de vote dans la circonscription électorale de Lodja et de Lusambo, ce qui a facilité la falsification des résultats, rendant ainsi impossible leur vérification.

En conclusion, le requérant a postulé l'invalidation du scrutin dans les différents centres ci-haut cités et l'annulation de leurs résultats. Appelée à éclairer la Cour, la Commission électorale indépendante a estimé que le requérant devrait apporter la preuve de ses allégations relatives au refus d'accès de ses témoins aux bureaux de vote et de dépouillement sus évoqués et au refus de délivrance des fiches des résultats ou procès-verbaux des opérations de dépouillement.

La CEI a appuyé son argumentation sur la jurisprudence de la Cour Suprême de Justice qui décide que « lorsque le requérant n'apporte aucune preuve à l'appui des faits allégués, son recours sera déclaré non fondé »[931] et que « lorsque le requérant n'apporte pas la preuve des voix qu'il prétend

---

[931] CSJ, 4 septembre 2006, RCE 003, aff. Olenga Nkoy,in *Bulletin des arrêts de la Cour Suprême de Justice, contentieux électoraux 2006-2007*, *op.cit.* 2007, p.102.

avoir obtenues ni celle des manipulations qu'il invoque, la Cour déclarera sa requête non fondée »[932].

Elle a ajouté que, s'agissant des témoins qui ont été chassés, la Cour a exigé dans les cas similaires que la plainte devrait être formulée devant les OPJ qui ont le pouvoir d'en faire le constat. C'est ainsi que la Cour a également jugé que « Lorsqu'au cours de la campagne électorale, un candidat commet des infractions aux articles 80 et 88 de la loi électorale, qui n'entrent pas dans les erreurs matérielles de la compétence de la CEI, le candidat victime doit dénoncer devant l'autorité judiciaire compétente, laquelle doit entendre les témoins sur procès-verbal et donner à la Cour des preuves tangibles de leur réalisation[933]».

En ce qui concerne le refus de ses agents de délivrer les papiers des fiches des résultats aux témoins du requérant, le CEI a informé la Cour qu'à la demande des mandataires des deux candidats, il avait été décidé d'augmenter le nombre de copies des fiches de compilation, et que d'importants moyens ont été mobilisés pour satisfaire à cette demande. La note circulaire n° 033/CEI/BNO/DIR/06 du 04 Octobre 2006 a été adressée aux agents électoraux pour leur rappeler l'obligation et les modalités de délivrance des fiches de résultats aux témoins et aux candidats.

La Commission électorale indépendante a conclu sur ce point en faisant remarquer que le grief pris du refus des membres du bureau de vote de remettre aux témoins du requérant les copies des procès-verbaux des opérations de dépouillement n'est pas fondé, car il appartient au requérant de prouver, au regard de la jurisprudence de la Cour, que la demande a été introduite conformément à l'article 68 alinéa 2 de la loi électorale[934] et que les membres des bureaux de vote concernés ont opposé refus.

La Cour Suprême de Justice relève que la preuve des faits articulés par le requérant n'est pas rapportée.

Elle constate, en effet, que la liste des témoins du requérant n'a pas été produite au dossier de manière à lui permettre d'exercer son contrôle sur l'existence desdits témoins et leur accréditation dans les bureaux de vote et de dépouillement concernés, alors que l'article 55 de la décision n°003/CEI/BUR/06 du 09 mars 2006 portant mesures d'application de la loi électorale prescrit, en son deuxième alinéa, que la liste des témoins des partis politiques et leurs suppléants doit être communiquée à la CEI sept jours avant le scrutin. A cette liste, sont annexées les photocopies des cartes d'électeur des concernés.

---

[932]CSJ, 8 novembre 2006, RCE 187, aff. Kangemo Samalo,in *Bulletin des arrêts de la Cour Suprême de Justice, contentieux électoraux 2006-2007*, *op.cit.*, p.102.

[933]CSJ, 30 Octobre 2006, RCE 029 aff. Jacques Boke Nkoso Contre Egide Michel, in *Bulletin des arrêts de la cour suprême de justice, contentieux électoraux 2006-2007*, *op.cit.*, p.102.

[934]CSJ, 04 Septembre 2006, RCE 004 aff. Mbuyi Alafuele, in *Bulletin des arrêts de la cour suprême de justice, contentieux électoraux 2006-2007*, *op.cit.*, p.102.

La Cour note, par ailleurs, que les faits allégués par le requérant selon lesquels les agents de la CEI auraient intentionnellement et délibérément refusé d'admettre ses témoins dans les bureaux de vote et de dépouillement cités par lui et de leur délivrer les copies des fiches des résultats après dépouillement dans les centres ci-dessus indiqués alors qu'ils en avaient expressément fait la demande, ce qui a favorisé la falsification des résultats, ne sont pas établis sur base des preuves écrites convaincantes, notamment par des procès-verbaux dressés, à cet effet, par des OPJ ou des magistrats sur dénonciation des faits par les témoins concernés, conformément à sa jurisprudence[935] ou par une quelconque autorité administrative, attestant la véracité des faits dénoncés, la protection des témoins étant assurée par le gouvernement, aux termes de l'article 59 de la décision précitée de la Commission électorale indépendante.

Du reste, divers motifs permettent d'expliquer l'absence d'un témoin dans un centre ou bureau de vote comme l'a indiqué, à juste titre, la Commission électorale indépendante. En effet, un témoin peut n'avoir pas été affecté dans un centre ou bureau de vote ; il peut être affecté, mais sans qu'il se présente dans l'éventualité où il n'aurait pas perçu sa rétribution, car selon l'article 38 alinéa 2 de la loi électorale, les témoins sont à charge de leur client ; une autre hypothèse possible est que le témoin peut refuser de signer une fiche des résultats dans le cas où son client n'aurait pas réalisé un bon score ceci exige des preuves écrites émanant des autorités officielles pour étayer les faits allégués.

Dans le cas sous examen, la preuve des faits reprochés par le requérant à la Commission électorale indépendante d'avoir intentionnellement et délibérément refusé de délivrer les fiches des résultats dans les centres où ils en ont fait la demande n'étant pas rapportée, la Cour déclarera les moyens du requérant non fondés avec la conséquence que le scrutin ne sera pas invalidé ni les résultats annulés dans lesdits bureaux et centres.

En son cinquième grief, le requérant a invoqué la violation par la CEI de l'article 38 de la loi n°4/028 du 24 décembre 2004 portant identification et enrôlement des électeurs en République Démocratique du Congo.

Il a fait savoir qu'en vertu de cette disposition légale, la Commission électorale indépendante avait le devoir de mettre à jour le fichier électoral national, en vue de permettre la transparence du scrutin ; mais profitant de sa charge d'émettrice des cartes d'électeurs, a-t-il ajouté, la Commission électorale indépendante a délivré des cartes illicites dans plusieurs de ses représentations en province, le cas de la province du Katanga faisant foi et

[935] CSJ, 30 Octobre 2006, RCE 029 aff. Jacques Boke Nkoso contre Egide Michel Ngokoso, in *Bulletin des arrêts de la cour suprême de justice, contentieux électoraux 2006-2007, op.cit.* 2007, p.102

émis des duplicatas hors circuit qu'elle a envoyés dans toutes les provinces en exploitant les listes spéciales, les votants par dérogation et les omis.

Il a conclu que, publiés dans ces conditions, les résultats de la Commission électorale indépendante méritent annulation par la Cour Suprême de Justice ;

Pour sa part, la Commission électorale indépendante n'a pas reconnu avoir délivré des cartes d'électeurs illicites ni imprimé hors circuit des duplicatas des cartes d'électeurs qui seraient envoyés dans toutes les provinces en exploitant les listes spéciales, les votants par dérogation et les omis. Elle a plutôt procédé, a-t-elle précisé, au remplacement des cartes d'électeurs dont les numéros nationaux apparaissaient partiellement sur la carte d'électeur conformément à la procédure et ce, uniquement dans quelques provinces en épinglant spécialement deux cas dans le Katanga :

- Sept cartes d'électeurs du centre 7431, complexe scolaire "Les Vaillants" de la commune de Katuba à Lubumbashi dont le numéro national comportait 12 chiffres. Ce numéro apparaissant partiellement sur la carte d'électeur alors qu'il apparaît en entièreté sur la liste électorale, avait désorienté les électeurs et les membres des bureaux de vote ;
- Une carte d'électeur du centre 8054, complexe scolaire "Termitières" dans la cité de Kamina dont le numéro apparaissait partiellement sur la carte d'électeur alors qu'il apparaît en entièreté sur la liste électorale, avait désorienté l'électeur et les membres des bureaux de vote ;

La Cour Suprême de Justice relève que le requérant n'a apporté aucune preuve de la délivrance des cartes d'électeurs illicites et de l'impression hors circuit des duplications de la carte d'électeur qui seraient envoyés dans toutes les provinces comme affirmé par lui. Le remplacement par la Commission électorale indépendante des cartes d'électeurs dont les numéros nationaux apparaissaient partiellement sur la carte d'électeur et ce, dans quelques provinces seulement, l'a été conformément à la procédure légale.

Il s'ensuit que ce grief sera déclaré non fondé.

Sur le sixième grief, il est reproché à la CEI d'avoir violé, d'une part, l'article 70 de la loi électorale et, d'autre part, l'article 5 alinéa 3 et 12 de la Constitution de la République, en ce que alors que la compilation des résultats, bureau par bureau de vote, devait être faite dans toutes les circonscriptions électorales afin de préserver au suffrage son caractère universel, égal et secret en traitant et protégeant de la même manière les concurrents, les résultats dans les 31 bureaux de vote de 8 provinces ci-dessous énumérées, n'ont pas été compilés écartant ainsi 18.600 électeurs du scrutin dans lesdites provinces où le candidat du requérant est, selon lui, réputé populaire, dans le comptage des voix et qu'en revanche, à l'Est du pays où le taux de participation au scrutin déclaré faible (50% maximum), notamment par les observateurs nationaux et internationaux ainsi que par le Secrétaire général du PPRD, parti politique du candidat Kabila Kabange, a été démesurément gonflé dans les opérations de compilation donnant de la sorte un avantage sérieux et indu à son adversaire sur le suffrage exprimé.

Il s'agit des provinces ci-après :

- BANDUNDU : CLCR/IDIOFA, circonscription IDIOFA et GUNGU ;
- EQUATEUR : CLCR/BOKUNGU, circonscription IKELA ;
- KASAÏ OCC : CLCR/DIMBELENGE, circonscription DEMBA ;
- KASAÏ ORIE : CLCR/LUSAMBO, circonscriptions LOMELA et LODJA ;
- KATANGA : CLCR/MOBA, circonscription KASENGA ;
- NORD-KIVU : CLCR/BENI, circonscription BENI-OICHA ;
- PROVINCE ORIE : CLCR/BUNIA, circonscription DJUGU et CLCR/BUTA, circonscription BUTA
- SUD-KIVU : Circonscription KALEHE

A l'étai de ce moyen, le requérant déclare que le fait par lui dénoncé est constitutif des actes de bourrage des urnes et peut être attesté par les différences récurrentes entre les suffrages exprimés le même jour au niveau des élections provinciales et de l'élection présidentielle au second tour.

Entendue en sa qualité d'organisatrice de l'élection présidentielle au second tour pour éclairer la Cour au sujet de ce moyen, la CEI, par son expert Monsieur MISONI, a reconnu que sur 50.045 BVD prévus, 31 bureaux de vote n'ont pas effectivement été compilés comme vanté par le requérant et que cette situation était due à des raisons diverses liées notamment à la non ouverture de ces bureaux à cause de l'absence de matériel et le redéploiement des électeurs dans les autres BVD du centre de vote.

Tel est le cas d'Idiofa BVD 3122H, Dimbelenge-Demba BVD 9806H, Gungu BVD 2991F, 2992F, 2996H, 3030C, 3005G, 3034G, 3035E, 3044A, B, C, D, E et F, Lomela BVD 9142C et D, Djugu BVD 7001 E, Buta BVD 4630J et Kalehe BVD 7001E, F, G, H au manque des plis à la complication, cas de Lodja BVD avec BVD 9108, A, B, C, D, de Kasenga BVD 7798F, 7798G et à la fusion des BVD avec BVD 6056 à raison du nombre très réduit des électeurs, cas de Béni, Oicha BVD 6005B fusionné au BVD 6056, et à la perte des plis lors d'un accident decirculation, cas d'Ikela BVD 4415C.

La CEI a, enfin, déclaré, sans être contredite par des pièces du dossier du requérant, inventoriées au dossier de la cause, qu'en dehors des cas malheureux ci-dessus épinglés, les voix des électeurs des autres BVD ont été prises en compte puisque les électeurs concernés par ces cas ont été déployés dans les autres BVD de leurs centres de vote.

Il s'ensuit que la Cour déclarera ce grief infondé pour manque de preuve des faits allégués par le requérant. En tout état de cause, la Cour relève que même si ce grief était fondé,la non compilation des résultats des bureaux précités a été aussi nuisible que préférable aux deux candidats en lice.

Au septième grief, il est reproché à la CEI d'avoir violé l'article 21 de la Déclaration universelle des droits de l'homme et l'article 12 de la Constitution de la République, en ce que cette Commission électorale indépendante qui est une institution de droit public d'appui à la démocratie, a organisé les élections dont l'issue était connue à l'avance du candidat adverse, du fait que par la lettre de Monsieur She Okitundu, Directeur du Cabinet de l'intéressé, référencée sous CAB/DC/SHEO/872/DH/2006 du 07 novembre 2006, il avait été sollicité et obtenu de la Banque Centrale du Congo, le décaissement de 1.000.000$Us (Dollars américains un million) à titre d'une première tranche du budget provisionnel relatif à la cérémonie de prestation de serment en qualité de Président de la République, élu au suffrage universel direct.

Sans qu'il soit besoin d'examiner ce grief, la Cour relève que les deux dispositions visées aux moyens et sur lesquelles se fonde le requérant ne sont pas rattachées à l'une des dispositions de la loi n°06/006 du 09 mars 2006, dite loi électorale.

Dès lors, la Cour n'aura pas égard à ce moyen qui, même s'il était établi, n'aura aucune incidence sur les résultats du scrutin dont l'annulation est postulée.

Au surplus, la Cour note qu'il résulte des termes de la lettre susvisée que contrairement au soutènement du requérant, cette correspondance a été adressée au Ministère des Finances en sa qualité d'ordonnateur général de toutes les dépenses publiques pour saisir, comme il l'a fait, la Banque Centrale du Congo aux fins du décaissement de cette somme des fonds budgétaires pour l'installation du Président de la République, élu lors du second tour du 29 octobre 2006.

Au huitième grief, le requérant poursuit l'annulation des résultats provisoires du second tour de l'élection présidentielle du 29 octobre 2006 pour cause de violation de l'article 33 de la loi électorale en ce que, alors que la Haute autorité des médias, l'institution de droit public, devant veiller à l'égalité entre les candidats, son candidat BEMBA GOMBO Jean-Pierre a été victime de plusieurs voies de fait de la part de son adversaire l'empêchant de s'exprimer librement par voie des médias, notamment par l'interruption successive et illégale des signaux radiotélévisés des médias proches du candidat ainsi que d'actes d'intimidation ayant réduit sa mobilité par la destruction de son hélicoptère.

La Cour rejettera ce grief. En effet, il importe de relever que les moyens de preuve qui doivent être pris en compte par le juge du contentieux électoral dans l'appréciation de la régularité du déroulement du scrutin sont les procès-verbaux de déroulement du scrutin, les fiches de dépouillement, les observations des candidats ou des délégués des candidats, les réclamations des électeurs annexées auxdits procès-verbaux et le constat des irrégularités que le juge aurait, par lui-même, relevées.

L'allégation du requérant sous ce grief n'étant étayée d'aucune preuve écrite, la Cour dira celui-ci non fondé.

C'est pourquoi :

- La Cour Suprême de Justice, toutes chambres réunies, siégeant en matière de contentieux des résultats issus du deuxième tour de l'élection présidentielle organisée le 29 octobre 2006 ;
- Le Ministère public entendu ;
- Reçoit la requête du Mouvement de Libération du Congo «MLC » en sigle, mais la déclare non fondée et la rejette ;
- Dit n'y avoir pas lieu à paiement des frais de l'instance ».

Cette intégrale présentation de l'arrêt appelle quelques commentaires de la décision du juge électoral congolais.

II. Commentaires de l'arrêt RCE.PR.009 du 29 novembre 2006

De la lecture de l'arrêt RCE. PR. 009, il se dégage que la Cour suprême, contrairement à l'attitude adoptée au premier tour, a entendu répondre à deux types d'arguments invoqués par la partie requérante : des arguments de forme et des arguments de fond[936].

Bien que cet arrêt puisse paraître fastidieux, il est à noter que sa longueur prouve à suffisance le travail auquel la Cour Suprême de Justice s'est livrée.

Nous devons aussi rappeler qu'en rapport avec les arguments soutenus[937] par le requérant, la Cour a rejeté totalement ces griefs.

Cependant, dans sa décision, la juridiction électorale s'identifie à la Cour Suprême de Justice toutes chambres réunies. Il s'agit ici d'une terminologie peu heureuse utilisée dans l'arrêt car, en matière de contentieux de l'élection présidentielle, la Cour Suprême de Justice, siège toutes sections réunies et non toutes chambres réunies. Les articles 160, alinéa 3 du code de l'organisation et de la compétence judiciaires et 136 et suivants de la procédure devant la Cour Suprême de Justice, n'attribuent pas de compétences aux chambres réunies de la Cour Suprême de Justice en matière électorale[938].

---

936 P.-G. NGONDANGOY NKOY-ea-LOONGYA, *Le contrôle de constitutionnalité en République Démocratique du Congo. Etude critique d'un système de justice constitutionnelle dans un Etat à forte tradition autocratique*, *op.cit.*, p.503.

937 Arguments relatifs à la problématique des listes et cartes électorales, des bureaux de vote et de dépouillement ainsi qu'à certains litiges préélectoraux.

938 In *JORDC*, numéro spécial du 20 juin 2006, *op.cit.*, pp.66 et 86-87.

Paul-Gaspard Ngondankoy-ea-Loongya estime, pour sa part, qu'à l'occasion, le juge chargé de la proclamation des résultats définitifs de l'élection n'avait pas fait preuve d'indépendance[939]. Alors que le candidat perdant avait, à travers sa requête, apporté la preuve des irrégularités attestées par des différents rapports d'observations[940], le juge s'était uniquement penché sur les dispositions de l'article 75 de la loi électorale939 au mépris de l'adage « *Fraus omnia corrumpit* ».

Contrairement à la position de l'auteur, nous pensons que le juge ne devrait pas fonder sa conviction sur les rapports d'observations électorales au motif que ceux-ci sont non seulement élaborés par des personnes qui ne disposent pas de tous les éléments susceptibles de permettre l'appréciation de la vérité et de la justice des urnes, mais également parce qu'ils sont destinés aux organismes accompagnateurs du processus et non au juge. De même, étant donné que la loi électorale est une loi de portée spéciale, le juge devrait réaliser son œuvre en respectant la procédure qu'elle prévoit, en vertu du principe *« specialis generalibus derogat »* et non en se fondant sur l'adage « *fraus omnia corrumpit* » qui est un principe général de droit.

De ce qui précède, l'auteur a conclu en ces termes : « le problème majeur de la crédibilité des résultats de la première élection présidentielle pluraliste congolaise n'a-t-il pas été l'absence d'un contrôle juridictionnel crédible et approfondi de l'ensemble du cycle électoral de 2006 »[941].

Pour notre part, la visibilité relative du juge constitutionnelle en cette matière est largement tributaire du contexte de misère dans lequel il preste. Le juge ne dispose, à ce jour, ni d'appareils sophistiqués à même de lui permettre d'avoir une certaine maîtrise des opérations électorales, ni des bâtiments pour conserver les documents relatifs à ces opérations, ni du personnel qualifié susceptible de l'aider à gérer avec efficacité sa mission au sein de l'univers politique qui est à la fois considéré comme « un monde magique et complexe ». Le problème actuel du juge se pose en termes de son courage et de sa détermination à légitimer son intervention en matière de régulation de la vie politique.

Il échet d'examiner l'arrêt RCE.011/P.R du 16 décembre 2011.

---

[939] P.G. NGONDANKOY NKOY-ea-LOONGYA, *Le contrôle de constitutionnalité en République Démocratique du Congo. Etude critique d'un système de justice constitutionnelle dans un Etat à forte tradition autocratique*, *op.cit.*, pp.527-528.

[940] Rapports de l'Eglise catholique, de la mission d'observation de l'Union africaine, de l'Union européenne, de l'institut électoral sud-africain et de la fondation Carter cités par P.G. NGONDANKOY NKOY-ea-LOONGYA, *Le contrôle de constitutionnalité en République Démocratique du Congo. Etude critique d'un système de justice constitutionnelle dans un Etat à forte tradition autocratique*, *op.cit.*, p.527.

[941] *Idem.*, pp.527-528.

§2. *L'arrêt R.C.E.O11/P.R du 16 décembre 2011 relatif au contentieux de l'élection présidentielle du 28 novembre 2011*

Nous présentons les faits de la cause (I), la décision de la Cour (II) avant d'en faire une appréciation critique (III).

I. Les faits de la cause

Par sa requête reçue au greffe de la Cour suprême de justice le 12 décembre 2011, le parti politique dénommé ***Union pour la Nation Congolaise, UNC*** en sigle, poursuites et diligences de Monsieur Vital Kamerhe Lwa Kanyinginyi, son président national, sollicite l'annulation de la décision de la Commission Electorale Nationale Indépendante, CENI en sigle, relative à la proclamation des résultats provisoires de l'élection présidentielle du 28 novembre 2011, en vue de l'organisation d'une nouvelle élection présidentielle dans les délais de la loi.

A l'appui de sa demande, le requérant développe deux griefs à savoir : la violation de la loi électorale et le manque de sincérité des résultats provisoires publiés par la CENI.

1. La violation de la loi électorale

L'article 8 de la loi électorale dispose que « La Commission Electorale Nationale Indépendante publie la liste des électeurs, par province et par circonscription électorale, au plus tard 30 jours avant la date du début de la campagne électorale ». La même disposition légale précise que « dans chaque bureau de vote, la liste des électeurs est affichée 30 jours avant la date du scrutin. Elle reprend pour chaque électeur, le nom, le post-nom et le prénom, le lieu et la date de naissance, le sexe, l'adresse du domicile ou de la résidence actuelle ».

Ces dispositions légales n'ont pas été, selon le requérant, respectées par la CENI lors des élections du 28 novembre 2011. En effet, la CENI a commencé à publier progressivement les listes électorales par les provinces de Kinshasa et du Bas-Congo au mépris de la disposition légale précitée.

Quant à l'affichage de la liste des électeurs dans chaque bureau de vote, la CENI ne l'a fait que 48 heures avant la date du scrutin, c'est-à-dire, le 26 novembre 2011. Ce qui explique le faible taux de participation comme le constate bien le rapport du 10 décembre 2011 du Centre Carter, observateur international attitré des élections du 28 décembre 2011 en RDC.

L'article 47 alinéa 3 de la loi électorale dispose que « La CENI publie la liste des bureaux de vote et leur localisation 30 jours avant la date du scrutin ».

En effet, la cartographie des bureaux de vote devrait être connue au moment de l'affichage de la liste des électeurs dans chaque bureau de vote, ce qui aurait permis à l'UNC de déployer conséquemment ses témoins dans le délai dans chaque bureau de vote.

L'article 38 alinéa 4 dispose que « L'absence des témoins n'est pas un motif d'invalidation du scrutin, sauf si elle est provoquée de manière intentionnelle et en violation des dispositions de la présente loi » et, ensuite, l'article 40 alinéa 3 dispose que « le président du bureau de vote invite les témoins à contresigner les procès-verbaux des opérations électorales », et de poursuivre à l'alinéa 4 que « les copies des procès-verbaux sont remises aux témoins » pour conclure à l'alinéa 5 que « le président du bureau de vote invite les témoins à accompagner les procès-verbaux des opérations électorales ».

En effet, les procès-verbaux préparés par la CENI et mis à la disposition de chaque bureau de vote n'ont prévu intentionnellement la place de signature que pour 5 témoins, alors que la loi électorale fait obligation à chaque témoin d'apposer sa signature. Cette manœuvre a préparé au départ la fraude dans les opérations électorales du 28 novembre 2011. Ainsi, ces procès-verbaux, fondement même des résultats provisoires publiés par la CENI ne sont pas conformes aux prescrits de la loi électorale, alors qu'ils ont déterminé ces résultats.

Le non-accompagnement du transfert des procès-verbaux des centres de vote aux bureaux de compilation par les témoins de l'UNC, en dépit de leur détermination de respecter la loi, a favorisé comme le souligne le Centre Carter dans son rapport, les fraudes massives. Cas des centres de compilation qui étaient installés et organisés à la FIKIN.

Comme le souligne encore le Cardinal Laurent Mosengwo Pasinya « à l'analyse des résultats rendus publics ce vendredi par la CENI, il y a lieu réellement de conclure que ces résultats ne sont pas conformes ni à la vérité ni à la justice… ».

En outre, aucun accès officiel au centre national de traitement n'a été accordé aux témoins de l'UNC et même aux observateurs internationaux comme ceux du Centre Carter.

Il appert que la CENI a violé intentionnellement la loi électorale. Ce qui a provoqué de nombreuses irrégularités ayant entamé les résultats provisoires du 09 décembre 2011.

L'article 56 alinéa 1 de la loi électorale dispose que « 48 heures avant le début des opérations de vote, la Commission Electorale Nationale Indépendante met à la disposition de chaque bureau de vote, des bulletins compatibles au nombre d'électeurs enrôlés et attendus ».

Cette disposition a été également violée intentionnellement par la CENI. En effet, l'UNC avait décelé et dénoncé publiquement la circulation illégale et irrégulière des bulletins de vote avant le scrutin du 28 novembre 2011. Davantage, le jour du scrutin, des bulletins de vote déjà cochés en faveur du candidat n°3, Joseph Kabila, ont été retrouvés entre les mains de certains individus. Tel est le cas de l'affaire opposant le Ministère public à Néron Mbungu instruite par devant la Cour.

Aussi, l'UNC a observé dans beaucoup de circonscriptions électorales que les bulletins de vote mis à la disposition des bureaux de vote étaient insuffisants et ne correspondaient donc pas au nombre d'électeurs enrôlés et attendus. Ce qui justifie aussi le faible taux de participation.

L'article 36 de la loi électorale dispose que « Est interdite, l'utilisation à des fins de propagande électorale, des biens, des finances et du personnel de l'Etat, des établissements et organismes publics et des sociétés d'économie mixte. L'utilisation des biens, des finances et du personnel public visée ci-dessus est punie de radiation de candidature ou d'annulation de la liste du parti politique ou du regroupement politique incriminé. Toute autorité politico-administrative, tout parti politique, tout candidat ou toute personne peut saisir la Commission Electorale Nationale Indépendante ou l'officier du ministère public aux fins d'obtenir l'application des dispositions de l'alinéa ci-dessus. Les juridictions citées à l'article 27 connaissent des cas d'abus des biens publics ».

Il s'est avéré, de manière constante, que le candidat n°3, Monsieur Kabila Kabange Joseph, a utilisé, lors de la campagne présidentielle, les biens et les services de l'Etat congolais aux fins de sa campagne électorale. Tels que les avions, les effigies sur les édifices publics, les tracteurs assortis de ses affiches et véhicules de l'Etat.

Cette évidence avait choqué la Commission Electorale Nationale Indépendante (qui) par la voix de son président avait demandé à la Majorité présidentielle de procéder illico presto à l'enlèvement des affiches placées illégalement sur les édifices publics dans la ville de Kinshasa. Cet ordre a été exécuté partiellement à Kinshasa et non dans les provinces.

Cette violation de la loi aurait dû conduire la CENI à la radiation pure et simple du candidat n°3, Monsieur Kabila Kabange Joseph. La CENI ne l'ayant pas fait, l'UNC demande à la Cour d'appliquer la loi.

2. Le manque de sincérité des résultats publiés par la CENI

Les résultats provisoires publiés par la CENI manquent de sincérité, car différents de ceux publiés, après le dépouillement, dans les bureaux de vote.

La preuve la plus éloquente en est donnée par le Professeur Djoli, Vice-président de la CENI qui a affirmé sur les antennes de RFI et d'OKAPI qu'il y avait absence de transparence et qu'il avait signé les procès-verbaux des résultats provisoires pour éviter une crise qui avait déjà duré 3 jours.

Par ailleurs, quelques cas illustrent le manque de sincérité des résultats. Il s'agit notamment de :

a. *L'existence de deux PV de compilation du CLCR IDIOFA dans lesquels le premier daté du 06 décembre 2011 donnait au candidat*

Kabila 265.173 voix alors que le second daté du 08 décembre 2011 lui donnait 273.690. Quel PV donc considérer ?

b. *Le suffrage valablement exprimé et reparti entre les 11 candidats à l'élection présidentielle au Katanga laisse planer plus de 70.000 voix non attribuées ! A qui appartiennent-elles ?*

c. *Le cas de Malemba-Nkulu où tous les candidats ont obtenu zéro voix sauf le candidat Joseph Kabila qui a recueilli 100% de voix ! C'est curieux et symptomatique de la fraude.*

d. *Les résultats de la CENI renseignent qu'il y a eu 3.200.000 votants par dérogation ! de quoi combler le retard du candidat Etienne Tshisekedi, lorsqu'on sait qu'à Kinshasa plus de 2.000 procès-verbaux n'ont pas été pris en compte dans les calculs de résultats proclamés par la CENI.*

e. *Les résultats affichés après le dépouillement donnaient Vital Kamerhe gagnant dans le Nord et Sud Kivu et dans l'Ituri, paradoxalement ceux publiés par la CENI le 09 décembre 2011 ont fait du candidat Joseph Kabila gagnant dans cette partie de la République. Pour illustrer ce point nous pouvons donner les résultats de quelques bureaux. Il y a lieu de noter :*

- *Ecole primaire EP Naezi territoire de Jugu Code 16.766*
  - *Candidat Joseph Kabila 143 voix*
  - *Candidat Vital Kamerhe 1.155 voix*
- *EP Lola Djugu Code 20.846*
  - *Candidat Joseph Kabila 35 voix*
  - *Candidat Vital Kamerhe 778 voix*
- *EP. Luvangiru Code 28.842*
  - *Candidat Joseph Kabila 24 voix*
  - *Candidat Vital Kamerhe 661 voix*
- *EP. Ngez de Bunia*
  - *Candidat Joseph Kabila 620 voix*
  - *Candidat Vital Kamerhe 870 voix*
- *Bureau Aveba à 70 km au Sud de Bunia*
  - *Candidat Joseph Kabila 278 voix*
  - *Candidat Vital Kamerhe 1.549 voix*

L'allure de ces résultats contredit les résultats de la CENI proclamant Joseph Kabila Kabange gagnant sur Vital Kamerhe dans l'Ituri.

Tel est le contenu de la requête soumise à l'appréciation de la Cour suprême de justice, toutes sections réunies siégeant en matière de contentieux électoral par Monsieur Vital Kamerhe Lwa Kanyinginyi, en date du 12 décembre 2011 à propos de laquelle la Cour a rendu sa décision en date du 16 décembre 2011.

II. La décision de la Cour

Examinant sa compétence, la Cour suprême de justice relève qu'en vertu de l'article 223 de la Constitution, elle exerce à titre transitoire les attributions de la Cour constitutionnelle, elle est le juge du contentieux lié à l'élection du Président de la République. Elle rappelle, avant toute chose, qu'en règle générale, en matière de contentieux des résultats, le juge électoral vérifie l'authenticité et la sincérité du scrutin. Il recherche les incidences des irrégularités constatées sur les résultats. Dans cette optique, ne sont retenues que les irrégularités susceptibles de fausser les résultats de l'élection, eu égard notamment à l'écart des voix entre candidats. Il est dès lors évident que la simple violation de la loi n'entraîne pas nécessairement l'annulation de l'élection, le juge pouvant confirmer celle-ci s'il estime non seulement que les faits allégués ne sont pas établis, mais également qu'ils ne sont pas de nature à modifier le résultat, en dépit d'une irrégularité constatée dans le déroulement de la campagne ou des opérations électorales.

La Cour relève, en outre, que les moyens de preuve qu'elle prend en compte dans l'appréciation de la régularité du scrutin sont principalement le procès-verbal du déroulement du scrutin, le procès-verbal de dépouillement, les observations des membres du bureau de vote ou des témoins des candidats, le constat des irrégularités qu'elle aurait relevée par elle-même, ainsi que les réclamations des électeurs annexées aux procès-verbaux.

1. Sur les violations alléguées de la loi électorale

La Cour relève que la requérante qui déplore la violation, par la CENI ,des dispositions des articles 6, 8 alinéa 1er et 47 alinéa 3 de la loi électorale ne rapporte pas la preuve de ce que les violations alléguées auraient profité, à ses dépens, de manière particulière à l'un ou l'autre des onze candidats à l'élection présidentielle, autant qu'elle ne démontre pas en quoi elles auraient influé sur le taux de participation au scrutin, et même qu'elles seraient la seule cause de ce taux, dont la moyenne nationale de 58,8% est tout de même relativement élevée, encore que la requérante ne produit au dossier ni la liste des bureaux de vote où ses témoins n'ont pu être déployés à temps, ni celle de ses témoins dont l'accréditation aurait souffert du retard de publication des bureaux de vote et de leur localisation. Elle observe qu'en tout état de cause, quand bien même cette preuve aurait été rapportée, il est clair que les violations susvisées de la loi n'auraient eu aucune incidence sur les résultats du scrutin, eu égard à l'écart des voix entre les candidats.

Quant à la violation alléguée de l'article 48 alinéas 3 et 4 de la loi électorale, la Cour note, d'une part, que la limitation du nombre de témoins à titre purement indicatif dans les procès-verbaux des opérations de vote disponibilisés par la CENI n'emportait pas interdiction pour davantage de témoins d'y apposer leurs signatures et, d'autre part, que la requérante ne rapporte pas la preuve de ce que ses témoins ont été éconduits des bureaux de vote , ou empêchés d'accompagner le transfert des procès-verbaux des centres de vote aux bureaux de compilation des résultats.

La Cour constate, concernant la violation alléguée de l'article 56 de la loi électorale, que la requérante qui prétend avoir dénoncé publiquement la circulation illégale et irrégulière de bulletins de vote avant la date du scrutin ne rapporte aucune preuve de nature à étayer ses allégations, notamment en mettant à sa disposition des bulletins de vote authentiques, venant de la CENI, en circulation illégale et irrégulière.

Sur l'insuffisance des bulletins de vote par rapport au nombre d'électeurs enrôlés et attendus, la Cour constate que la requérante n'indique ni les numéros des bureaux de vote où cette situation aurait été observée, ni leur nombre sur l'ensemble du territoire national.

Quant à la violation alléguée de l'article 36 de la loi électorale, la Cour la juge non établie faute de preuve.

2. Sur le manque de sincérité des résultats provisoires proclamés par la CENI

La Cour constate que, contrairement à ses propres allégations, la requérante ne rapporte pas la preuve de l'existence de deux procès-verbaux de compilation du CLCR d'IDIOFA comportant des mentions différentes sur le nombre de voix recueillie par le candidat Joseph Kabila. Elle relève, en revanche, que la requérante n'a produit au dossier de ses pièces, en photocopie libre, qu'un procès-verbal de compilation du CLCR d'IDIOFA, auquel elle ne saurait avoir égard.

Elle relève de même, s'agissant des 70.000 voix prétendument non attribuées au Katanga, que la requérante ne prouve pas ses allégations.

En revanche, tout en notant que le candidat Joseph Kabila a réalisé les 100% des suffrages exprimés dans la circonscription électorale de Malemba-Nkulu, la Cour relève qu'il n'est nullement interdit à un candidat à une élection de remporter l'ensemble des voix des électeurs, dans le respect des lois et procédures en la matière.

S'agissant des votes par dérogation dont la requérante dénonce le chiffre élevé, la Cour constate que leur illégalité n'a pas été démontrée, autant il n'est pas prouvé que ces votes auraient profité, à ses dépens, à un autre candidat ou exercé une quelconque influence négative sur les suffrages attribués au candidat Vital Kamerhe.

Enfin, concernant les résultats revendiqués par la requérante dans le Nord-Kivu, le Sud-Kivu et l'Ituri, la Cour relève qu'ils ne sont confirmés par aucun élément de preuve, les vérifications opérées confirmant plutôt des chiffres publiés par la CENI.

De ce qui précède, la Cour suprême de justice, siégeant en matière de contentieux des résultats de l'élection présidentielle ;

Le ministère public entendu ;

Reçoit le recours du parti politique Union pour la Nation Congolaise, UNC en sigle, mais le dit non fondé ;

Dit qu'il n'y a pas lieu à paiement de frais de justice.

La Cour a ainsi jugé et prononcé à son audience publique du 16 décembre 2011 à laquelle ont siégé les magistrats, Charles Théodore Tuka Ika Bazungula, président de chambre, Evariste-Prince Funga, Molima Mwata, Président, Jean Ubulu Pungu, Charles Bushiri Imani Mwata et Marthe Odio Monde, conseillers, avec le concours du Ministère public représenté par le premier avocat général de la République Emmanuel Minga Nyamakwey, et l'assistant de Monsieur Jean-Pierre Tshimpaka Batubenga, greffier du siège.

Cette décision de la Cour est diversement appréciée dans les milieux politique et académique.

III. Appréciation de la décision

Par la décision sous examen, le juge constitutionnel congolais a bien dit le droit électoral en proclamant définitivement[942] élu le candidat qui a obtenu le plus grand nombre de voix, au regard des procès-verbaux et d'autres documents annexes lui transmis par la CENI en vertu des dispositions de l'article 74 quater de la loi électorale.

Cependant, pour permettre au juge constitutionnel d'améliorer son image et ainsi légitimer son intervention dans cette matière hautement sensible, les considérations suivantes méritent d'être prises en compte :

La Commission électorale nationale indépendante devrait transmettre au juge constitutionnel, à temps utile, les procès-verbaux et autres pièces en sa possession pour lui permettre de les exploiter judicieusement et statuer dans le délai légal;

Le personnel de la Cour devrait bénéficier d'une formation adéquate et à même de lui permettre de faire face à la technicité et à la complexité du droit électoral ;

La Cour devrait disposer des bâtiments pouvant lui permettre d'accueillir, à temps réel, les plis contenant des pièces, en provenance de la Commission électorale nationale indépendante.

Par ailleurs, cette décision du juge a été interprétée par une certaine opinion[943] comme étant une marque de loyauté de ce juge vis-à-vis du

[942] Aux termes des dispositions de l'article 74, alinéa 3 de la loi électorale, la Cour constitutionnelle, la Cour administrative d'appel ou le Tribunal administratif, selon le cas, proclame les résultats définitifs des élections.

[943] Cette opinion a été développée par les acteurs politiques de l'opposition et même par une frange de la société civile.

candidat Kabila Kabange Joseph devant qui tous les magistrats de la Haute Cour venaient de prêter serment dans la ville de Lubumbashi alors qu'il était déjà en pleine campagne électorale.

Pour notre part, le problème ne se posait pas sur le plan juridique. En effet, le candidat Kabila Kabange Joseph n'avait pas agi comme candidat président mais en sa qualité de Chef de l'Etat. De même, aucun texte ne lui prescrit le moment, endéans lequel, il devrait le faire.

Mais dans la perspective de la consolidation de la juridicisation de la vie politique, il est souhaitable que les décisions du genre interviennent, à des moments non rapprochés du déroulement du scrutin. Ceci éviterait des frustrations dans le chef des autres candidats.

Quoiqu'il en soit, l'observation a permis d'affirmer qu'en l'espèce, le comportement des magistrats qui ont géré le contentieux n'a traduit aucune inféodation vis-à-vis du candidat qui a gagné et qui a été proclamé définitivement élu.

Procédons à présent à l'examen de la jurisprudence en matière des élections législatives et provinciales.

SECTION 2 : LES ELECTIONS LEGISLATIVES ET PROVINCIALES

Il sera successivement décrit la jurisprudence des élections législatives nationales (§1) et les provinciales (§2).

§1. La Jurisprudence au niveau des élections législatives

Dans ce paragraphe, nous examinons quatre arrêts. Il s'agit successivement des arrêts RCE 077 du 2 Mars 2007, affaire Kande Buloba, RCE : 526/571/572/761/774, RCE.517/DN- et RCE. 425/465/466/556 du 25 avril 2012.

I. L'arrêt RCE 077 du 2 mars 2007

A. Présentation de l'arrêt

Par requête déposée, le 11 septembre 2006, au greffe de la Cour Suprême de Justice, le Mouvement congolais pour la renaissance, MCR en sigle, poursuites et diligences du président National Clément Katende, agissant par son conseil, l'avocat Mukenge Ndibu, conteste, pour irrégularités les résultats provisoires de l'élection législative du 30 juillet 2006 pour la circonscription de Mont Amba.

A l'appui de sa requête, il soutient ce qui suit :

Les résultats publiés par la CEI ne font nullement mention du Mouvement Congolais pour la Renaissance dans la Solidarité Démocratique, regroupement dans lequel son parti politique s'est présenté aux différents échelons des élections organisées dans notre pays.

Il résulte que son candidat aux élections législatives pour la circonscription électorale de Kinshasa III (Mont Amba), Monsieur Kande Buloba Kasumpata Constantin, n° 675 sur la liste électorale, ne connaît pas son sort.

Il demande le recomptage des bulletins de vote ainsi que la vérification de tous les procès-verbaux de dépouillement concernant sa circonscription électorale.

La Cour constate que, contrairement à la déclaration du requérant, le nom de son candidat Kande Buloba Kasumpata se trouve sur la liste dite « *affichage au CLCR* » sous la dénomination « *Solidarité démocratique* » avec 476 voix obtenues aux élections législatives.

Afin de rectifier les erreurs matérielles dont parle le requérant, la Cour commet le greffier principal Bompoko Boketi à la vérification des voix récemment obtenues par son candidat ; ledit greffier écrit ceci dans son constat, après vérification des procès-verbaux de dépouillement aux archives de la Cour Suprême de Justice ainsi que des feuilles remises par les témoins ayant pris part aux différents comptages des bulletins de vote : Je confirme les résultats ci-dessous mentionnés ; voir annexe 1, 2, 3, 4, 5 et 6 du dossier du requérant. Mais en additionnant tous les résultats partiels retenus par commune ce requérant a : Kisenso 680 voix, Matete 858 voix ; Ngaba 49 voix, Limete 753 voix, Lemba 893 voix soit le total de 3.681 voix. »

La Cour a d'ailleurs invité les élus provisoires, et personne n'a comparu à l'audience publique consacrée à ce débat.

Dans son avis, l'officier du Ministère public a demandé à la Cour de faire droit à la demande si elle est juste et bien vérifiée ;

A son alinéa 2, l'article 75 de la loi électorale dispose que si la juridiction compétente admet un recours pour erreur matérielle, elle rectifie le résultat erroné. Elle communique l'arrêt ou le jugement à la Commission électorale indépendante aux fins de publication.

S'agissant du classement des députés nationaux dans la circonscription électorale de Kinshasa III au Mont Amba, eu égard au score électoral réalisé par chacun d'eux, le requérant ayant obtenu 3.681 voix, occupera la 6ème position et le dernier de la liste provisoire perd le mandat de député national, soit Monsieur Dembo du parti A.N.C.E qui n'a pu avoir que 1.207 voix.

C'est pourquoi :

- La Cour suprême de justice siégeant en matière de contentieux des résultats provisoires des élections législatives ;
- Le Ministère public entendu ;
- Reçoit la requête et la dit fondée.

Y faisant droit, dit que le candidat du requérant est élu député national et occupe la 6ème place avec 3.681 voix sur la liste des députés nationaux pour la circonscription électorale de Kinshasa III (Mont Amba)[944].

B. Commentaires de l'arrêt

La Cour Suprême ne rejette pas toutes les requêtes en matière électorale ; elle reçoit aussi certaines et les dit fondées.

Dans cet arrêt, le juge a rétabli un candidat dans son droit violé. La Cour a eu recours à sa compétence légale lui permettant de rectifier, pour erreur matérielle, les résultats erronés et de les communiquer à la Commission électorale indépendante aux fins de publication.

On peut donc parodier Jacques Djoli, pour dire que le contentieux électoral « nous permet de dire qu'on n'a pas juridiquement tort parce qu'on est politiquement minoritaire »[945].

II. L'arrêt RCE : 526/571/572/761/774 du 25 avril 2012

Le souci de clarté nous conduit à présenter les faits de la cause (1), la position de la Cour (2) suivie de son appréciation au regard du droit électoral (3).

1. Les faits de la Cause

Par leurs requêtes reçues le 03 février 2012 au greffe de la Cour suprême de justice, les partis politiques, Union des Congolais pour le Progrès UCP en sigle, Union pour la Nation congolaise « UNC » en sigle, Mouvement Social pour le Renouveau MSR en sigle, Parti Chrétien Démocrate pour le Développement Intégral du Congo PCDI en sigle et Forces Novatrices pour l'Union et la Solidarité FONUS en abrégé, agissant par leurs organes statutaires, contestent respectivement, sous RCE.526, RCE.571, RCE.572, RCE.761 et RCE.774, les élections législatives organisées le 28 novembre 2011 dans la circonscription électorale de BIKORO, pour de graves irrégularités observées lors de ce scrutin, justifiant ainsi son annulation et la réorganisation d'une autre consultation législative dans un climat apaisé.

A l'appui de leurs requêtes, les partis politiques UCP et UNC soutiennent que les candidats Bolili et Lotoy, membres du parti politique ADH dont Monsieur Baende, Gouverneur de la province de l'Equateur est président national, ont battu campagne avec les biens de l'Etat congolais à

---

[944]In *Bulletin des arrêts de la cour suprême de justice, contentieux électoraux 2006-2007, op.cit.*, pp.339-341.

[945] J. DJOLI ESENG'EKELI, *Droit constitutionnel : principes structuraux, op.cit.*, p.154.

savoir, le véhicule et le canot rapide du Gouvernorat de province de l'Equateur. Ils précisent que 9600 bulletins de vote vierges étaient découverts à la veille du scrutin sur ce canot rapide par Monsieur Nkumu, président de la société civile. Ces bulletins ont, affirment-ils, servi au bourrage des urnes dans certains centres de vote notamment à Iboko, Maunga et Ngongo.

En sus, ils déclarent qu'à Momboyo où la CENI a prévu 16 bureaux de vote, deux d'entre eux n'étaient pas opérationnels, car déjà le matin du 28 novembre 2011, les urnes y étaient trouvées pleines avant les opérations de vote, situation qui avait amené les électeurs en colère à les incendier publiquement.

Ils dénoncent aussi le refus par plusieurs bureaux de vote d'accueillir les témoins et l'interruption des opérations de compilation suivie de la délocalisation du centre de compilation de Bikoro à Mbandaka, en l'absence de leurs témoins qui n'ont pu, de ce fait, accéder audit centre pour contresigner les procès-verbaux et en réclamer les copies.

Les requérants ajoutent qu'au retour à BIKORO, le centre de compilation a été de nouveau délocalisé de la concession des prêtres catholiques au bureau de la CENI où, après un travail lapidaire, les résultats provisoires furent affichés dans la précipitation.

Toutes ces revendications ont été portées à la connaissance du Procureur de la République près le Tribunal de Grande Instance de Mbandaka qui a requis l'inspecteur de police judiciaire Bodongo pour besoin d'enquête.

Après audition des représentants des requérants, des électeurs, des témoins, de certains présidents des bureaux de vote et de centre de compilation, il a recueilli les faits tels qu'ils sont présentés par les requérants.

Il a précisé que seuls les témoins des candidats élus ont signé les procès-verbaux de compilation.

2. Position de la Cour

In *limine litis*, la Cour suprême de justice relève que toutes ces causes visent le même objet et que leurs éléments interdépendants présentent un lien de connexité justifiant, pour une meilleure administration de la justice, leur examen par un seul et même arrêt.

Elle en ordonne, par conséquent, leur jonction.

Mais elle dira, d'abord, irrecevables les recours formés par les partis politiques PDCI, MSR et FONUS pour défaut de preuve et de qualité, dans les chefs de leurs représentants.

En effet, alors que l'article 40 du règlement intérieur du PDCI prévoit que les actions judiciaires sont intentées ou soutenues au nom du Parti par le Président national qui, en cas d'empêchement, est remplacé par le Vice-président national, la requête est cependant signée par Monsieur Ngunda Litumba, en qualité de Président national intérimaire, fonction non prévue aux statuts et règlement intérieur encore que ce changement à la tête du parti n'a pas été notifié au Ministère de l'Intérieur conformément à l'article 17 de la loi régissant les partis politiques.

Il s'ensuit que ce dernier n'a pas valablement représenté le PDCI.

S'agissant du parti politique MSR, la Cour note qu'il ressort de la procuration spéciale annexée à la requête que les avocats Yoko Yakembe, Mundala Lunda, Nsimba Kilembe, Amisi Kasimu Bin Asibu, Tshibalabala, Mundola Banga, Gulefwa Gadingo, Ngalamulume Kalala, Lombo Ndeke et Mungu, Rhuli ont reçu du mandataire du requérant le pouvoir pour :

- *saisir la Cour suprême de justice en contestation des résultats provisoires des élections législatives du 28 novembre 2011 ;*
- *recevoir notification des dossiers des pièces ;*
- *diligenter tous les actes de procédures ;*
- *recevoir et déposer et/ou introduire au nom et pour les comptes du requérant et de ses candidats, mémoires et pièces.*

La Cour note que ne contenant pas les noms des candidats concernés, ni les numéros des dossiers des causes et encore moins l'indication des circonscriptions électorales visées, un tel mandat est général et non spécial, et ne peut donc habiliter lesdits avocats à représenter valablement le requérant en la présente cause.

La requête introduite par l'un d'entre eux sera, par conséquent, déclarée irrecevable.

Quant au parti politique FONUS, elle note qu'il est en défaut de justifier son existence juridique, celle-ci ne pouvant découler que de l'arrêté de son enregistrement au Ministère de l'intérieur, qui consacre sa reconnaissance officielle et l'octroi de la personnalité juridique qui, en l'espèce, n'est pas produit au dossier.

La Cour relève qu'introduits dans les formes et délais légaux, les recours des partis politiques UCP et UNC seront reçus.

Lors de l'instruction de la cause à l'audience publique, la Cour a constaté que les faits sont demeurés constants tels que relatés ci-haut.

Elle constate que les différentes irrégularités décriées ont été perpétrées en méconnaissance délibérées des dispositions légales destinées à assurer la régularité et la sincérité du scrutin.

En effet, les articles 38 alinéa 4 et 68 alinéa 3-4 de la loi électorale énoncent respectivement que l'absence des témoins n'est pas un motif d'invalidation du scrutin sauf si elle est provoquée de manière intentionnelle et en violation des dispositions de la présente loi, et que la fiche des résultats est signée par tous les membres du bureau de dépouillement et les témoins. Une copie est remise aux témoins.

Dans le cas d'espèce, l'absence des témoins a été intentionnellement provoquée tant dans les bureaux de vote qu'au niveau de dépouillement et à part les témoins du parti politique ADH, ceux des autres partis politiques étaient empêchés d'accéder aux bureaux et d'apposer leurs signatures sur les procès-verbaux dont ils ne disposent d'aucune copie.

Il en est de même des articles 62 alinéa 3 et 70 alinéa 1 de la même loi dont le premier prévoit que le dépouillement s'effectue sans interruption jusqu'à l'achèvement complet et le 2ème dispose qu'un centre de compilation est situé dans chaque circonscription électorale.

Mais dans la circonscription électorale de Bikoro, les opérations de dépouillement étaient interrompues pendant cinq jours assortis de la délocalisation du centre de compilation de Bikoro à Mbandaka, en l'absence des témoins des partis politiques et sans motif valable.

La Cour note enfin que la répartition inégale des bulletins entre bureaux de vote a favorisé le bourrage des urnes et provoqué la non-participation de plusieurs électeurs au vote heurtant ainsi le principe d'égalité entre électeurs.

Elle conclut que toutes ces irrégularités ont pu avoir une influence déterminante sur les résultats du scrutin en violant les exigences de clarté et de loyauté mais aussi l'article 8, alinéa 3 de la Constitution aux termes duquel les partis politiques concourent à l'expression du suffrage.

Conformément à l'article 75 alinéa 2 de la loi électorale, elle annulera partiellement le vote dans la mesure où les irrégularités décriées ont influencé le scrutin en faveur du candidat élu du parti politique ADH.

Après l'invalidation de son élection, c'est le parti politique PPRD qui gagne le siège dont la liste a totalisé 3676 voix.

Elle proclamera, en conséquence, son candidat Ipalaka Yobwa Joseph qui a obtenu 3375 en remplacement de Monsieur Bolili Mola Célestin.

C'est pourquoi :

La Cour suprême de justice, siégeant en matière de contentieux des résultats provisoires des élections législatives ;

Le Ministère public entendu ;

- *reçoit les recours des partis politiques UCP et UNC et les dit partiellement fondés ;*
- *déclare élu Monsieur Ipalaka Yobwa Joseph sur la liste du Parti du Peuple pour la Reconstruction et la Démocratie dans la circonscription électorale de BIKORO en remplacement de Monsieur Bolili Mola Célestin ;*
- *dit n'y avoir pas lieu à paiement des frais de l'instance ;*

La Cour a ainsi jugé et prononcé en son audience publique du 25 avril 2012, à laquelle ont siégé les magistrats Ngoie Kalenda, Président, Kalonda Saidi et Mikobi Kalaam, conseillers, avec le concours du Ministère public représenté par le premier Avocat Général de la République, Minga Nyamakony et l'assistance Nkumu Iyele, greffier du siège.

3. Appréciation de la décision

Aux termes des dispositions de l'article 75 de la loi électorale, la Cour peut procéder à la correction d'une erreur matérielle et, dans ce cas, elle communique la décision à la Commission électorale nationale indépendante. De même, elle peut annuler, en tout ou en partie, le vote lorsque les irrégularités retenues ont pu avoir une influence déterminante sur le résultat du scrutin.

En l'espèce, nous pensons que la Cour a partiellement annulé le vote et proclamé élu le candidat qui a obtenu le plus grand nombre de voix.

Par cette décision, le juge constitutionnel a fait preuve d'une bravoure dont dépend largement l'aboutissement du processus de juridicisation de la vie politique en République Démocratique du Congo.

III. L'arrêt RCE.517/DN- du 25 avril 2012

Nous présentons ici les faits de la cause (1), la position de la Cour (2) et notre appréciation au regard du droit électoral (3).

1. Les faits de la Cause

Par requête déposée, le 03 février 2012, au greffe de la Cour suprême de justice, le Parti Chrétien Démocrate pour le Développement Intégral Congolais, PCDI en sigle, conteste les résultats provisoires des élections législatives proclamés par la Commission Electorale Nationale Indépendante, CENI en sigle, dans la circonscription électorale de MBANDAKA, province de l'Equateur, avec 3 sièges de la manière ci-après :

1. *Isofale Bonyoko du MLC : 26.735 voix*
2. *Lokondo Yoka de l'ULC : 15.438 voix*
3. *Baende Etafe Eziko de ADH : 10.159 voix*

Il sollicite, à titre principal, le recomptage des voix et la proclamation de son candidat, Monsieur Gabriel Bolenge Boponde, qui est arrivé 5ème avec 3.130 voix, après le candidat Boloko Bolumbu du PPRD qui a obtenu 3.922 voix, et à titre subsidiaire, l'annulation desdites élections en ordonnant l'organisation d'autres élections, dans le délai légal.

A l'appui de sa demande, le requérant épingle plusieurs irrégularités observées, lors du déroulement du scrutin du 28 novembre 2011 dans la Ville de Mbandaka.

1. *Centre Moteyi, situé sur l'avenue Révolution à Mbandaka II. Le requérant dénonce le déguerpissement forcé des témoins des autres candidats par des jeunes gens sans qualité accompagnés par le candidat Baende lui-même, ainsi que le bourrage des urnes en faveur du même candidat au vu et au su de la population ;*

2. *Centre Féminin Marie Antoinette, situé sur l'avenue Zongo (à côté de la Cathédrale, au Centre-Ville) : éruption dans les différents bureaux de vote des agents de l'ordre, accompagnés de Monsieur Bruno Bindaba, Ministre près le Gouverneur de province, avec des bulletins de vote déjà cochés en faveur du candidat Baende ;*
3. *Centre Elikya, avenue Bayekoli n°1, commune de Mbandaka : visite inattendue des Ministres provinciaux Inenge et Bruno Bindaba, accompagnés de leurs milices en armes blanches, où les témoins des autres candidats ont été terrorisés, brutalisés dans les différents bureaux et ont vidé les locaux pendant que ces derniers se livraient au bourrage des urnes avec les bulletins déjà cochés en faveur du candidat Baende.*
4. *Centre Bamanya, dans la mission catholique :*
    - *la présence personnelle du candidat Baende accompagné de ses gardes du corps et de sa milice ;*
    - *Séquestration des témoins dans les différents bureaux par sa milice pendant plus de 6 heures de temps, ceux-ci ont été passés à tabac, des bulletins déjà dans les urnes ont été déchirés pour les remplacer, avec comme conséquences, plusieurs blessés graves, faits dénoncés aussi par Radio OKAPI.*
5. *Centre AIR-CONGO :*
    - *Bourrage des urnes par le candidat Baende ;*
    - *Les témoins accrédités par d'autres candidats ont été menacés et chassés des bureaux de vote.*
6. *Centre MOPEPE, sur l'avenue Itela à Mbandaka II : la présence de Monsieur Primus Efoto, conseiller financier du Gouverneur de province a été constatée au moment où il remettait aux électeurs les billets de banque pour voter en faveur du candidat Baende.*

Dans son mémoire en réponse, le candidat dont l'élection est contestée oppose à la requête les fins de non-recevoir tirées du défaut de qualité dans le chef de l'avocat Entombodji Efolo, signataire de la requête et de Monsieur Bolenge Boponde, Président National qui lui a donné mandat et de l'inexistence juridique, pour défaut de production de l'Arrêté d'enregistrement, dudit parti. Il sollicite également l'irrecevabilité de la requête pour défaut d'inventaire et violation de l'article 39 de ses statuts.

A l'appui de sa requête, le requérant brandit diverses correspondances, notamment celle du 1er février 2011 adressée au procureur général de la République par le président de la CENI, dont l'objet est la transmission dossier et pièces relatifs aux actes infractionnels ayant perturbé le scrutin du 28 novembre 2011 en République Démocratique du Congo, la lettre de groupement de peuple autochtone pygmées (BATSUA) de MBANDAKA signée par les pygmées adressée au président de la CENI dont l'objet est la revendication des droits civiques ainsi que la pétition signée par 3.000 pygmées adressée à la même autorité.

2. Position de la Cour

D'entrée de jeu, la Cour relève que les fins de non-recevoir invoquées par l'avocat du candidat Baende ne sont pas fondées. En effet, il ressort des pièces versées au dossier que l'avocat Entombodji est porteur d'une procuration spéciale lui remise par Monsieur Bolenge Boponde en vertu de l'article 24 du règlement intérieur qui dispose que le Président national conduit la politique du parti, à ce titre, engage le parti. En l'espèce, Monsieur Bolenge Boponde est Président national du parti PCDI. L'arrêté d'enregistrement, les statuts du parti ainsi que le règlement intérieur sont produits par le requérant. La Cour procédera à l'examen du fond de la cause car rien ne s'y oppose.

La Cour suprême de justice relève que les griefs contenus dans la requête et les correspondances produites, notamment la lettre du président de la CENI adressée au procureur général de la République ainsi que le procès-verbal de délibération sur les résultats provisoires des élections des députés nationaux du 28 novembre 2011, affirment que le candidat Baende Etafe Eliko Jean-Claude a provoqué, lui et ses partisans, des violences dans des bureaux de vote situés dans les circonscriptions de Mbandaka, Makanza et Bikoro.

En sus, le procès-verbal de délibération de la CENI, sur les résultats provisoires des élections des députés nationaux du 28 novembre 2011, aligne le Gouverneur Baende Etafe Eliko Jean-Claude parmi les candidats auteurs des actes de violences manifestes aux lieux de vote et de dépouillement et de compilation contre les agents électoraux et les installations de la CENI.

Enfin, la pétition signée par 3.000 pygmées adressée au Président de la CENI dénonce des violations des droits civiques d'une certaine catégorie de citoyens.

Elle considère comme avérées les preuves fournies par le requérant, lesquelles sont corroborées par les aveux du candidat Baende Etafe Eliko Jean-Claude qui, à l'audience tenue le 07 mars 2012, a tenté de justifier sa présence sur les centres de vote avec véhicules et personnel de l'Etat, notamment la police, en prétextant l'inspection des lieux en sa qualité de Gouverneur de province et qui, par ailleurs, pour réfuter les actes de violences lui reprochés, s'est réfugié sur le caractère pénal de ceux-ci, lesquels, selon lui, ne pourraient avoir aucune influence sur les résultats.

Elle est d'avis que si ces graves irrégularités n'avaient pas été perpétrées, les résultats du candidat auraient été différents, en sorte qu'il échet de le sanctionner en l'invalidant en faveur du requérant le premier meilleur perdant, sieur Boloko Bolumbu, son parti politique PPRD s'étant désisté de son recours sous RCE.719 contre le même élu et dont la Cour lui en a donné acte.

C'est pourquoi,

La Cour suprême de justice, siégeant en matière de contentieux des résultats ;

Le Ministère public entendu ;

Reçoit la requête et la dit fondée, en conséquence, annule l'élection du candidat Baende Etafe Eliko Jean-Claude en faveur du requérant Bolenge Boponde Gabriel.

Dit qu'il n'y a pas lieu à paiement des frais d'instance.

La Cour a ainsi jugé et prononcé à l'audience publique du 25 avril 2012 à laquelle ont siégé les Magistrats Tuka Ika, Président, Kalonda Saidi et Mulamba Muamba, Conseillers, avec le concours du Ministère public représenté par l'Avocat général de la République Minga Nyamakony et l'assistance Nkumu Iyele, greffier du siège.

3. Appréciation de la décision

La Cour peut procéder à la correction d'une erreur matérielle et, dans ce cas, elle communique la décision à la Commission électorale nationale indépendante. De même, elle peut annuler, en tout ou en partie, le vote lorsque les irrégularités retenues ont pu avoir une influence déterminante sur le résultat du scrutin conformément aux dispositions de l'article 75 de la loi électorale.

En l'espèce, nous pensons que la Cour a bien dit le droit électoral en ce sens qu'elle a proclamé élu le candidat qui a obtenu le plus grand nombre de voix après qu'elle ait annulé partiellement le vote conformément aux dispositions de l'article 75 de la loi précitée.

IV. L'arrêt RCE. 425/465/466/556 du 25 avril 2012

Comme précédemment annoncé, il est question de présenter les faits de la cause (1), la position de la Cour (2) suivie de notre appréciation au regard du droit électoral (3).

1. Les faits de la cause

Par requêtes reçues les 30 janvier, 02 et 03 février 2012 au greffe de la Cour suprême de justice, les partis politiques Union Nationale des Fédéralistes du Congo, UNAFEC en sigle, le Rassemblement des Patriotes pour le Développement du Congo, RPDC en sigle, le Parti du Peuple pour la Paix et la Démocratie, PPPD en sigle, l'Union Nationale des Démocrates Fédéralistes, UNADEF en sigle agissant par leurs organes statutaires respectifs, contestent les résultats provisoires des élections législatives organisées dans la circonscription électorale de Kalemie.

A l'appui dudit recours, les requérants soutiennent avoir présenté aux élections du 28 novembre 2011, sa liste comprenant les noms des candidats Ali Bin Omari Simukinje, Banza, Lunda, Ilunga Mbidji et Kiehasa Jacques. Ils estiment que les candidats proclamés élus ne l'ont pas été, en réalité, au regard des procès-verbaux ramenés par les différents témoins déployés par les partis politiques et les candidats indépendants à travers les bureaux des votes qu'elle a annexés à la requête.

A titre de preuve, le parti politique UNAFEC cite les cas ci-après : au Centre 12.528 qui a compté les bureaux K et L, le candidat Ngoy Mulunda Nyanga Emmanuel a obtenu à chacun de ces bureaux une voix ; au Centre 12.514 composé des bureaux G, H, I et K, il a obtenu respectivement 5, 1, 1 et 1 voix. Mais sur la fiche des résultats, la CENI lui a illicitement attribué 122 et 100 voix ; 145, 174, 99 et 100 voix.

Le requérant ajoute que, pour les centres 12.528, 12.514, 12.511, 12.523, 12.526, 12.506 et 12.297 comprenant 26 bureaux de vote, le même candidat a obtenu en tout 188 voix, mais la CENI lui a attribué abusivement au total 3375 voix accusant ainsi un excédent de 2897 voix.

Le même constat a été observé pour le candidat Ramazani Masudi Kiele Mabuga qui, aux Centres 12.514, 12.515, 12.528 et 12.523 comprenant respectivement les bureaux A, L, G, H, J ; J, L, H, F et G, avait effectivement obtenu 2 ; 5, 4, 5, 1 ; 2, 18, 5 et 0 soit au total 44, mais d'après les fiches de résultats, la CENI lui a attribué, après falsification, 374 voix, accusant un excédent de 330 voix.

2. Position de la Cour

La Cour suprême de justice constate que les causes de la présente instance, enrôlées sous les numéros RCE 425, 465, 466 et 556 concernent l'annulation des élections des candidats élus :

- *Ngoy Mulunda Nyanga Emmanuel ;*
- *Luhonge Kabinda Ngoy Floribert et*
- *Ramazani Masudi Kilele*

ont des liens de connexité nécessitant qu'il y soit statué, pour une meilleure administration de la justice, par un seul et même arrêt. Elle en ordonne, par conséquent, la jonction.

Mais elle dira d'abord irrecevable le recours de l'UNADEF enrôlé sous le numéro RCE. 465 pour défaut de preuve de qualité dans le chef de Monsieur Tshisol Yav Simon, signataire de la requête, en qualité de Président national ad intérim de ce parti politique qui n'a pas justifié sa qualité, étant donné que l'article 33 des statuts de ce parti politique énonce que c'est le Président national qui ne représente et engage le parti à l'égard des tiers, et en son absence, il est remplacé par l'un des Vice-présidents nationaux.

En saisissant la Cour sans être revêtu de la qualité de Vice-président national, il a donc procédé sans qualité ;

Elle donnera ensuite aux partis politiques PPPD et RPDC acte de leur désistement.

Par contre, elle dira recevable la requête introduite dans les formes et délais légaux.

La Cour suprême de justice a, après vérification des allégations du requérant sur base des plis mis à sa disposition par la CENI, dit que les faits dénoncés sont fondés.

En effet, il a été relevé qu'au site 12.514 bureau G, le faux a été commis par adjonction du chiffre 14 au nombre de voix réellement obtenu soit 5 pour faire 145 ; au bureau K du même centre, on a ajouté deux 0 au nombre de voix obtenu 1 pour faire 100 ; au Centre 12.528 bureau H, il a été ajouté 1 au nombre de voix obtenu 15 pour faire 151. Plusieurs autres cas ont été de même confirmés.

Sans qu'il soit nécessaire d'approfondir le contrôle, la Cour suprême de justice constate que les irrégularités constatées ont été perpétrées en violation des exigences de loyauté et qu'en l'espèce, elles ont eu une incidence très déterminante sur l'issue du scrutin.

Conformément à l'article 75, alinéa 2 de la loi électorale, elle annulera le vote en partie et redressera les résultats quant à ce.

Elle note que pour la circonscription électorale de Kalemie, les résultats du scrutin proclamés le 26 janvier 2012 par la CENI étaient ainsi conçus :

- *L'Indépendante Kabila Jeannette Kyungu : 35.569 voix élue ;*
- *UNAFEC Omari Simukinji : 10.648 non élu ;*
- *ECT Ngoy Mulunda Nyanga Emmanuel : 9.413 voix élu ;*
- *UDCO Ramazani Masudi Kilele Mabuga : 7.131 élu;*
- *UDCO Katumwa Mukalay Vicky : 7.024 non élu ;*
- *PPPD Luhonge Kabinda Ngoy Floribert : 6.081 élu.*

Elle rétablira la régularité du scrutin en tenant compte de la perte des sièges par les candidats Ngoy Mulunda Nyanga Emmanuel et Ramazani Masudi Kilele Mabuga. Dès lors, les résultats se présenteront de la manière suivante :

- *L'Indépendante Kabila Jeannette Kyungu : 35.569 voix élue ;*
- *UNAFEC Omari Simukinji : 10.648 voix élu ;*
- *UDCO Katumwa Mukalay Vicky : 7.024 voix élu ;*
- *PPPD Luhonge Kabinda Ngoy Floribert : 6.081 voix élu.*

C'est pourquoi ;

La Cour suprême de justice, siégeant en matière de contentieux des résultats provisoires des élections législatives ;

Le Ministère public entendu ;

Reçoit la requête de l'UNAFEC et la dit fondée ;

Annule les élections des candidats Ngoy Mulunda Nyanga Emmanuel et Ramazani Masudi Kilele Mabuga ;

Proclame élus députés nationaux à leur remplacement Madame Katumwa Mukalay Vicky de l'UDCO avec 7024 voix et Monsieur Ali Bin Omari Simukinje de l'UNAFEC avec 10.648 voix ;

Dit n'y avoir pas lieu à paiement des frais ;

Dit que cette décision sera notifiée à la CENI.

La Cour a ainsi jugé et prononcé à l'audience publique du 25 avril 2012 à laquelle ont siégé les Magistrats Ngoie Kalenda, Président, Masani et Mokuba, Conseillers, avec le concours du Ministère public représenté par Minga Nyamakony et l'assistance Nkumu Iyele, greffier du siège.

3. Appréciation de la décision

Nous estimons que la Cour a, à l'occasion, bien dit le droit électoral dans la mesure où après avoir annulé partiellement le vote, elle a rétabli la régularité du scrutin, en proclamant élus les candidats qui ont obtenu le plus grand nombre de voix.

Cette visibilité du juge constitutionnel en matière électorale constitue, sans nul doute, une preuve de la matérialisation du processus de juridicisation de la vie politique en République Démocratique du Congo.

§2. La jurisprudence au niveau des élections provinciales

C'est l'arrêt R.C/E/ADP/014/015 du 16 février 2007 qui nous préoccupe pour deux raisons :

- Il permet de voir appliquée la disposition légale relative à l'appel en matière électorale[946] ;
- Il permet de connaître la notion de majorité absolue en droit positif congolais.

A. Présentation de l'arrêt

Par déclaration faite au greffe de la Cour Suprême de Justice le 09 février 2007, Monsieur Mbatshi Mbatsha a relevé appel de l'arrêt RCDC 019/020/021/025, rendu et signifié, le 08 février 2007, par lequel la Cour d'appel de Matadi, après jonction des causes enrôlées sous le RCDC

[946] L'article 74, alinéa 9 de la loi électorale dispose que les arrêts rendus par la Cour d'appel sont susceptibles d'appel. In *JORDC* du 20 juin 2006, *op.cit.*, p.148.

019/020/021 et 025, a reçu et dit fondé le recours du Mouvement de Libération du Congo, MLC en sigle, et celui formé par M. Lutete Nsakala pour le compte de sa liste. Elle a dit pour droit qu'aucune liste aux élections de gouverneur et vice-gouverneur du 27 janvier 2007 n'a obtenu la majorité absolue de 15,5% arrêté par la Commission électorale indépendante, CEI en sigle, et mis, en conséquence, à néant la décision n°008 du 28 janvier 2007 prise par cette dernière portant annonce des résultats provisoires en ce qui concerne la province du Bas-Congo.

La même Cour d'appel a aussi dit pour droit que la CEI devra organiser un second tour pour cette province en application de l'article 170 alinéa 2 de la loi électorale. Elle a, enfin, ordonné notification de son arrêt aux parties, à la CEI et au bureau de l'assemblée provinciale.

Cet appel est enrôlé sous le RCE/ADP/O14.

De son coté, Monsieur Nkusu Kunzi Bikawa a, par déclaration faite et actée au greffe de cette Cour le O9 février 2007, relevé aussi appel du même arrêt à lui signifié le 08 du même mois.

Cet appel est enrôlé sous le RCE/ADP/015.

Ces deux appels étant dirigés contre la même décision seront, dans l'intérêt d'une bonne administration de la justice, joints pour qu'il y soit statué par un seul et un même arrêt.

Les appelants ont précisé que leurs recours sont dirigés uniquement contre les dispositions de l'arrêt entrepris qui leur font grief. De prime abord, les intimés MLC Fuka Unzola et Lutete Nsakala ont soulevé, par leur conseil, l'avocat Zakayi, l'exception d'irrecevabilité des appels tirés, d'une part, de l'inexistence d'un recours en appel en matière de contestation des résultats des élections des gouverneurs et vice-gouverneurs des provinces, et, de l'autre, au défaut d'intérêt dans le chef des appelants à se pourvoir en appel alors qu'en la dite matière, la loi organise un second tour du scrutin.

Ils soutiennent, en effet, à l'appui de la thèse de l'inexistence de recours en appel, que l'article 172 de la loi électorale prévoit, non pas un recours en appel, mais plutôt l'organisation d'un nouveau scrutin dans les sept jours à compter de la signification de l'arrêt d'annulation des résultats de l'élection du gouverneur et du vice-gouverneur.

Quant au défaut d'intérêt, les intimés soutiennent que les appelants n'ont aucun intérêt à attaquer un arrêt qui s'est borné à ordonner l'organisation par la CEI d'un second scrutin.

La Cour Suprême de Justice dira non fondée l'exception d'irrecevabilité des appels soulevée par les intimés. En effet, aux termes de l'article 74 alinéa 9, de la loi électorale, qui fait partie du chapitre VIII sur le contentieux des élections, lequel chapitre est contenu dans le titre II relatif aux dispositions communes aux élections, les arrêts et jugements rendus par la cour d'appel et le tribunal de grande instance sont susceptibles d'appel dans les trois jours, à compter de leur signification aux requérants. La disposition légale précitée fait suite à l'article 73 qui énumère les personnes qui peuvent contester une élection, matière qui a été soumise à l'appréciation du premier juge. Il découle de ce qui précède que l'existence du recours en appel ne peut être contestée.

S'agissant de l'intérêt des appelants, la Cour dit qu'il en existe dans le chef de ces derniers. En effet, l'intérêt pour agir étant l'avantage que procurait au demandeur, la reconnaissance par le juge de la légitimité de sa prétention, les appelants ont intérêt, en espèce, à demander au juge d'appel de reconnaître la légitimité de leur prétention méconnue par le premier juge, d'avoir obtenu la majorité absolue au premier tour du scrutin pour être proclamés élus respectivement gouverneur et vice-gouverneur ; ce qui constituerait un avantage pour eux. Il s'en suit que les deux appels seront déclarés recevables.

Quant au fond, il ressort des éléments de la cause que le 27 janvier 2007, la CEI a organisé les élections des gouverneurs et vice-gouverneurs des provinces, excepté pour les deux Kasaï et que l'assemblée provinciale du Bas-Congo, comprenant 29 membres, tous présents à la dite date, a exprimé ses suffrages de la manière ci-après :

- 15 voix pour la liste Mbatshi Batshia et Nkusu Kunzi.
- 14 voix pour celle de Fuka Unzola et Ne Mwanda Nsemi.

Sur les 6 listes en compétition, les quatre autres n'ont obtenu aucune voix.

Par sa décision n° 08 du 28 janvier 2007, la CEI a proclamé élus Mbatshi Mbatshia et Nkusu Kunzi en qualité respectivement de gouverneur et vice-gouverneur, comme ayant obtenu la majorité absolue des suffrages exprimés.

Par sa requête du 29 janvier 2007, le MLC a sollicité de la Cour d'appel de Matadi de dire pour droit que l'élection des gouverneurs et vice-gouverneur du Bas-Congo a été organisée en violation de l'article 170 de la loi électorale et d'ordonner l'organisation d'un second tour du scrutin.

De leur côté, par leurs requêtes des 30 et 31 janvier 2007, les intimés Fuka Unzola et Lutete Nsakala, mandataires de la liste des candidats Fuka Unzola et Ne Mwanda Nsemi, ont soumis à la même juridiction la même contestation qui a été jugée comme dit plus haut.

Les appelants ont soulevé devant cette cour l'exception d'irrecevabilité de l'action originaire introduite par l'intimé Lutete Nsakala sous les RCDC 021 et 025 pour défaut de qualité dans son chef et soutiennent qu'au regard des articles 73 de la loi électorale, 45, 46 et 48 des statuts du MLC, Lutete Nsakala n'a ni prouvé ni offert de prouver qu'il avait reçu mandat du parti politique ou du groupement politique qui avait présenté les candidats FUKA Unzola et Ne Mwanda Nsemi ni même que le prétendu mandat qu'il aurait reçu de Monsieur Thomas Luhaka, non produit au dossier, ait pu respecter les dispositions des statuts du MLC. Ils concluent que c'est à tort que la Cour d'appel a reçu le recours de Lutete au motif que ce dernier entre dans le cas cité au point 2 de l'article 73 de la loi électorale.

La Cour Suprême de Justice dira cette exception fondée. En effet, aux termes de l'article 73 de la loi susdite, peuvent contester une élection dans un délai de trois jours après l'annonce des résultats provisoires par la CEI :

- Le candidat indépendant ou son mandataire ;
- Le parti politique ou le regroupement politique ou leur mandataire ayant présenté sa liste dans la circonscription.

Or, en l'espèce, la Cour relève que Monsieur Lutete Nsakala avait, pour établir sa qualité devant le premier juge, produit la déclaration de candidature, signée par Fuka Unzola, dans laquelle ce dernier déclare être candidat du parti politique MLC à l'élection du gouverneur du Bas-Congo et désigne Monsieur Lutete Nsakala comme son mandataire auprès de la CEI. Il ressort de ce qui précède que, pour agir en justice, le mandataire du candidat se réclamant d'un parti politique, notamment doit être désigné par celui-ci, sinon le candidat doit apporter la preuve des pouvoirs en vertu desquels il a désigné lui-même son mandataire. Tel n'étant pas le cas, l'action originaire sera déclarée irrecevable et la décision attaquée reformée quant à ce.

Concernant la majorité absolue, les appelants soutiennent que celle-ci se définit comme la moitié des suffrages exprimés plus une voix ou encore plus de la moitié des voix exprimées et que le premier juge a reconnu dans son arrêt que ces deux définitions loin de se contredire, se complètent. Mais, ils lui reprochent d'avoir confondu les modes de calcul. Ils précisent, en effet, que lorsque le nombre de suffrages exprimés correspond à un chiffre pair soit 30, la majorité absolue se calcule suivant la première définition, c'est-à-dire 30 à diviser par 2 soit 15 plus une voix soit 16.

Mais lorsque, comme c'est le cas de l'élection du 27 janvier 2007 où le nombre des suffrages exprimés (soit 29), est un nombre impair, c'est la deuxième définition, qui s'applique, c'est-à-dire que la majorité absolue se calcule en retenant la moitié du chiffre pair immédiatement inférieur puis en y ajoutant une moitié.

Ils concluent que le suffrage exprimé le 27 janvier 2007 ayant été de 29 voix, soit 15 pour la liste Mbatshi et 14 pour celle de Fuka, la majorité absolue se calcule en se rebattant à 28 qui est le chiffre pair immédiatement inférieur ; en le divisant par 2 pour obtenir la moitié soit 14 et en y ajoutant une moitié, ce qui fait 15.

Les intimés répliquent que dans un scrutin majoritaire à deux tours, est élu au premier tour le candidat ou la liste qui a obtenu la majorité absolue, c'est-à-dire la moitié des voix plus une.

Ils relèvent que l'ordonnancement juridique congolais a tracé les différentes sources de droit en les classifiant de manière hiérarchique et qu'au nombre de celles-ci figurent la loi, la coutume, la jurisprudence, la doctrine. Le recours à l'une de ces trois sources ne peut se concevoir qu'en cas de silence ou ambiguïté de l'autre.

Ils poursuivent que le législateur congolais n'a pas défini la notion de majorité absolue. Face à ce silence, la hiérarchie des sources de droit veut que l'on puisse recourir aux autres. L'analyse de la jurisprudence relève qu'aucune juridiction congolaise n'a pu, à ce jour, se prononcer sur la notion de la majorité absolue.

Ils citent ainsi, en recourant à la doctrine, certains auteurs qui définissent la majorité absolue comme étant égale à cette moitié des suffrages exprimés plus un.

Ils concluent donc que, dans sa décision du 28 janvier 2007, la CEI a respecté cette définition en fixant la majorité absolue à 15,5 pour l'élection au premier tour des gouverneurs et vice-gouverneur du Bas-Congo où il y a eu 29 suffrages exprimés et qu'il serait malsain de demander le rejet de la fiche des résultats régulièrement déposée au dossier.

Quant à l'expression de la majorité absolue en pourcentage, si ce mode est par impossible admis, dans le cas de l'élection contestée, le calcul donne coefficient 100/29 soit 3,45%. Avec ses 14 voix, la liste Fuka obtient 14 X 3, 45 soit 48,3% et celle de Mbatshi 15X3, 45 soit 51,7% qui n'est pas la majorité absolue qui est de 53, 4%.

S'agissant des jurisprudences étrangères, les intimés relèvent qu'elles doivent avoir été reprises dans les contextes bien précis avec des lois électorales spécifiques définissant clairement le système électoral et le mode de scrutin y afférents. Ils rejettent la différence à la décision du Conseil national de l'ordre des avocats qui n'a pas parlé de la majorité absolue.

Ils concluent que le premier juge a bien dit le droit et qu'il y a lieu de confirmer sa décision. Après rejet de la disposition qui assimile la majorité absolue à plus de la moitié des voix.

Entendu à son tour, l'expert Diakese de la CEI après avoir confirmé que le document intitulé « AFFICHAGE *AU CLCR* », document interne, n'a jamais été publié sur le site internet de la CEI, précise la nature dudit document qui est un aspect de l'ensemble du processus de prise de décision sur l'annonce des résultats provisoires des élections par la CEI.

Il explique, en se référant à l'article 71 de la loi électorale, que le document discuté est établi au centre local de compilation des résultats et transmis au bureau de la CEI, où il est susceptible de rectification en cas d'erreur matérielle et, est nettement antérieur à l'étape de prise de décision par le bureau de la CEI.

Cet expert précise en outre que le programme introduit dans le logiciel de compilation se référant davantage au scrutin pour lesquels les suffrages exprimés se comptant au nombre pair procède au calcul automatique de la majorité absolue de 15,5 in *abstracto*.

Il indique, enfin, qu'en application de l'article 71, alinéa 2 de la loi précitée, la CEI a délibéré sur les résultats de compilation, dressé le procès-verbal des résultats provisoires et rendu publics ceux-ci.

L'expert conclut qu'il a été transmis à la juridiction compétente un ensemble des documents légaux sur lesquels est fondée la décision portant annonce des résultats provisoires par la CEI et que, pour cette dernière, le document dont question, produit irrégulièrement, a été isolé de son contexte, qu'il en a été fait une lecture partielle en ce qu'il a été constaté une majorité absolue de 15,5 et non celle absolue exprimée en pourcentage soit 51,72% des suffrages exprimés.

La Cour Suprême de Justice dira les appels fondés. En effet, si la majorité absolue des suffrages est définie comme la moitié des suffrages plus un, il échet d'admettre qu'est aussi valable la définition selon laquelle elle est acquise lorsqu'il y a plus de la moitié des suffrages exprimés mais que la Cour retient que la majorité est le total de voix supérieur à la moitié des suffrages exprimés.

Le mode de calcul de la majorité absolue diffère suivant que le nombre des suffrages exprimés est un chiffre pair ou impair. Lorsqu'il s'agit d'un nombre pair, la majorité absolue est la moitié plus un, tandis qu'en cas d'un chiffre impair, la règle est que la majorité absolue se calcule en retenant la moitié du chiffre pair immédiatement inférieur à laquelle il est ajouté une unité.

En l'espèce, le suffrage exprimé étant de 29 (soit un chiffre impair), l'application de la seconde règle donne 29 moins un soit 28 : 2 soit 14 plus 1 soit 15 : majorité absolue, obtenue par la liste Mbatshi Mbatsha et Nkusu Kunzi proclamés élus par la CEI.

Il s'ensuit que la décision attaquée sera réformée quant à ce point. La juridiction saisie en appel étant celle qui est compétente pour proclamer les résultats définitifs, la Cour Suprême de Justice proclamera la liste Mbatshi Mbatsha et Nkusu Kunzi élus au premier tour avec la majorité absolue des 15 voix sur 29.

C'est pourquoi la Cour Suprême de Justice siégeant en appel en matière de contentieux des résultats ; le ministère public entendu ; ordonne la jonction des appels enrôlés sous le RCE/ADP/014 et 015 ; reçoit mais dit non fondée l'exception d'irrecevabilité de ces deux appels ; le déclare en conséquence recevable et fondé ; réforme l'arrêt attaqué dans les limites précisées par les appelants ; faisant ce que le premier juge aurait dû faire ; déclare irrecevable le recours introduit devant le premier juge par Lutete Nsakala sous le RCDC 021 et 025 ; reçoit celui du MLC introduit sous le RCDC 019 mais le dit non fondé ;

Dit que la liste Mbatshi Mbatsha et Nkusu Kunzi a obtenu la majorité absolue de 15 voix sur 29 suffrages exprimés et que celle de Fuka Unzola et Ne Mwanda Nsemi a recueilli 14 voix sur le même suffrage ; confirme la décision n° 08 du 28 janvier 2007 par laquelle la CEI a porté annonce des résultats provisoires de l'élection des gouverneurs et vice-gouverneurs des provinces en ce qui concerne celle du Bas-Congo ; proclame le résultat définitif de ladite élection comme suit :

La liste Mbatshi Mbatsha et Nkusu Kunzi a obtenu la majorité absolue de 15 voix sur 29 suffrages exprimés ;

Proclame Mbatshi Mbatsha et Nkusu Kunzi élus respectivement en qualité de gouverneur et de vice-gouverneur de la province du Bas-Congo ; ordonne la signification du présent arrêt à toutes les parties à la Commission électorale indépendante et au bureau de l'assemblée provinciale du Bas-Congo[947] ».

De la présentation de cet arrêt découle naturellement le commentaire suivant :

B. Commentaires de l'arrêt

L'arrêt sera commenté sous deux volets :

Par rapport aux questions de procédure ;

Par rapport aux questions de fond soulevées par le juge d'appel.

1. Sur le plan procédural

Dans l'espèce examinée, on observe que la Cour suprême de justice a fait application de l'article 21, alinéa 2 de la Constitution aux termes duquel : « *Le droit de former un recours contre un jugement est garanti à tous. Il est exercé dans les conditions fixées par la loi* »[948].

A l'argument des intimés suivant lequel il ne peut y avoir, en l'espèce, que l'organisation d'un nouveau scrutin dans les sept jours à compter de la signification de l'arrêt d'annulation des résultats de l'élection du gouverneur et du vice-gouverneur, et non un recours, en appel en vertu de l'article 172 de la loi électorale[949], la Cour suprême de justice dira non fondée cette exception d'irrecevabilité des appels soulevée par les intimés[950].

Il découle de ce qui précède que l'existence du recours en appel ne peut être contestée[951].

Du reste, la Cour a montré l'intérêt qu'avaient les appelants à recourir contre le jugement de la Cour d'Appel de Matadi lorsqu'elle affirme que « *l'intérêt pour agir étant l'avantage que procurerait au demandeur la reconnaissance par le juge de la légitimité de sa prétention, les appelants ont intérêt, en espèce, à demander au juge d'appel de reconnaître la légitimité de leur prétention, méconnue par le premier juge, d'avoir obtenu la majorité absolue au premier tour du scrutin pour être proclamés élus*

---

947 In *Bulletin des arrêts de la cour suprême de justice, contentieux électoraux 2006-2007, op.cit.*, pp.381-389.

948 In *JORDC*, 47ème année, p.16.

949 In *Bulletin des arrêts de la cour suprême de justice, contentieux électoraux 2006-2007, op.cit.*, p.382.

950 *Idem*, pp.382-383.

951 *Ibidem*, p.383.

respectivement gouverneur et vice-gouverneur ce qui constituerait un avantage pour eux. »[952]

A travers cet arrêt, le juge a mis en œuvre le principe constitutionnel du double degré de juridiction qui constitue un rempart contre l'arbitraire du juge et en même temps un mécanisme destiné à protéger les droits garantis aux particuliers, par la Constitution.

2. Sur le plan du fond

La Cour suprême de justice a défini la notion de « *majorité absolue* », tout en déterminant le modèle de calcul qui diffère suivant que le nombre des suffrages exprimés est un chiffre pair ou impair[953].

Comme le premier juge, la Cour Suprême de Justice reconnaît les deux définitions du concept, « majorité absolue » : « En effet, si la majorité absolue est définie comme la moitié des suffrages exprimés plus un, il échet d'admettre qu'est aussi notable la définition selon laquelle elle est acquise lorsqu'il y a plus de la moitié des suffrages exprimés mais que la Cour retient que la majorité absolue est le total supérieur à la moitié des suffrages exprimés. »[954]

Contrairement au premier juge qui a confondu les modes de calcul, le juge constitutionnel précise que « le mode de calcul de la majorité absolue diffère suivant que le nombre des suffrages exprimés est un chiffre pair ou impair. Lorsqu'il s'agit d'un nombre pair, la majorité absolue est la moitié plus un, tandis qu'en cas d'un chiffre impair, la règle est que la majorité absolue se calcule en retenant la moitié du chiffre pair immédiatement inférieur à laquelle il est ajouté une unité »[955]. Ces deux définitions s'appliquent alternativement.

Pour notre part, nous estimons que la majorité absolue devrait garder son sens traditionnel selon lequel elle est obtenue lorsque le candidat obtient « la moitié des suffrages exprimés plus un ». Ceci se révèle de nature à éviter des divergences d'interprétation liée à la diversité des modes calculs.

---

[952]*Ibid.*
[953]*Id*, p.388.
[954]In *Bulletin des arrêts de la cour suprême de justice, contentieux électoraux 2006-2007, op.cit.*, p.388.
[955]In *Bulletin des arrêts de la cour suprême de justice, contentieux électoraux 2006-2007, op.cit.*, p.388.

CHAPITRE II : LE CONTENTIEUX PENAL

La quête d'un régime juridique mettant en cause la responsabilité des gouvernants devient la vocation de tous les pouvoirs constituants, en Afrique comme ailleurs. Il y a belle lurette, "l'intouchabilité" avérée des Chefs d'Etat et de leurs Ministres était une donne universelle. Cette irresponsabilité était basée sur le postulat classique selon lequel « *le Roi ne peut mal faire* ».

Quoique la pratique de la responsabilité des dirigeants soit nouvelle, le débat sur la responsabilité pénale des dirigeants politiques demeure ancien. Il était relancé à chaque fois qu'une « *affaire* » affectait dans l'opinion la probité dont devrait être crédité tout élu du peuple ou tout décideur public.

En France, dans les années 1670-1680, la responsabilité prend d'abord la forme de l'*impeachment* à l'encontre des Ministres appliquant la politique du souverain, avant d'aboutir à la criminalisation qui la caractérise de nos jours[956].

C'est par le truchement de la haute trahison que la responsabilité du Président de la République a progressivement mais clairement été envisagée dans le droit constitutionnel français[957].

Cette donne constitutionnelle permet de constater combien le juge constitutionnel juridicise la vie politique à travers la responsabilité des gouvernants. L'analyse de la situation en droit congolais (section I), précéde l'incursion en droit constitutionnel comparé (section II).

SECTION 1 : EN DROIT POSITIF CONGOLAIS

La problématique de la responsabilité des gouvernants devient une vocation quasi universelle des constituants modernes. La République Démocratique du Congo n'est pas restée en marge de ce mouvement constitutionnel.

Il importe de rechercher la base constitutionnelle avant de se pénétrer de la position de la doctrine.

---

[956] Lire O. BEAUD, « Le double écueil de la criminalisation de la responsabilité politique », in *RDP*, n°2, 1999, p.419.

[957] Pour de plus amples explications, lire à ce sujet l'article de BIDEGARY sur « Le principe de responsabilité, fondement de la démocratie », in *Pouvoirs* n° 92, pp. 5-6 ; voir aussi F. LUCHAIRE, « La Cour pénale internationale et la responsabilité du Chef de l'Etat devant le Conseil constitutionnel », in *RDP*, n°2, 1999.

§1. La base constitutionnelle de la responsabilité pénale des gouvernants devant le juge constitutionnel

L'article 164 de la Constitution du 18 février 2006 dispose que « la Cour constitutionnelle est le juge pénal du Président de la République et du Premier Ministre pour des infractions politiques de haute trahison, d'outrage au Parlement, d'atteinte à l'honneur ou à la probité ainsi que pour les délits d'initié et pour les autres infractions de droit commun commises dans l'exercice ou à l'occasion de l'exercice de leurs fonctions. Elle est également compétente pour juger leurs co-auteurs et complices ».

Cette disposition, à notre avis, constitue une illustration du double souci du constituant congolais de moraliser la vie publique et d'impulser la culture de la bonne gouvernance, à travers la mise en jeu de la responsabilité pénale des hautes autorités de l'Etat.

Cependant, la matérialisation du droit pénal constitutionnel, dans l'espace politique congolais, paraît, à ce jour, illusoire étant donné que ce droit ne peut se déployer sans le vote, par le congrès se prononçant à la majorité absolue de deux tiers des membres le composant, de la décision de mise en accusation et de poursuite de l'autorité concernée. Ce verrou constitutionnel semble constituer un goulot d'étranglement à l'épanouissement du processus de juridicisation de la vie politique, par le contentieux pénal, en RDC. En effet, au regard du paysage politique actuel, caractérisé par la coïncidence de la double majorité présidentielle et parlementaire, l'effectivité des dispositions de l'article 164 précitées paraît illusoire car il est difficile d'imaginer les poursuites et la mise en accusation du président de la République et du premier ministre, à l'initiative du congrès se prononçant à la majorité absolue de deux tiers des membres le composant.

Pour y parvenir, nous proposons que les poursuites et la mise en accusation de hautes autorités de la République soient subordonnées au vote par le congrès, se prononçant à la majorité simple des membres le composant.

§2 L'analyse doctrinale de la base constitutionnelle

La disposition précitée a fait l'objet des réflexions dans la doctrine dont les idées-forces méritent d'être sommairement présentées.

En effet, s'agissant des infractions politiques, le constituant cite la haute trahison, l'outrage au Parlement par le Premier Ministre, l'atteinte à l'honneur ou à la probité.

Il y a haute trahison lorsque le Président de la République a violé intentionnellement la Constitution ou lorsque lui ou le Premier ministre sont reconnus auteurs, coauteurs, ou complices des violations graves et caractérisées des droits de l'homme ou de cession d'une partie du territoire national[958].

En rapport avec cette disposition de la Constitution, Nyabirungu mwene Songa se demande « pourquoi le constituant réserve la violation intentionnelle de la Constitution au seul Président alors que le Premier Ministre, compte tenu des pouvoirs et attributions qui sont les siennes, peut parfaitement aussi en être l'auteur ».

Il est impossible, ajoute-t-il, que le constituant ait décidé délibérément d'être plus exigeant à l'égard de celui qui, par ailleurs, a été institué gardien et garant de la Constitution, dont le premier devoir proclamé dans son serment est d'observer et de défendre la Constitution et les lois de la République[959].

En plus, l'atteinte à l'honneur, selon la Constitution, consiste notamment dans le comportement personnel du Président de la République ou du Premier ministre, contraire aux bonnes mœurs, et dans la commission ou la participation à la commission de malversation, de corruption ou d'enrichissement illicite.

Cette dernière disposition ne va pas sans susciter des interrogations. Pour l'auteur, l'usage de l'adverbe « notamment » veut dire que le constituant n'a pas donné une liste exhaustive des actes constitutifs de l'atteinte à l'honneur ou à la probité laissant ainsi la place à une liste ouverte, non limitative de tels actes. Cela est incompatible avec le principe de légalité et constitue même sa dénégation. Cette situation ne saurait être soutenable dans un Etat de droit, car elle ouvre la voie à l'arbitraire contre les personnages les plus importants de l'Etat. La solution d'un tel problème consiste dans la suppression de l'adverbe « notamment » dans la nouvelle formulation de l'article 165, alinéa 2 de la Constitution[960].

Quant aux concepts « malversation », « corruption » et « enrichissement illicite » utilisés à l'article 165 al.2 de la Constitution, Nyabirungu mwene Songa s'interroge s'il s'agit d'une nouvelle catégorie pénale d'infraction, comme si celle-ci n'est pas prévue dans le code pénal.

L'auteur soulève, enfin, la question de la sanction qui n'est pas déterminée par la Constitution[961].

De cette réflexion, nous pouvons retenir ce qui suit :

- L'auteur demande la suppression de l'adverbe "notamment" pour plus de précision dans la détermination des infractions en vertu du principe de la légalité des délits et des peines ;
- Il souhaite que les infractions pénales retenues contre le Chef de l'Etat et le Premier Ministre soient assorties des sanctions,

[958] Article 165 de la Constitution de la RDC du 18 février 2006 telle que modifiée à ce jour.

[959] Lire NYABIRUNGU mwene SONGA, *Traité de droit pénal général congolais*, Kinshasa, Editions Universitaires Africaines, 2e édition, 2007, p.238.

[960] *Idem.*

[961] *Ibidem.*, p.239.

pour garantir leur juridicité.

Ce point de vue est loin d'être sans intérêt. Il demeure très appréciable dans une vision privatiste. D'ailleurs pour l'heure, comme l'affirme Marcel Prelot, le droit constitutionnel n'est plus que public. Cette branche de droit devient transversale si bien qu'aujourd'hui on parle du droit pénal constitutionnel et même du droit constitutionnel pénal, [....][962].

Le droit pénal constitutionnel évoque une série d'incriminations qui découlent de la violation, par les gouvernants ou par les particuliers, de la Constitution. Ces incriminations peuvent relever du droit commun (notamment détournement de deniers publics ou privés) ou revêtir un caractère politique et spécifique (notamment les cas de violation intentionnelle de la Constitution et de haute trahison). Le droit pénal constitutionnel est sans doute le champ le plus adéquat pour observer les effets de l'existence d'une jurisprudence constitutionnelle sur la Constitution. L'interprétation des normes est elle-même productrice de normes. Le droit constitutionnel pénal quant à lui renvoie à un ensemble d'infractions et de peines prévues par le constituant, dans la loi fondamentale.

Cette position doit être nuancée en droit constitutionnel. Si l'on va de l'hypothèse selon laquelle « la juridicité d'une norme découle de la sanction qui lui est assortie, l'on doit de même admettre que la sanction est le caractère de l'ordre juridique *in globo* et non de ses éléments *ut singuli*. Autrement dit, une norme peut avoir un caractère juridique sans être assortie d'une sanction particulière. L'absence de sanction, par exemple, des limites à la révision constitutionnelle n'enlève pas leur caractère juridique ».

Pour qu'une norme constitutionnelle ait un caractère juridique déterminé, même s'il n'est pas prévu pour elle de sanction, il suffit qu'elle appartienne à un ordre juridique globalement sanctionné. En d'autres termes, une norme peut avoir une force obligatoire même sans être assortie de sanction particulière ; sous réserve que la norme en question prise dans son ensemble ait une sanction. Guy Heraud affirmait qu'un ordre juridique *in globo* sanctionné peut comporter des normes juridiques dépourvues de sanction. Les normes non sanctionnées ne sont pas privées du caractère juridique, si elles font partie d'un ordre juridique déterminé[963].

En plus et à en croire Hart, les normes qui sont contenues dans la Constitution sont des normes primaires ; celle-ci prévoit des normes secondaires qui fixent de manière approfondie et détaillée les modalités d'application de la norme[964].

En rapport avec la Constitution du 18 février 2006, la sanction prévue à l'endroit du Président de la République et du Premier Ministre se

---

[962] Lire M. PRELOT et J. BOULOUIS, *Institutions politiques et droit constitutionnel,* Paris, 11ème éd., Dalloz, 1990, p.19.

[963] Lire K. GÖZLER, *Le pouvoir de révision constitutionnelle*, *op.cit.*, p.213.

[964] Lire H.L.A. HART, *Le concept de droit*, trad. par Michel VAN de K., Bruxelles, Publications des Facultés universitaires Saint-Louis, 1976, p.752.

trouve *expressis verbis* à l'article 167 de ladite Constitution qui dispose : « En cas de condamnation, le Président de la République et le Premier Ministre sont déchus de leurs charges. La déchéance est prononcée par la Cour constitutionnelle ».

Telle est la sanction qui découle de la responsabilité pénale du Président de la République et du Premier Ministre. Les autres sanctions, compte tenu du mutisme du Constituant, la jurisprudence constitutionnelle y pourvoira[965].

Il en est de même pour le taux des peines.

A cet égard, Evariste Boshab Mabudj opine que de la lecture de cette litanie d'infractions spécifiques au Chef de l'Etat et au Premier Ministre, on ne peut s'empêcher de se demander quelle considération le constituant congolais accorde à ceux qui exercent les plus hautes charges de l'Etat, tant la présomption de culpabilité pèse sur eux. Partout ailleurs, un régime d'immunités est organisé pour permettre au chef de l'Etat de s'acquitter de manière sereine de sa tâche[966].

Pour notre part, la consécration par le constituant des infractions spécifiques au Chef de l'Etat et au Premier Ministre, loin de constituer une présomption de culpabilité à leur encontre, participe du souci d'impulser la culture du respect de la norme fondamentale dans le chef de ces autorités et, partant, la moralisation de la vie publique indispensable à la cristallisation de la bonne gouvernance.

En définitive, étant donné qu'en droit positif congolais, aucune jurisprudence ne fait état de la responsabilité pénale du Président de la République ni celle du Premier ministre, nous recourons au droit comparé pour discerner la manière dont les hautes autorités politiques répondent de leurs actes devant le juge constitutionnel.

SECTION II : EN DROIT COMPARE

L'objet du droit constitutionnel devient la domestication de la politique par le droit[967].

Cette réalité est non seulement enseignée en droit congolais mais également comprise en droit étranger. D'ailleurs, il existe une jurisprudence en droit comparé qui mérite d'être analysée et commentée.

---

[965] N'oublions pas que la jurisprudence a un rôle d'interpréter et de compléter les autres normes juridiques.

[966] E. BOSHAB MABUDJ, « Les dispositions constitutionnelles transitoires relatives à la Cour constitutionnelle de la République Démocratique du Congo », *op.cit.*, p.10.

[967] J. DJOLI ESENG'EKELI, *Droit constitutionnel : principes structuraux, op.cit.*, pp.20-40.

§1. La jurisprudence américaine

Au Brésil, des poursuites pénales ont été engagées contre le Président de la République. En effet, élu président de la République du Brésil, en 1989, Fernando Collor de Mello a, dans le cadre d'une lutte de pouvoir avec le Parlement, été accusé de corruption. Conformément à la Constitution du 29 septembre 1992 alors en vigueur, une commission parlementaire d'enquête majoritairement composée de ses adversaires a été instituée. Dans ses conclusions, la commission a recommandé l'accusation par la chambre basse du Parlement de Collor devant le Sénat.

Christian Bigaut note à ce sujet que « suspendu de ses fonctions pour une durée de 180 jours, le Président de la République a été, par la suite, poursuivi par le Sénat devant le tribunal suprême fédéral pour corruption passive et active. Réduit à l'impuissance, il a décidé de démissionner trois mois plus tard. Le Sénat qui l'avait destitué, assortit sa décision d'une condamnation à huit ans de privation de ses droits civiques »[968].

Pareille procédure fut utilisée devant la Cour suprême du Venezuela contre le président Carlos Andès Pérez. Accusé de détournement de fonds publics, ce dernier a été destitué en mars 1993 par le parlement avant d'être condamné, le 30 mai 1996, à deux ans d'emprisonnement par la Cour suprême.

Toujours dans la perspective comparatiste, en Colombie, une situation inverse a été vécue. Le Congrès est parvenu à innocenter, le 12 juin 1996, le président Ernesto Samper accusé d'avoir utilisé pour sa campagne électorale de 1994 de l'argent provenant de la drogue du Cartel de Cali.

Aux Etats-Unis, la responsabilité pénale du Président de la République est confondue avec la responsabilité politique. Celle-ci est faite devant le Congrès et non devant la Cour Suprême de Justice. Cela conduit Marcel Prelot et Jean Boulouis à parler de régime congressionnel[969]. L'on se souvient encore de l'affaire du Watergate qui a entraîné la démission de Richard Nixon alors Président en exercice ; de l'Irangate qui a précipité la disgrâce de l'administration Reagen et provoqué la démission de plusieurs membres du gouvernement fédéral et, enfin, de l'affaire Monicagate qui a failli écarter Bill Clinton de la Maison Blanche avant la fin de son mandat.

Fréderic Joël Aivo précise à ce sujet que la mise en œuvre de la responsabilité pénale a quelquefois été motivée par des raisons politiques ou a visé une finalité politique telle que la déstabilisation d'un régime [....]. Pour lui, le risque est ainsi de voir des gouvernants ou des juges peu scrupuleux utiliser des procédures et des sanctions pénales à des fins

---

968 Cité par J.-L. ESAMBO KANGASHE, *La Constitution congolaise du 18 février 2006 à l'épreuve du constitutionnalisme. Contraintes pratiques et perspectives*, *op.cit.*, pp.141-142.

969 Lire M. PRELOT et J. BOULOUIS, *Institutions politiques et droit constitutionnel*, *op.cit.*, p. 1002.

politiques[970]. Cette responsabilité des dirigeants devant les juridictions constitutionnelles, quoiqu'ayant commencé en Amérique, n'a pas tardé de franchir les frontières des autres Etats.

§2. La responsabilité pénale des gouvernants devant les juridictions d'inspiration française

Bien que d'expérience lointaine, l'on sait retrouver quelques jurisprudences en la matière dans quelques Etats francophones.

En France, l'affaire dite « *des diamants de Bokassa* » qui est incontestablement l'une des causes de l'échec du Président Valery Giscard d'Estaing aux présidentielles de 1981 est trop connue pour ne pas être citée comme exemple[971].

Au Madagascar, une procédure de destitution fut ouverte en 1996 contre Albert Zafy. En effet, par une décision du 04 septembre 1996, la haute Cour constitutionnelle de Madagascar destitue le président Albert Zafy démocratiquement élu[972].

Ces quelques maigres décisions jurisprudentielles permettent de comprendre la juridicisation de la vie politique à travers la responsabilité des hautes autorités de la République. On note, en effet, que la politique est réellement saisie par le droit. La plaque de fonctionnement des institutions est désormais tournée, ce n'est plus le droit qui est pris par le câble de la politique. C'est celle-ci qui est domestiquée par le droit.

Toutefois, cette domestication demeure encore, loin s'en faut, un processus, un idéal qui n'est pas atteint. Cet idéal n'est pas une illusion fantasmagorique. Il peut être atteint à travers la fixation de quelques perspectives.

---

970 Voir F. J. AÏVO, « La responsabilité pénale des gouvernants dans les régimes politiques d'influence française », in *AFDC*, 2008, p.6.

971 *Idem.*

972 Lire à propos, « L'impeachment du président ZAFY » et « la décision n°17-HCC/D3 du 4 septembre 1996 de la Haute Cour constitutionnelle relative à l'impeachment définitif du président ZAFY », in *Afrique contemporaine*, n° 181, janvier-mars 1997, pp.58-67.

CONCLUSION DU TITRE DEUXIEME

L'analyse démontre que de nos jours, le juge constitutionnel joue un rôle cardinal dans la dévolution, l'exercice et éventuellement la perte du pouvoir politique, dans un Etat moderne. C'est assurément de cette manière qu'il impose aux acteurs politiques le respect des règles juridiques contenues dans la constitution et qu'il assure la régulation des pouvoirs publics.

En clair, le contentieux électoral a pour objet de régler les litiges mettant en cause la régularité et la sincérité des opérations électorales.

Par le contentieux pénal, le juge constitutionnel est appelé à apprécier la responsabilité pénale de plus hautes autorités de l'Etatmises en cause ou impliquées dans la commission de certaines infractions déterminées par la constitution.

La réussite de l'exercice implique non seulement que le juge constitutionnel ait des connaissances approfondies en matières constitutionnelle et électorale, mais également qu'il s'imprègne suffisamment des solutions offertes par ses collègues œuvrant dans d'autres cieux et dans des contextes favorables à la juridicisation de la vie politique.

TITRE TROISIEME : LES PERSPECTIVES POUR UNE JUSTICE CONSTITUTIONNELLE CONGOLAISE EFFICACE ET EFFECTIVE

Une perspective est une idée que l'on se représente pour l'avenir. Elle suppose l'existence d'un passé et d'un présent. En effet, le passé de la justice constitutionnelle congolaise présente un paysage contrasté tant il est vrai que le juge constitutionnel œuvrait dans un contexte peu favorable à son épanouissement aussi bien sur le plan politique, juridique, psychologique, technique que matériel.

Les perspectives de la juridicisation de la vie politique passent par la régulation juridictionnelle effective du pouvoir politique dans le cadre de la protection des droits et des libertés constitutionnellement garantis à la personne humaine.

Il s'agit d'examiner la possibilité d'instaurer et de consolider une justice constitutionnelle congolaise à même d'impulser la culture du respect de la norme fondamentale qu'est la Constitution.

L'entreprise ne saurait être achevée car se déclinant dans un domaine à construire et non du construit impliquant en même temps du courage et de la détermination dans le chef du juge, dans l'exercice de ses prorogatives constitutionnelles[973].

Plus qu'un exercice d'élaboration des règles juridiques, il est question de les critiquer à la lumière de la pratique afin de rendre les règles plus affectives, effectives et, partant plus efficaces. C'est dire que « *celui qui s'occupe de problèmes de l'Etat, le fait de manière générale parce qu'il s'y intéresse ; si ses idées politiques transparaissent dans les résultats de l'œuvre, c'est certes inutile mais cela n'enlève rien à l'intérêt des idées de fond qui y sont développées ».*[974]

---

[973] Voir H. MAZEAUD, L. MAZEAUD, J. MAZEAUD et F. CHABAS, *Leçon de droit civil, Tome1, 1er Vol. ; Introduction à l'étude du droit, op.cit.*, p.41.

[974] E.VOLGELIN, « Die verfassungslehre von Carl Schmitt (versuch einerkonstruktiren analyse ihrer staatsliches Recht », *IX*, 1931, p.108.

Pour y parvenir, le recours aux mécanismes et solutions en vigueur en droit comparé se révèle indispensable. C'est le lieu de préciser la nécessité de rappeler les différentes causes d'inefficacité et d'ineffectivité du système de justice constitutionnelle congolaise dans la perspective de la mise en place des conditions possibles d'instauration d'une justice constitutionnelle dont l'efficacité est tributaire des motivations d'ordre politique et juridique (chapitre I), psychologique, technique et matériel (chapitre II).

CHAPITRE I : PERSPECTIVES POLITIQUE ET JURIDIQUE

Dans le processus de juridicisation de la vie politique congolaise, seule une interaction des facteurs politiques et juridiques peut intéresser la démarche.

SECTION 1. PERSPECTIVES POLITIQUES

La politique n'est pas appréhendée dans le sens d'« une discipline qui a pour vocation d'observer et de constater des faits »[975], mais comme «l'art de gouverner la cité». Il s'agit d'un domaine du construit qui nécessite un jugement de valeur par la mise en perspective de l'échelle des dites valeurs.

Les autorités politiques de l'Etat devraient, dans cette optique, s'atteler à la mise en œuvre des valeurs prônées par la Constitution, notamment l'instauration d'un Etat de droit considéré comme un instrument de réalisation des préoccupations politiques du moment.

Il est donc suggéré que ces autorités s'impliquent dans la connaissance de la volonté du constituant, manifestée à l'article premier de la Constitution, celle de bâtir, en République Démocratique du Congo, un Etat de droit.

En effet, aucune société moderne ne peut prétendre à la stabilité politique si elle n'est pas effectivement un Etat fondé sur la primauté de la règle juridique. Il s'agit d'un Etat gouverné sur la justice, imposant à chacun la supériorité de la loi et assurant à chacun une même égalité de traitement devant la loi.

Il est à noter qu'un Etat de droit présuppose quatre exigences fondamentales constituées de l'existence d'une Constitution, de la promotion et protection des droits de l'homme et des libertés publiques, du droit au service de l'Etat et du citoyen ainsi que du choix démocratique des gouvernants.

---

[975] H. MAZEAUD, L. MAZEAUD, J. MAZEAUD et F. CHABAS, *Leçon de droit civil, Tome1, 1er Vol. ; Introduction à l'étude du droit*, *op.cit.*, p.41.

A. L'existence d'une Constitution

L'Etat de droit s'analyse en une substance qui tire sa source de la Constitution à condition que celle-ci soit respectée et s'assigne comme objectif l'encadrement et la limitation du pouvoir[976]. Pour y parvenir, l'Etat de droit accorde une importance capitale au respect des droits de la Constitution, à savoir les droits d'être connue et respectée par ses destinataires.

1. Le droit de la Constitution d'être connue de ses destinataires

Pour qu'une Constitution soit appliquée dans un Etat, il est nécessaire que ses destinataires la connaissent. Il incombe donc aux pouvoirs publics de vulgariser le texte constitutionnel auprès de sa population. La concrétisation de ce droit implique la nécessité de la connaissance de la langue de l'écriture de la Constitution, dans le chef de ses destinataires. L'encrage de la justice constitutionnelle, dans un Etat, est largement tributaire du respect de ce droit. Seule une Constitution connue peut être mobilisée et respectée.

2. Le droit de la Constitution d'être respectée par ses destinataires

Ce droit implique à la fois la capacité de la Constitution d'épurer les normes inférieures qui lui sont contraires et sa stabilité indispensable à l'établissement d'un minimum de sécurité juridique[977]. Ainsi, la règle de base postule une certaine durabilité imposant le respect de la procédure de révision et de sa portée[978].

L'Etat de droit garantit dans ce cas la promotion et la protection des droits de l'homme et des libertés publiques.

B. La promotion et la protection des droits de l'homme et des libertés publiques

De nos jours, l'élargissement de l'étude des droits de l'homme aux droits de solidarité ou droits de la quatrième génération permet d'affirmer que, par leur consécration constitutionnelle, les droits de l'Homme et les libertés publiques ne sont plus de fausses fenêtres : ils constituent une

[976] J.-L. ESAMBO KANGASHE, *La Constitution congolaise du 18 février 2006 à l'épreuve du constitutionnalisme. Contraintes pratiques et perspectives, op.cit.*, p.175.

[977] A. KAMUKUNY MUKINAY, *Contribution à l'étude de la fraude en droit constitutionnel congolais, op.cit.*, p.374.

[978] *Idem.*

véritable obligation constitutionnelle à laquelle gouvernants et gouvernés sont tenus[979].

A cet effet, Jean Rivero affirme qu'il « faut donner aux citoyens le droit positif qui prescrit l'Etat de droit et le règne de la loi ». L'Etat de droit ne doit pas, selon lui, se réduire aux discours politiques ni aux communications développées par des spécialistes dans les colloques et ateliers[980]. Il doit entrer pleinement dans la réalité vécue par les hommes.

Ce point de vue est partagé par Guy Carcassonne qui pense à la création « d'une société de droit dans laquelle toutes les activités humaines sont garanties, soumises au droit et encadrées par lui ». Cette société devrait remplir, selon l'auteur, trois piliers à savoir :

- Le droit doit être considéré comme une panacée (la protection des droits de l'Homme n'est pas comparable à un chèque sans provision) ;
- Un privilège (un bien que l'on doit à tout prix privilégier contre l'envahissement des droits des autres) ;
- Un marché qui traduit l'émergence des conflits à traiter et à trancher[981].

Le droit doit dépasser le stade de la fiction pour être au service de l'Etat et des particuliers.

C. Le droit au service de l'Etat et du citoyen

Pour Jean Rivero, l'Etat de droit est celui dans lequel « la puissance du pouvoir trouve sa limite dans la règle juridique qu'il est tenu de respecter »[982]. Gérard Conac affirme pour sa part que l'Etat de droit ne peut être imaginé sans que le droit ne soit au service de l'Etat et du citoyen.

Au service de l'Etat, le droit doit permettre au juge garant de la constitutionnalité des lois et gardien de la légalité et de la protection des droits et libertés individuelles d'être saisi par les organes constitués ainsi que par les particuliers[983]. Quant au bénéfice que peut tirer le citoyen de l'existence du droit, il est nécessaire d'instaurer une justice de participation,

---

[979] J.-L. ESAMBO KANGASHE, *La Constitution congolaise du 18 février 2006 à l'épreuve du constitutionnalisme. Contraintes pratiques et perspectives, op.cit.*, p.176.

[980] J. RIVERO, « Etat de droit, Etat du droit », in *L'Etat de droit, Mélanges en l'honneur de Guy Braibant,* Paris, Dalloz, 1996, p.614.

[981] G. CARCASSONE, « Société de droit contre Etat de droit », *l'Etat de droit, Mélanges en l'honneur de Guy Braibant, op.cit.*, pp.40-43.

[982] J. RIVERO, « Etat de droit, Etat du droit », in *L'Etat de droit, Mélanges en l'honneur de Guy Braibant, op.cit.,* p.609.

[983] J.-L. ESAMBO KANGASHE, *La Constitution congolaise du 18 février 2006 à l'épreuve du constitutionnalisme. Contraintes pratiques et perspectives, op.cit.*, p.176.

celle qui a pour finalité de récréer un Etat de droit au quotidien et une justice plus ouverte au citoyen[984].

Dans l'Etat de droit, les gouvernants sont l'émanation de la volonté populaire.

D. Le choix démocratique des gouvernants

Le choix démocratique des gouvernants est l'un des indicateurs de l'Etat de droit. Celui-ci offre une opportunité aux gouvernants d'être régulièrement à l'écoute des gouvernés. L'affirmation est d'autant plus vraie que, sans cette écoute, les gouvernants ne se sentiront pas surveillés ni leurs actes contrôlés. Le contrôle et la surveillance des gouvernants par les gouvernés ne peuvent se faire que sur la base des élections régulièrement organisées.

Somme toute, l'Etat de droit se reconnaît à travers les trois facettes ci-après :

L'existence, en son sein, des lois stables, claires, précises et efficaces à partir desquelles toutes les décisions sont prises dans les affaires publiques. Cet Etat combat l'arbitraire de l'anarchie sauvage.

Un Etat de droit est, ensuite, repérable par la qualité des lois qui y sont en vigueur. Il ne suffit pas d'avoir des lois, même un Etat dictatorial en possède[985]. Un Etat de droit s'organise à partir des bonnes lois. Les lois sont de bonne qualité si elles sont justes, objectives et impartiales[986].

Un Etat de droit, enfin, se remarque par le degré d'application effective des lois que l'Etat a élaborées et adoptées. Le respect strict et impartial des lois du pays implique la nécessité de la sanction sans complaisance et permet à la société de progresser avec le maximum d'harmonie et de stabilité dans ses institutions[987].

---

[984] G. CONAC, « Le juge et la construction de l'Etat de droit en Afrique francophone », in *L'Etat de droit, Mélanges en l'honneur de Guy Braibant*, *op.cit.*, pp.105-116.

[985] C'est ce que pensent d'ailleurs M. De Villiers et A. Le DIVELLEC : « *en tant que discipline académique, le droit constitutionnel (...) ne suppose en lui-même, ni la liberté politique, ni la démocratie. Un régime autoritaire possède lui aussi son droit constitutionnel* ». M. De VILLIERS et A. Le DIVELLEC, *Dictionnaire du droit constitutionnel*, *op.cit.*, p.130

[986] L. ODIMULA LOFUNGUSO, *De l'avènement de l'Etat de Droit en Afrique centrale. Cas de la République Démocratique du Congo sous la première République et sous la période de transition*, *op.cit.*, p.178. En sus, Les autorités politiques ne doivent pas tomber dans l'abîme que montre PASCAL : ne pouvant faire que ce qui était juste fût fort, on a fait que ce qui est fort fût juste. Voir J.-L. BERGEL, *Théorie générale du droit*, Paris, Dalloz, 4ème éd., 2003, p.27.

[987] *Idem.*, p.163.

En outre, il s'agit de prôner la reconversion de la mentalité des gouvernants. Ceux-ci doivent accepter que le droit tienne leur action en état[988].

Cet état de conscience, associé à la volonté politique, permettra de bâtir, en République Démocratique du Congo, un Etat de droit fondé sur une justice constitutionnelle au service de la juridicisation de la vie politique.

SECTION 2. PERSPECTIVES JURIDIQUES

Le « *juridique* » est employé ici dans son sens le plus large signifiant ce qui est relatif au droit. Ainsi, la théorie juridique se réfère-t-elle à des règles juridiques qui seront appliquées à un complexe de faits, qu'il s'agisse d'une consultation à donner, d'un contrat à rédiger, d'un procès à juger[989].

Dans notre entendement, les perspectives juridiques se réfèrent aussi bien à l'aménagement d'une architecture normative destinée à permettre à la justice constitutionnelle d'assurer efficacement ses missions qu'à des considérations liées à la garantie du statut de son personnel.

Mabanga monga Mabanga constatait déjà qu'une insuffisance législative manifeste expliquerait l'impossibilité pour la justice constitutionnelle congolaise de fonctionner correctement[990]. Ambroise Kamukuny Mukinay pense que « *la Constitution ne doit pas être le creuset des dispositions qui ne renferment que des vœux pieux, insusceptibles d'être directement applicables par le juge chargé, justement, de recevoir les doléances des gouvernés sur leurs violations* »[991].

Détectant les limites potentielles à la construction de l'Etat de droit en République démocratique du Congo, Jean-Louis Esambo Kangashe affirme que « *la loi doit permettre à tout citoyen de concourir, personnellement ou par ses représentants interposés, à la gestion des affaires publiques de son pays* »[992].

L'on devra sortir donc de la transition juridique afin d'intégrer le nouvel ordre posé par le constituant de 2006 à travers l'architecture normative destinée à permettre à la justice constitutionnelle d'être vécue.

L'adoption, la promulgation, la publication et la vulgarisation des normes juridiques relatives à la Cour constitutionnelle constituent à cet effet une nécessité mieux un impératif destiné à assurer le fonctionnement optimal de cette institution dotée, par ailleurs, du pouvoir de juridiciser la vie politique.

---

988 E. BOSHAB MABUDJ, « Les dispositions constitutionnelles transitoires relatives à la Cour constitutionnelle de la République Démocratique du Congo », *op.cit.*, p.9.

989 R. GUILLIEN et J. VINCENT (dir.), *Lexique des termes juridiques*, *op.cit.*, p.57.

990 MABANGA monga MABANGA, *Le contentieux constitutionnel congolais*, *op.cit.*, p.76.

991 Cité par J.-L. ESAMBO KANGASHE, *La Constitution congolaise du 18 février 2006 à l'épreuve du constitutionnalisme. Contraintes pratiques et perspectives*, *op.cit.*, p.172.

992 *Idem.*

Dans un style proche de la métaphore, Evariste Boshab Mabudj s'interroge si: « suite à la célérité avec laquelle les experts ont élaboré l'avant-projet de loi portant organisation et fonctionnement de la Cour constitutionnelle, aussi bien au niveau du gouvernement qu'à l'Assemblée nationale, la même rapidité caractérisera les décideurs pour que l'avant-projet se transforme, dans un délai raisonnable, en loi. A moins, enchaîne-t-il, qu'un syndicat des organisations des droits de l'homme et autres praticiens du droit ne s'investissent dans cette entreprise, par un lobbying fort et appuyé, pour contraindre les députés à se convaincre que l'installation de la Cour constitutionnelle contribuerait à l'accroissement de la sécurité juridique pour tous »[993].

A notre connaissance, la loi portant organisation et fonctionnement de la Cour constitutionnelle n'a pas été initiée par les experts, au niveau du gouvernement. Elle a été initiée par un député national avant d'être adoptée par les deux chambres après avis du gouvernement.

Au sujet de l'aménagement constitutionnel du statut du juge constitutionnel, Hans Kelsen relevait en son temps que « son indépendance vis-à-vis du Parlement comme vis-à-vis du Gouvernement est un postulat évident. Car, ce sont précisément le Parlement et le Gouvernement qui doivent être, en tant qu'organes participant à la procédure législative, contrôlés par la juridiction constitutionnelle »[994]. Or, l'indépendance est essentiellement la conséquence du statut de la juridiction et de ses membres. Charles Eisenmann a ainsi souligné que « l'indépendance -qualité juridique- ne tient pas tant au mode de nomination qu'au statut des juges une fois nommés : ce qui importe -même s'ils sont désignés (ce qu'on ne pourra pas toujours, peut-être jamais, éviter) par un organe politique, Parlement ou chef de l'Etat- c'est qu'ils échappent à toute influence de l'autorité qui les a choisis, qu'ils n'aient plus rien à craindre ni à attendre d'elle »[995].

Cette indépendance n'existe que si la juridiction constitutionnelle est dotée « d'un statut la mettant à l'abri des représailles possibles de la part des autorités politiques. L'existence, la composition et les attributions des juridictions constitutionnelles devraient être inscrites dans la Constitution, afin que le législateur ordinaire ne puisse y toucher »[996]. Si l'organe chargé du contrôle de la constitutionnalité ne tire son existence, sa composition et sa compétence que d'une loi ordinaire, il se trouvera à la merci du législateur. Il n'aura alors aucune indépendance par rapport au législateur qui pourra porter atteinte à son existence. Un tel organe ne pourra pas être qualifié de

[993] E.BOSHAB MABUDJ, « Les dispositions constitutionnelles transitoires relatives à la Cour constitutionnelle de la République Démocratique du Congo », *op.cit.*, p.10.

[994] H. KELSEN, « La garantie juridictionnelle de la Constitution », *RDP*. 1928, p.225-226.

[995] C. EISENMANN, *La justice constitutionnelle et la Haute Cour constitutionnelle d'Autriche*, Paris, 1928, rééd. Paris, Economica, 1986, p.175.

[996] L. FAVOREU, « Juridiction constitutionnelle », *Dictionnaire constitutionnel* (s.d. d'O. DUHAMEL et de Y. MENY), Paris, PUF., 1992, p.547.

juridiction constitutionnelle car, dans son chef, fera défaut ce minimum d'indépendance nécessaire.

La seule lecture de la Constitution ne permet pas de déterminer si cette exigence est remplie. On note pour le Canada que, même si son existence ne relève pas de la Loi constitutionnelle de 1867, la Cour suprême du Canada est considérée comme une juridiction constitutionnelle tant sa composition et ses attributions peuvent être modifiées que selon la forme prescrite pour la révision constitutionnelle[997]. En Belgique, on signale que bien que seules l'existence et les attributions de la Cour constitutionnelle soient prévues par la Constitution, sa composition et son organisation sont hors d'atteinte du législateur ordinaire puisqu'elles relèvent d'une loi spéciale[998].

Appliqué à une institution, le statut désigne la condition juridique de celle-ci, il «détermine la nature juridique de ses relations avec d'autres institutions »[999].

Le statut juridique du juge constitutionnel apparaît donc comme la position qu'occupe l'institution dans l'Etat et de ses membres. Le statut des membres de la juridiction constitutionnelle constitue l'ensemble des droits qu'ils peuvent revendiquer de l'Etat et des obligations qu'ils ont envers ce dernier. Cette précision est nécessaire afin d'exclure de la définition les droits et obligations découlant d'une autre qualité, comme celle de citoyen, d'élu ou de fonctionnaire. Le statut de la juridiction constitutionnelle permet de l'identifier et de la distinguer des autres pouvoirs publics, à l'exception des droits et obligations qui résultent des compétences accordées à la juridiction.

De la Constitution au règlement, toutes les catégories de normes sont susceptibles d'être une source du statut du juge constitutionnel. La nécessité qu'une partie de ce statut soit constitutionnalisée a déjà été rappelée. La Constitution prévoit en général des dispositions relatives à la composition, à la durée du mandat, à l'organisation interne de la juridiction, à ses compétences, voire à la rémunération de ses membres ou à leur destitution. Seul, en effet, le constituant est compétent pour poser des règles dans ce domaine. Qu'une partie du statut relève du domaine de la Constitution constitue une garantie pour le juge constitutionnel, puisque le législateur ne peut pas intervenir.

Dans plusieurs Etats, sans relever du domaine de la Constitution, des règles statutaires sont protégées contre le législateur car celui-ci ne peut les modifier qu'en recourant à une procédure spécifique. Il en est ainsi en

---

[997]K. BENYEKHLEF, « Le statut constitutionnel des juges du siège et du parquet - Canada », in *A.I.J.C.* 1995, p.151.

[998]Article 142 de la Constitution belge.

[999]Webster's Third New International Dictionary, Chicago, Encyclopaedia Britannica, 1981, Tome 3, p.2230.

Belgique[1000], en Espagne et en France. En Belgique, le législateur peut modifier les dispositions relatives à la Cour constitutionnelle mais, en principe, il doit le faire en ayant recours à une procédure spéciale, conduisant à l'adoption d'une loi spéciale. En France et en Espagne, de nombreux éléments du statut des juges constitutionnels peuvent être modifiés par le législateur, mais celui-ci doit adopter une loi organique.

En République Démocratique du Congo, de nombreux éléments du statut des juges constitutionnels sont protégés par la Constitution. Il en est, notamment ainsi de la nomination, de la composition et de la durée du mandat. Il est toutefois admis que le législateur peut modifier les dispositions relatives au statut des juges constitutionnels mais, en principe, il ne peut le faire qu'en la faveur d'une révision constitutionnelle.

Il en résulte que la constitutionnalisation du statut a comme finalité d'assurer l'autonomie de la juridiction et de garantir l'indépendance de ses membres.

A. Le statut assure l'autonomie de la juridiction

L'autonomie de la juridiction est assurée à travers la maîtrise par celle-ci des règles relatives à son fonctionnement et à la gestion de ses affaires administratives.

1. La maîtrise par la juridiction des règles la concernant

Le statut de la juridiction constitutionnelle lui assure la maîtrise des règles qui la concernent. L'aspect le plus visible de cette situation est l'autonomie réglementaire de la juridiction, mieux sa compétence pour produire elle-même des normes relatives à son organisation et à la procédure applicable. Mais la juridiction constitutionnelle a également une maîtrise des règles dont elle n'est pas l'auteur, soit qu'elle ait un droit de veto sur celles-ci, soit qu'il lui revienne de les interpréter.

L'autonomie réglementaire de la juridiction constitutionnelle

Analysant l'autonomie réglementaire de la juridiction constitutionnelle, Mauro Capelleti affirme qu'« Il peut bien se faire, par exemple, que les tribunaux, et notamment les Cours supérieures aient le pouvoir d'établir des normes de procédure ; la chose est fréquente en particulier dans les pays de Common law. Je ne vois pas, proursuit-il, pour quelle raison on devrait exclure a priori l'idée que les cours elles-mêmes soient, ou puissent être, les législateurs les plus qualifiés pour déterminer, et adapter en permanence les règles avec lesquelles elles ont à faire dans leur

[1000] Article 142 de la Constitution belge.

activité quotidienne. Il faut seulement reconnaître que, lorsqu'ils exercent un tel pouvoir d'établir des règles, les juges agissent en tant que législateurs, et non comme juges»[1001].

Cette analyse conserve toute sa pertinence lorsqu'elle est appliquée à la juridiction constitutionnelle. Il est souhaitable au constituant et peut-être au législateur de confier à cette juridiction le soin d'adopter des normes générales, concernant son activité, son organisation, sa procédure. Une telle solution apparaît même « comme condition d'existence de leur indépendance »[1002], car « la juridiction constitutionnelle doit pouvoir elle-même définir un minimum de règles de fonctionnement et de procédure »[1003].

Le Constituant et le législateur ont généralement reconnu l'autonomie réglementaire des juridictions constitutionnelles. Mais, au-delà de cette reconnaissance, les juridictions constitutionnelles ont parfois précisé quel en était le fondement juridique. Certaines juridictions ont considéré que leur autonomie réglementaire est inhérente à leur existence même[1004]. Dans d'autres Etats, il est admis que l'autonomie réglementaire tire son origine de textes qui l'organisent[1005].

Aux Etats-Unis, on se refuse à considérer que, de la seule existence de la Cour suprême, découle une autonomie réglementaire (Rule-Making Power)[1006]. La jurisprudence admet toutefois que le Congrès habilite des juridictions, y compris la Cour suprême, à adopter elles-mêmes des règles de procédure[1007]. Cette compétence ne peut excéder des domaines mineurs, le législateur étant seul compétent pour les matières importantes[1008].

Dans ce pays, en effet, on signale que le législateur est intervenu à plusieurs reprises pour fixer la compétence réglementaire de la Cour suprême. La section 2071 du titre 28 du United States Code prévoit ainsi que « la Cour suprême et toutes les cours établies par une loi du Congrès peuvent, de temps en temps, prescrire des règles pour la conduite de leurs affaires »[1009]. En outre, la Cour suprême a la compétence d'adopter des

---

[1001] M. CAPPELLETTI, « Des juges législateurs », in M. CAPPELLETTI, *Le pouvoir des juges*, Paris, Economica, Coll. « Droit public positif », 1990, p.75.

[1002] L. FAVOREU, Note sous CE 25 octobre 2002, Brouant, R.F.D.A. 2003, p.11.

[1003] L. FAVOREU et Alii, *Droit constitutionnel*, *op.cit.*, p.226.

[1004] C'est le cas pour les Cours constitutionnelles italienne et allemande qui considèrent que leur autonomie réglementaire découle de leur statut d'organe constitutionnel, et qu'elle préexiste à sa reconnaissance législative.

[1005] C'est la situation des Etats-Unis et de la Belgique.

[1006] *Constitution of the United States of America : Analysis and interpretation*, annotations de jurisprudence décidées par la Cour suprême des Etats-Unis, préparées par le Congressional Research Service, 1992, www.access.gpo/congress/senate/constitution consulté en date du 04/12/2012, p. 644.

[1007] *Wayman v. Southard*, 23 US 1 (1825).

[1008] *Idem*.

[1009] 28 U.S.C. 2071 a).

règles de procédure et de preuve pour les Cours de districts et les Cours d'appel[1010].

L'article 142 de la Constitution belge renvoie à la loi le soin de déterminer « la composition, la compétence et le fonctionnement » de la Cour d'arbitrage. Le Conseil d'Etat de Belgique a, dans son avis du 22 septembre 1982, précisé qu'un règlement de procédure de la Cour d'arbitrage était envisageable, mais seulement s'il était prévu par la loi[1011]. En outre, le Conseil d'Etat a souligné que le règlement d'arbitrage ne pouvait porter que sur « des questions d'ordre secondaire »[1012]. Le législateur est intervenu. Et l'article 122 de la loi spéciale du 6 janvier 1989 prévoit que « la Cour arrête son règlement d'ordre intérieur. Elle en assure la publication au *Moniteur belge* ».

Il convient de noter que le Conseil constitutionnel français ne s'est pas explicitement prononcé sur cette question. Mais sa situation tend à le rapprocher des Cours constitutionnelles allemande et italienne. En France, en effet, le Conseil constitutionnel n'a pas revendiqué de manière expresse une autonomie réglementaire inhérente à son existence. Il semble que son autonomie réglementaire doive être considérée comme ayant, au moins partiellement, un tel fondement.

L'article 56 de l'Ordonnance du 7 novembre 1958 prévoit l'intervention d'un règlement intérieur du Conseil constitutionnel lorsqu'il affirme que: « *le Conseil constitutionnel complétera par son règlement intérieur les règles de procédure édictées par le titre 2 de la présente ordonnance. Il précisera notamment les conditions dans lesquelles auront lieu les enquêtes et mesures d'instruction prévues aux articles 42 et 43 sous la direction d'un rapporteur* ». *Le Conseil constitutionnel a mis en œuvre ces dispositions en adoptant un règlement applicable aux contentieux de l'élection des députés et sénateurs*[1013] *et un règlement applicable aux opérations de référendum*[1014].

Le contrôle de la juridiction constitutionnelle sur les règles dont elle n'est pas l'auteur

---

[1010] 28 U.S.C. 2072.

[1011] F. DELPEREE et A. RASSON-ROLAND, Chron. 1987, A.I.J.C., 1987, p. 460.

[1012] Conseil d'Etat de Belgique, avis du 22 septembre 1982, cité par J. VAN COMPERNOLLE, in F. DELPEREE (dir.), *La Cour d'arbitrage, actualité et perspectives*, Bruxelles, Bruylant, 1988, p. 85.

[1013] Règlement applicable à la procédure suivie devant le Conseil constitutionnel pour le contentieux de l'élection des députés et sénateurs, adopté en mai 1959 et modifié en 1986, 1987 et 1991, in T. S. RENOUX et J.-M. de VILLIERS, *Code constitutionnel*, Paris, Litec, 1995, p.1045-1049.

[1014] Règlement applicable à la procédure suivie devant le Conseil constitutionnel pour les réclamations relatives aux opérations de référendum, adopté par décision du 5 octobre 1988, in T. S. RENOUX et J.-M. de VILLIERS, *Code constitutionnel*, *op.cit.*, p.1049-1050.

La maîtrise de la juridiction constitutionnelle sur les règles qui la concernent découle également du contrôle qu'elle exerce sur les règles dont elle n'est pas l'auteur. Sur ces règles, la juridiction constitutionnelle a, en principe, un véritable droit de veto. En outre, elle est compétente pour les interpréter, ce qui lui laisse une marge de manœuvre appréciable. Louis Favoreu souligne à ce sujet que « le Conseil constitutionnel a pratiquement un droit de veto quant à l'adoption de la réglementation le concernant »[1015]. Ce constat peut être étendu à la plupart des juridictions constitutionnelles à travers le monde car le droit de veto résulte de l'intervention préalable de celles-ci, c'est-à-dire de leur compétence d'initiative et de leur droit d'être consulté, et de leur intervention postérieure, c'est-à-dire du contrôle normatif qu'elles opèrent sur les textes législatifs et réglementaires dans le cadre de leurs missions.

2. L'autonomie administrative

Il est particulièrement nécessaire que la juridiction constitutionnelle ait « une administration interne autonome par rapport à celle qui dépend de l'exécutif et du législatif»[1016]. Ainsi, la plupart des juridictions constitutionnelles bénéficient d'une autonomie administrative répondant à ce schéma. En général, les juridictions constitutionnelles exercent un contrôle sur leurs organes d'administration et gèrent elles-mêmes leurs affaires administratives.

Le juge Le Dain de la Cour suprême du Canada, notait que « le contrôle judiciaire sur l'assignation des juges aux causes, les séances de la Cour, le rôle de la Cour, ainsi que les domaines connexes de l'allocation de salles d'audience et de la direction du personnel administratif qui exerce ces fonctions a généralement été considéré comme essentiel ou comme une exigence minimale de l'indépendance institutionnelle ou collective»[1017].

B. Le statut garantissant l'indépendance des membres de la juridiction constitutionnelle

L'autre aspect du statut du juge constitutionnel est lié au statut des membres de la juridiction. Dans plusieurs Etats ayant adopté un système de justice constitutionnelle, l'indépendance est garantie aux membres des juridictions constitutionnelles, car leur statut leur assure un mandat long,

---

[1015] L. FAVOREU, « Le Conseil constitutionnel régulateur de l'activité normative des pouvoirs publics », in *RDP*. 1967, p.72.
[1016] L. FAVOREU et alii, *Droit constitutionnel*, *op.cit.*, p.227.
[1017] *Valente contre La Reine* [1985], 2 R.C.S. 673, p.709.

l'inamovibilité ainsi que l'effectivité d'un ensemble de privilèges et d'obligations.

Dans d'autres, en revanche, on peut se demander s'il n'existe pas plusieurs catégories de membres, auxquels s'appliqueraient des statuts différents. Cette question s'est posée en Allemagne, car il était initialement prévu que les membres de la Cour constitutionnelle fédérale choisis parmi les membres des Cours fédérales soient nommés à vie, à la différence des autres membres[1018]. Cette solution a été abandonnée en 1970[1019]. En France, une forme de pluralité de statut est maintenue. En effet, les membres de droit du Conseil constitutionnel conservent leurs mandats à vie, et ne sont pas, semble-t-il, soumis aux mêmes obligations que les membres nommés[1020].

L'aménagement d'un mandat de longue durée et l'inamovibilité garantissent l'indépendance du juge constitutionnel.

1. La nécessité d'un mandat de longue durée en faveur de l'indépendance des juges constitutionnels

La durée du mandat des juges constitutionnels est un élément déterminant dans l'appréciation du degré de leur indépendance. Sa fixation ne présente d'intérêt que si, pendant la durée de leur mandat, les juges ne peuvent être révoqués par les autorités qui les ont nommés. A défaut d'une telle précaution, la durée fixée par les textes ne serait, en réalité, qu'indicative : le juge se trouverait dans ce cas sous la dépendance de l'autorité de nomination. En règle générale, le principe d'irrévocabilité par les autorités de nomination est posé, ce qui rend effectivement longue la durée du mandat.

Qualifier le mandat du juge constitutionnel d'irrévocable implique l'impossibilité pour l'autorité de nomination de mettre un terme à ses fonctions pendant toute la durée de son mandat. L'irrévocabilité du mandat du juge constitutionnel par l'autorité qui l'a nommé est parfois explicitement affirmée. Mais il arrive qu'elle résulte implicitement de l'économie générale du texte qui organise le statut du juge constitutionnel.

La Constitution autrichienne prévoit de manière expresse l'irrévocabilité des juges constitutionnels autrichiens[1021]. Ainsi, l'article 88 §2, rendu applicable aux juges constitutionnels par l'article 147§6, dispose que « *les juges ne peuvent, contre leur gré, être révoqués, mutés à un autre*

[1018] W. BUERSTEDDE, « La Cour constitutionnelle de la République fédérale allemande », in *R.I.D.C.*, 1957, p.61.

[1019] D. P. KOMMERS, *The constitutional jurisprudence of the Federal Republic of Germany*, Durham-Londres, Duke University Press, 2ème éd., 1996, p.21.

[1020] D. ROSENBERG, « Les anciens Présidents de la République, membres de droit du Conseil constitutionnel : l'impossible retraite », in *R.D.P.*, 1985, pp.1263-1317.

[1021] O. PFERSMANN, « Le statut constitutionnel des juges du siège et du parquet – Autriche », in *A.I.J.C.*, 1995, p. 119.

poste ou mis à la retraite qu'en vertu d'une décision judiciaire en bonne et due forme et uniquement dans les cas et les formes prévus par la loi ». De même, les dispositions relatives à la Cour suprême du Canada[1022] excluent que les juges à la Cour suprême puissent être destitués autrement que selon une procédure spéciale faisant intervenir le Parlement. Certes, formellement, le Gouverneur général nomme et destitue les membres de la Cour suprême mais la destitution ne pouvant intervenir qu'après un vote du Parlement, il faut considérer qu'elle résulte en fait de l'intervention du Parlement et du Gouverneur général. La destitution n'est donc pas prononcée par la même autorité que la nomination.

Il est également autorisé que l'irrévocabilité du juge constitutionnel découle de son propre statut. L'irrévocabilité des membres du Tribunal constitutionnel espagnol résulte de l'article 225 de la Constitution et de l'article 22 de la loi organique relative au Tribunal constitutionnel. De même, l'irrévocabilité des membres de la Cour constitutionnelle belge dérive des dispositions législatives relatives à leur statut[1023]. L'impossibilité pour le Président des Etats-Unis, autorité de nomination, de révoquer les membres de la Cour suprême découle de la pratique de la Constitution. Celle-ci résulte du rapprochement du principe selon lequel « *les juges de la Cour suprême [...] conserveront leurs charges tant qu'ils en seront dignes* »[1024]et de la compétence exclusive du Congrès pour destituer les juges à la Cour suprême[1025]. De même, aucune disposition expresse ne prévoit l'irrévocabilité des membres du Conseil constitutionnel français. Mais celle-ci procède de la Constitution et de l'ordonnance organique du 7 novembre 1958. En effet, la destitution d'un membre du Conseil constitutionnel ne peut être envisagée que par le Conseil constitutionnel lui-même.

La détermination de la durée du mandat des juges constitutionnels est l'une des questions fondamentales que doivent résoudre le Constituant et le législateur car, comme le note Dominique Rousseau, « *la durée du mandat des juges constitutionnels est un élément important de leur indépendance* »[1026]. Cette problématique se pose en termes identiques dans le cadre du modèle américain et du modèle européen de justice constitutionnelle. Bien que les solutions retenues soient diverses, il semble qu'elles présentent presque toutes un caractère commun : la longueur de la durée du mandat du juge constitutionnel. Deux modèles semblent se distinguer, le premier étant celui de la désignation à vie ou jusqu'à l'âge de la retraite et le second de la désignation pour un mandat long et non renouvelable.

[1022]Article 99 §2 de la Loi constitutionnelle de 1867 et article 9 de la loi sur la Cour suprême du Canada.

[1023]F. DELPEREE, « L'organisation de la Cour d'arbitrage », in F. DELPEREE (dir), *La Cour d'arbitrage, actualité et perspectives*, *op.cit.*, p. 72.

[1024]Article 3 section 1 de la Constitution des Etats-Unis.

[1025]Article 1 section 3 de la Constitution des Etats-Unis.

[1026]D.ROUSSEAU, *La justice constitutionnelle en Europe*, Paris, Montchrestien, 1992, p. 59.

La Constitution de la République Démocratique du Congo prévoit de manière expresse la durée du mandat des membres de la Cour constitutionnelle en son article 158 alinéa 3 qui dispose que « *le mandat des membres de la Cour constitutionnelle est de neuf ans non renouvelable* ». Il s'ensuit que le mandat de longue durée aménagé en faveur des juges constitutionnels congolais constitue un mécanisme contribuant au renforcement de leur indépendance.

Cependant, aucune disposition constitutionnelle ou légale ne prend en charge, en droit positif congolais, la question de l'irrévocabilité du mandat des juges constitutionnels. Ce dispositif est destiné à protéger ces derniers contre les menaces de révocation et de mise à la retraite, à l'initiative des autorités de leur nomination. A cet effet, il est souhaitable qu'une disposition expresse de la Constitution ou de la loi organique consacre le principe de l'irrévocabilité du mandat de neuf ans non renouvelable aménagé en faveur des membres de la Cour constitutionnelle.

2. L'inamovibilité des juges constitutionnels

La justice constitutionnelle ayant essentiellement pour objet de contrôler l'activité des pouvoirs publics, il est souhaitable d'assurer la permanence des juges qui en assurent le ministère. Perrot souligne à ce sujet que l'inamovibilité du juge constitue une « garantie de bonne justice »[1027]. « Le juge perdrait […] sa sérénité si, en butte aux pressions du pouvoir, il devait constamment redouter une mesure de détachement, de suspension ou de révocation. Le principe de l'inamovibilité apparaît, en un mot, comme une protection contre un éventuel arbitraire»[1028]. L'inamovibilité des juges constitutionnels doit donc être opposée au législateur et au Gouvernement, ce qui est le cas dans la plupart des systèmes de justice constitutionnelle. Ce mécanisme constitue à coup sûr « une garantie de l'indépendance reconnue à certains magistrats et fonctionnaires et consistant, non dans l'impossibilité de mettre fin à leur fonction mais dans l'obligation pour l'administration qui voudrait les exclure du service public, ou les déplacer, de mettre en œuvre des procédures protectrices exorbitantes du droit commun disciplinaire»[1029].

L'inamovibilité n'exclut pas que les fonctions des juges constitutionnels prennent fin. Leur destitution est, au regard de leur statut, presque toujours envisagée. Seuls, en effet, les membres de droit du Conseil constitutionnel français sont protégés de manière absolue car ils ne peuvent faire l'objet de la procédure de *démission d'office*[1030]. Ils sont donc les seuls membres du Conseil à ne pouvoir pas subir une déchéance pendant leur

---

[1027] R. PERROT, *Institutions judiciaires*, Paris, Montchrestien, 7ème éd., 1995, p.330.
[1028] *Idem.*
[1029] R. GUILLIEN et J. VINCENT, *Lexique des termes juridiques, op.cit.*, p.295.
[1030] L. FAVOREU et L. PHILIP, *Les grandes décisions du Conseil constitutionnel, op.cit.*, p.14.

mandat sauf si par la volonté du constituant, une révision constitutionnelle l'autorise. Ainsi, qu'on le voit, la destitution des juges constitutionnels présente de manière générale un caractère exceptionnel, leur inamovibilité étant assurée.

En République Démocratique du Congo, l'inamovibilité résulte de la durée du mandat des juges constitutionnels qui est de neuf ans non renouvelable. La longueur de la durée de ce mandat ne constitue nullement un obstacle à la destitution des membres de la Cour constitutionnelle conformément à la procédure prévue par la loi organique et au statut des membres de la Cour qui prévoient la démission d'office[1031]. Il en est ainsi lorsque le membre de la Cour concerné se trouve dans l'un des cas jugés incompatibles[1032] avec la fonction des membres de la Cour.

Par ailleurs, la loi organique précitée reconnaît à tout membre de la Cour le droit à la démission de ses fonctions lorsqu'elle dispose en son article 28 que « *tout membre de la Cour peut librement démissionner. A cette fin, il adresse une lettre au président de la Cour qui en apprécie l'opportunité avant d'en informer le président de la République, l'Assemblée nationale, le Sénat et le Conseil supérieur de la magistrature* ».

[1031] Article 35 de la loi organique n°13/026 du 15 octobre 2013.

[1032] Il en est ainsi notamment de la qualité de membre du Gouvernement, l'exercice de tout mandat électif, l'exercice de tout emploi public.

CHAPITRE II : PERSPECTIVES PSYCHOLOGIQUES, TECHNIQUES ET MATERIELLES

Le comportement du juge constitutionnel, sa formation permanente, ses conditions de travail et de traitement sont autant d'éléments qui permettent d'apprécier le degré de son indépendance.

Le passé de la justice constitutionnelle congolaise a offert un paysage contrasté amenant ainsi certains auteurs à y voir une coquille vide, mieux une institution au service du pouvoir. Cet état des choses a conduit à la problématique de la légitimité de l'institution dans l'espace politique congolais.

Paul-Gaspard Ngondankoy nkoy-ea-Loongya opinait que le système congolais de justice constitutionnelle est un instrument au service des intérêts politiques du moment. C'est un système où, entre le cadre et la pratique du contrôle de constitutionnalité, il y a un divorce constant[1033]. Ce fait a engendré un fossé criant, un hiatus béant entre le texte et son applicabilité, entre l'officiel et le réel, entre l'être et le devoir-être.

Matadi Nenga parle plutôt de la faillite du système judiciaire congolais en général[1034]. Dans la foulée, la Cour constitutionnelle était considérée comme le bras d'exécution de la volonté du gouvernement[1035], un instrument de renforcement de l'autocratie, une véritable marionnette du pouvoir politique.

L'auteur va jusqu'à affirmer que tout le système judiciaire congolais était au service du MPR Parti-Etat. Il n'est que de se rappeler qu'en République démocratique du Congo, sous l'empire du Mouvement Populaire de la Révolution, parti-Etat ou Etat parti[1036], certains magistrats ont prononcé

[1033] P.-G. NGONDANKOY NKOY-ea-LOONGYA, *Le contrôle de constitutionnalité en République Démocratique du Congo. Etude critique d'un système de justice constitutionnelle dans un Etat à forte tradition autocratique*, *op.cit.*, p.532.

[1034] MATADI NENGA, *La question du pouvoir judiciaire en République Démocratique du Congo, op.cit.*, p.162.

[1035] Ce concept est d'usage chez Boris MIRKINE GUETZEVITCH, cité par M. De VILLIERS et A. Le DIVILLEC, *Dictionnaire du droit constitutionnel, op.cit.*, p.119.

[1036] Cette expression est utilisée par Th. GOUDOU, *L'Etat, la politique et le droit parlementaire en Afrique*, Paris, Presses de Berger-Kervant, 1987, p.98.

des condamnations, non pas sur la base d'une quelconque loi, mais en application des directives du parti-Etat. C'est ainsi qu'en 1973, le Tribunal de grande instance de Kinshasa/Kalamu condamna une femme au motif qu'elle avait porté une perruque, coiffure interdite par le discours du Président-fondateur du MPR.

Pour motiver son jugement, le juge n'invoqua aucune disposition légale, se contentant de dire : « vu les directives du parti qui interdisent le port de la perruque (...)[1037] ».

Et pourtant, les magistrats ont le devoir d'appliquer la loi de manière impartiale et neutre. Le juge n'a d'attribution que pour appliquer les condamnations déterminées par la loi, nul ne peut être condamné pour une action ou omission qui ne constitue pas au moment où elle a eu lieu, une infraction légalement punissable[1038].

Pour notre part, l'exemple donné par l'auteur, quoique révélateur de la période de vaches maigres que la magistrature a connue, constitue un cas isolé qui ne doit, cependant, pas être généralisé à toute la justice congolaise de l'époque.

En matière constitutionnelle, on note que la Cour Suprême de Justice assumant transitoirement les fonctions de juge constitutionnel, a fait inhiber ses capacités dans une tradition autocratique de l'heure. Son indépendance a été sans nul doute déboussolée. Dans le contexte peu favorable au contrôle de l'action des autorités publiques, le juge avait un visage défiguré et parler d'une justice constitutionnelle au Congo (Zaïre) était comparable à une illusion.

Evariste Boshab Mabudj s'interrogeait même s'il était possible : « d'assurer la protection des droits si les Cours et tribunaux ne jouissent pas de leur indépendance nécessaire en vue de dire valablement le droit. Comment, poursuit-il, saisir les Cours et tribunaux s'ils ne peuvent censurer les actes irréguliers de la puissance publique ? Quel peut être le sens d'une justice si elle ne retrouve pas son autonomie et la liberté de dire le droit ? »[1039]

Ces interrogations valent tout leur pesant d'or dans le contexte où l'indépendance psychologique et matérielle du juge constitutionnel suscitait une grande désillusion. Cet état de choses était d'autant plus grave que des gourous politiques tyrans solidifiaient leur autorité sur le pouvoir judiciaire en maintenant le juge dans les conditions qui ne répondent pas à la noblesse de sa charge. La modicité des traitements des magistrats créait en eux-mêmes un complexe d'infériorité causé par la contrainte matérielle.

[1037] Lire utilement E. BOSHAB MABUDJ, *La République Démocratique du Congo entre les colombes et les faucons. Où vont les partis politiques*, Kinshasa, PUK, 2001, p.62.

[1038] Voire NYABIRUNGU mwene SONGA, *Traité de droit pénal général congolais*, *op.cit.*, p.51.

[1039] E. BOSHAB MABUDJ, *La contractualisation du droit de la fonction publique. Une étude de droit comparé Belgique-Congo*, *op.cit.*, pp.166-167.

Cette constatation n'annihile pas pour autant les efforts du juge constitutionnel que nous avons soulignés ci-haut. Elle nous permet, néanmoins, de faire l'état des lieux de la phase obscure de la justice constitutionnelle qui permet de suggérer des perspectives pour une meilleure justice constitutionnelle.

Pour ce faire, quelques perspectives psychologiques (section I) et matérielles (section II) se révèlent nécessaires.

SECTION 1: PERSPECTIVES PSYCHOLOGIQUES

Les causes de la dépendance du juge à l'égard du politique sont également psychologiques. Raymond Mutuza Kabe, voit dans la psychologie une étude du comportement de l'homme[1040]. Dès lors et en cernant les perspectives psychologiques dans l'appréciation de l'œuvre du juge constitutionnel, la réflexion converge vers le comportement ou l'attitude que ce dernier doit avoir face à ses justiciables et à ses missions constitutionnelles.

Le juge Paul Martens observe que, lorsqu'on est magistrat, l'on doit être perpétuellement amené à se demander « si on juge exclusivement en fonction d'éléments rationnels, si on n'est pas perpétuellement altéré par des sentiments ou des sensations, si la raison du droit n'est pas infectée par la passion, si les motivations savantes ne sont pas le costume juridique de l'arbitraire »[1041]. L'auteur note qu'il y a une culpabilité du juge, et il est bon qu'il la conserve car, sans elle, il serait perpétuellement menacé d'autosatisfaction. Trois idées permettent de survivre avec cette culpabilité.

- La dimension instinctive de la fonction de juger. Pour Emmanuel Kant, la faculté de juger constitue « un terme intermédiaire entre l'entendement et la raison ; et surtout qu'elle est un moyen terme entre la faculté de connaître et la faculté de désirer[1042]. »
- L'imaginaire de la rationalité. Il ne s'agit pas de renier la raison, mais de prendre conscience des limites d'une conception exagérément désincarnée de la rationalité juridique.
- La justification lyrique du constitutionnalisme. Il existe une culpabilité du juge constitutionnel dont le statut présente cet inconfort de censurer les détenteurs légitimes du pouvoir alors qu'il ne possède aucune légitimité élective[1043].

[1040]R.E. MUTUZA KABE, *Apport de la psychologie dans la formation du juriste*, Kinshasa, Editions Noraf, 2009, p.7.

[1041] Lire P. MARTENS, *Théories du droit et pensée juridique contemporaine*, Bruxelles, Larcier, 2003, p.16.

[1042] *Idem*, p.17.

[1043] *Ibidem*.

Il en découle qu'à travers les perspectives psychologiques, le juge doit se dépassionner, mieux se départir des considérations pouvant affecter sa fonction de juger. En tant que gardien de la Constitution, le juge constitutionnel doit faire un dépassement de soi, sortir de soi pour entrer dans le pour soi.

Dans le même temps, on observe que la juridiction constitutionnelle doit se considérer comme un organe qui trône au sommet de la hiérarchie des institutions parce que protégeant la norme fondamentale qu'est la Constitution[1044]. C'est avec cette conviction que le juge pourra se sentir psychologiquement indépendant vis-à-vis du pouvoir exécutif ou législatif.

La révolution culturelle qui résulte du changement des paradigmes matérialisé par la mutation du rôle du droit constitutionnel moderne qui est devenu à la fois régulateur des pouvoirs publics et protecteur des droits et libertés de la personne, implique de la part de celle-ci la foi dans la justice constitutionnelle, ce qui permettrait l'épanouissement du prétoire constitutionnel. Pour soutenir cet élan rénovateur, il est souhaitable que le juge constitutionnel puisse bénéficier des immunités et des privilèges.

A. Les immunités du juge constitutionnel

Les membres des juridictions constitutionnelles bénéficient fréquemment d'une immunité. Une immunité est, au sens strict, une « cause d'impunité qui, tenant à la situation particulière de l'auteur de l'infraction au moment où il commet celle-ci, s'oppose définitivement à toute poursuite, alors que la situation créant ce privilège a pris fin »[1045]. Dans un sens plus large, c'est « un privilège faisant échapper une personne, en raison d'une qualité qui lui est propre, à un devoir ou une sujétion pesant sur les autres »[1046]. Ce mot désigne parfois des « prérogatives reconnues à une personne [...] l'exemptant à certains égards de l'application du droit commun »[1047].

Cette immunité peut ne concerner que certains domaines de l'activité de la personne ou s'étendre à l'ensemble des actes dont cette personne est susceptible de répondre pénalement ou civilement. Il est possible qu'elle soit seulement partielle, n'interdisant, par exemple, que la mise en cause de la responsabilité pénale. La levée de l'immunité est parfois prévue, son étendue pouvant s'avérer différente selon les Etats. Ainsi, les membres de la Cour constitutionnelle italienne bénéficient d'une immunité constitutionnelle qui prévoit que « *pendant la durée de leurs fonctions, les membres de la Cour constitutionnelle jouissent des mêmes immunités que celles reconnues aux*

[1044] Dans la conception kelsenienne, la Constitution est la norme qui chapeaute toutes les autres normes, c'est la *grundnorm* du droit positif.

[1045] G. CORNU, *Vocabulaire juridique*, Paris, P.U.F., 6ème éd., 1996, p.417.

[1046] *Idem.*

[1047] *Ibidem.*

membres des deux chambres du Parlement par l'article 68 alinéa 2 de la Constitution »[1048].

Les juges constitutionnels italiens disposent ainsi d'une immunité particulièrement étendue de sorte qu'un membre de la Cour constitutionnelle ne peut donc être « *soumis à des fouilles corporelles ou à des perquisitions à domicile, ni arrêté ou privé, de quelque manière que ce soit, de sa liberté personnelle, ni gardé en état de détention, sauf en application d'un jugement irrévocable de condamnation ou lorsqu'il est surpris en train de commettre une infraction pénale pour laquelle la loi prévoit l'arrestation obligatoire* »[1049]. L'étendue de cette immunité « *vise à garantir au juge constitutionnel la plus ample indépendance, le mettant à l'abri de toute attaque provenant des pouvoirs adverses, en particulier du législateur, qui représente en quelque sorte le contradicteur naturel de la Cour* »[1050].

Les juges constitutionnels espagnols jouissent également d'une immunité. L'article 22 de la loi organique relative au Tribunal constitutionnel garantit que les juges « ne pourront pas être poursuivis pour les opinions exprimées dans l'exercice de leurs fonctions ». Les membres de la Cour constitutionnelle du Portugal disposent aux termes de l'article 224 §5 de la Constitution de l' « irresponsabilité », cette autre forme d'immunité.

Quant aux juges de la Cour suprême des Etats-Unis, ils bénéficient d'une immunité pour les actes accomplis dans l'exercice de leurs fonctions, comme tous les juges fédéraux américains. Comme le souligne Scoffoni, « par principe, et afin de préserver l'indépendance judiciaire, les juges ne sont pas responsables des actes accomplis dans l'exercice de leurs fonctions, même en cas de fraude ou de corruption. Cette immunité à l'égard d'actions civiles en dommages-intérêt est garantie aux juges des Etats sur des bases de *common law* et la Cour suprême l'a reconnue applicable aux juges fédéraux. Dans une décision *Bradley contre Fisher* de 1872, elle a consacré le principe d'une immunité absolue pour protéger les juges contre des actions remettant en cause leurs décisions comme fondées sur des motifs impropres [...] En conséquence, les juges apparaissent protégés contre des actions civiles invoquant la volonté de nuire ou la corruption dont témoigneraient leurs décisions dans l'exercice de leurs fonctions et les limites de leurs compétences »[1051].

Les membres de la Cour suprême du Canada jouissent d'une immunité les protégeant contre la mise en cause de leur responsabilité.

[1048] Article 6, alinéa 2 de la loi constitutionnelle n°1 de 1948.

[1049] Article 68, alinéa 2 de la Constitution italienne de 1947.

[1050] E. LIBONE et A. PIZZORUSSO, « Immunités constitutionnelles et privilèges de juridictions-Italie », in *A.I.J.C.*, 2001, p. 269.

[1051] G. SCOFFONI, « Le statut constitutionnel des juges du siège et du parquet – Etats-Unis », in *A.I.J.C.*, 1995, p.213.

Celle-ci trouve sa source dans la *common law*[1052]. De même, les juges de la Cour suprême d'Irlande bénéficient d'une immunité contre l'engagement de leur responsabilité. Cette règle, qui concerne tous les magistrats irlandais, tire son origine dans le principe d'indépendance résultant de l'article 35 §2 de la Constitution et de la *common law*[1053].

Il est parfois possible que les immunités dont bénéficient les juges constitutionnels soient levées. Ainsi, la Constitution italienne admet la levée des immunités dont bénéficient les juges constitutionnels. Mais, l'article 3, alinéa 2 de la loi constitutionnelle n°1 de 1948 réserve cette compétence à la Cour constitutionnelle. La procédure a été précisée par l'article 9 de la loi n°87 du 11 mars 1953 et le règlement général de la Cour. De même, l'article 7 §1 de la loi sur le Tribunal constitutionnel polonais du 1er août 1997, prévoit l'intervention du Tribunal constitutionnel aux fins de donner « l'autorisation d'engager la responsabilité pénale d'un juge ou de le priver de liberté ».

En République Démocratique du Congo, aucune disposition constitutionnelle ou légale ne consacre l'immunité des membres de la Cour constitutionnelle. Destinée à renforcer l'indépendance des juges constitutionnels, l'immunité constitue, à l'heure actuelle, un élément intrinsèque au droit commun de la justice constitutionnelle. Pour combler cette lacune, il est souhaitable que ce mécanisme soit pris en charge par le statut des membres de la Cour prévu par la loi organique, en son article 11.

B. Le privilège de juridiction des juges constitutionnels

Un privilège de juridiction est un « droit reconnu à certains dignitaires, magistrats ou fonctionnaires, d'être jugés, pour les infractions à la loi pénale qui leur sont reprochées, par une juridiction à laquelle la loi attribue exceptionnellement la compétence »[1054].

Le législateur espagnol a prévu un privilège de juridiction au profit des juges du Tribunal constitutionnel. L'article 26 de la loi organique en la matière indique que « la responsabilité criminelle des juges du Tribunal constitutionnel ne pourra être mise en jeu que devant la chambre pénale du Tribunal suprême ». Ce privilège de juridiction a une portée restreinte parce qu'il ne concerne que les infractions pénales. En matière civile, les tribunaux ordinaires sont compétents pour apprécier les demandes mettant en cause les juges constitutionnels espagnols.

[1052] En common law, les juges des Cours supérieurs bénéficient d'une immunité absolue. (K. BENYEKHLEF, « Le statut constitutionnel des juges du siège et du parquet- Canada », *op.cit.*, p.156).

[1053] J. CASEY, *Constitutional law in Ireland*, *op.cit.*, p. 246 ; D. BRECHIGNAC, *La justice constitutionnelle en République d'Irlande*, *op.cit.*, p.25.

[1054] G. CORNU, *Vocabulaire juridique*, *op.cit.*, p.474.

Au Portugal on note que, depuis la loi organique du 26 février 1998, une délibération de l'Assemblée de la République est nécessaire pour que soit poursuivi pénalement un membre du Tribunal constitutionnel, lorsque celui-ci est accusé d'avoir commis une infraction pénale dans l'exercice de ses fonctions[1055]. L'existence d'un privilège de juridiction est une garantie très forte de l'indépendance des membres de la juridiction constitutionnelle.

En France, la situation paraît différente et on s'est demandé s'il fallait établir un privilège de juridiction au profit des membres du Conseil constitutionnel. Deux raisons nous conduisent à écarter une telle éventualité. En premier lieu, il convient de constater que les privilèges de juridictions tendent à disparaître en France. Ainsi, la loi du 4 janvier 1993 a supprimé le privilège de juridiction dont bénéficiaient, en application de l'article 679 du Code de procédure pénale, les magistrats de l'ordre judiciaire, ceux de l'ordre administratif, les membres du Conseil d'Etat et ceux de la Cour des comptes[1056]. En outre, l'octroi d'un privilège de juridiction aux membres du Conseil constitutionnel risquerait d'apparaître aux yeux de l'opinion publique comme une volonté de les protéger contre d'éventuelles poursuites. Sans doute la crédibilité de l'institution en souffrirait.

Contrairement à la formule française, le droit positif congolais aménage un privilège de juridiction en faveur des juges constitutionnels[1057]. L'octroi d'un tel privilège à ces juges, loin d'être analysé comme une entrave à la moralisation de la vie publique, constitue en réalité, un mécanisme tendant à consolider le prestige de la Cour.

L'indépendance psychologique du juge constitutionnel est largement tributaire de son indépendance matérielle et même technique.

SECTION 2. PERSPECTIVES TECHNIQUES ET MATERIELLES

L'indépendance du juge constitutionnel trouve un fondement étiologique sur le plan matériel et technique.

D'une part, pour une indépendance technique, il convient de faire un aménagement du cadre juridique régissant la justice et penser à la formation du juge constitutionnel. En effet, la fonction du juge constitutionnel étant parmi les plus hautes de la République mérite un recyclage cohérent pour lui

---

[1055] J. MIRANDA, « Immunités constitutionnelles et privilèges de juridiction - Portugal », in *A.I.J.C.*, 2001, pp. 312-313.

[1056] Sur cette question, voir le texte et la jurisprudence relative à cette question in *Code de procédure pénale*, rédigé avec le concours de J. PRADEL & F. CASORLA, Paris, Dalloz, 38ème éd., 1996, pp.592-596.

[1057] Lire les articles 153 alinéa 3 point 3 de la Constitution de la RDC du 18/02/2006 et 93 point 3 de la loi organique n°13/011-B du 11 avril 2013 portant organisation, fonctionnement et compétence des juridictions de l'ordre judiciaire, Journal officiel de la RDC, n°spécial du 04 mai 2013.

permettre de s'auto-suffire et prendre des arrêts fondés sur la rationalité juridique.

Il échet de souligner que l'existence de la culture intellectuelle implique aussi celle de l'audace, de la créativité, associée à l'intelligence imaginaire la plus grande et la plus raisonnable. Cela permet de garantir la stabilité et la constance des arrêts de la Cour constitutionnelle.

Sur le plan matériel, une Cour constitutionnelle exige « pour son fonctionnement, non seulement des bâtiments dignes de favoriser la solennité et la sérénité qu'imposent les débats, mais aussi une bibliothèque fournie pour mettre à la disposition des hauts magistrats des solutions jurisprudentielles trouvées sous d'autres cieux dans des circonstances similaires, et également les outils doctrinaux qui nourrissent et renouvellent la pensée juridique en contact avec les bases philosophiques nouvelles »[1058].

Par ailleurs, il est nécessaire que la juridiction constitutionnelle bénéficie d'une autonomie financière. Celle-ci est si essentielle à la Cour constitutionnelle fédérale allemande qui, dans son mémorandum du 27 juin 1952, l'a rattachée à son statut d'organe constitutionnel[1059]. De même, l'autonomie financière du Conseil constitutionnel français a été rapprochée de sa situation, « sur le plan organique, [d'] institution strictement indépendante du pouvoir législatif et du pouvoir exécutif »[1060].

En République Démocratique du Congo, la Cour constitutionnelle bénéficie d'une autonomie financière de principe. La loi organique[1061] lui reconnaît, en effet, le pouvoir de préparer un avant-projet du budget que son président transmet au Bureau du Conseil supérieur de la magistrature en vue de son intégration au budget du pouvoir judiciaire. Du point de vue empirique, l'on note cependant que la modicité des crédits alloués à l'Institution ne lui permet pas d'assurer son autonomie financière destinée à garantir son indépendance vis-à-vis du gouvernement et du parlement.

L'autonomie financière d'une juridiction constitutionnelle n'est pas comparable à celle dont bénéficient les assemblées parlementaires, l'établissement du budget de l'Etat appartenant au Parlement et non aux juridictions constitutionnelles.

Si le juge constitutionnel pouvait lier le parlement en adoptant lui-même de manière définitive son propre budget, il y aurait une atteinte aux prérogatives parlementaires telles qu'elles sont traditionnellement entendues. L'autonomie financière d'une juridiction constitutionnelle est donc,

---

1058 E. BOSHAB MABUDJ, « Les dispositions constitutionnelles transitoires relatives à la Cour constitutionnelle de la République Démocratique du Congo », *op.cit.*, p.11.

1059 Voir K. SCHLAICH, « Procédures et techniques de protection des droits fondamentaux – Tribunal constitutionnel fédéral allemand », in L. FAVOREU (dir.), *Cours constitutionnelles européennes et droits fondamentaux*, *op.cit.*, p.116.

1060 V.DUSSART, *L'autonomie financière des pouvoirs publics constitutionnels*, Th. Lille II, 1995, p.198.

1061 Il s'agit de l'article 39 de la loi organique n°13/026 du 15 octobre 2013.

nécessairement relative. Elle signifie « la situation d'une collectivité ou d'un organisme disposant d'un pouvoir propre de gestion de ses recettes et de ses dépenses, regroupées en un budget ou un document équivalent »[1062]. Il est possible de parler d'une autonomie financière en faveur des juridictions constitutionnelles qui bénéficient d'une large liberté dans l'élaboration et l'exécution de leur budget.

A. La préparation des prévisions budgétaires relatives à la juridiction constitutionnelle

De manière générale, « la juridiction constitutionnelle établit elle-même son budget, en évaluant librement ses dépenses et en demandant à l'Etat de lui fournir les ressources nécessaires correspondantes »[1063].

La Cour constitutionnelle fédérale allemande a considéré que sa compétence pour établir un projet de budget qui est, ensuite, soumis au Parlement découlait de sa qualité d'organe constitutionnel[1064]. L'article 1 de son règlement intérieur confie à l'assemblée plénière la compétence d'établir le projet de budget qui est soumis aux autorités publiques.

En Italie, il revient au Bureau de la présidence de cet organe de préparer le projet de budget[1065]. Le projet de budget du Tribunal constitutionnel espagnol est, quant à lui, préparé par le secrétaire général[1066], adopté par l'assemblée plénière du Tribunal avant d'être transmis aux *Cortes generales*[1067].

De même, le Tribunal constitutionnel portugais élabore son projet de budget, la préparation étant assurée par une commission administrative composée du président, de deux juges désignés par lui après avoir consulté préalablement l'assemblée plénière du Tribunal, ainsi que du secrétaire et du secrétaire judiciaire[1068]. Le Conseil administratif soumet alors le budget à l'approbation de la formation plénière du Tribunal, compétente aux termes de l'article 36 de la loi sur l'organisation, le fonctionnement et la procédure du Tribunal constitutionnel.

1062 R. GUILLIEN et J. VINCENT, *Lexique des termes juridiques*, *op.cit.*, p.57.

1063 L. FAVOREU et *alii*, *Droit constitutionnel*, *op.cit.*, p.227.

1064 Dans son mémorandum du 27 juin 1952. Voir K. SCHLAICH, « Procédures et techniques de protection des droits fondamentaux–Tribunal constitutionnel fédéral allemand », in L. FAVOREU (dir.), *Cours constitutionnelles européennes et droits fondamentaux, op.cit.*, p.116.

1065 Voir J.-C. ESCARRAS, *Chron.*, Italie, *A.I.J.C.*, 1985, p.488.

1066 Deuxième disposition supplémentaire à la loi organique sur le Tribunal constitutionnel espagnol.

1067 Voir également, P. BON, « Le Tribunal constitutionnel espagnol – Présentation générale », *Les Cah. Cons. const.*, n°2, 1997, p. 42.

1068 P. BON, « Présentation générale », in P. BON et *alii*, *La justice constitutionnelle au Portugal*, Paris, Economica, p.64.

La Cour suprême des Etats-Unis dispose également de la compétence de préparation de son budget. En effet, celui-ci est préparé par le *Marshal* de la Cour, avant d'être transmis à l'*Office of Management and Budget*[1069].

La Conseil constitutionnel français prépare lui-même son projet de budget. Il s'agit même d'une exigence constitutionnelle. En effet, dans sa décision 2001-456 DC du 27 décembre 2001, le Conseil constitutionnel a affirmé que « la règle selon laquelle les pouvoirs publics constitutionnels déterminent eux-mêmes les crédits nécessaires à leur fonctionnement [...] est inhérente au principe de leur autonomie financière qui garantit la séparation des pouvoirs »[1070].

Concrètement, la préparation du budget ne fait pas intervenir le Conseil dans sa formation plénière. Le projet de budget du Conseil constitutionnel est élaboré par son président[1071], qui est aidé par le trésorier[1072]. Il transmet ensuite au Gouvernement ce projet. Généralement au mois d'avril, le président adresse au ministère du budget une simple lettre pour demander l'inscription des crédits nécessaires dans la loi de finances[1073]. Il est notable que la demande adressée par le président du Conseil constitutionnel « ne comporte, en aucune façon, le détail de la répartition des crédits dans les chapitres. Elle ne contient que les titres des [...] chapitres et un chiffre devant chacun de ces chapitres »[1074]. Or les chapitres sont relativement larges[1075].

En République Démocratique du Congo, c'est au Gouvernement qu'il incombe la charge d'élaborer le projet de la loi de finances dans lequel est intégré le budget du pouvoir judiciaire élaboré par le Conseil supérieur de la magistrature.

L'adoption des dispositions du budget de l'Etat relatives aux juridictions constitutionnelles relève de la compétence du Parlement. Mais, les projets élaborés par des juridictions sont souvent transmis par le biais du gouvernement.

La pratique renseigne que les juridictions constitutionnelles n'envoient pas directement leurs projets de budget au Parlement : elles les transmettent au préalable à une autorité de l'Exécutif. Cette situation existe, notamment en France, aux Etats-Unis, en Espagne[1076] et en RDC. En droit

---

1069E. FROEDGE TOMA, « Congressional Influence and The Supreme Court : The Budget as A Signaling Device », *Journal of Legal Studies*, vol. XX, janvier 1991, p. 134.

1070Décision n°2001-456 DC du 27 décembre 2001, Rec., p. 180.

1071P. AVRIL et J. GICQUEL, *Le Conseil constitutionnel*, Paris, Montchrestien, 1992, p. 99.

1072V. DUSSART, *L'autonomie financière des pouvoirs publics constitutionnels*, *op.cit.*, p. 243.

1073*Idem.*

1074*Ibidem.*

1075*Ibid.*

1076Sur l'Espagne, voir P. BON, « Le Tribunal constitutionnel espagnol – Présentation générale », *op.cit.*, p.42.

congolais, lors de l'élaboration de la politique judiciaire nationale, le gouvernement collabore aussi bien avec les magistrats siégeant au sein de la commission des reformes du droit congolais, structure technique gérée par le ministère ayant la justice dans ses attributions qu'avec les différents responsables des syndicats des magistrats.

Aux Etats-Unis, le projet de budget de la Cour suprême doit être transmis à l'*Office of Management and Budget*[1077]. Cet organisme, regroupant plus de cinq cent salariés est un des services relevant de l'*Executive Office of the President*[1078]. Il lui revient de centraliser les prévisions des départements et agences indépendantes pour préparer alors un projet de budget, sous la direction du Président[1079]. En principe, le Président n'a pas le droit de modifier la demande de budget de la Cour suprême ; il est tenu de la soumettre directement au Congrès, sans pouvoir l'altérer[1080].

En revanche, dans certains Etats comme la France, le projet de budget n'est pas expressément prévu. Il s'agit seulement d'une demande adressée au Gouvernement auquel revient la compétence de préparer le projet de loi de finances. Le Gouvernement est alors en principe libre de discuter, de modifier la requête du Conseil constitutionnel. Mais, « il n'existe pas, en principe, de discussion des demandes de crédits [...] du Conseil constitutionnel, le ministère du budget devant se contenter d'inscrire les demandes de crédits dans le projet de loi de finances »[1081].

Il est généralement admis que les crédits alloués aux juridictions constitutionnelles doivent être votés par le Parlement. Cela découle de la compétence du Parlement en matière budgétaire. Le principe est d'ailleurs rappelé expressément dans plusieurs textes législatifs. L'article 123 de la loi spéciale du 6 janvier 1989 sur la Cour d'arbitrage belge prévoit que « les

---

[1077]E. FROEDGE TOMA, « Congressional Influence and The Supreme Court : The Budget as A Signaling Device », *Journal of Legal Studies, op.cit.*, p.134.

[1078]P. GERARD, *Le Président des Etats-Unis*, Paris, P.U.F., 1994, p.72.

[1079]Il faut rappeler que la Constitution des Etats-Unis ne prévoit pas l'intervention du Président dans la procédure d'adoption du budget. La compétence revient en principe au Congrès (article 1, section 8 et 16ème Amendement). Seule revient au président l'exécution comptable du budget (article 1 section 9). Mais, le Congrès a adopté des dispositions législatives permettant au Président de présenter des propositions de budget (P. GERARD, *Le Président des Etats-Unis*, *op.cit.*, p.81).

[1080]E. FROEDGE TOMA, « Congressional Influence and The Supreme Court : The Budget as A Signaling Device », *Journal of Legal Studies, op. cit.*, p.134. Cette procédure concerne l'ensemble du budget du pouvoir judiciaire fédéral, dont le budget de la Cour suprême n'est qu'un élément. Mais, *l'Office of Management and Budget* n'a pas hésité ces dernières années à opérer de sérieuses coupes dans les projets qui lui étaient transmis. C'est pourquoi des sénateurs ont déposé en 1999 une proposition de loi visant à ce que le pouvoir judiciaire fédéral puisse adresser sa demande directement au Congrès, sans avoir à passer par *l'Office of Management and Budget* (Voir The Third Branch, septembre 1999, www.uscourts.gov/ttb/sep99ttb/budget_bill. html [01/12/2012]).

[1081]*Idem.*, p.244.

crédits nécessaires au fonctionnement de la Cour d'arbitrage sont inscrits au budget des dotations ».

Aux termes de l'article 5 de la loi sur l'organisation, le fonctionnement et la procédure du Tribunal constitutionnel portugais, celui-ci « dispose d'un budget propre inscrit au Budget de l'Etat dans les charges générales de la Nation ». L'article 16 de l'Ordonnance du 7 novembre 1958 sur le Conseil constitutionnel français prévoit également que « les crédits nécessaires au fonctionnement du Conseil constitutionnel sont inscrits au budget général ».

De même, aux termes de la deuxième disposition supplémentaire à la loi organique sur le Tribunal constitutionnel espagnol, le budget du Tribunal « figurera en tant que section dans le budget général de l'Etat ». Enfin, aux termes de l'article 14 de la loi n°87 du 11 mars 1953, la Cour constitutionnelle italienne « dispose de fonds alloués par une loi du Parlement ».

Aux termes des dispositions de l'article 39 de la loi organique portant organisation et fonctionnement de la Cour constitutionnelle congolaise, l'on note que « la Cour prépare un avant-projet de budget que son président transmet au Bureau du Conseil supérieur de la magistrature en vue de son intégration au budget du pouvoir judiciaire. Cette indication ne fait pas des magistrats des personnes à tout faire au point d'empiéter sur les prérogatives des autres pouvoirs.

Au demeurant, c'est au gouvernement qu'il incombe la charge d'élaborer le projet de la loi de finances dans lequel est intégré le budget du pouvoir judiciaire[1082].

Dans la plupart des Etats, le montant des crédits alloués à la juridiction constitutionnelle ne fait pas véritablement l'objet de débat. Les crédits du Conseil constitutionnel français, comme d'ailleurs l'ensemble du titre II du budget des charges communes, sont votés « dans la plus parfaite indifférence »[1083]. Même aux Etats-Unis, les parlementaires hésitent à toucher au budget de la Cour suprême. Ainsi, Harold Rogers, membre de la commission de la Chambre des Représentants chargée d'examiner le projet de budget du pouvoir judiciaire, souligne qu'il semble que les parlementaires « donnent presque toujours à la Cour suprême exactement ce qu'elle demande »[1084].

La doctrine s'est interrogée sur l'existence d'un seuil au-dessous duquel le Parlement ne pourrait pas descendre lorsqu'il fixe les crédits alloués à la juridiction constitutionnelle. Aux Etats-Unis, en Irlande et en

---

[1082] J.-L. ESAMBO KANGASHE, *La Constitution congolaise du 18 février 2006 à l'épreuve du constitutionnalisme. Contraintes pratiques et perspectives*, *op.cit.*, p.138.

[1083] V. DUSSART, *L'autonomie financière des pouvoirs publics constitutionnels*, *op.cit.*, p.264.

[1084] Interview de Harold ROGERS, in The Third Branch, mai 1998, www. uscourts.gov/ttb/may98ttb/page5. html (02/12/2012).

Italie, il est garanti un traitement minimum aux juges constitutionnels, au-dessous duquel le Parlement ne peut descendre.

La question de la limite substantielle garantissant à la juridiction constitutionnelle un minimum de ressources a pris une importance particulière aux Etats-Unis. Scoffoni remarque qu' « au-delà [de la garantie contre les diminutions de traitement], les dispositions de l'article 3 n'imposent aucune autre limitation particulière au Congrès, ce qui peut soulever quelques problèmes. Ainsi, l'éventuelle réduction par le Congrès du financement des assistants (*« law clerks »*) et secrétaires en représailles à une décision de justice ne serait inconstitutionnelle qu'à condition qu'une interprétation large de la notion de 'salaires', incluant les frais de secrétariat soit donnée. Des limites demeurent quoi qu'il en soit pour le Congrès dans la mesure où ce dernier ne pourrait totalement par ce biais (en diminuant tous les budgets par exemple) empêcher le fonctionnement du pouvoir judiciaire. La Constitution implique en effet un minimum d'effectivité dans l'exercice des fonctions judiciaires »[1085].

On peut envisager ce type de problématique au sujet du Conseil constitutionnel français. Ainsi, Vincent Dussart s'est demandé ce qu'il arriverait « *si le législateur budgétaire, en représailles à une décision d'inconstitutionnalité réduisait les crédits du Conseil constitutionnel de manière tellement drastique que celui-ci ne puisse plus fonctionner normalement* »[1086]. Aucune réponse certaine ne peut être donnée, il faut toutefois souligner que le Conseil constitutionnel est, en général, saisi de l'examen des lois de finances. Il a donc, de facto, un droit de veto sur le montant de la dotation qui lui est allouée.

L'autre moment de la manifestation de l'autonomie financière de la juridiction constitutionnelle se trouve être l'exécution du budget à lui alloué par le parlement.

B. L'autonomie dans l'exécution du budget de la juridiction constitutionnelle

L'autonomie financière des juridictions constitutionnelles se manifeste surtout au moment de l'exécution du budget. De manière générale, ces juridictions bénéficient d'une marge de liberté dans la gestion des crédits qui leur sont alloués par le Parlement.

Particulièrement appréciable, cette liberté leur permet de fixer elles-mêmes certaines recettes et dépenses.

Il est parfois admis que la juridiction constitutionnelle ait une maîtrise sur certaines recettes. Ainsi, la section 1911 du titre 28 du *United*

[1085]G. SCOFFONI, « Le statut constitutionnel des juges du siège et du parquet – Etats-Unis », *op.cit.*, p.210.

[1086]V. DUSSART, *L'autonomie financière des pouvoirs publics constitutionnels, op.cit.*, p.8.

States Code prévoit que « la Cour suprême peut fixer les droits qui seront perçus par son *Clerk* ». De même, la Cour constitutionnelle italienne peut fixer « les honoraires dus au greffe de la Cour pour services spéciaux »[1087] ; cette compétence n'étant que rarement reconnue aux juridictions constitutionnelles parce que devant porter sur une part infime des ressources nécessaires au fonctionnement de la juridiction constitutionnelle.

Par contre, la plupart des juridictions constitutionnelles bénéficient d'une marge de liberté dans la fixation de leurs dépenses. Ainsi, l'article 14 de la loi n°87 du 11 mars 1953 sur la Cour constitutionnelle italienne prévoit que celle-ci « dispose de fonds alloués par une loi du Parlement, dans les limites desquelles elle gère ses dépenses, ses services et ses fonctions ». Ce même texte reconnaît à la Cour, dans les limites de la dotation qui lui est ainsi allouée de décider « de la rémunération des agents ». De même, la Cour suprême des Etats-Unis peut, dans la limite des fonds alloués par le Congrès, déterminer les montants des traitements de son *Clerk*[1088], de son *Marshal*[1089], du *Reporter* de ses décisions[1090], de son *Librarian*[1091], des *Law Clerks*[1092] et des secrétaires des juges[1093].

En outre, le *Chief Justice* garde la maîtrise de la détermination des salaires des collaborateurs du *Clerk*[1094], du *Marshal*[1095], du *Reporter*[1096] et du *Librarian*[1097]. Le président du Conseil constitutionnel français a également la maîtrise d'un certain nombre de dépenses. François Luchaire souligne qu' « il dispose des crédits ouverts au Conseil [...] comme il l'entend (réserve faite évidemment des indemnités dues aux membres du Conseil). Il mandate librement les dépenses et recrute le personnel dans la limite de ces crédits »[1098].

Dans d'autres Etats, l'exécution du budget est partagée entre plusieurs autorités. Mais en France, le président du Conseil constitutionnel a une compétence exclusive. Ainsi, les responsabilités en matière d'exécution budgétaire sont partagées entre le président et la juridiction, tandis que des fonctionnaires agissent sous leurs autorités.

Aux Etats- Unis, plusieurs organes sont compétents. La Cour suprême elle-même et le *Chief Justice* ont une compétence. Il faut également

---

[1087] Articles 19 et 30 des Normes complémentaires du 16 mars 1956.
[1088] 28 U.S.C. 671.
[1089] 28 U.S.C. 672.
[1090] 28 U.S.C. 673.
[1091] 28 U.S.C. 674.
[1092] 28 U.S.C. 675.
[1093] 28 U.S.C. 675.
[1094] 28 U.S.C. 671.
[1095] 28 U.S.C. 672.
[1096] 28 U.S.C. 673.
[1097] 28 U.S.C. 674.
[1098] F. LUCHAIRE, *Le Conseil constitutionnel,* 2 tomes en 3 volumes, *(Organisation et attribution)*, Paris, Economica, 2ème éd., 1997, p.92.

souligner que la plupart des paiements sont effectués par le *Marshal*[1099], qui a en quelque sorte un rôle de trésorier. En Italie, l'exécution du budget est de la compétence de plusieurs organes. Pour l'essentiel, il appartient au Bureau de la présidence d'engager ou d'ordonner l'engagement de la plupart des dépenses courantes. Mais au-delà d'un certain seuil, l'engagement doit en principe être autorisé par la Cour.

Toutefois, en cas d'urgence, le Bureau peut engager des dépenses supérieures à ce plafond[1100]. En Espagne, l'exécution du budget relève, aux termes de la seconde disposition supplémentaire à la loi organique sur le Tribunal constitutionnel espagnol, du « secrétaire général, assisté d'un personnel technique ». Mais, le secrétaire général étant placé sous l'autorité du président et de la formation plénière du Tribunal, les autorités chargées de l'exécution du budget sont « l'assemblée plénière, [le] président, [le] secrétaire général et [...] l'intendant du Tribunal »[1101].

En Belgique, une dotation est allouée chaque année à la Cour constitutionnelle en application de l'article 123 de la loi spéciale du 6 janvier 1989. La Cour constitutionnelle établit librement un budget dans les limites de la dotation ainsi fixée[1102]. C'est donc la Cour elle-même qui fixe le cadre dans lequel les dépenses seront engagées. Dans ce cadre, les présidents « ont chacun la signature pour tous engagements de dépenses et tous ordres de paiements »[1103]. Mais, d'autres juges peuvent les suppléer dans l'exercice de cette fonction. En effet, le règlement d'ordre intérieur de la Cour constitutionnelle belge prévoit que les présidents « peuvent être suppléés pour la signature d'ordres de paiement, par des juges désignés à cet effet par la Cour »[1104]. Les présidents sont également assistés par un comptable[1105].

Il n'existe rien de semblable en France. Aux termes de l'article 16 de l'ordonnance du 7 novembre 1958, le président du Conseil constitutionnel « est ordonnateur des dépenses ». L'article 4 du décret n° 59-1293 précise qu'il revient au président du Conseil constitutionnel de mandater les dépenses de fonctionnement du Conseil. Comme le souligne François Luchaire, « le Conseil ne s'administre pas collectivement et, [...] ne détermine pas son budget »[1106]. L'exécution des dotations allouées au Conseil constitutionnel appartient donc à son président, et non au Conseil

---

[1099] 28 U.S.C. 672.

[1100] J.-C. ESCARRAS, *Chron,* Italie, *op.cit.*, pp.488-489.

[1101] P. BON, « Le Tribunal constitutionnel espagnol – Présentation générale », *op.cit.*, p. 42.

[1102] Cela découle de l'article 3 a) du règlement d'ordre intérieur du 15 décembre 1987, qui fait référence au « budget établi par la Cour ».

[1103] Article 3 a) du règlement d'ordre intérieur de la Cour d'arbitrage belge.

[1104] *Idem.*

[1105] A. RASSON, « Les méthodes de travail des juridictions constitutionnelles », *A.I.J.C.*, 1992, p. 217.

[1106] F. LUCHAIRE, *Le Conseil constitutionnel, Tome 1, op.cit.,* p. 92.

lui-même. Il semble que le président puisse déléguer ses fonctions d'ordonnateur au secrétaire général[1107].

En effet, en application de l'article 2 alinéa 2 du décret n°59-1293 du 13 novembre 1958, le secrétaire général « peut recevoir du président délégation pour signer tous actes et décisions d'ordre administratif ». Vincent Dussart en déduit que « le secrétaire général du Conseil constitutionnel bénéficie [...] aux termes du décret n°59-1293 du 13 novembre 1959 d'une possibilité de délégation du pouvoir d'ordonnancer les dépenses »[1108]. En outre, il existe un agent qui n'est pas un comptable public traditionnel, mais exerce des fonctions de comptable[1109] : le trésorier.

Aux termes de l'article 5 du décret n°59-1293 du 13 novembre 1959, il est nommé par le président du Conseil constitutionnel devant lequel il est responsable. Il lui revient de procéder aux paiements des mandats[1110]. Le trésorier dirige le service administratif et financier[1111]. Or, cet organe exerce aussi des fonctions d'assistance du président et du secrétaire général. Comme le souligne Vincent Dussart, « il n'y a donc pas pour la juridiction constitutionnelle de séparation organique entre les services comptables et les services de l'ordonnancement »[1112]. Le rôle du président est donc prépondérant, les autres autorités n'agissant que par délégation (c'est le cas du secrétaire général) ou sous son autorité (c'est le cas du secrétaire général et du trésorier). Le président a donc la maîtrise des fonds alloués par le Parlement au Conseil constitutionnel, peut agir sans qu'auparavant le Conseil ait délibéré sur leur affectation. Cette situation est contestable. En effet, une « grande liberté »[1113] laissée à l'autorité chargée de l'exécution du budget du Conseil constitutionnel peut conduire à des abus. Il serait souhaitable que cette marge d'appréciation appartienne au Conseil et pas seulement à son président.

L'exécution du budget est contrôlée par la juridiction elle-même. Dans la plupart des Etats, il existe un contrôle interne de l'exécution du budget, c'est-à-dire un contrôle exercé au sein de la juridiction constitutionnelle. En général, il n'existe pas de contrôle externe, c'est-à-dire de contrôle exercé par une autorité extérieure à la juridiction.

[1107] *Idem.*

[1108] V. DUSSART, *L'autonomie financière des pouvoirs publics constitutionnels, op.cit.*, p.324.

[1109] *Idem.*, p.325-326.

[1110] Article 5 du décret du 13 novembre 1959 sur l'organisation du secrétariat général du Conseil constitutionnel.

[1111] Sur le service administratif et financier, voir O. SCHRAMECK, « Le secrétariat général du Conseil constitutionnel », *R.F.D.A.*, 1994, p.1212-1213.

[1112] V. DUSSART, *L'autonomie financière des pouvoirs publics constitutionnels, op.cit.*, p.327.

[1113] M. VERPEAUX, « Conseil constitutionnel », *op.cit.*, n°187.

En Italie, le contrôle de l'exécution du budget appartient à la Cour constitutionnelle elle-même, siégeant en formation plénière non contentieuse[1114].

En Belgique, le contrôle interne fait l'objet de dispositions très précises de l'article 3 c) du règlement d'ordre intérieur du 15 décembre 1987. La Cour constitutionnelle désigne chaque année deux de ses membres (un par groupe linguistique) aux fonctions de commissaire. Ils peuvent à tout moment faire toute vérification comptable. En outre, au plus tard le 31 mars de chaque année, les présidents soumettent à la Cour les comptes de l'année précédente. Les commissaires rendent un rapport sur ces comptes et sur la gestion comptable. Il revient à la Cour constitutionnelle de se prononcer « sur l'approbation des comptes et sur la décharge à donner aux présidents et aux commissaires »[1115].

En France, il n'existe qu'un contrôle interne restreint. En effet, l'article 4 du décret du 13 novembre 1959 relatif à l'organisation du secrétariat général du Conseil constitutionnel prévoit la responsabilité du trésorier devant le président. Ceci implique un contrôle du président sur le trésorier. Ainsi, Vincent Dussart souligne qu' « en pratique, le président du Conseil constitutionnel est chargé de l'apurement des comptes du trésorier. Il a compétence pour lui donner l'équivalent d'un quitus pour sa gestion »[1116]. De même, le secrétaire général étant, aux termes de l'article 2 du décret du 13 novembre 1959, « sous l'autorité du président », on peut considérer que le président exerce un contrôle de l'activité du secrétaire général en matière financière. Mais tout cela est très limité. Et dans une large mesure informel.

Il faut toutefois noter qu'il existe au Portugal un contrôle externe portant sur l'exécution du budget. La gestion du budget du Tribunal constitutionnel est soumise au contrôle du Tribunal des Comptes[1117]. Mais, dans de nombreux Etats, la juridiction constitutionnelle est soustraite à tout contrôle externe sur ses comptes. Il en est ainsi en Italie[1118].

En France, l'exécution du budget du Conseil constitutionnel est soustraite aux contrôles de droit commun extérieur. Ni l'Inspection des Finances[1119], ni la Cour des comptes[1120] n'exercent le moindre contrôle sur l'exécution du budget du Conseil. Certes, le trésorier est « assisté par un

---

[1114] J.-C. ESCARRAS, *Chron. Italie, op.cit.*, p.489.

[1115] Article 3 c) du règlement d'ordre intérieur de la Cour d'arbitrage belge.

[1116] V. DUSSART, *L'autonomie financière des pouvoirs publics constitutionnels, op.cit.*, p.366.

[1117] P. BON, « Présentation générale », in P. BON et *alii, La justice constitutionnelle au Portugal, op.cit.*, p.64.

[1118] J.-C. ESCARRAS, « Les juges constitutionnels - Italie », *op.cit.*, p.177.

[1119] V. DUSSART, *L'autonomie financière des pouvoirs publics constitutionnels, op.cit.*, p.366.

[1120] J. BOUDANT, « Le président du Conseil constitutionnel », *op.cit.*, p.622 ; V. DUSSART, *L'autonomie financière des pouvoirs publics constitutionnels, op.cit.*, p.366.

conseil financier, conseiller-maître à la Cour des comptes »[1121]. Mais, dans l'exercice de cette fonction, celui-ci ne représente pas la Cour des comptes[1122]. Comme le note Vincent Dussart, « il apporte, en quelque sorte, une caution morale à la gestion financière du Conseil »[1123].

En République Démocratique du Congo, le président de la Cour est l'ordonnateur du budget[1124] de son institution. Cette situation paraît critiquable. En effet, une grande liberté laissée à l'autorité chargée de l'exécution du budget se révèle de nature à conduire à des abus. Il serait souhaitable que cette marge d'appréciation appartienne à la Cour et pas seulement à son président.

De même, aucune disposition ne prend en charge la question du contrôle de l'exécution du budget. Dans le souci de promouvoir la transparence dans la gestion des crédits alloués à la Cour constitutionnelle, il est souhaitable que soit aménagé un contrôle interne impliquant l'intervention de la Cour elle-même, siégeant en formation plénière non contentieuse.

Il en résulte que loin de constituer une fin en soi, l'autonomie institutionnelle n'est qu'un moyen. Il s'agit avant tout d'une garantie de bonne justice, contribuant à renforcer la légitimité de l'institution : puisque la juridiction constitutionnelle a une autonomie par rapport au législateur et à l'exécutif, elle en est distincte ; elle peut donc trancher des litiges impliquant le législateur ou l'exécutif sans que son impartialité soit *a priori* suspecte. En outre, l'autonomie de l'institution semble un élément de l'indépendance de ses membres : ceux-ci peuvent effectuer leur travail sans être sous la dépendance permanente du législateur et de l'exécutif quant à leurs bureaux, leurs secrétariats, ou leurs bibliothèques. L'autonomie de l'institution apparaît alors comme un complément du statut des membres de la juridiction.

Les juges constitutionnels devraient bénéficier de nombreux avantages ayant pour objet de leur assurer un train de vie convenable pendant, et après, leurs fonctions. Il s'agit de tout faire pour que les juges soient à l'abri des contingences matérielles, ce qui leur permet de n'avoir « rien à craindre ni à attendre »[1125]. Il en est ainsi de la rémunération décente et de la pension de retraite.

[1121] O. SCHRAMECK, « Le secrétariat général du Conseil constitutionnel », *R.F.D.A.*, 1994, p.1212.

[1122] V. DUSSART, *L'autonomie financière des pouvoirs publics constitutionnels, op.cit.*, p.366.

[1123] *Idem.*

[1124] Lire l'article 38, alinéa 2 de la loi organique n°13/026 du 15 octobre 2013.

[1125] C. EISENMANN, *La justice constitutionnelle et la Haute Cour constitutionnelle d'Autriche, op.cit.*, p.176-177.

1. La rémunération des juges constitutionnels

Pour garantir l'indépendance de ces juges, plusieurs Etats prévoient l'encadrement constitutionnel de leur rémunération.

Aux Etats-Unis, l'article 3 section 1 de la Constitution interdit la diminution du traitement des juges des cours à statut constitutionnel[1126] durant toute la durée de leur fonction. Cette garantie est appréciable. Comme le souligne Michael Davis, « puisque la Constitution interdit toute diminution de leur rémunération pendant la durée de leurs fonctions, les juges jouissent d'une certaine indépendance immédiate »[1127]. La Cour suprême et la doctrine ont précisé ces dispositions. Elles interdisent au Congrès de diminuer le traitement des juges. Mais elles ne l'obligent pas à l'augmenter.

Or, en période d'inflation, l'absence d'augmentation a pour conséquence la baisse du pouvoir d'achat. Un refus d'augmenter les traitements des juges semble pourtant conforme à la Constitution. Ce qui, comme le note Scoffoni aboutit à ce que « par son inaction, le Congrès [...] puisse ainsi contribuer à la réduction des salaires réels »[1128]. Il y a là un moyen d'action du Congrès à l'égard des juges, qui peut ainsi les sanctionner[1129].

La Cour suprême a eu l'occasion de se prononcer sur l'application de l'impôt sur le revenu aux juges des Cours à statut constitutionnel. Elle a d'abord jugé que la diminution du revenu par le biais d'un impôt était contraire à la Constitution. Le juge Van Devanter, rendant l'opinion de la Cour dans l'arrêt *Evans contre Gore* de 1920 affirmait ainsi que « le traitement est protégé contre toute diminution quelqu'en soit la forme, qu'il s'agisse d'une imposition ou d'autre chose »[1130].

Le juge Mc Reynolds a confirmé ce principe, dans l'opinion qu'il a rédigée pour la Cour dans l'arrêt *Miles contre Graham* de 1925[1131]. Puis, dans son arrêt *O'Malley contre Woodrough* de 1939, la Cour suprême a admis l'application aux juges fédéraux, donc à ses membres, d'une taxe générale, non discriminatoire, ayant vocation à s'appliquer à tout citoyen. Le

[1126]La doctrine américaine utilise l'expression « *Constitutional courts* » pour désigner les cours de l'article 3 de la Constitution. Cette expression pouvant être source de confusion, il est préférable de désigner ces cours, au premier rang desquels se trouve évidemment la Cour suprême, au moyen de l'expression « cours à statut constitutionnel », comme le fait SCOFFONI dans « Le statut constitutionnel des juges du siège et du parquet – Etats-Unis », *op.cit.*, pp.193-219.

[1127]M. H. DAVIS, « Les juges constitutionnels - Etats-Unis », *op.cit.*, p.139.

[1128]G .SCOFFONI, « Le statut constitutionnel des juges du siège et du parquet – Etats-Unis», *op.cit.*, p.210.

[1129]D. O'BRIEN, *Storm center, op. cit.*, p.364.

[1130]*Evans* contre *Gore*, 253 US 245 (1920).

[1131]*Miles* contre *Graham*, 268 US 501 (1925).

juge Frankfurter soulignait, dans l'opinion qu'il rédigea pour la Cour, « que soumettre les juges à une imposition générale, c'est seulement reconnaître qu'ils sont aussi des citoyens »[1132].

Les dispositions de la Constitution des Etats-Unis ont influencé les Constituants irlandais. L'article 35 §5 de la Constitution irlandaise dispose : « le traitement d'un juge ne pourra pas être réduit tant qu'il demeurera en fonctions ». La Cour suprême d'Irlande a également été amenée à se prononcer sur l'imposition des traitements accordés aux juges. Le *Chief Justice* Maguire soulignait en 1959 dans l'opinion qu'il rédigea pour la Cour dans l'affaire *O'Byrne contre Minister for Finance*: « l'interdiction contenue dans cet article doit être lue dans le contexte de l'article tout entier.

L'objet de cet article est de sauvegarder l'indépendance des juges. Demander à un juge de payer des impôts sur le revenu sur la même base que les autres citoyens, et de contribuer ainsi aux dépenses du gouvernement, ne peut pas être considéré comme une atteinte à son indépendance »[1133]. Dans cet arrêt, La Cour suprême d'Irlande a également précisé que l'article 35 §5 n'assure pas aux juges le droit de bénéficier d'une indexation de leur traitement, qui peut donc subir une érosion du fait de l'inflation[1134].

Les juges constitutionnels italiens bénéficient également d'une protection constitutionnelle de leur salaire. L'article 6 de la loi constitutionnelle n°1 de 1953 dispose : « *les membres de la Cour constitutionnelle perçoivent un salaire mensuel qui ne peut être inférieur à celui du plus haut magistrat des juridictions de droit commun et qui est déterminé par la loi* ». Le magistrat de droit commun qui a le traitement le plus élevé est le président de la Cour de cassation[1135].

Les membres de la Cour constitutionnelle congolaise ne bénéficient pas d'une protection constitutionnelle de leur traitement. La loi organique en son article 27 dispose que « *les membres de la Cour, ceux du Parquet général et les conseillers référendaires ont droit à un traitement et à des avantages qui assurent leur indépendance et leur dignité. Ils sont prévus par la loi de finances et fixés dans le statut de la Cour* ».

Il en résulte que l'existence d'une garantie constitutionnelle des traitements des juges constitutionnels a pour finalité d'assurer leur indépendance. Les anglo-saxons sont particulièrement attentifs à cette problématique. Le *Chief Justice* Burger rappelait dans l'arrêt *United States contreWill* de 1980 que l'interdiction de toute diminution de traitement « a son origine dans la longue tradition anglo-américaine d'indépendance de la magistrature »[1136].

1132 *O'Malley* contre *Woodrough*, 307 US 277 (1939).

1133 Cité par J. CASEY, *Constitutional law in Ireland, op.cit,* pp.248-249.

1134 Cité par J. CASEY, *Constitutional law in Ireland, op.cit,* pp.248-249.

1135 J.-C. ESCARRAS, « Les juges constitutionnels - Italie », *op.cit.*, pp.176-177.

1136 *United States contre.Will* 449 US 200 (1980). L'analyse du *Chief Justice* BURGER développée dans cette opinion rappelle que la garantie contre la diminution de salaire

Dans la même perspective, les juges constitutionnels devraient bénéficier d'une pension de retraite.

2. La pension de retraite des juges constitutionnels

La retraite des juges constitutionnels est un élément essentiel de leur statut. Un juge n'est indépendant que s'il n'a rien à craindre ou à attendre des autorités publiques ou des personnes privées. Or, si les conditions de sa retraite sont pour le juge une source d'inquiétude, il n'est certainement pas dans des conditions optimales pouvant le conduire à exercer ses fonctions de manière impartiale. Il est donc nécessaire, voire indispensable, de garantir au juge constitutionnel un système de pension lui permettant de ne pas craindre de se trouver à la retraite. Le droit à une pension de retraite est généralement reconnu aux juges constitutionnels. Il a même été constitutionnalisé au Canada.

Le droit de bénéficier d'une pension de retraite existe également au profit des juges constitutionnels dont le mandat se termine lorsqu'ils atteignent un âge maximal. Il en est ainsi en Belgique[1137], en Autriche[1138], en Irlande[1139] et au Canada[1140]. Il arrive que les juges constitutionnels qui ne bénéficient pas d'une pension de retraite au terme de leurs fonctions reçoivent une indemnité temporaire. Ainsi, un ancien membre de la Cour constitutionnelle fédérale allemande ayant exercé ses fonctions pendant au moins deux ans et ne percevant pas de pension de retraite au titre de ses fonctions de juges constitutionnels, reçoit « une indemnité temporaire s'élevant au montant de son traitement pour la durée d'un an »[1141].

Les juges constitutionnels espagnols bénéficient d'un avantage comparable. Aux termes de l'article 25 §1 de la loi organique relative à l'organisation du Tribunal constitutionnel, ceux d'entre eux « qui ont exercé leurs fonctions pendant un minimum de trois ans ont droit à une rémunération de transition pour un an, équivalente à celle qu'ils percevront au moment de la fin de leur mandat ».

La question de la retraite des juges constitutionnels ne concerne pas les membres de droit du Conseil constitutionnel français, ceux-ci ne pouvant

---

trouve son origine dans le droit britannique. Dès *l'Act of Settlement* de 1701 était établi un lien entre indépendance des juges et non-diminution de salaire.

1137 Article 3 de la loi du 6 janvier 1989 relative aux traitements et pensions des juges, des référendaires et des greffiers de la Cour d'arbitrage ; Articles 391, 392 393, 395, 396 et 397 du Code judiciaire belge.

1138 Article 5a à 5g de la loi sur la Cour constitutionnelle de 1953.

1139 J. CASEY, *Constitutional law in Ireland, op.cit*, 1992, p.250.

1140 K. BENYEKHLEF, « Le statut constitutionnel des juges du siège et du parquet- Canada », *op.cit.*, pp.165-167.

1141 Article 100 de la loi sur la Cour constitutionnelle fédérale allemande.

en aucune manière démissionner[1142], ni être destitués[1143], ils ne sont jamais à la retraite du Conseil constitutionnel. Au contraire, les juges à la Cour suprême des Etats-Unis peuvent démissionner. Et depuis 1937, ils ont droit à une pension de retraite[1144]. L'objectif du législateur était d'inciter les membres de la Cour suprême à se retirer, afin de pouvoir en nommer de nouveaux, plus proches des analyses politiques du Président Roosevelt[1145].

Le montant de la pension de retraite des juges est particulièrement incitatif. En effet, ils touchent une rente égale au montant de leur traitement au moment de leur retraite, s'ils ont atteint un certain âge et exercé des fonctions dans la magistrature fédérale pendant un certain temps[1146]. Le temps de service requis est dégressif en fonction de l'âge. Sont exigés au moins 15 ans de service pour que le juge puisse prendre sa retraite à 65 ans, 14 ans de service s'il est âgé de 66 ans, 13 ans s'il a 67 ans, 12 ans s'il a 68 ans, 11 ans s'il a 69 ans et 10 ans s'il a 70 ans[1147]. Les auteurs français affirment généralement que ces dispositions ne produisent pas l'effet désiré par le législateur, et que les juges à la Cour suprême en « profitent peu »[1148]. Il faut réfuter cette idée, car, en réalité, les dispositions relatives aux pensions de retraite aient conduit les juges à changer d'attitude[1149]. Les juges qui décèdent pendant leur fonction à la Cour suprême sont désormais très peu nombreux[1150] et il semble que les juges de la Cour suprême des Etats-Unis bénéficient effectivement des dispositions leur accordant une pension de retraite.

En droit positif congolais, la question de la pension de retraite est prise en charge par les dispositions de l'article 27 de la loi organique qui prévoient des avantages destinés à assurer l'indépendance et la dignité des

---

1142 D. ROSENBERG, « Les anciens Présidents de la République, membres de droit du Conseil constitutionnel : l'impossible retraite », *op.cit.*, p.1279-83.

1143 L. FAVOREU et L. PHILIP, *Les grandes décisions du Conseil constitutionnel, op.cit.*, p.14.

1144 E. ZOLLER, « Présentation de la Cour suprême des Etats-Unis », *op.cit.*, p.36.

1145 D. O'BRIEN, *Storm center, op.cit*, p.363.

1146 28 U.S.C. 371, a).

1147 28 U.S.C. 371, c).

1148 A. DEYSINE, *La justice aux Etats-Unis, op.cit.*, p.72.

1149 Interview du *Chief Justice* William REHNQUIST par Brian LAMB, le 7 juillet 1992.

1150 Parmi les 24 juges à la Cour suprême dont le mandat s'est terminé entre 1945 et 2000, seulement 5 d'entre eux sont morts au cours de leurs fonctions : Harlan Fiske Stone en 1946 à 74 ans ; Franck Murphy en 1949 à 59 ans ; Wiley Blount Rutledge en 1949 à 55 ans ; Frederick Moore Vinson en 1953 à 63 ans ; Robert Houghwout Jackson en 1954 à 62 ans. Ces données imposent plusieurs remarques. Les juges morts pendant leurs fonctions étaient encore relativement jeunes : quatre d'entre eux avaient moins de 65 ans. Un seul des juges aurait pu bénéficier d'une pension de retraite (le juge Harlan Fiske Stone avait 74 ans et était en fonction depuis 1925). On peut donc en conclure que les décès ne représentent qu'une cause mineure de vacance de siège à la Cour suprême. Depuis 1945, la plupart des juges à la Cour suprême des Etats-Unis ont donc démissionné.

membres de la Cour constitutionnelle. Ces avantages sont fixés dans le statut de la Cour prévu à l'article 11 de la loi organique.

CONCLUSION DU TITRE TROISIEME

Le passé de la justice constitutionnelle offre l'image d'une justice contrastée tant il est vrai que le juge constitutionnel congolais œuvrait dans un contexte peu favorable à son épanouissement aussi bien sur le plan politique, juridique, psychologique, technique que matériel.

L'actualité du phénomène renseigne que le virage est bien négocié et que la volonté politique est matérialisée au travers de l'installation effective de la cour constitutionnelle congolaise, en date du 04 Avril 2015.

Quoiqu'il en soit, les indications suivantes peuvent constituer le contenu de l'agenda prospectif : la formation permanente ou le recyclage du personnel chargé d'assurer la justice constitutionnelle, l'allocation en leur faveur d'une rémunération décente et des moyens matériels à même de contribuer à la matérialisation du prestige attaché à l'institution suivis d'une pension de retraite.

Il en résulte que la visibilité et l'efficience de la justice constitutionnelle en R.D.Congo sont largement tributaires de l'indépendance des membres de la Cour constitutionnelle, c'est-à-dire leur capacité à appliquer correctement la Constitution dans l'accomplissement de leurs prérogatives.

CONCLUSION DE LA DEUXIEME PARTIE

La deuxième partie de cette étude s'est occupée de l'analyse jurisprudentielle pour assurer le degré de la juridicisation par la justice constitutionnelle de la vie politique congolaise.

Le passage en revue des principaux arrêts de la Cour constitutionnelle a démontré que la justice constitutionnelle congolaise évolue en dents de scie : tantôt elle offre l'image d'une justice politisée, tantôt celle d'une justice au service de la démocratie et de la bonne gouvernance[1151].

Loin d'avoir une vision enchantée du juge constitutionnel congolais, il a paru nécessaire de se lancer dans une vision critique. Celle-ci a révélé que le juge constitutionnel a les deux faces de Janus. Par moment, il fait preuve de bravoure, à travers le courage de ses arrêts, en même temps, il déçoit en rendant des arrêts teintés de couleur politique.

La recherche a passé au peigne fin (crible) la juridicisation de la vie politique dans ses différents aspects, notamment dans le contrôle de constitutionnalité des actes du pouvoir législatif ou du pouvoir exécutif, le contentieux constitutionnel, électoral, l'interprétation de la Constitution ainsi que dans le contentieux pénal.

Les incursions régulières en droit comparé nous ont aidé à étoffer notre étude, car la juridicisation de la vie politique devient un phénomène mondial. Il ouvre de nouvelles perspectives dans la mise en place d'une justice constitutionnelle au service de l'Etat de droit et de la démocratie.

[1151] J.-L. ESAMBO KANGASHE, *La Constitution du 18 février 2006 à l'épreuve du constitutionnalisme. Contraintes pratiques et perspectives, op.cit.*, pp.235-239.

CONCLUSIONGENERALE

La juridicisation de la vie politique évoque l'idée de l'intervention du juge dans le règlement des questions relevant naguère de la compétence des autorités politiques. On peut donc dire que l'entreprise autorise l'intervention du juge constitutionnel dans la régulation de la dévolution, l'exercice et, au besoin, de la perte du pouvoir politique.

Dans cette perspective, les juges seraient davantage associés à la vie politique et à l'action publique selon une triple dimension constituée de l'imposition de limites substantielles au pouvoir des institutions législatives, de la définition du contenu même des politiques publiques et de leur mise en œuvre concrète et, enfin, de l'arbitrage de l'activité politique elle-même à travers la régulation de la compétition politique.

La notion trouve son application dans des systèmes démocratiques, lorsqu'il existe une forme adéquate de la séparation des pouvoirs à la Montesquieu et des politiques de protection des droits individuels, notamment des droits des minorités y compris lorsqu'ils vont à l'encontre de ceux de la majorité.

La faiblesse et l'inefficacité supposées des « institutions majoritaires » comme les partis politiques et les coalitions gouvernementales lorsqu'ils ne parviennent pas à s'organiser au même titre que la perception jugée négative par les élites et l'opinion publique des institutions qui participent au processus de production de l'action publique, seraient autant de facteurs qui pourraient accréditer l'idée que le juge constitutionnel est un acteur, de plus en plus, stratégique d'un système politique.

Parallèlement ou cumulativement, les stratégies contentieuses déployées par de tiers acteurs, comme les groupes d'intérêts ou les partis de l'opposition, pourraient également avoir pour effet de mettre le juge constitutionnel au centre du jeu. Il en est de même de la tendance des acteurs politiques à ne pas vouloir traiter des problèmes dont ils sont pourtant saisis.

Ainsi, des « politiques juridicisées » sont des politiques poursuivies, en partie, à travers la médiation du discours du droit ». Ceci peut amener à considérer que « le discours politique est maintenant imprégné du langage du droit et de la légitimité ».

La mise en œuvre effective de la juridicisation permet donc au juge constitutionnel de devenir un acteur clé de la réalisation des politiques publiques. Dans la société américaine par exemple, depuis une ou deux décennies, le regard se tourne de plus en plus vers les tribunaux pour résoudre certains problèmes les plus complexes tels que les questions d'intégration, le contrôle de la police, la protection de l'environnement ou l'amélioration du sort des pauvres.

Les tribunaux américains, et en particulier la Cour Suprême, seraient devenus les principaux artisans du changement social dans certains domaines comme celui des droits civils, des droits des femmes ou encore du droit pénal et des prisons.

Dans les sociétés européennes, la juridicisation est un facteur de progrès social, permettant que soient plus et mieux défendus les droits de l'homme, les droits des plus faibles. C'est donc la recherche de l'égalité de tous, dans tous les domaines qui a conduit à la légitimation de la juridicisation dans l'espace européen.

Le rôle de la justice dans l'égalisation des conditions des membres de la communauté politique est jugé indispensable à la survie et au développement de l'Etat. Le mode a fini par influer sur l'institution de la Cour européenne de justice et de la Cour européenne des droits de l'homme qui ont contribué à la promotion des droits sociaux, prenant la forme de droits supranationaux.

La mise en œuvre des mécanismes de juridicisation de la vie politique passe donc par l'instauration d'une justice constitutionnelle. Celle-ci assure la garantie juridictionnelle de la Constitution ou encore la limitation du pouvoir politique, la sauvegarde de la suprématie constitutionnelle, la protection des droits et libertés fondamentaux.

Ce phénomène a été étudié dans une perspective tant diachronique que synchronique. La justice constitutionnelle a été abordée dans ses multiples aspects, à travers son apparition, son évolution dans le monde, sa réception suivie de son endogénéisation en République Démocratique du Congo.

Au terme de l'analyse, il se dégage que l'existence du système américain de justice constitutionnelle dont l'affaire Marbury C/Madison (1803) constitue le fondement et l'occasion pour le juge américain de sanctionner une loi qui n'était pas conforme à la Constitution fédérale au point d'induire que de l'espèce, cette justice s'est construite de manière empirique. A côté de ce modèle de justice constitutionnelle, existe le modèle européen dont la réalisation est le fruit de grands travaux de recherche de H. Kelsen. Il est admis qu'en Europe continentale, la justice constitutionnelle vient du souci de contrer le légicentrisme favorisé par le parlementarisme absolu, triomphant ou l'ultra-parlementarisme selon qu'il s'agit de l'opinion de R. Carré De Malberg, de S. Caporal ou de M. Prelot.

La réception et l'endogénéisation de la justice constitutionnelle en République Démocratique du Congo ont favorisé la constatation de la consécration constitutionnelle de l'institution sous réserve des pesanteurs liées à son fonctionnement effectif.

De la Loi fondamentale du 19 mai 1960 jusqu'à ce jour, cette justice fonctionne dans un contexte caractérisé notamment par la tendance à la politisation des institutions étatiques, la faible attention accordée à l'institution par les gouvernants et gouvernés, la minimisation de l'importance de la spécialisation du personnel et l'ignorance des procédures concrètes de mise en œuvre de la justice constitutionnelle.

Le passage en revue des quelques arrêts de la Cour suprême de justice en matière constitutionnelle et électorale nous a démontré que la justice constitutionnelle congolaise évolue en dents de scie : tantôt elle offre l'image d'une justice politisée, tantôt celle d'une justice au service de la démocratie et de l'Etat de droit.

L'analyse a révélé que, dans sa mission de juridiciser la vie politique, le juge constitutionnel congolais semble entretenir les deux faces de Janus. Par moment, il fait preuve de bravoure, à travers le courage de ses arrêts, dans d'autres circonstances, il déçoit en rendant des arrêts teintés de couleur politique.

La justice constitutionnelle congolaise semble avoir emprunté la trajectoire suivie par la justice constitutionnelle française qui a connu des temps de crise et des temps de moisson[1152]. A l'instar de Didier Blanc, on peut affirmer que cette justice a connu quatre saisons depuis son institution en République Démocratique du Congo, notamment l'automne, l'hiver, le printemps et l'été. Les deux premières saisons sont caractérisées par une timidité de l'activité du juge constitutionnel et les deux autres constituent les temps où la justice constitutionnelle congolaise a commencé à s'affranchir de sa domestication par les pouvoirs publics.

L'automne de la justice constitutionnelle congolaise est caractérisé par une époque de prévision juridique non accompagnée d'une jurisprudence en la matière faute d'installation effective de la juridiction même sous une forme provisoire. C'est l'époque qui va de 1960 à 1968.

L'hiver de la justice constitutionnelle congolaise marque une époque de l'installation de la juridiction constitutionnelle (Cour suprême de justice toutes sections réunies) mais dont l'activité se révèle, en raison de l'environnement politique peu favorable à l'encadrement du pouvoir et à la protection des droits et libertés fondamentaux de la personne, timide. C'est la période qui va de 1968[1153] à 1992. L'arrêt Congo Motors Ltd rendu le 4 juin 1973, en matière du contrôle de constitutionnalité de la « loi Bakajika »[1154], constitue une illustration de cette affirmation. En effet, alors

[1152] D. BLANC a mené une étude sur l'évolution de la justice constitutionnelle française et observe que celle-ci a connu les temps de déboire à sa naissance de 1958 jusqu'à 1971. Cette justice était instrumentalisée par les pouvoirs publics. Notamment par De GAULE, G. POMPIDOU. Il souligne que le premier Président du Conseil constitutionnel français était de la même formation politique fondée par le général De Gaule. Cela a créé une stupeur dans l'opinion publique. L'arrêt de 1971 prélude le temps de moisson de la justice constitutionnelle française [Lire le changement de l'Etat de droit : illustration française de 4 saisons du contrôle de constitutionnalité de loi, in *RDP*, 2006 ; p.5.]

[1153] Année qui marque l'installation de la Cour suprême de justice en République Démocratique du Congo.

[1154] Voir les *Bulletins des arrêts de la Cour Suprême de Justice*, janvier-décembre 1973, pp.190 et s. A l'occasion, la Cour suprême de justice était saisie pour apprécier la

que la loi attaquée était manifestement contraire à la Constitution, le juge constitutionnel avait opté pour la stratégie d'évitement dans le contrôle de constitutionnalité des normes à forte connotation politique.

Le printemps de la justice constitutionnelle congolaise constitue un début favorable avec les arrêts témoins de Jéhovah 1 et 2 qui sont une chrysalide de la justice constitutionnelle. Au cours de cette période, on a décelé la bravoure du juge constitutionnel congolais à vouloir s'affirmer, de 1992 à 2006, comme gardien de la légalité constitutionnelle, malgré les balbutiements et les hésitations encore perceptibles de sa jurisprudence.

L'été de la justice constitutionnelle congolaise est couronné par la prévision des normes constitutionnelles favorables à l'avènement d'un prétoire constitutionnel annonciateur d'une véritable et réelle juridicisation de la vie politique. Cette période est marquée par des arrêts comme R Const. 51/TSR dans l'affaire Trésor Kapuku Ngoy où le juge constitutionnel va jusqu'à contrôler la motion de censure en principe exclu de son champ d'activités. De même, l'arrêt R.Const.152/TSR dans l'affaire Richard Ndambu Wolang, alors gouverneur de la province du Bandundu, par lequel le juge constitutionnel déclare inconstitutionnelle la motion de défiance du 11 mars 2011 démettant le précité de ses fonctions de Gouverneur de province, témoigne de cette évolution en temps. En plus, cette période est marquée par la démocratisation de la saisine du juge constitutionnel[1155].

Pour permettre à la justice constitutionnelle congolaise de sortir de sa léthargie actuelle, une réflexion a été menée sur les conditions de possibilité de sa consolidation aux fins de lui permettre de réguler les pouvoirs publics et, ainsi, protéger les droits et les libertés constitutionnellement garanties à la personne humaine. Une gamme des perspectives de nature diverse peuvent être explorées. Elles sont d'ordre :

Politique : la volonté politique des gouvernants sans laquelle rien ne peut se matérialiser et s'épanouir dans un Etat. C'est bien cette volonté politique qui constitue le fondement de toute activité qui se déploie avec succès dans un Etat. L'aboutissement du processus de juridicisation de la vie politique en RDC est largement tributaire de la capacité des pouvoirs publics

---

constitutionnalité de la loi du 7 juin 1966 qui était en contradiction avec les dispositions de l'article 14 de la Constitution congolaise du 24 juin 1967 relatives au droit de propriété individuelle ou collective : ce droit était garanti par la Constitution et aucune atteinte ne pouvait y être portée ; en dehors des motifs d'intérêt général et d'une indemnisation équitable à verser au titulaire lésé dans ce droit.

1155 Ce concept est employé par Didier BLANC qui souhaitait la saisine du Conseil constitutionnel par tout citoyen après la prévision des questions préjudicielles. Lire BLANC D., « Le changement de l'Etat de droit : illustration française de 4 saisons du contrôle de constitutionnalité des lois », *op.cit.,* p.8. De même, en RDC depuis la promulgation de la Constitution du 18 février 2006, « toute personne peut saisir la Cour constitutionnelle pour inconstitutionnalité de tout acte législatif ou réglementaire » conformément aux dispositions de l'article 162, alinéa 2 de la Constitution précitée.

de doter la Cour constitutionnelle des moyens susceptibles de lui permettre d'accomplir ses missions constitutionnelles ;

Juridique, notamment la nécessité pour les pouvoirs publics de respecter le cadre juridique relatif à l'organisation et au fonctionnement de la justice constitutionnelle.

Psychologique à travers la prise de conscience par le juge constitutionnel de sa suprématie liée à la position occupée par la norme fondamentale qu'il a la charge de défendre au sein de la pyramide juridique. Cette prise de conscience est l'un des aspects importants de l'indépendance de ce juge. De même, celui-ci doit avoir croyance en la justice constitutionnelle qu'il rend afin de lui permettre d'avoir une indépendance psychologique requise dans l'accomplissement de ces missions hautement politiques ;

Technique en ce sens que la nécessité de la maîtrise, par le juge constitutionnel, du droit public en général et en particulier du droit constitutionnel dont le caractère éminemment technique n'est accessible qu'aux seuls initiés est indispensable. La formation permanente du juge constitutionnel est une exigence qui lui permet de s'auto-suffire, et de le rendre apte à prendre des arrêts fondés sur la rationalité juridique et dotés d'une autorité juridique incontestable ;

Matériel : l'allusion est faite, non seulement aux infrastructures en mesure de favoriser la solennité et la sérénité qu'imposent les débats, aux conditions de travail et de traitement mais aussi à l'aménagement d'une bibliothèque fournie et destinée à mettre à la disposition du juge constitutionnel des solutions jurisprudentielles trouvées sous d'autres cieux dans les circonstances similaires ainsi que des réflexions doctrinales qui nourrissent et renouvellent la pensée juridique en contact avec les bases philosophiques nouvelles.

L'effectivité de la juridicisation de la vie politique par la justice constitutionnelle en République Démocratique du Congo est aussi fonction de plusieurs éléments qui peuvent être schématisés par :

1°. L'audace du juge constitutionnel congolais à même de lui permettre d'utiliser ses compétences et d'imposer, au besoin, une culture[1156] constitutionnelle aux acteurs politiques et à la société civile longtemps habitués à des violations de la loi fondamentale et à des abus de droits constitutionnels de la société civile ;

2°. La vulgarisation, au profit des gouvernants et des gouvernés, des droits de la Constitution. Cette entreprise implique la double obligation qui incombe aux destinataires de la Constitution de la connaître et de la

[1156] E. BOSHAB MABUDJ et MATADI NENGA GAMANDA, *Le statut des représentants du peuple dans les assemblées politiques délibérantes parlementaires, députés provinciaux, conseillers urbains, conseillers communaux, conseillers de secteur ou de chefferie*, Louvain-la-Neuve, Academia-Bruyant, 2010, p.213.

respecter. A cet effet, l'Etat devrait aider au développement d'une culture démocratique qui permette de combler le vide observé au niveau des textes de lois, par des actions d'éducation civique démocratique aussi bien au profit de la classe politique dirigeante que des citoyens ;

3°. Le recrutement, au sein de la justice constitutionnelle, d'un personnel justifiant des connaissances solides et approfondies en matière de droit public. Ceci contribuera au bon fonctionnement de cette institution dont le caractère éminemment technique ne fait l'ombre d'aucun doute ;

4°. L'élargissement du champ opératoire du juge constitutionnel à toutes les atteintes portées aux droits fondamentaux de la personne humaine et aux libertés publiques quelle que soit la nature du litige : pénale, civile, commerciale et administrative. Ainsi, à l'instar de son collègue béninois[1157], le juge constitutionnel congolais sera juge des droits fondamentaux de la personne humaine et des libertés publiques. Cette mission est pleinement assurée au Bénin par le juge constitutionnel dans la mesure où la Constitution lui en donne compétence, mais surtout parce que tout citoyen a le droit de le saisir soit directement, soit par voie de l'exception d'inconstitutionnalité de toute loi, acte administratif, décision de justice, comportements attentatoires aux droits fondamentaux[1158]. Ce qui conduira à la concrétisation de la « *démocratisation* » de l'accès à la justice constitutionnelle.

Toutefois, pour éviter l'engorgement du juge constitutionnel congolais, le citoyen victime ne le saisira à cet effet qu'à titre exceptionnel, c'est-à-dire après avoir soumis, sans succès, sa requête à l'appréciation du juge judiciaire ou administratif ;

5°. L'aménagement d'une justice constitutionnelle indépendante des pouvoirs publics dont elle assure la régulation, des citoyens et autres forces susceptibles d'exercer une pression sur son activité. L'indépendance est la condition sine qua non de la réalisation de la juridicisation de la vie politique et de la protection des droits et libertés de la personne humaine. Seule une justice constitutionnelle indépendante pourrait lutter efficacement contre les atteintes à la moralisation de la vie publique. C'est assurément dans ces conditions que la justice constitutionnelle pourrait participer au processus démocratique et opérer une régulation, par le droit, de la vie politique ;

6°. L'institution, en droit positif congolais, du contrôle de constitutionnalité des lois de révision constitutionnelle. Ce mécanisme d'application en Allemagne peut permettre à combattre les fraudes à la

---

1157 J. DUBOIS de GAUDISSON, G. CONAC et C. DESOUCHES, *Les Constitutions africaines*, publiées en langue française, Tome 1, Louvain-la-Neuve, Academia-Bruylant, 1997, p.62.

1158 Lire P. BON, *Le conseil constitutionnel français et le modèle des cours constitutionnelles européennes*, in http://www.cepc.es/rap/Publicaciones/Revistas/6/REDC_032_045.pdf consulté le 30 avril 2011.

Constitution ainsi que des révisions constitutionnelles portant atteinte aux droits et libertés constitutionnellement garantis à la personne humaine ;

7°. L'assouplissement du verrou constitutionnel considéré comme étant de nature à consacrer l'irresponsabilité pénale du président de la République et du premier ministre pourtant justiciables de la Cour constitutionnelle[1159]. En effet, bien qu'étant juge pénal du président de la République et du premier ministre, le juge constitutionnel congolais ne peut mettre en jeu la responsabilité pénale de ces deux autorités sans le vote, par le Congrès se prononçant à la majorité absolue de deux tiers des membres le composant, de la décision de leur mise en accusation et de leur poursuite. On peut notamment passer au remplacement de la majorité qualifiée de trois cinquièmes par la majorité simple ou relative des membres composant le congrès. L'émergence d'un véritable droit pénal constitutionnel congolais[1160] dépend de l'allègement des conditions de mise en œuvre de la responsabilité pénale des autorités précitées ;

8°. L'institution, en droit congolais, de la question prioritaire de constitutionnalité[1161]. La matérialisation de cette indication implique le vote, par le parlement, d'une loi organique[1162] portant conditions de mise en œuvre du mécanisme. Ce qui permettra à la généralité des citoyens et des sujets de droit de s'approprier et de revendiquer la Constitution pour assurer la garantie de leurs droits.

Dans cette perspective, il est indispensable que les acteurs politiques congolais aient confiance au juge constitutionnel et s'engagent, comme au Bénin et en Afrique du Sud, à respecter, spontanément, ses décisions.

Quoiqu'il en soit, l'encrage du processus de juridicisation de la vie politique par la justice constitutionnelle congolaise dépend, en grande partie, de la volonté politique des gouvernants, mieux de leur capacité à se soumettre à la Constitution et à respecter les décisions de la Cour. Ainsi, l'éducation politique des gouvernants et même des gouvernés au respect de la Constitution se révèle nécessaire.

[1159] Article 166, alinéa 1 de la Constitution de la RDC du 18 février 2006 telle que modifiée à ce jour.

[1160] J.-L. ESAMBO KANGASHE, *La Constitution du 18 février 2006 à l'épreuve du constitutionnalisme. Contraintes pratique et pratique,* 2010, *op.cit.*, p.323.

[1161] Il s'agit d'un mécanisme organisé, en France, par la loi du 10 décembre 2009, qui permet à tout citoyen de s'approprier et de revendiquer la constitution pour assurer la garantie de ses droits, en demandant au juge, de procéder d'abord à l'examen du moyen de constitutionnalité avant d'examiner les autres moyens et de résoudre le litige. Lire C. MAUGÜE et J-H STAHL, *La question prioritaire de constitutionnalité*, *op.cit.*, pp.1-2.

[1162] Dans une perspective comparative, il y a lieu de s'inspirer de la loi organique du 10 décembre 2009 dont l'entrée en vigueur a été différée au 1er mars 2010 in Conseil constitutionnel : www.conseil-constitutionnel.fr rubrique question prioritaire de constitutionnalité. Cette loi a dominé finement et précisément l'architecture du contrôle de constitutionnalité par voie d'exception, défini les modalités et conditions de sa mise en œuvre et fixé, in fine, la date d'entrée en vigueur du nouveau dispositif.

De la sorte, la justice constitutionnelle sera capable de garantir les valeurs du constitutionnalisme et de la démocratie. Elle pourra servir de passerelle indispensable de la démocratie électorale vers une démocratie constitutionnelle[1163].

Tout bien considéré, l'on doit retenir que dans l'exercice de sa charge d'organe de régulation de la vie politique, le juge constitutionnel est appelé à remplir une fonction fondamentalement juridique mais essentiellement politique. En d'autres termes, sa tâche fondamentale, c'est d'être le juge de la constitutionnalité mais, en même temps, il devrait, à tout prix, tenir compte de l'environnement politique dans lequel il œuvre et veiller à l'impérieuse nécessité de l'équilibre institutionnel. Ainsi, l'on peut légitimement se demander comment ce juge peut à la fois tenir compte du contexte politique dans l'accomplissement de ses missions et répondre aux attentes populaires.

Il en résulte que le juge constitutionnel n'est pas un Dieu, il est un homme qui se voit confier le pouvoir de réguler l'univers politique, par essence, comparable au monde des sorciers dont il ignore les ambitions et les réalités. De ce fait, l'on ne saurait avoir ni trop d'espérance, ni trop de scepticisme dans l'existence du juge constitutionnel dont l'action devra, chaque fois, s'apprécier, en tenant compte du contexte dans lequel il preste.

Il faut, cependant, relever que la prise en compte de l'environnement de travail du juge constitutionnel ne saurait aucunement être synonyme d'une contextualisation à outrance qui risque de porter atteinte à la réalisation de sa mission de régulateur de la vie politique et de protecteur des droits et libertés constitutionnellement garanties à la personne humaine.

Il en découle qu'aussi bien en matière de contentieux constitutionnel, électoral qu'en exerçant les prérogatives du juge pénal du président de la République et du premier ministre, le juge suprême congolais est appelé, dans l'accomplissement de sa charge, à user parfois de la sagesse par une conciliation judicieuse entre la rigueur de la Constitution qu'il tiendra, obligatoirement, à la main droite avec la pratique qui semble hanter, constamment, la paume de sa main gauche[1164]. La réussite d'une telle entreprise exige de ce juge non seulement une expérience éprouvée, tirée de la connaissance des règles en vigueur en la matière doublée de la praxis mais également une probité qui côtoie la sainteté et la perfection.

En définitive, la juridicisation de la vie politique, loin de constituer un danger pour la démocratie, s'inscrit dans un processus tendant à

[1163] L. FAVOLEU et *Alii*, *Droit constitutionnel*, *op.cit.*, pp.250-251. Lire également J.-L. ESAMBO KANGASHE, *La Constitution congolaise du 18 février 2006 à l'épreuve du constitutionnalisme. Contraintes pratiques et perspectives*, *op.cit.*, pp.318-319.

[1164] C'est la position soutenue par J.-L. ESAMBO KANGASHE au cours du colloque organisé en date du 22 septembre 2011 à l'intention des magistrats de la Cour Suprême de Justice sur le Code électoral congolais, étude comparée des lois n°06/006 du 9 mars 2006 et 11/003 du 25 juin 2011.

l'enracinement du constitutionnalisme, de l'Etat de droit et de la bonne gouvernance indispensables à la stabilité et au développement de la République Démocratique du Congo[1165].

[1165] J.-L. ESAMBO KANGASHE, *La Constitution congolaise du 18 février 2006 à l'épreuve du constitutionnalisme. Contraintes pratique et perspectives, op.cit.*, p.322.

BIBLIOGRAPHIE

1. LA DOCTRINE

1.1. OUVRAGES

A

ACQUAVIVA J.-C., *Droit constitutionnel et institutions politiques*, Paris, Gualimo, 1996.

ALLAND, D. et RIALS St. (dir.), *Dictionnaire de la culture juridique*, Paris, PUF, 2003.

AMSELEK, P. (dir.), *Théorie du droit et science*, Paris, PUF, 1994.

ARDANT, Ph., *Institutions politiques et droit constitutionnel*, Paris, LGDJ, 6ème éd. 1994.

ARDANT, Ph., *Institutions politiques et Droit Constitutionnel*, Paris, LGDJ, 8ème éd. 1996.

ARNAUD, A-J. (dir.), *Dictionnaire encyclopédique de théorie et de sociologie du droit*, Paris, LGDJ, 2ème éd., 1993.

AUBY, J-M., *Droit public*, Paris, 2ème éd., Economica, 1989.

AVRIL, P. et GICQUEL, J., *Droit parlementaire*, Paris, Montchrestien, 1998.

AVRIL, P. et GICQUEL, J., *Lexique : Droit constitutionnel*, Paris, PUF, 5ème éd., 1994.

B

BAKANDEJA WA MPUNGU, G., MBATA BETUKUMESU MANGU, A. et KIENGE-KIENGE, R.(dir), *participation et responsabilité des acteurs dans un contexte d'émergence démocratique en République Démocratique du Congo, Kinshasa, PUK, Bibliothèque de la Faculté de Droit de l'Université de Kinshasa, 2007*

BARILARI, A., *L'Etat de Droit : réflexion sur les limites du juridisme*, Paris, LDGJ, 2000.

BARTHELEMY, J. et DUEZ, P., *Traité de droit constitutionnel*, Paris, Dalloz, 1933.

BASTID, P., *L'idée de constitution*, Paris, Economica, 1985.

BASTID, P., *Sieyès et sa pensée, (*Nouvelle édition revue et augmentée*)*, Paris, Hachette, 1970.

BAYART, J.F., *L'Etat en Afrique : la politique du ventre*, Paris, Fayard, 1989.

BEAUD, O.et PASQUINO, P. (dir.), *La controverse sur le gardien de la Constitution et la justice constitutionnelle. KELSEN contre SCHMITT*, Paris, LGDJ, 1996.

BEGIN, J.-C., *Le contrôle de la constitutionnalité des lois en RFA*, Paris, Economica, 1982.

BERGEL, J.-L., *Théorie générale du droit,* Paris, Dalloz, 4ème éd., 2003.

BIBOMBE MWAMBA, B.et Alii, *Recueil des principaux arrêts de la jurisprudence administrative Congolaise et étrangère*, Kinshasa, 1998

BIGAUT, C., La *responsabilité pénale des hommes politiques*, Paris, LGDJ, 1996.

BOISSY, X., *La séparation des pouvoirs. Œuvres jurisprudentielles sur la construction de l'Etat de droit postcommuniste*, Bruxelles, Bruylant, 2003.

BOLTANSKI L. et THEVENOT L., *De la justification. Les économies de la grandeur*, Paris, Gallimard, 1991.

BON P. et Alii, *La justice constitutionnelle au Portugal*, Paris, Economic.

BOSHAB MABUDJ E. et MATADI NENGA, *Le statut des représentants du peuple dans les assemblées politiques délibérantes : parlementaires, députés provinciaux, conseillers urbains, conseillers communaux, conseillers de secteur ou de chefferie*, Louvain-la-Neuve, Academia-Bruyant, 2010.

BOSHAB MABUDJ, E., *La contractualisation du droit de la fonction publique. Une étude de droit comparé Belgique – Congo*, Bruxelles, Academia-Bruylant, 2001.

BOSHAB MABUDJ, E., *La République Démocratique du Congo entre les colombes et les faucons. Où vont les partis politiques*, Kinshasa, PUK, 2001.

BOURDIEU P., *Esquisse d'une théorie de la pratique*, Seuil, « Points Essais », Paris, 2000 (1er éd. Droz, 1972).

BRONDEL, S., FOULQUIER, N. et HEUSCHLING, L., *Gouvernement des juges et démocratie*, Paris, Publications de la Sorbonne, 2001.

BULA BULA, S. (dir.), *Pour l'épanouissement de la pensée juridique congolaise, Liber amicorum M.A. LIHAU,* Bruxelles-Kinshasa, Bruyant-PUK, 2006.

BURDEAU, G., *Droit constitutionnel et institutions politiques*, Paris, LGDJ, 10ème éd., 1963.

BURDEAU, G., *Droit constitutionnel*, Paris, LGDJ, 21ème éd., par Francis HAMON et Michel TROPER, 1988.

BURDEAU, G., HAMON, F. et TROPER, M., *Droit Constitutionnel*, Paris, LGDJ, 26ème éd., 1999.

BURDEAU, G., *Pouvoir politique et l'Etat*, Paris, LGDJ, 1943.
BURDEAU, G., *Traité de science politique*, Tome 3, Paris, LGDJ, 1950.
BURDEAU, G., *Traité de science politique*, Tome 4 : *Le statut du pouvoir dans l'Etat*, Paris, LGDJ, 3ème éd., 1983.

C

CADART, J, *Institutions politiques et droit constitutionnel*, Tome 1, Paris, 3ème éd., Economica, 1990.
CADOUX, C, *Droit constitutionnel et institutions politiques*, Tome 1 : *Théorie générale des institutions politiques*, Paris, 3ème éd., Cujas, 1988.
CAPPELLETTI, M. et COHEN, W., *Comparative Constitutional Law, Indianapolis*, New York, The Bobbs-Merril Company, 1979.
CAPPELLETTI, M., Le *pouvoir des juges,* Traduction de René David, Paris, Economica et Presses universitaires d'Aix-Marseille, 1990.
CARBONNIER, J., *Sociologie juridique*, Paris, PUF, 1978.
CARRE DE MALBERG R., *Confrontation de la théorie de la formation du droit par degrés avec les idées et les institutions consacrées par le droit positif français relativement à sa formation*, Paris, 1933.
CARRE DE MALBERG, R., *Contribution à la théorie générale de l'Etat*, Paris, Sirey, 1922 (réimpression par le CNRS, 1972).
CARRE DE MALBERG, R., *La loi, expression de la volonté générale : Etude sur le concept de la loi dans la Constitution de 1875*, Paris, Librairie du recueil Sirey, 1931, (réimpression par Economica, coll. «Classiques», Paris, 1984).
CHANTEBOUT, B., *Droit constitutionnel et science politique*, Paris, 11ème éd., Armand Colin, 1994.
CHAPUS, R., Droit *administratif général*, Tome I, Paris, Montchrestien, 6ème éd., 1993.
CHARLES R. Epp., *The Rights Revolution. Lawyers, activists, and Supreme Courts in Comparative Perspective,* Chicago, University of Chicago Press, *London, 1998.*
CHEVALIER, J., *L'Etat de droit*, Paris, Montchrestien, 1992.
COHENDET, M.A., *Méthodes de travail en droit public*, Paris, Montchrestien, 1988.
COHEN-TANUGI L., *Le droit sans l'Etat*, Paris, PUF, 1985.

COLLIOT-THELENE C., *Etudes wébériennes. Rationalités, histoires, droits,* Paris, PUF, 2001.

COMBACAU, J. et SUR, S., *Droit international public*, Paris, Montchrestien, 1993.

COMBACAU, J., ALLAND, D. et JEANCOLAS, C., *Droit international public*, Paris, PUF, 1ère éd., coll. Thémis/exercices et corrigés, 1987.

COMMAILLE J., DUMOULIN L., Rober C., *La juridicisation du politique*, Paris, L.G.D.J, 2010.

COMMAILLE J., *L'esprit sociologique des lois. Essai de sociologie politique du droit*, Paris, PUF, 2010.

COMMAILLE J., *Territoire de justice. Une sociologie politique de la carte judiciaire*, PUF, Paris, 2000.

CORNU G., *Vocabulaire juridique*, Paris, P.U.F., 6ème éd., 1996.

CORNU, G., *Vocabulaire juridique*, Paris, PUF, 4ème éd., 2003.

CUSHMAN, R.E. et CUSHMAN, R.F., *Cases in Constitutional Law,* New-York, 3ème éd., Appleton-Century-Crofts, 1968.

D

DE GAUDUSSON Du BOIS, J, CONAC, G. et DESSOUCHES, C., *Les constitutions africaines publiées en langue française*, Tome I, Bruxelles, Bruylant, 1997.

DE GUILLENCHMIDT M., *Droit constitutionnel et institutions politiques*, Paris, Dalloz, 3ème éd., 1999.

DE GUILLENCHMIDT, M., *Droit constitutionnel et institutions politiques*, Paris, Economica, 2005.

DE LAUBADERE, A., VENEZIA, J.-C et GAUDEMET Y., *Traité de droit administratif*, Tome I, Paris, LGDJ, 9ème éd., 1984.

DE VILLIERS M. et Le DIVILLEC A., *Dictionnaire du droit constitutionnel*, Paris, Sirey, 7ème éd., 2009.

DE VILLIERS, M., *Dictionnaire du droit constitutionnel*, Paris, Armand Colin, 5ème éd., 2005.

DEBBASCH, Ch., PONTIER , J.-M., BOURDON, J. et RICCI, J.-C., *Droit constitutionnel et institutions politiques*, Paris, Economica, 3ème éd., 1990.

DELPEREE, F., *Droit constitutionnel, Tome I : Les données constitutionnelles*, Bruxelles, Larcier, 2ème éd., 1987.

DELPEREE, F., *Droit constitutionnel*, Tome I, Bruxelles, Larcier, 1981.

DELPEREE, F.et Alii, *La Cour d'arbitrage, actualité et perspectives,* Bruxelles, Bruylant, 1988.

DEMOGUE, R., *Les notions fondamentales du droit privé. Essai critique*, Paris, La Mémoire du droit, 2001.

DINH, N.Q., DAILLIER, P. et PELLET, A., *Droit international public*, Paris, LGDJ, 4ème éd., 1992.

DJELO EMPENGE-OSAKO V., *Dette de clarification. Propositions pour parachever la révision de la Constitution du Zaïre*, Ottignies-Louvain-la-Neuve, Le Bel Elan, 1990.

DJOLI, J., *Droit constitutionnel : principes structuraux*, Tome 1, Kinshasa, EUA, 2008.

DJOLI, J., *Le constitutionnalisme africain. Entre la gestion des héritages et l'invention du futur,* Paris, éd. Connaissances et Savoirs, 2006.

DRUFFIN-BRICCA, S., *L'essentiel de l'introduction générale au droit*, Paris, Gualino, 4ème éd., 2006.

DUGUIT, L., *L'Etat, le droit objectif et la loi positive*, Paris, Dalloz, 2003.

DUGUIT, L., *Traité de droit constitutionnel,* Tomes I, II, III, Paris, Ancienne librairie Fontemoing, 2ème éd., 1924, 1927,1928.

DUGUIT, L., *Traité de droit constitutionnel*, Tome IV, Paris, Ancienne librairie Fontemoing, 3ème éd., 1930.

DUHAMEL, O. et MENY, Y., (dir.), *Dictionnaire constitutionnel*, Paris, PUF, 1992.

DUHAMEL, O., *Droit Constitutionnel et Institutions politiques*, Paris, Seuil, 2009.

DUHAMEL, O., *Le pouvoir politique en France*, Paris, PUF, 1991.

DUMOULIN L. et LICOPPE C., *justice et visioconférence : les audiences à distance. Genève et institutionnalisation d'un e innovation*, Contrat GIP Mission de recherche Droit et Justice/ISP-Pôle de Cachan/Télécoms Paris-Tech, Rapport final janvier 2009.

DUPHET B., *Droit et sciences sociales*, Colin, Paris, 2006.

DURAN P., *Penser l'action publique*, coll. « Droit et Société », Paris, LGDJ, 1999.

DUSSART V., *L'autonomie financière des pouvoirs publics constitutionnels*, Th. Lille II, 1995.

DUVERGER M., *Manuel de droit constitutionnel et de science politique*, Paris, PUF, 5ème éd., 1948.

DUVERGER, M., *Eléments de droit public*, Paris, PUF, 1957.

DUVERGER, M., *Institutions politiques et droit constitutionnel (les grands systèmes politiques)*, Paris, PUF, 1978.

DUVERGER, M., *Le système politique français*, Paris, PUF, 20ème éd., 1990.

E

ECK, L., *L'abus de droit en droit constitutionnel*, Paris, l'Harmattan, 2010.

EISENMANN C., *La justice constitutionnelle et la Haute Cour constitutionnelle d'Autriche*, Paris, 1928, rééd. Paris, Economica, 1986.

ESAMBO KANGASHE J.-L., *La Constitution congolaise du 18 février 2006 à l'épreuve du constitutionnalisme. Contraintes pratiques et perspectives,* Louvain-la-Neuve, Academia Bruylant, Bibliothèque de Droit Africain 7, 2010.

ESMEIN, A., *Eléments de droit constitutionnel français et comparé,* Paris, 8ème éd., Sirey, revue par Henry Nézard, Tome I, 1927, Tome II, 1928.

EWICK P. et SILBEY S., *The Common Place of Law: Stories from Everyday Life, The University of Chicago Presse, 1998.*

F

FAVOREU L. et PHILIP L., *Le Conseil constitutionnel*, Paris, P.U.F., 6ème éd., 1995.

FAVOREU L., *La politique saisie par le droit*, Paris, Economica, 1988.

FAVOREU, L. (dir.), *Cours constitutionnelles européennes et droits fondamentaux*, Paris, Economica, PUAM, 1982.

FAVOREU, L. (dir.), *Le Conseil constitutionnel et les partis politiques, Journée d'études du 13 mars 1987, Travaux de l'Association française des constitutionnalistes*, Paris, Economica et PUAM, 1988.

FAVOREU, L. et Alii, *Droit constitutionnel*, Paris, Dalloz, 8ème éd., 2005.

FAVOREU, L. et PHILIP, L., *Les grandes décisions du Conseil constitutionnel*, Paris, Sirey, 7ème éd., 1993.

FAVOREU, L., *Les Cours constitutionnelles*, Paris, PUF, Coll. « Que sais-je? », 1986.

FEELEY M. M. et RUBIN E. L., *Judicial Policy Making and the Modern State. How the Courts Reformed America's Prisons,* Cambridge, New York, 1998.

FOILLARD, Ph., *Droit Constitutionnel et institutions politiques*, Paris, Paradigme, 14ème éd., 2008-2009.

FROMONT, M., *La justice constitutionnelle dans le monde*, Paris, Dalloz, 1996.

FRYDMAN, B. et HARRSCHER, G., *Philosophie de droit,* Paris, Dalloz, 2002.

FRYDMAN, B. et RORIVE, I., *Introduction au droit et à la méthodologie juridique*, Bruxelles, PUB, Cours-librairie, 3ème éd., 2005-2006.

G

GARAPON A., *Le gardien des promesses. Justice et démocratie*, Paris, éd. O. Jacob, 1996 ainsi que « La question du juge », *Pouvoirs*, 74, 1995.

GAUCHET, M., *La révolution des pouvoirs : la souveraineté, le peuple et la représentation. 1789-1799*, Paris, Gallimard, Coll. Bibliothèques des Histoires, 1995.

GENEVOIS, B., *La jurisprudence du Conseil constitutionnel : principes directeurs*, Paris, Les Editions Sciences et techniques humaines, 1988.

GERARD P., *Le Président des Etats-Unis*, Paris, P.U.F., 1994.

GICQUEL, J., *Droit constitutionnel et institutions politiques*, Paris, Montchrestien, Domat, 1995.

GONZALES-MARTINEZ E., *Flagrantes auditions. Echanges langagiers lors d'interactions judiciaires*, Peter Lang, Berne, 2007.

GOUDOU, Th., *L'Etat, la politique et le droit parlementaire en Afrique*, Paris, Presses de Berger-Kervant, 1987.

GÖZLER, K., *Pouvoir constituant*, Bursa [Turquie], Ed. Ekin Kitabevi, 1999

GUGGENHEIM, P., *Traité de droit international public*, Tome I, Genève, Librairie de l'Université, Georg & Cie S.A., 1967.

GUILLIEN, R. et VINCENT, J. (dir.), *Lexique des termes juridiques*, Paris, Dalloz, 16ème éd., 2007.

GUINCHARD, S., *Lexique des termes juridiques,* Paris, Dalloz,18ème éd.,2011.

H

HAMON, F. et TROPER, M., *Droit constitutionnel*, Paris, LGDJ, 30ème éd., 2007.

HART, H.L.A., *Le concept de droit,* trad. par Michel van de Kerchove, Bruxelles, Publications des Facultés universitaires Saint-Louis, 1976.

HAURIOU, A., *Droit Constitutionnel et Institutions politiques*, Paris, Montchrestien, 1966.

HAURIOU, A., GICQUEL, J. et GELARD, J., *Droit constitutionnel et institutions politiques*, Paris, Montchrestien, 1980.

HAURIOU, A., *Précis de droit constitutionnel*, Paris, Sirey, 1ère éd., 1923.

HAURIOU, A., *Précis de droit constitutionnel*, Paris, Sirey, 2ème éd., 1929, (réimprimé par C.N.R.S., Paris, 1965).

HEYMANN DOAT, A., *Libertés publiques*, Paris, LGDJ, 6ème éd., 2000.

I

ISRAËL L., *L'arme du droit*, Paris, Presses de Sciences Politiques, Coll. « Contester », 2009.

J

JENNIFER, W.A., *Construire l'Etat de droit. Nyalali Francis et le combat pour l'indépendance de la justice en Afrique*, Paris, Nouveaux horizons, ARS, 2OO3.

K

KALUBA DIBWA, D., *La saisine du juge constitutionnel et du juge administratif suprême en droit public congolais. Lecture critique de certaines décisions de la CSJ d'avant la constitution du 18 Février 2006*, Kinshasa, Editions Eucalyptus, 2006.

KAMUKUNY MUKINAY A., *Contribution à l'étude de la fraude en droit constitutionnel congolais*, Louvain-la-Neuve, Academia-Bruylant, Bibliothèque de droit africain, 8, 2011.

KATUALA KABA KASHALA, *La jurisprudence électorale congolaise commentée*, Kinshasa, Edition The Carter Center, 2007.

KAUPER, P.G., *Constitutional Law: Cases and Materials*, Boston, Toronto, Little, Brown and Company, 2ème éd., 1960.

KELSEN, H., *Qui doit être le gardien de la Constitution ?,* Traduction française de S. Baume, Paris, M. Houdiard, 2006.

KELSEN, H., *Théorie générale des normes*, traduit de l'allemand par O. BEAUD et F. MALKANI, Paris, Coll. « Léviathan », 1996.

KELSEN, H., *Théorie générale du droit et de l'Etat*, Bruxelles-Paris, Bruylant-LGDJ, 1997.

KILALA PENE AMUNA, G., *Attribution du ministère public et procédure pénale*, Tome 2, Kinshasa, Editions AMUNA, 2006.

KILENDA KAKENGI BASILA, J.P, *L'affaire des 315 magistrats de Kinshasa, une purge néo-mobutisme*, Paris, l'Harmattan, 2004.

KILENDA KAKENGI BASILA, J.P, *Le contrôle de la légalité des actes du magistrat dans l'administration de la justice criminelle en RDC*, Bruxelles, Academia-Bruylant, 2005.

KOMMERS D. P., *The constitutional jurisprudence of the Federal Republic of Germany*, Durham-Londres, Duke University Press, 2ème éd., 1996.

KRIESI H., *Les démocraties occidentales. Une approche comparée*, Collection politique comparée, Genèse, 1994.

L

LAMBERT, E., *Le gouvernement des juges et la lutte contre la législation sociale aux Etats-Unis : expérience américaine du contrôle judiciaire de la constitutionnalité des lois*, Paris, Marcel Giard, 1921.

LASCOUMES P. et PONCELA P., *Réformer le Code pénal. Où est passé l'architecte ?* Paris, PUF, 1998.

LASCOUMES P., *L'éco-pouvoir. Environnements et politiques,* La découverte, Paris, 1994.

LATOUR B., *La fabrication du droit*. Une ethnographie du Conseil d'Etat, Paris, La Découverte, 2002.

LAVROFF, D.G., *Le droit constitutionnel de la Ve République*, Paris, Dalloz, 1995.

LE POURHIET, A.-M., *Droit Constitutionnel*, Paris, Economica, 2ème éd., 2008.

LECLERCQ, Cl., *Droit constitutionnel et institutions politiques*, Paris, Litec, 8ème éd., 1992.

LICOPPE C. et DUMOULIN L., *« L'ouverture des procès à distance par visioconférence : activité, performativité, technologie* », Réseaux, 144, 2007.

LIET-VEAUX G., *Droit constitutionnel*, Paris, Editions Rousseau, 1949.

LLEWELLYN K.N. et HOEBEL E. A., *La voie Cheyenne. Conflit et jurisprudence dans la science primitive du droit*, Bruylant/LGDJ, Bruxelles/Paris, 1999 (1er éd. en anglais 1941).

LOKADI LONGANDJIO, R., *Les enjeux et les défis de la transition démocratique en République Démocratique*, Kinshasa, Editions COREP, 2005.

LONG, M, WEIL, P. et BRAIBANT, G, *Les grands arrêts de la jurisprudence administrative*, Paris, Sirey, 1962.

LUCHAIRE, F. et CONAC, G., (dir), *La constitution de la République française*, Paris, Economica, 2ème éd., 1987.

LUCHAIRE, F., *LeConseil constitutionnel*, Paris, Economica, 1980.

M

MABANGA monga MABANGA, *Le contentieux constitutionnel congolais*, Kinshasa, EUA, 1999.

MAUGUE C., STAHL J.-H., *La question prioritaire de constitutionnalité*, Paris, Dalloz, 2011.

MARTENS, P., *Théorie du droit et pensée juridique contemporaine*, Bruxelles, Larcier, 2003.

MARYIOLI, A., *Histoire de la philosophie du droit*, Partie III, Paris, Armand Colin, 2001.

MATADI NENGA, G., *La question du pouvoir judiciaire en République Démocratique du Congo,* Kinshasa, Droit et idées nouvelles, 2001.

MAZEAUD, H, MAZEAUD, L., MAZEAUD, J. et CHABAS, F., *Leçon de droit civil, T.1, 1er Vol. : Introduction à l'étude du droit*, Paris, Montchrestien, 9ème éd., 1989.

MBORANTSUO M.-M., *La contribution des Cours constitutionnelles à l'Etat de droit en Afrique*, Paris, Economica, 2007.

Mc CANN M., *Rights at Work, Pay Equity Reform and the Politics of Legal Mobilization*, Chicago University Press, 1994.

MIAILLE, M., *L'Etat de droit,* Paris, Presses universitaires de Grenoble, 1978.

MOCKLE D., *La gouvernance, le droit et l'Etat. La question du droit dans la gouvernance publique*, Bruxelles, Bruylant, 2007.

MOCKLE D., *Droit et société*, Bruxelles, Bruylant, 2009.

MONTESQUIEU, *De l'esprit des lois,* Texte établi et présenté par Jean Brethe de la Gressaye, Tome II, Paris, Société Les Belles Lettres, 1955,).

MOULIN L-E., *L'architecture judiciaire en France sous la Ve République*, thèse de doctorat en histoire de l'art, Paris 1, 2006.

MPONGO, E., *Institutions politiques et droit constitutionnel*, Kinshasa, EUA, 2001.

MUPILA DJIKE KAWENDE, H.F., *La pensée de la thèse de MATADI WAMBA KAMBA MUTU confrontée à la justice, à l'Etat de Droit, à l'indépendance de la magistrature, à l'Avocat et à la profession,* la paix, Kinshasa, Ed. Pax Congo, 2005.

MUTUZA, R.E., *Apport de la psychologie dans la formation du juriste*, Kinshasa, Edition Noraf, 2009.

N

NTUMBA, A.-D, *Droit constitutionnel général*, Kinshasa, EUA, 2007.

NUALA MOLE, CATHARINA, Harby, *Le droit à un procès équitable. Un guide sur la mise en œuvre de l'article 6 de la Convention européenne des Droits de l'Homme*, Allemagne, Précis sur les droits de l'homme n°3, 2003.

NYABIRUNGU, *Traité de droit pénal général congolais*, Kinshasa, EUA, 2ème éd., 2007.

O

OST, F. et VAN DE KERCHOVE, M., *De la pyramide au réseau ? Vers un nouveau mode de production du droit ?*, Bruxelles, Facultés universitaires Saint-Louis, 2002.

OST, F.et VAN DE KERCHOVE, M., *Jalons pour une théorie critique du droit*, Bruxelles, Publications des Facultés universitaires Saint-Louis, 1987.

P

PACTET, P., *Institutions politiques - Droit constitutionnel*, Paris, Masson, 13ème éd., 1994.

PASCAL, J., *Le progrès constitutionnel*, Paris, LGDJ, 2001.

PELLET, A. et DAILLER, P., *Droit international public*, Paris, LGDJ, 7ème éd., 2002.

PERROT R., *Institutions judiciaires*, Paris, Montchrestien, 7ème éd., 1995.

PICOTTE, J., *Juridictionnaire*, Paris, Faculté de droit, Université de Moncton, 2005.

PINTO, R. et GRAWITZ, M., *Méthodes des sciences sociales*, Paris, Dalloz, 2ème éd., 1967.

PRADEL J. et CASORLA F., *Code de procédure pénal*, Paris, Dalloz, 38ème éd., 1996.

PRELOT, M. et BOULOUIS, J., *Institutions politiques et droit constitutionnel*, Paris, Dalloz, 11ème éd., 1990.

PRELOT, M., *Institutions politiques et droit constitutionnel*, Paris, Dalloz, 11ème éd., 1990.

R

RABAULT, H., *L'interprétation des normes : l'objectivité de la méthode herméneutique*, Paris, L'Harmattan, 1997.

REDOR, M.J., *De l'Etat légal à l'Etat de droit. Evolution des conceptions de la doctrine publiciste française 1879-1914*, Paris, Economica, PUAM, S.d.

RENOUX T. S. et De VILLIERS J.-M., *Code constitutionnel*, Paris, Litec, 1995.

ROUSSEAU D., *La justice constitutionnelle en Europe*, Paris, Montchrestien, 1992.

ROUSSEAU, D. et VIALA, A., *Droit constitutionnel*, Paris, Montchrestien, 2004.

ROUSSEAU, D., *Droit du contentieux constitutionnel*, Paris, Montchrestien, 6ème éd., 2001.

ROUSSEAU, D., *Droit du contentieux constitutionnel*, Paris, Montchrestien, 3ème éd., 1993.

ROUSSILLON, H., *Le Conseil constitutionnel*, Paris, Dalloz, 2ème éd., 1994.

RUEDA, F., *Le contrôle de l'activité du pouvoir exécutif par le juge constitutionnel. Les exemples français, allemand, et espagnol,* Paris, LGDJ, 2000.

S

SARAT A. et SCHEINGOLD S. (eds.), *Cause lawyering and the State in a Global Era,* Oxford, New York, Oxford University Press, 2001.

SARAT A. et SCHEINGOLD S., *The Worlds Cause Lawyers Make. Structure and Agency in legal Practice,* Stanford, Stanford University Press, 2005.

SCHMITT, C., *Théorie de la Constitution,* Trad. par Lilyane Déroche, Coll. « Léviathan », Paris, PUF, 1993.

SHAPIRO M. et SWEET A. S., *On Law, Politics & Judicialization,* Oxford, New York, Oxford University Press, 2002.

SHOMBA, S., *Méthodologie de la recherche scientifique. Parcours et les moyens d'y parvenir,* Kinshasa, Editions M.E.S, 2005.

SIEYES, E., *Qu'est-ce que le Tiers-Etat ?* Edition critique avec une introduction et des notes par Roberto ZAPPERI, Genève, Librairie Droz, 1970.

SIMONIAN-GINESTE, H., *Le Droit constitutionnel en schémas*, Paris, Ellipses marketing, 2ème éd., 2008.

SINDJOUN, L., *Les grandes décisions de la justice constitutionnelle africaine. Droit constitutionnel jurisprudentiel et politiques constitutionnelles au prisme des systèmes politiques africains,* Bruxelles, Bruylant, 2009,

SWEET A.S., *Judicialization and the Construction of Governance, Comparative Political Studies,* 1999.

T

TALA NGAI F., *RDC de l'an 2001 : Déclin ou déclic*. Editions Analyses sociales, Kinshasa, 2001.

TATE N. et VALLINDER T., *The Global Expansion of Judicial Power,* New York University Press, 1995.

TEMEAU J., *La caducité des lois incompatibles avec la Constitution*, A.I.J.C, 1992.
TROPER, M., *Pour une théorie juridique de l'Etat*, Coll. « Léviathan », Paris, PUF, 1994.
TURPIN, D., *Contentieux constitutionnel*, Paris, PUF, 1986.
TURPIN, D., *Droit constitutionnel*, Paris, P.U.F., 2ème éd., 1994.

V
VAN PARYS, J. M., *L'Etat de droit, espoir des opprimés*, Collection Vivre aujourd'hui, Kinshasa, l'Epiphanie, 2004.
VAUCHEZ A., *L'institution judiciaire remotivée. Le processus d'institutionnalisation d'une « nouvelle justice » en Italie (1960-2000)*, Paris, LGDJ, coll. « Droit et Société. Recherches et Travaux », série « Politique », 2004.
VEDEL, G., *Droit constitutionnel*, Paris, Sirey, 1989 (1ère éd. 1949)
VEDEL, G., *Manuel élémentaire de droit constitutionnel*, Paris, Dalloz, 2002.
VERDUSSEN, M., *La justice constitutionnelle en Europe centrale*, Bruxelles - Paris, Bruylant - LGDJ, 1997.
VILLA, V., *La science du droit,* Trad. par Odile et Patrick Nerhot, Bruxelles, Paris, Story-Scientia, LGDJ, 1991.
VINCENT, J. et Cie, *Institution judiciaire*, Paris, Economica, 2005.
VIRALLY, M., *La pensée juridique*, Paris, LGDJ, 1961.
VUNDUAWE, F., *Traité de droit administratif*, Bruxelles, Larcier, 2007.

W
WEBER M., *Economie et société*, Tome 1 : *Les catégories de la sociologie*, Paris, Plon, coll. « Agora », 1995.
WEBER, M., *Economie et société*, Paris, Plon, 1971.

1.2. ARTICLES DE REVUES

A
AIVO, F.J. « La responsabilité pénale des gouvernants dans les régimes politiques d'influence française », in *AFDC*, 2008.

B
BEAUD, O., « Le double écueil de la criminalisation de la responsabilité politique », in *RDP*, n°2, Paris, 1999.

BELL, J., « Le règne du droit et le règne du juge. Vers une interprétation substantielle de l'Etat de droit », in *L'Etat de droit*, Paris, Dalloz, 1996.

BENYEKHLEF K., « Le statut constitutionnel des juges du siège et du parquet - Canada », in *A.I.J.C.*, 1995.

BIBOMBE, B., « La justice constitutionnelle dans le monde », In *Actes des Journées scientifiques de la Faculté de Droit de l'Université de Kinshasa sur la justice constitutionnelle,* Kinshasa, 2009.

BIBOMBE, B., « Quel régime pour la 3ème République ? », in *Laboratoire de Droit constitutionnel et de science politique*, Kinshasa, 1992.

BIDEGARY, « Le principe de responsabilité, fondement de la démocratie », in *Pouvoirs,* n°92.

BLANC D., « Le changement de l'Etat de droit : illustration française de 4 saisons du contrôle de constitutionnalité de loi », in *RDP*, 2006.

BON P., « Le Tribunal constitutionnel espagnol – Présentation générale », in *Les Cah. Cons. const.*, n°2, 1997.

BONNARD, R., « Les actes constitutionnels de 1940 », in *RDP*, 1942.

BONNARD, R., « La théorie de la formation du droit par degré dans l'œuvre d'A. MERKL », in *RDP*.

BOSHAB MABUDJ E., «Les dispositions constitutionnelles transitoires relatives à la Cour constitutionnelle de la République Démocratique du Congo», in *Fédéralisme Régionalisme*, Volume 7 : 2007, Numéro 1 - Premiers scrutins et contrôle de constitutionnalité en RDC : la mise en œuvre d'une constitution "régionaliste", 2007: http://popups.ulg.ac.be/federalisme/document.php, consulté le 23 mars 2010.

BOSHAB MABUDJ E., « L'état d'urgence et le contrôle de la Constitutionnalité des mesures d'urgence dans l'acte Constitutionnel de la transition zaïroise », in *Revue de Droit Africain*, n°2, Bruxelles, avril 1997.

BOSHAB MABUDJ E., « La misère de la justice et la justice de la misère en République Démocratique du Congo », in *Revue de la recherche juridique droit prospectif,* Presses universitaires d'Aix-Marseille, 1998.

BOSHAB MABUDJ E., « Le Droit de la Constitution en Afrique Subsaharienne », in *Revue de Droit Africain*, Bruxelles, Coll., RDJA, 1999.

BOSHAB MABUDJ E., «La République Démocratique du Congo : le décret-loi Constitutionnel n° 003 du 27mai 1997 face aux critères de la démocratie », in *Revue de Droit Africain*, n° 3, juillet, 1997.

BOUMAKANI B., « L'Etat de droit en Afrique centrale », Sous la direction de MAUGENEST D., et BOUKOUNGOU J.-D. (dir), *Vers une société de droit en Afrique centrale (1990-2000)*, Acte du colloque tenu à Yaoundé du 14 au 16 novembre 2000, Université Catholique d'Afrique Centrale, Presses de l'UCAC, 2000.

BRUHNS H. et DURAN P. (dir.), *Max Weber et le politique*, LGDJ, Paris, Lextenso éditions, coll. « Droit et Société. Recherches et Travaux », 2009.

BUERSTEDDE W., « La Cour constitutionnelle de la République fédérale allemande », in *R.I.D.C.*, 1957.

C

CAILLOSSE J., « Droit et politique : vieilles lunes, nouveaux champs », in *Droit et Société*, n°1994.

CAPPELLETTI M., « Des juges législateurs », in CAPPELLETTI M., *Le pouvoir des juges*, Paris, Economica, coll. « Droit public positif », 1990.

CARCASSONE G., « Société de droit contre Etat de droit », in *l'Etat de droit,* Mélanges en l'honneur de Guy Braibant, Paris, Dalloz, 1996.

CHATEAURAYNAUD F., « Improviser dans les règles » in F. SOUBIRAN-PAILLET, P. ROBERT et M. VAN de KERCHOVE (dir.), *Normes, normes juridiques et normes pénales*, L'Harmattan, Paris, 2000.

CHAZEL F., « Communauté politique, Etat et droit dans la sociologie wébérienne : grandeur et limites de l'entreprise », in *L'Année Sociologique*, 59(2), 2009.

CHEVALLIER J., « Présentation », in CURAPP, *Droit et politique*, PUF, Paris, 1993.

COHENDET, M.-A., « Cohabitation et Constitution », in *Pouvoirs,* n°91, Paris, 2001.

COMMAILLE J. et DUMOULIN L., « Heurs et malheurs de la légalité dans les sociétés contemporaines. Une sociologie politique de ''judiciarisation''», in *L'Année Sociologique*, 59(1), 2009.

CONAC G., « Le juge et la construction de l'Etat de droit en Afrique francophone », in *L'Etat de droit*, Mélanges en l'honneur de Guy Braibant, Paris, Dalloz, 1996.

D

DE GAUDUSSON J.-B., « Le mimétisme post-colonial et après? », in *Pouvoirs*, n° 129, Paris, Seuil, 2009.

DE LACHARRIERE, R., « Opinion dissidente », in *Pouvoirs*, n°13, Paris, 1980.

DELPEREE F., « La Constitution et les juges », in *Constitution et justice*, Académie internationale de droit Constitutionnel, onzième session, Tunis, 1995, Presses de l'Université des sciences sociales de Toulouse, Toulouse, 1996.

DELPEREE, F.et RASSON-ROLLAND, A, "Chron-187", in *A.I.J.C.*, 1987.

DEZALAY Y., « Multinationales de l'expertise et dépérissement de l'Etat », in *Actes de la recherche en sciences sociales*, n°96/97, 1993.

DIMITRI D., « La Constitution et le temps », in *Droit politique à la croisée des cultures*, Paris, LGDJ, 1999.

DRAGO, G., « Le contentieux constitutionnel des lois, contentieux d'ordre public par nature », in *Mélanges R. DRAGO*, Paris, Economica, 1996.

DURAN P., « Légitimité, droit et action publique », in *L'année Sociologique*, 59(2), 2009.

DURAN P., « Piloter l'action publique avec ou sans le droit ? », in *Politiques et management public*, vol. 11, n°4.

E

ESCARRAS J.C., « Chron-Italie », *in A.I.J.C.*, 1985.

ESCARRAS, J.C., « Les juges constitutionnels », in *A.I.J.C.*, 1985.

ENGUELEGUELE S., « Les communautés épistémiques pénales et la production législative en matière criminelle », in *Droit et Société*, 1998.

ESAMBO KANGASHE J.-L., « La protection du projet de Constitution de la République Démocratique du Congo », in *Congo-Afrique*, n° 397, Kinshasa, septembre 2005.

ESAMBO KANGASHE J.-L., « Le Regard sur l'Etat de droit dans la Constitution Congolaise du 3 avril 2003 », in *Revue justice, Science et Paix*, n° 001, Kinshasa, septembre, 2004.

ESAMBO KANGASHE J.-L., « Le texte de la Constitution du 4 avril 2003 de la République Démocratique du Congo à l'épreuve de l'identité Constitutionnelle », in *Revue de Droit Africain*, n° 27, Bruxelles, juillet 2003.

ESAMBO KANGASHE J.-L., KUMBU ki NGIMBI J.-M., KABAMBA B., « La Constitution de la République Démocratique du Congo », in *Mandats, rôles et fonctions des pouvoirs constitués dans le nouveau système politique de la*

République Démocratique du Congo, Kinshasa, 2007, Publications du PNUD-AIT, 2007.

ESAMBO KANGASHE J.-L., MAKEPA NTAMBUE C., « Les exigences juridiques et politiques pour la réussite des élections en République Démocratique du Congo », in *Mouvements et enjeux sociaux*, n° 010, Kinshasa, mars-avril 2003.

F

FAVOREU L., « Le Conseil constitutionnel régulateur de l'activité normative des pouvoirs publics », in *R.D.P.*, 1967.

FOURNIER B. et WOEHRLING J., « Présentation du numéro Judiciarisation et pouvoir politique », in *Politiques et Sociétés*, 19 (2/3).

FRANÇOIS B., « Une revendication de juridiction. Compétence et justice dans le droit constitutionnel de la Ve République », in *Politix, n°10/11, 1990.*

FRISON ROCHE F., « L'émergence du constitutionnalisme en Bulgarie », in *Le nouveau constitutionnalisme,* Mélanges en l'honneur de Gérard Conac, Paris, Economica, 2001.

G

GUARTINI R., « Sur la validité de la contribution du point de vue du positivisme juridique », in *TROPER M. et JAUMEL.* (dir.), 1789 et l'intervention de la Constitution, Actes du colloque de Paris organisé par l'Association française de science politique, les 2, 3 et 4 mars 1989, Paris, Bruxelles, LGDJ, Bruylant, 1994.

GUARTINI, R., « Sur la validité de la contribution du point de vue du positivisme juridique », in M. TROPER et L. JAUME (dir.), *1789 et l'intervention de la Constitution*, Actes du colloque de Paris organisé par l'Association française de science politique, les 2, 3 et 4 mars 1989, Paris, Bruxelles, LGDJ, Bruylant, 1994.

H

HAK-SEON J., « L'application du principe de proportionnalité dans la justice constitutionnelle en Corée », in *Kwangwoon Universty, Séoul*, 2006.

HAK-SEON, J., « L'application du principe de proportionnalité dans la justice constitutionnelle en Corée », Kwangwoon University, Séoul, 2010.

HIRSCH R., « Resituating the Judicialization of Politics: Bush V. Gore as a Global Trend », *Canadian Journal of Law and Jurisprudence*, 2002, Vol. XV(2).

HOUNDETE, K., « La démocratie africaine avance », *Le millénaire*, n°14, août-septembre 2009. http://popups.ulg.ac.be/federalisme/document.php

ISAMBERT F., « Durkheim et la sociologie des normes », in CHAZEL F. et COMMAILLE J. (dir.), *Normes juridiques et régulation sociale* », LGDJ, Paris, coll., « Droit et Société », 1991.

I

ISRAËL L., « Usages militants du droit dans l'arène judiciaire », *Droit et société*, 2001.

K

KABANGE NTABALA, C., « L'évolution constitutionnelle au Zaïre. Leçons pour l'édification d'un nouvel ordre institutionnel en vue d'une coexistence nationale », in Afrique et Développement 11, Etudes publiées par la Faculté des Sciences et Techniques de développement, Actes du XIème Séminaire scientifique de la F.S.T.D. tenu du 26 au 29 décembre 1996. Facultés Catholiques de Kinshasa, 1997.

KABANGE NTABALA, C., « La contribution des organisations politiques internes à la bonne gouvernance ainsi qu'à l'instauration de la paix et de la stabilité dans la sous-région des pays des grands lacs », in S. BULA BULA (dir), *Pour l'épanouissement de la pensée juridique congolaise, Liber amicorum Marcel LIHAU*, Bruxelles-Kinshasa, Bruylant, PUK, 2006.

KABANGE NTABALA, C., « La contribution des organisations politiques internes et de la bonne gouvernance à l'instauration de la paix et de la stabilité dans la Sous-région des pays des Grands Lacs », in *La crise dans la Sous-région des pays de Grands Lacs africains*, Tome 1, Presses de l'Université de Kinshasa « P.U.K », 2009.

KABANGE NTABALA, C., « Quelle constitution pour la 3ème République face aux réalités zaïrois ? », in *Annale de la Faculté de Droit*, Vol. XXV, PUZ, août 1996.

KABANGE NTABALA, C., « Rapport constitutionnels et réels du pouvoir législatif et du pouvoir exécutif dans le système politique africain du type présidentiel », in *Revue zaïroise de Droit*, Mélanges Rubbens, 2ème année, Semestrielle n° spécial 1971, O.N.R.D, Kinshasa.

KABANGE NTABALA, C., « Recours en annulation : leçons, l'équivoque et la confusion sciemment entretenues », in *Le journal Le Potentiel* n°443 du 23/3/1994, *journal*

UMOJA du 22/3/1994, pp. 6, 7, 9, 11 et 12, *le journal le Phare* du 25/3/1994.

KALUBA, D., « De la démocratie électorale à la démocratie constitutionnelle », in www.la-Constitution-en-Afrique.org (consulté en octobre 2010).

KELSEN H., « La garantie juridictionnelle de la Constitution », in *R.D.P.*, 1928.

L

LASCOUMES P., « Normes juridiques et mise en œuvre des politiques publiques », in *L'année sociologique*, vol. 40, 1990.

LIBONE E. et A. PIZZORUSSO, « Immunités constitutionnelles et privilèges de juridictions - Italie », in *A.I.J.C.*, 2001.

LUCHAIRE, F., « La Cour pénale internationale et la responsabilité du chef de l'Etat devant le Conseil constitutionnel », in *RDP*, n°2, Paris, 1999.

M

McCANN M., « Law and Social Movements », in *The Blackwell companion to Law and Society*, Malden (Mass), Oxford, Blackwell Publishing Ltd, 2004.

MICHAUT F., « L'approche scientifique du droit chez les réalistes américains », in R. AMSELEK (dir.), *Théorie du droit et science*, Paris, PUF, Coll. « *Léviathan* », 1994.

MIRANDA J., « Immunités constitutionnelles et privilèges de juridiction - Portugal », in *A.I.J.C.*, 2001.

MPONGO E., « Le contrôle de la constitutionalité des lois sous l'Acte constitutionnel de la transition du 09 avril 1994 », *Annales de la Faculté de Droit de l'Université de Kinshasa*, Vol XXV, Actes des journées juridiques de la Faculté de Droit de l'Université de Kinshasa, 25-26 juin 1996.

N

NTUMBA LUABA LUMU, « Le nouveau constitutionnalisme, Etat de droit et communauté de droit en Afrique », in *RCAHP*, n° 2, 17, 1998.

NGONDANKOY NKOY-ea-LOONGYA, P.-G., « La nature juridique du règlement intérieur d'une assemblée parlementaire et sa place dans la hiérarchie des normes juridiques », in *Magazine du Sénat,* 2010.

NGONDANKOY NKOY-ea-LOONGYA, P.-G., « Problématique de la vacance de la transition après la conférence nationale souveraine», in *Magazine du Sénat,* 2010.

O

ODIMULA LOFUNGUSO L., « Du dysfonctionnement des partis politiques congolais sous la première République et la transition », in *Mouvements et enjeux sociaux*, numéro spécial, août, Kinshasa, 2002.

OST F., « L'interdisciplinarité comme principe d'organisation, paradigme théorique et anticipation éthiques », in *Expériences des Facultés Universitaires de Saint-Louis*, Bruxelles, 2002.

P

PELISSE J., « Consciences du temps et consciences du droit chez les salariés à 35 heures », in *Droit et Société*, 53, 2003.

PFERSMANN O., « Le statut constitutionnel des juges du siège et du parquet-Autriche », in *A.I.J.C.*, 1995.

R

RASSON A., « Les méthodes de travail des juridictions constitutionnelles », in *A.I.J.C.*, 1992.

RIVERO J., « Etat de droit, Etat du droit », in *L'Etat de droit, Mélanges en l'honneur de Guy Braillant*, Paris, Dalloz, 1996.

ROSENBERG D., « Les anciens Présidents de la République, membres de droit du Conseil constitutionnel : l'impossible retraite », in *R.D.P.*, 1985.

ROUSSEAU D., « Question de Constitution », in *Le nouveau Constitutionnalisme*, Paris, Economica, 2001.

ROUSSEL V., « La judiciarisation du politique, réalités et faux semblants », in *Mouvements*, 29, 2009.

S

SCHRAMECK O., « Le secrétariat général du Conseil constitutionnel », in *R.F.D.A.*, 1994.

SCOFFONI G., « Le statut constitutionnel des juges du siège et du parquet – Etats-Unis », in *A.I.J.C.*, 1995.

SERVERIN E. et LASCOUMES P., « Le droit comme activité sociale : pour une approche wébérienne des activités juridiques », in *Droit et société*, n°9, 1988.

T

TAMSIT, G., « Sur l'engendrement du droit », in *RDP*, Paris, 1988.

TILLY C., « Les origines du répertoire de l'action collective contemporaine en France et en Grande-Bretagne », in *Vingtième Siècle*, 1984.

TROPER M., « Le bon usage des spectres du gouvernement des juges au gouvernement par les juges », in *Le nouveau Constitutionnalisme*, Paris, Economica, 2001.

TROPER, M., « Constitution », in A.-J. ARNAUD, *Dictionnaire encyclopédique de théorie et de sociologie du droit,* Paris, 2ème édition, LGDJ, 1993.

V

VAUCHEZ A., « La magistrature dans l'espace public. Eléments pour une analyse du rôle politique des jeunes dans l'Italie contemporaine », In *Laboratoire italien, Politique et société*, 2001.

VIRALLY, M., « Le phénomène juridique », in *RDP*, 1966.

VUDISA, J.-N., « Considérations sur la motivation des arrêts et jugements dans la jurisprudence de la Cour Suprême de Justice de la République Démocratique du Congo de 1968 à 1975 », in *Revue de Droit Africain*, n° 9/98.

VUNDUAWE te PEMAKO, F., « La distinction entre le contentieux administratif et le contentieux judiciaire : Problématique de la mise en place des ordres juridictionnels prévus par la Constitution du 18 février 2006 : questions théoriques et pratiques », in *Journées de réflexion* organisées par la Faculté de droit de l'UNIKIN du 29 au 31 janvier 2009, Kinshasa.

VUNDUAWE te PEMAKO, F., « Réflexion sur la validité de l'Acte portant dispositions constitutionnelles relatives à la période de la transition au regard du compromis politique global et de l'arrêt R.A 266 de la Cour Suprême de Justice », in *Le Soft de Finance n° 127*, du 30 mars 1993.

W

WETSH'OKONDA, M., « L'arrêt de la Cour Suprême de Justice R. Const. 112/TSR du 05 février 2010 sur l'OHADA », *in http://www.la-constitution-en-Afrique.org* , 15 mars 2011.

WETSH'OKONDA, M., « La définition des actes législatifs dans l'arrêt de la CSJ n° R. Const. 51/TSR du 31 juillet 2007 à l'épreuve de la constitution du 18 février 2006 », in *Horizons*, n°5, juin 2008, article repris sur le net par http://www.la-constitution-en-afrique.org/. Consulté le 03 octobre 2010.

X

XAVIER P., « La démocratie Constitutionnelle sud-africaine : un modèle ? », in *Pouvoirs*, n° 129, Paris, Seuil, 2009.

2. THESES DE DOCTORAT ET MEMOIRES DE TROISIEME CYCLE

a. Thèses

A

ABE PANGULU, *L'universalisme juridico-politico chez KANT, contribution à la réflexion sur les fondements de coexistence pacifique*, Thèse de doctorat en philosophie, Facultés catholiques de Kinshasa, Kinshasa, 2003.

D

DJELO EMPENGE-OSAKO, V., *Contribution à l'étude des tendances unitaristes et fédéralistes dans l'évolution politique et constitutionnelle du Zaïre*, Thèse de doctorat en droit public, Université de Liège, 1974.

F

FOFE DJIOFIA MALENA, *Contribution en recherche d'un système de justice pénale plus efficiente au Zaïre*, Thèse de doctorat en Droit, Université de droit, d'économie et des sciences politiques d'Aix-Marseille, 1990.

G

GÖZLER, K., *Le pouvoir de révision constitutionnelle*, Thèse de doctorat en droit public, Université de Bordeaux IV, 1997.

I

IMBAMBO-LA-NGANYA, J.-R., *Le contrôle parlementaire sur l'activité gouvernementale en République démocratique du Congo depuis le 30 juin 1960 jusqu'à nos jours*, Thèse de doctorat en droit public, Université de Kinshasa, 2005.

K

KALUBA, D., *Contentieux constitutionnel en République Démocratique du Congo. Contribution à l'étude des fondements et des modalités d'exercice de la justice constitutionnelle*, Thèse de doctorat, Université de Kinshasa, 2010.

KITETE KEKUMBA OMOMBO, A., *Autonomie politique et constitutionnelle du Zaïre. Essai de solution d' inadéquation institutionnelle*, Thèse de doctorat en droit public, Université de Droit, d'Economie et des Sciences sociales de Paris II, ASSAS, 1980.

M

MBOKO DJ'ANDIMA J., *L'Etat de droit Constitutionnel en République Démocratique du Congo. Ancrage et réalisation.* Thèse de doctorat en droit public, Université de Kinshasa, 2011.

MULAMBA TSHONDO, *Limites des approches de récupération et de réinsertion sociale des enfants de la rue à Kinshasa : plaidoyer pour une contextualisation des stratégies de réintégration durable*, Thèse de Doctorat en Sciences Sociales, Université de Kinshasa, 2008.

N

NGONDANKOY NKOY–ea-LOONGYA, P.-G., *Le contrôle de la constitutionnalité en République Démocratique du Congo. Etude critique d'un système de justice constitutionnelle dans un Etat à forte tradition autocratique*, Thèse de doctorat en sciences juridiques, Université Catholique de Louvain, 2008.

NTUMBA MUSUKA Z., *Contribution du juge administratif à la construction de l'Etat de droit en République Démocratique du Congo.* Thèse de doctorat en droit public, Université de Kinshasa, 2010.

R

RUEDA F., *Le contrôle de l'activité du pouvoir exécutif par le juge constitutionnel. Les exemples français, allemand et espagnol*, Thèse de doctorat en droit public, Université des Sciences sociales de Toulouse, 2000.

b. Mémoires

E

ESAMBO KANGASHE, J.L., *La République Démocratique du Congo à l'épreuve de l'alternance au pouvoir*, Mémoire de troisième cycle en droit public, Université de Kinshasa, 2005.

M

MBOKO N'DJADIMA, J., *L'Etat de droit constitutionnel en République Démocratique du Congo. Contribution à l'étude de ses fondements et conditions de réalisation*, Mémoire de troisième cycle en Droit public, Université de Kinshasa, 2003-2005.

O

ODIMULA LOFUNGUSO, L., *De l'avènement de l'Etat de Droit en Afrique centrale : Cas de la République Démocratique du Congo sous la première République et sous la période de transition*, Mémoire de troisième cycle en droit public, Faculté de Droit, UNIKIN, 2005.

3. COMMUNICATIONS

B

BOSHAB MABUDJ E., « *Les enjeux de la Constitution de la Troisième République* », communication faite au Sénat à l'occasion du séminaire sur les perspectives de la nouvelle Constitution de la République Démocratique du Congo, Palais du peuple, septembre 2004.

E

ESAMBO KANGASHE J.-L., « *Evolution constitutionnelle de la République Démocratique du Congo*», communication faite au Sénat à l'occasion du séminaire sur les perspectives de la nouvelle Constitution de la République Démocratique du Congo, Palais du peuple, septembre 2004.

ESAMBO KANGASHE J.-L., Communication faite devant les magistrats de la Cour suprême de justice, du 22 au 23 novembre 2011 sur le Code électoral congolais, étude comparée des lois n°06/006 du 9 mars 2006 et 11/003 du 25 juin 2011.

K

KABUYA LUMUNA SANDO C., « *Histoire politique du Congo* », communication faite au Sénat à l'occasion du séminaire sur les perspectives de la nouvelle Constitution de la République Démocratique du Congo, Palais du peuple, août 2004.

M

MBATA MANGU BETUKUMESO A., « *Constitutions sans Constitutionnalisme, démocraties autoritaires et responsabilités des intellectuels en Afrique Centrale : quelle voie vers la renaissance africaine?* », communication présentée au cours de la conférence organisée par le CODESRIA, Douala-Cameroun, du 4 au 5 octobre 2003.

MPONGO BOKAKO BAUTOLINGA E., « *Les conséquences et modalités de l'entrée en vigueur de la nouvelle Constitution du 18 février 2006* », communication faite à la journée scientifique sur le sort des institutions de la transition en République Démocratique du Congo au lendemain du 30 juin 2006, Université de Kinshasa, juin 2006.

4. TEXTES OFFICIELS

A. En droit comparé

Constitution américaine du 17 septembre 1787.

Constitution béninoise du 11 décembre 1990.

Constitution de la République du Niger du 18 juillet 1999.

Constitution de la République de Côte d'Ivoire du 23 juillet 2000.

Constitution sénégalaise du 22 janvier 2001, *Journal Officiel de la République du Sénégal,* n°5963 du 22 janvier 2001.

Constitution centrafricaine du 5 décembre 2004.

Constitution belge du 7 mai 2007, *Moniteur belge du 8 mai 2007.*

Constitution française du 05 octobre 1958 telle que modifiée et complétée par la loi n° 2008-724 du 23 juillet 2008, *Journal officiel* du 24 juillet 2008.

Constitution italienne de 1947.

Loi constitutionnelle n° 2008-724 du 23 juillet 2008 de modernisation des institutions de la Ve République française.

B. En droit congolais

Loi fondamentale du 19 mai 1960 relative aux structures du Congo, Moniteur Congolais, n° 21bis du 27 mai 1960.

Constitution de la République Démocratique du Congo du 01 août 1964, Moniteur congolais, n° spécial du 05 octobre 1964.

Constitution du 24 juin 1967, Moniteur congolais, n° 14 du 15 juillet 1967.

Acte portant dispositions constitutionnelles relatives à la période de Transition du 2 août 1992.

Acte constitutionnel harmonisé relatif à la période de transition du 02 avril 1993, Journal Officiel de la République du Zaïre, numéro spécial du 2 avril 1993.

Acte constitutionnel de la transition du 09 avril 1994, Journal Officiel de la République du Zaïre, numéro spécial d'avril 1994.

Décret-loi constitutionnel n° 003 du 27 mai 1997 portant organisation et exercice du pouvoir en République Démocratique du Congo, Journal Officiel de la République Démocratique du Congo, numéro spécial de mai 1997.

Constitution de la transition du 03 avril 2004, Journal Officiel de la République Démocratique du Congo, numéro spécial du 5 avril 2004.

Constitution de la République Démocratique du Congo du 18 février 2006, Journal officiel de la République Démocratique du Congo, 47e année n° spécial du 18/02/2006.

Loi n°11/002 du 20 janvier 2011 portant révision de certains articles de la constitution du 18 février 2006, Journal officiel de la République Démocratique du Congo, 52ème année n°3, première partie, Kinshasa -1er février 2011.

Loi n°88-004 du 27 janvier 1988 portant révision de certaines dispositions de la Constitution, Journal officiel de la République du Zaïre, n°3 du 1er février 1988.

Loi n°90-002 du 5 juillet 1990 portant révision de certaines dispositions de la constitution, Journal officiel de la République du Zaïre, numéro spécial de juillet 1990.

Loi organique n°10/013 du 28 juillet 2010 portant organisation et fonctionnement de la Commission Electorale Nationale Indépendante, Journal Officiel de la République Démocratique du Congo, 51ème année, numéro spécial, première partie, Kinshasa - 28 juillet 2010.

Loi organique n°13/026 du 15 octobre 2013 portant organisation et fonctionnement de la Cour constitutionnelle, Journal officiel de la République Démocratique du Congo, n°spécial du 18 octobre 2013.

Loi organique n°13/011-B du 11 avril 2013 portant organisation, fonctionnement et compétence des juridictions de l'ordre judiciaire, Journal officiel de la République Démocratique du Congo, n° spécial du 4 mai 2013.

Loi organique n°13/010 du 19 février 2013 relative à la procédure devant la Cour de cassation, Journal officiel de la République Démocratique du Congo, 54ème année, n°spécial du 20 février 2013.

Loi n°06/006 du 09 mars 2006 portant organisation des élections présidentielle, législatives, provinciales, urbaines, municipales et locales, en République Démocratique du Congo, Journal Officiel de la République Démocratique du Congo, 47e année, numéro spécial du 10 mars 2006.

Loi n°06/006 du 09 mars 2006 portant organisation des élections présidentielle, législatives, provinciales, urbaines, municipales et locales en République Démocratique du Congo, telle que modifiée par la loi n°11/003 du 25 juin 2011, Journal Officiel de la République Démocratique du Congo, 52e année, numéro spécial du 20 août 2011.

Loi n°08/012 du 31 juillet 2008 portant principes fondamentaux relatifs à la libre administration des provinces, Journal Officiel de la

République Démocratique du Congo, 52e 49e année, numéro spécial du 31 juillet 2008.
Loi n°80-012 du 15 novembre 1980 modifiant et complétant quelques dispositions de la Constitution, Journal officiel de la République du Zaïre, n°01 du 1er janvier 1981.
Loi n°04/028 du 24 décembre 2004 portant identification et enrôlement des électeurs en RD Congo, Journal Officiel de la République Démocratique du Congo, numéro spécial du 27 décembre 2004.
Ordonnance-loi n°82-017 du 31 mars 1982 portant procédure devant la cour suprême de justice, Journal Officiel n°7 du 1er avril 1982.
Ordonnance-loi n°82-020 du 31 mars 1982 portant code de l'organisation et de compétence judiciaires, Journal Officiel n°7 du 1er avril 1982, p. 39, Complétée par l'Ordonnance-Loi n°83/009 du 29 mars 1983, Journal Officiel n°7 du 1er avril 1983.

5. LA JURISPRUDENCE

Décision du 12 décembre 1952 de la Cour constitutionnelle autrichienne.
Décision n° 62-20 DC du 6 novembre 1962 du Conseil constitutionnel français.
Décision n° 1970-31 du 16 juin 1970 de la Cour constitutionnelle turque.
Décision du 15 décembre 1970 de la Cour constitutionnelle allemande.
Décision du 23 juin 1988 de la Cour constitutionnelle autrichienne.
Décision du 29 septembre 1988 de la Cour constitutionnelle autrichienne.
Décision du 23 avril 1991 de la Cour constitutionnelle allemande.
R.A. 266 du 08 janvier 1993.
R.A. 235 du 19 février 1993.
R.A. 320 du 21 août 1996.
R.A. 459 du 26 juin 2001.
Décision n° 2003-469 DC du 26 mars 2003 du Conseil constitutionnel français.
R. Const. 038/TSR du 15 septembre 2006 autorisant la prolongation du délai de la tenue du 2e tour de l'élection présidentielle
R.C.E. 009/PR du 29 novembre 2006.
RDE/ADP/014 et 015 du 16 février 2007.
R. Const. 050/TSR du 23 mai 2007 portant interprétation de l'article 114 de la Constitution de la République Démocratique du Congo du 18 février 2006.
R. Const. 051/TSR du 31 juillet 2007.

6. AUTRES DOCUMENTS ET RECUEILS

« Contentieux électoraux 2006-2007 », *Bulletin des arrêts de la Cour Suprême de Justice*, numéro spécial, Kinshasa, Ed. Du service de Documentation et d'Etudes du Ministère de la justice, 2007.

Bulletins des arrêts de la Cour Suprême de Justice, Kinshasa, éd. Du service de Documentation et d'Etudes du Ministère de la justice, janvier-décembre 1973

Bulletin des arrêts de la Cour suprême de justice (1990-1999), Kinshasa, éd. du service de documentation et d'Etudes du Ministère de la Justice, 2003.

IYELEZA M.M. et alii, Recueil des textes constitutionnels de la République du Zaïre : du 19 mai 1960 au 28 avril 1991avec annexe de la charte coloniale du 18 octobre 1908, Kinshasa, éd. ISE Consult, 1991.

7. SITES INTERNETS CONSULTES (consultés entre octobre 2010 et mars 2011).

www.la-constitution-en-afrique.org
www.discours.vie-publique.fr
www.constitutionalcourt.org.za
www.accpuf.org
www.droit.francophonie.org
www.saflii.org
www.gallica.bnf.fr
www.ledroitpublic.com
www.rajf.org
www.facdedroit-lyon3.com
www.conseil-constitutionnel.fr
www.droit.constitutionnel.net

TABLE DES MATIERES

AVANT-PROPOS 11

PRÉFACE 13

LISTE DE PRINCIPALES ABREVIATIONS ET CONVENTIONS UTILISEES 17

INTRODUCTION GENERALE 19

I. OBJET ET OBJECTIF 19
II. JUSTIFICATIF 19
III. PROBLEMATIQUE 40
IV. HYPOTHESES 40
V. INTERET ET DELIMITATION 41
VI. LES METHODES D'APPROCHE ET TECHNIQUES 43
PLAN DE L'OUVRAGE 46

PREMIERE PARTIE : 47

DE LA JUSTICE CONSTITUTIONNELLE 47

TITRE PREMIER : 51

LE CONTEXTE D'APPARITION DE LA JUSTICE CONSTITUTIONNELLE 51

CHAPITRE I : 53

L'ORIGINE DE LA JUSTICE CONSTITUTIONNELLE 53

SECTION 1 : L'ARRET MARBURY CONTRE MADISON ET LA CONSTRUCTION DE LA JUSTICE CONSTITUTIONNELLE 54
§1. Les précédents historiques du contrôle juridictionnel de la constitutionnalité des lois *55*
§2. La portée juridique des arguments de l'arrêt MARBURY contre MADISON *62*
§3. La nature du pouvoir d'interprétation du juge constitutionnel *70*
SECTION 2 : LA CONTRIBUTION DE HANS KELSEN A LA CONSTRUCTION DE LA JUSTICE CONSTITUTIONNELLE 72
§1. La conception pyramidale de l'ordre juridique *73*
§.2 La conséquence de la suprématie normative de la Constitution sur les autres normes *78*
§3. La consécration de la garantie juridictionnelle de la suprématie normative de la Constitution *82*

CHAPITRE II : 89

LE FONDEMENT DE LA JUSTICE CONSTITUTIONNELLE 89

SECTION 1 : LE CONTEXTE D'APPARITION DE LA JUSTICE CONSTITUIONNELLE 89

§1. Aux Etats-Unis d'Amérique *91*

§2. Le fondement de la justice constitutionnelle en Europe *92*

SECTION 2 : LA DISTICNTION ENTRE POUVOIR CONSTITUANT ET POUVOIR CONSTITUE 93

§1. A l'origine de la distinction pouvoir constituant – pouvoir (s) constitué (s) *94*

§2. La notion du couple pouvoir constituant – pouvoir(s) constitué (s) *94*

CONCLUSION DU TITRE PREMIER 97

TITRE DEUXIEME : 99

LES DIFFERENTS SYSTEMES DE JUSTICE CONSTITUTIONNELLE 99

CHAPITRE I : 103

LA DIVERSITE DE PERCEPTION DES SYSTEMES DE JUSTICE CONSTITUTIONNELLE 103

SECTION 1 : LES SPECIFICITES DU SYSTEME AMERICAIN DE JUSTICE CONSTITUTIONNELLE 103

§1. Le contrôle diffus de la constitutionnalité *104*

§2. L'exercice d'un contrôle concret *105*

§3. Le contrôle a posteriori exercé par voie d'exception *106*

§4. L'autorité relative de la chose jugée attachée à la décision du juge *108*

SECTION 2 : LES PARTICULARITES DU MODELE EUROPEEN DE JUSTICE CONSTITUTIONNELLE 109

§1. Le monopole d'exercice du contrôle de la constitutionnalité par une juridiction spécifique *109*

§2. La coexistence d'un contrôle abstrait des normes avec un contrôle concret spécifique *111*

§3. Le contrôle abstrait par voie d'action exercé a priori et a posteriori *112*

§4. L'autorité absolue de la chose jugée *113*

SECTION 3 : LE DEPASSEMENT DE LA SUMMA DIVISIO EN MATIERE DE JUSTICE CONSTITUTIONNELLE 114

§1. Les difficultés de transposition du modèle américain et le choix du modèle européen *114*

§2. L'existence des systèmes hybrides *119*

CHAPITRE II : 123

LES PROCEDURES CONCRETES ET ABSTRAITES DE JUSTICE CONSTITUTIONNELLE 123

SECTION 1 : LES PROCEDURES ABSTRAITES DE JUSTICE CONSTITUTIONNELLE 124

§1. Les procédures devant les Cours constitutionnelles 125

§2. Les modalités d'exercice du contrôle abstrait. 129

SECTION 2. LES PROCEDURES CONCRETES DE JUSTICE CONSTITUTIONNELLE 129

§1. La saisine sur renvoi des tribunaux 130

§2. La saisine par les individus 133

CONCLUSION DU TITRE DEUXIEME 135

TITRE TROISIEME : 137

LA RECEPTION ET L'ENDOGENEISATION DE LA JUSTICE CONSTITUTIONNELLE EN REPUBLIQUE DEMOCRATIQUE DU CONGO 137

CHAPITRE I : 139

L'HISTOIRE DE LA JUSTICE CONSTITUTIONNELLE EN REPUBLIQUE DEMOCRATIQUE DU CONGO 139

SECTION 1. L'APPROCHE SYNOPTIQUE DE LA JUSTICE CONSTITUTIONNELLE CONGOLAISE 140

§1. Les traits caractéristiques de la justice constitutionnelle congolaise 140

§2. Les faiblesses de la justice constitutionnelle 143

§3. Le contenu de la justice constitutionnelle congolaise 147

SECTION 2 : LES NORMES RELATIVES A LA JUSTICE CONSTITUTIONNELLE D'AVANT LE 18 FEVRIER 2006 147

§1. Les normes constituantes relatives à la justice constitutionnelle de 1960 à 2006 149

§2. La justice constitutionnelle dans les différentes constitutions de la République Démocratiques du Congo d'avant le 18 février 2006 151

§3. Les normes infra-constitutionnelles prescrivant la justice constitutionnelle en RDC 163

SECTION 3 : LES QUESTIONS LIEES A LA PRATIQUE DES NORMES RELATIVES A LA JUSTICE CONSTITUTIONNELLE EN R.D.CONGO 166

§1. La création et l'installation de la Cour constitutionnelle 166

§2. L'effectivité du contentieux constitutionnel en République Démocratique du Congo 167

CHAPITRE II : 171

LE DROIT POSITIF CONGOLAIS DE LA JUSTICE CONSTITUTIONNELLE 171

SECTION 1 : LES NORMES CONSTITUTIONNELLES RELATIVES A LA JUSTICE CONSTITUTIONNELLE 172

§1. La composition de la juridiction compétente en matière de justice constitutionnelle.. 172

§2. Les normes constitutionnelles relatives à la justice constitutionnelle 176

SECTION 2 : LES NORMES INFRA-CONSTITUTIONNELLES RELATIVES A LA JUSTICE CONTITUTIONNELLE EN REPUBLIQUE DEMOCRATIQUE DU CONGO 195

§1. L'Ordonnance-loi n°82/020 du 31 mars 1982 portant code de l'organisation et de la compétence judiciaires 196

§2. L'Ordonnance-loi n°82/017 du 31 mars 1982 portant procédure devant la Cour Suprême de Justice.................................. 197

§3. La loi électorale 197

§4. La loi organique portant organisation et fonctionnement de la Cour constitutionnelle 204

§5. loi organique relative à la procédure devant la Cour de cassation.. 205

§6. Le projet de loi portant organisation, fonctionnement, compétences et procédure devant les juridictions de l'ordre administratif.. 206

CONCLUSION DU TITRE TROISIEME 209

CONCLUSION DE LA PREMIERE PARTIE 211

DEUXIEME PARTIE : 213

LA JURIDICISATION DE LA VIE POLITIQUE PAR LA JUSTICE CONSTITUTIONNELLE 213

TITRE PREMIER :... 219

LE CONTENTIEUX CONSTITUTIONNEL 219

CHAPITRE I : 221

LE CONTROLE DE CONSTITUTIONNALITE 221

SECTION 1 : LE CONTROLE DE CONSTITUTIONNALITE DES ACTES DES POUVOIRS CONSTITUANT ET LEGISLATIF 221

§1. Le contrôle des actes du pouvoir constituant.............................. 222

§2. Le contrôle de constitutionnalité des actes des assemblées parlementaires 239

SECTION 2: LE CONTROLE DE CONSTITUTIONNALITE DES ACTES DU POUVOIR EXECUTIF 257
§1. La jurisprudence constitutionnelle en matière de contrôle de constitutionnalité des traités et accords internationaux 257
§2. En matière de contrôle de constitutionnalité des actes de l'exécutif 267

CHAPITRE II : 281

L'INTERPRETATION DE LA CONSTITUTION 281

SECTION 1: EN DROIT POSITIF CONGOLAIS 281
§1. L'arrêt R. Const.28/TSR du 24 février 2006 282
§2. L'arrêt R. Const.38/TSR du 15 septembre 2006 283
§3. L'arrêt R. Const.050/TSR du 23 mai 2007 285
SECTION 2 : EN DROIT COMPARE 287
§1. L'interprétation de la Constitution par le juge constitutionnel français 287
§2. L'interprétation de la Constitution par le juge ougandais 288

CONCLUSION DU TITRE PREMIER 291

TITRE DEUXIEME : 293

LE CONTENTIEUX ELECTORAL ET PENAL 293

CHAPITRE I : 295

LE CONTENTIEUX ELECTORAL 295

SECTION 1 : L'ELECTION PRESIDENTIELLE 296
§1. L'arrêt RCE.PR.009 du 29 novembre 2006 297
§2. L'arrêt R.C.E.O11/P.R du 16 décembre 2011 relatif au contentieux de l'élection présidentielle du 28 novembre 2011 313
SECTION 2 : LES ELECTIONS LEGISLATIVES ET PROVINCIALES 320
§1. La Jurisprudence au niveau des élections législatives 320
§2. La jurisprudence au niveau des élections provinciales 332

CHAPITRE II : 341

LE CONTENTIEUX PENAL 341

SECTION 1 : EN DROIT POSITIF CONGOLAIS 341
§1. La base constitutionnelle de la responsabilité pénale des gouvernants devant le juge constitutionnel 342
§2 L'analyse doctrinale de la base constitutionnelle 342
SECTION II : EN DROIT COMPARE 345
§1. La jurisprudence américaine 346
§2. La responsabilité pénale des gouvernants devant les juridictions d'inspiration française 347

CONCLUSION DU TITRE DEUXIEME 349

TITRE TROISIEME : 351

LES PERSPECTIVES POUR UNE JUSTICE CONSTITUTIONNELLE CONGOLAISE EFFICACE ET EFFECTIVE 351

CHAPITRE I : 353

PERSPECTIVES POLITIQUE ET JURIDIQUE 353

SECTION 1. PERSPECTIVES POLITIQUES 353
A. L'existence d'une Constitution 354
B. La promotion et la protection des droits de l'homme et des libertés publiques 354
C. Le droit au service de l'Etat et du citoyen 355
D. Le choix démocratique des gouvernants 356
SECTION 2. PERSPECTIVES JURIDIQUES 357
A. Le statut assure l'autonomie de la juridiction 360
B. Le statut garantissant l'indépendance des membres de la juridiction constitutionnelle 363

CHAPITRE II : 369

PERSPECTIVES PSYCHOLOGIQUES, TECHNIQUES ET MATERIELLES 369

SECTION 1: PERSPECTIVES PSYCHOLOGIQUES 371
A. Les immunités du juge constitutionnel 372
B. Le privilège de juridiction des juges constitutionnels 374
SECTION 2. PERSPECTIVES TECHNIQUES ET MATERIELLES 375
A. La préparation des prévisions budgétaires relatives à la juridiction constitutionnelle 377
B. L'autonomie dans l'exécution du budget de la juridiction constitutionnelle 381

CONCLUSION DU TITRE TROISIEME 393

CONCLUSION DE LA DEUXIEME PARTIE 395

CONCLUSIONGENERALE 397

BIBLIOGRAPHIE 407

TABLE DES MATIERES 435

République démocratique du Congo
aux éditions L'Harmattan

Dernières parutions

LES BALUBA
Histoire, cosmologie et sémiologie d'un peuple bantu
Lwa Malale Lukanda ; Préface de Banza Mukalay Nsungu ;
Avant-texte de Manda Tchebwa ; Postscriptum de Joseph Ibongo
Avec force images et autres illustrations, cet ouvrage présente les «traits marquants» du peuple «muluba» : son identité ethnique, son histoire, sa cosmologie, sa sémiologie et ses créations culturelles majeures. Les «Baluba», dont l'auteur révèle l'existence au-delà du deuxième millénaire avant Jésus-Christ, forment un peuple à la fois un, dans l'unité géographique et démographique, et multiple, dans la diversité des nations qui se revendiquent de sa descendance et de sa parenté culturelle : de l'Afrique centrale à l'Afrique du Sud, de l'Océan atlantique à l'Océan indien.
(Coédition CICIBA, Harmattan RDC, 26.00 euros, 232 p.)
ISBN : 978-2-343-06036-1, ISBN EBOOK : 978-2-336-38163-3

L'UNIVERSITÉ DE KINSHASA EN QUÊTE DE REPÈRES
Mawanzi Manzenza Thomas
Cet ouvrage aborde la question de la crise du renouvellement du personnel académique au sein de l'université de Kinshasa, une institution qui a connu, au cours de son évolution, à la fois le phénomène colonial, l'africanisation de ses structures et les enjeux de la mondialisation. Cette étude nous montre comment l'université s'est laissé gouverner par des pratiques de racisme et de discrimination pour le contrôle du monopole de l'autorité scientifique.
(Coll. Études africaines, 29.00 euros, 288 p.)
ISBN : 978-2-343-05092-8, ISBN EBOOK : 978-2-336-38084-1

GUERRE ET VIOL
Deux faces de fléaux traumatiques en République Démocratique du Congo
Otita Likongo Marcel
Cet ouvrage présente le contexte de survenue du traumatisme psychique, le concept de stress post-traumatique, les développements psycho-traumatiques et leurs modalités expressives. Une série d'événements traumatiques, où la population victime est toujours abandonnée par manque des structures étatiques d'encadrement et non-reconnaissance du poste de psychologue en RDC, y sont répertoriés : guerres, violences sexuelles, accidents de circulation, crash d'avion, naufrage, etc.
(Coll. Études africaines, 21.00 euros, 216 p.)
ISBN : 978-2-343-06270-9, ISBN EBOOK : 978-2-336-38098-8

RD CONGO, LE 30 JUIN 2005
Ça passe ou ça casse ? – Retour sur un épisode crucial de l'histoire congolaise
Mukalay Nsungu Banza - Préface de Camille Sesep N'Sial
«Ce texte a été publié pour la 1ère fois en juin 2005, dans un contexte de grande tension sociale et politique en RDC. Une tension liée à l'interprétation de l'article 196 de la «Constitution de la transition», portant sur la date du 30 juin 2005, censée mettre fin à la période de la «transition

politique». Au moment où nous rééditons ce texte, pour la richesse de sa teneur historique, le contexte politique congolais est une fois de plus dominé par le débat constitutionnel, avec en perspective les nébulosités de l'horizon 2016...» Eddie Tambwe Kitenge
(Coll. Comptes Rendus, 14.00 euros, 129 p.)
ISBN : 978-2-343-06354-6, ISBN EBOOK : 978-2-336-37971-5

DROIT CONGOLAIS DU TRAVAIL
Masanga Phoba Mvioki Jacqueline
Préface de Célestin Nguya-Ndila Malengana
Ce manuel expose l'état de la législation et de la réglementation, de la doctrine et de la jurisprudence en matière du travail en RDC. Le regard porte sur les rapports individuels (la conclusion, l'exécution, la cessation du contrat de travail, le règlement des litiges individuels de travail) et sur les rapports collectifs (les organisations professionnelles des travailleurs et d'employeurs, les conventions collectives, le règlement des litiges collectifs de travail).
(Harmattan RDC, 31.00 euros, 302 p.)
ISBN : 978-2-343-06372-0, ISBN EBOOK : 978-2-336-38099-5

JULIEN KILANGA MUSINDE
Une parole en itinérance
Réflexions et témoignages sur un parcours intellectuel
Textes réunis par Jean-Marie Dikanga Kazadi et Emmanuel M. Banywesize
Les textes réunis dans ce collectif tentent d'objectiver l'œuvre diversifiée de Julien Kilanga Musinde. Venus des quatre coins du monde, des intellectuels et des chercheurs de divers horizons rendent hommage à cet amabassadeur de l'université et des lettres congolaises en francophonie. Par son écriture, Julien Kilanga Musinde n'a, en effet, cessé de se raconter, d'accompagner l'Université dans sa marche et de contribuer ainsi à l'humanité du monde.
(Harmattan RDC, 26.00 euros, 252 p.)
ISBN : 978-2-343-06458-1, ISBN EBOOK : 978-2-336-38153-4

CONJONCTURES CONGOLAISES 2014
Politiques, territoires et ressources naturelles : changements et continuités
Sous la direction de Stefaan Marysse et Jean Omasombo Tshonda
La toile de fond de ce volume est la question de la profondeur ou de la superficialité du changement qui se manifeste en RDC depuis plus d'une décennie. Certaines ruptures avec le passé sont manifestes mais l'enracinement profond des comportements clientélistes dans le domaine politique est de nature à fragiliser les avancées. C'est surtout dans le champ économique que les changements sont réels. Mais cet essor économique est-il durable et signifie-t-il une rupture permanente avec le passé ?
(Coll. Cahiers Africains, 32.50 euros, 316 p.)
ISBN : 978-2-343-05981-5, ISBN EBOOK : 978-2-336-37469-7

POUR UNE RDC NOUVELLE
De l'horreur à l'aurore
Mazola Ayinepa Joseph
Plus de six millions de morts tombés dans une guerre d'invasion et de prédation en RDC. Faut-il vraiment répandre sans merci le sang des Congolais, pour exploiter leurs nombreuses ressources minières ? Doit-on continuer à rester insensibles, à multiplier discours et négociations, alors que l'ennemi gagne du terrain ? Où est allée l'élite congolaise ? Inquiet de la situation exécrable que vit le peuple, l'auteur milite pour une évolution positive de la RDC.
(Coll. Politique et dynamiques religieuses en Afrique, 24.00 euros, 242 p.)
ISBN : 978-2-343-05219-9, ISBN EBOOK : 978-2-336-36595-4

RAPPORT SUR LA THÉMATIQUE POLITIQUE
Ateliers du cinquantenaire du Parti lumumbiste unifié (PALU)
Au-delà de la forme, qui permet de dire que la RDC est un État souverain et une République, le PALU (Parti lumumbiste unifié) veut aller au fond des choses, en réfléchissant sur les attributs de

la souveraineté de l'État que sont notamment la défense, la diplomatie et la monnaie. En outre, il y a lieu d'apprécier les régimes politiques connus en RDC, au regard des critères fondateurs d'une République : - la source de légitimité des pouvoirs constituants - le mode d'accès des dirigeants au pouvoir - l'équilibre des pouvoirs entre les différentes institutions.
(Coll. Dossiers, Études et Documents, 10.00 euros, 58 p.)
ISBN : 978-2-343-06195-5, ISBN EBOOK : 978-2-336-37539-7

LA SORCELLERIE CHEZ LES DING DE LA RDC
Nkumisongo Vavi Fabiyo François-Xavier
La sorcellerie constitue une force surhumaine, une croyance et une pratique ambiguë, notamment chez les Ding de RDC. L'accent a été mis sur le rôle, le pouvoir et la position du sorcier ainsi que sur les voies d'accès et celle de sa transmission. D'autres phénomènes sont analysés tels que l'incarnation, la réincarnation, l'antisorcellerie, la science et la recherche scientifique. Sans oublier le génie créatif ou inventif propres à chaque peuple. Également liée à la religion, elle est à ce titre l'opium du peuple Ding. Elle bloque par l'envoûtement, il faut chercher à la débloquer par des mécanismes d'antisorcellerie.
(Coll. Géopolitique mondiale, 12.00 euros, 106 p.)
ISBN : 978-2-343-04505-4, ISBN EBOOK : 978-2-336-37078-1

CONVICTIONS ET ESPÉRANCES POUR LA RÉPUBLIQUE DÉMOCRATIQUE DU CONGO
Verbatim (2008-2014)
Mukalay Nsungu Banza
Préface de Manda Tchebwa
Ce livre restitue la vision de l'homme politique pour son pays au travers des «écrits et des dits». Le lecteur découvre les idées-forces du politique qui accompagne le développement d'un secteur socioculturel de la RD Congo. Banza Mukalay Nsungu a été élu quatre fois député de Lubumbashi et ministre dans plusieurs gouvernements. Il est depuis 2012 ministre de la Culture et des Arts de la RD Congo.
(Coll. Comptes Rendus, 21.00 euros, 210 p.)
ISBN : 978-2-343-05743-9, ISBN EBOOK : 978-2-336-37101-6

MA VÉRITÉ SUR LE MARÉCHAL MOBUTU ET SUR LA TRANSITION DÉMOCRATIQUE AU ZAÏRE (1990-1997)
Mukalay Nsungu Banza
Préface de Camille Sesep N'sial
La «transition démocratique» en République démocratique du Congo aura été l'une des plus troubles, complexes et longues de tout le continent africain (1990-2006). Acteur et témoin privilégié de l'histoire politique de ces dernières décennies, l'auteur pose un regard critique sur ces années de tumulte, en interpellant la responsabilité de l'acteur politique congolais. En évoquant ses rapports privilégiés avec le maréchal Mobutu, qui lui confiera la direction de son parti, l'auteur pose aussi son jugement global sur le déroulement de la transition.
(Coll. Comptes Rendus, 16.50 euros, 162 p.)
ISBN : 978-2-343-05741-5, ISBN EBOOK : 978-2-336-37097-2

LES MOTS RÉCURRENTS DE LA TRANSITION POLITIQUE AU ZAÏRE (1990-1997)
Mukalay Nsungu Banza
Rompant avec la tradition qui confine l'étude du vocabulaire et du discours politique dans les sphères des chercheurs spécialisés, l'auteur s'intéresse ici aux mots récurrents de la période politique de la Transition (1990-1997) au Zaïre (actuelle RDC). Une période politique qui va du discours historique de la démocratisation, prononcé par le président Mobutu le 24 avril 1990, à l'avènement du président Laurent-Désiré Kabila, le 17 mai 1997. L'ouvrage constitue également une contribution à l'étude du français d'Afrique subsaharienne et spécialement de la RDC.
(Coll. Comptes Rendus, 9.00 euros, 56 p.)
ISBN : 978-2-343-05742-2, ISBN EBOOK : 978-2-336-37092-7

L'U.D.P.S. DANS L'ŒIL DU CYCLONE
La violence politique au Zaïre sous Mobutu (octobre 1985)
Mutamba Makombo Jean-Marie
Cet ouvrage relate la traque et la répression d'un mouvement d'opposition clandestin au Zaïre (R.D. Congo) sous la Deuxième République : l'Union pour la Démocratie et le Progrès Social (UDPS). L'auteur s'appuie sur les rapports d'information établis en octobre 1985 par le Corps des Activistes pour la Défense de la Révolution (CADER), qui témoignent des tribulations du petit peuple qui a souffert pour le triomphe du multipartisme et de la démocratie. Ils révèlent aussi les luttes d'influences, la lutte d'intérêts et de clans au sein du Parti unique.
(12.00 euros, 104 p.)
ISBN : 978-2-343-05729-3, ISBN EBOOK : 978-2-336-37252-5

VALORISER L'EXPÉRIENCE DANS L'ENSEIGNEMENT ADMINISTRATIF
Manuel de psychologie et des sciences de l'éducation en République du Congo
Tabezi Pene-Magu Bernard-Gustave
La notion d'expérience est devenue une référence majeure, aussi bien en éducation que dans tous les métiers où des personnes agissent sur l'activité d'autres personnes (orientation, conseil, management, soins). Elle est de plus en plus valorisée au sein de l'enseignement scolaire comme le montre la promotion des pratiques pédagogiques prônant le recours à l'expérience et à l'expérimentation comme source des apprentissages...
(Coll. Études africaines, 19.00 euros, 192 p.)
ISBN : 978-2-343-05376-9, ISBN EBOOK : 978-2-336-37157-3

DES ÉCOLES PRIMAIRES «EFFICACES»
Étude de leurs déterminants à Kisangani
Kamba Eyanganunga Albert
Dans un environnement scolaire marqué par de forts taux de déperdition et des faibles niveaux d'acquis par les élèves, certaines écoles sortent du lot. Ces écoles primaires efficaces fonctionnent dans un climat scolaire positif, recourent à des pratiques éducatives maximisant le temps d'enseignement et à des pratiques managériales participatives et orientées vers les objectifs.
(Coll. Études africaines, 31.00 euros, 290 p.)
ISBN : 978-2-343-05350-9, ISBN EBOOK : 978-2-336-37239-6

LA BANQUE MONDIALE ET LA RÉFORME DES ENTREPRISES PUBLIQUES CONGOLAISES (RDC)
Une analyse critique des enjeux politiques, économiques et sociaux
Mpoy Kadima Godé
Malgré un cadre macroéconomique en relative amélioration, le redressement des entreprises publiques congolaises (RDC) demeure au coeur des enjeux de la relance de l'économie nationale. Victimes des conjonctures et politiques publiques défavorables à leur expansion, ces entreprises sont, pour la plupart d'entre elles, au bord de la faillite. L'option de la privatisation, préconisée comme solution par le gouvernement congolais, ne peut s'imposer comme l'unique voie de recours. Ce vaste plan de privatisation risque d'entraîner des conséquences néfastes sur les plans économique, social et politique.
(Coll. Comptes Rendus, 18.00 euros, 182 p.)
ISBN : 978-2-343-05927-3, ISBN EBOOK : 978-2-336-37273-0

L'HARMATTAN ITALIA
Via Degli Artisti 15; 10124 Torino
harmattan.italia@gmail.com

L'HARMATTAN HONGRIE
Könyvesbolt ; Kossuth L. u. 14-16
1053 Budapest

L'HARMATTAN KINSHASA
185, avenue Nyangwe
Commune de Lingwala
Kinshasa, R.D. Congo
(00243) 998697603 ou (00243) 999229662

L'HARMATTAN CONGO
67, av. E. P. Lumumba
Bât. – Congo Pharmacie (Bib. Nat.)
BP2874 Brazzaville
harmattan.congo@yahoo.fr

L'HARMATTAN GUINÉE
Almamya Rue KA 028, en face
du restaurant Le Cèdre
OKB agency BP 3470 Conakry
(00224) 657 20 85 08 / 664 28 91 96
harmattanguinee@yahoo.fr

L'HARMATTAN MALI
Rue 73, Porte 536, Niamakoro,
Cité Unicef, Bamako
Tél. 00 (223) 20205724 / +(223) 76378082
poudiougopaul@yahoo.fr
pp.harmattan@gmail.com

L'HARMATTAN CAMEROUN
BP 11486
Face à la SNI, immeuble Don Bosco
Yaoundé
(00237) 99 76 61 66
harmattancam@yahoo.fr

L'HARMATTAN CÔTE D'IVOIRE
Résidence Karl / cité des arts
Abidjan-Cocody 03 BP 1588 Abidjan 03
(00225) 05 77 87 31
etien_nda@yahoo.fr

L'HARMATTAN BURKINA
Penou Achille Some
Ouagadougou
(+226) 70 26 88 27

L'HARMATTAN SÉNÉGAL
10 VDN en face Mermoz, après le pont de Fann
BP 45034 Dakar Fann
33 825 98 58 / 33 860 9858
senharmattan@gmail.com / senlibraire@gmail.com
www.harmattansenegal.com

L'HARMATTAN BÉNIN
ISOR-BENIN
01 BP 359 COTONOU-RP
Quartier Gbèdjromèdé,
Rue Agbélenco, Lot 1247 I
Tél : 00 229 21 32 53 79
christian_dablaka123@yahoo.fr

Achevé d'imprimer par Corlet Numérique - 14110 Condé-sur-Noireau
N° d'Imprimeur : 128706 - Dépôt légal : mai 2016 - *Imprimé en France*

www.ingramcontent.com/pod-product-compliance
Lightning Source LLC
LaVergne TN
LVHW021148061026
849535LV00002B/390